南开学者书系 第一辑

主编 宁宗一 冯尔康

杜家骥 著

清朝制度及其史事探实

河北出版传媒集团
河北教育出版社

图书在版编目（CIP）数据

清朝制度及其史事探实 / 杜家骥著 . —— 石家庄：河北教育出版社，2024.2
（南开学者书系 / 宁宗一，冯尔康主编 . 第一辑）
ISBN 978-7-5545-7140-8

Ⅰ.①清… Ⅱ.①杜… Ⅲ.①政治制度史 – 研究 – 中国 – 清代 Ⅳ.① D691.21

中国版本图书馆 CIP 数据核字 (2022) 第 095492 号

南开学者书系 第一辑

清朝制度及其史事探实
QINGCHAO ZHIDU JI QI SHISHI TANSHI

丛书主编	宁宗一　冯尔康
作　　者	杜家骥

策　　划	董素山　王艳荣
责任编辑	付宏颖　姬璐璐
装帧设计	郝　旭
出版发行	河北出版传媒集团
	河北教育出版社　http://www.hbep.com
	（石家庄市联盟路705号，050061）
印　　制	河北新华第一印刷有限责任公司
开　　本	787毫米×1092毫米　　1/16
印　　张	31.25
字　　数	442千字
版　　次	2024年2月第1版
印　　次	2024年2月第1次印刷
书　　号	ISBN 978-7-5545-7140-8
定　　价	88.00元

版权所有，侵权必究

前　言

　　本人在南开大学从事中国古代史以清史为主的教学与研究，研究领域偏重于清代制度、满族、八旗、满蒙关系方面，在这些方面除了有几本小书之外，还有一些文章，此次集结，为其中的一部分，主要是制度及与制度相关史事的论文，内容大致为原文，仅将错字、不准确的词语等作了修改，个别文章内容有较大补充，如《满族抱见礼》，某些文章的题目，为了与正文内容更贴切，而稍作了修改。本书原名《清史探研集》，出版社认为书名笼统，建议具体明确些，便于读者直接了解。考虑到本集所选以制度论文为主，其余文章多为与制度有关的史事，改名为《清朝制度及其史事探实》。

　　此前，中华书局编辑《南开史学家论丛》，本人《多面的中国古代史与清史》已收一部分文章，该书与这部《清朝制度及其史事探实》，都有清代制度、满族史这两大类别内容，为了给有这方面兴趣者提供方便，特将前一"论丛"所收本人文章题目、内容摘要，附于本集最后，以便读者先作初步了解并得到线索。

目录

清代六部及汉官对满族与八旗事务的管理 \1

清代绿营统辖体制辨析 \18

清前期大学士品级问题考 \34

清代官印的特点及其所反映的职官制度变化 \49

清代内务府初设时间考 \61

清代官制特点简论 \66

明清两代宫廷之差异及相关政治问题 \80

清代的銮仪卫 \102

清代"拜唐阿" \131

满族抱见礼 \155

曹雪芹祖上之隶旗与领主的多次改变 \167

清代内务府旗人复杂的旗籍及其多种身份 \175

清代蒙古女诗人那逊兰保的身世及相关问题考证 \189

清代东北锡伯族的编旗及其变迁 \202

影响晚清政局变动的皇室人口生育问题 \216

清代太医院等机构与宫廷医疗制度、诊治状况及特点 \235

清入关前汗家之尊称、爵名及相关诸问题考述 \280

清代"铁帽子王"的册封原因及相关问题 \292

清代皇族内部复杂的等级等第关系及其特征 \309

清朝皇族的宗族制度与宗人管理 \330

清代皇子皇女的排行称呼及相关问题考析 \344

清代档案刑科题本的史料价值 \367

清朝会典的编纂及其利用问题 \413

清代满族家谱的史料价值及其利用 \444

附录 \475

清代六部及汉官对满族与八旗事务的管理

清入关后，沿袭原明王朝传统的汉族统治模式及其行政机构，但入主中原的清王朝又是以满族为统治主体，这是以往汉民族王朝所没有的特殊之处。满族作为主体统治民族，既然已纳入汉制王朝国家机器的统治模式中，其自身民族性事务究竟如何管理，是自身单独管理，还是纳入传统的汉族王朝机构中管理？从各种政书记载来看，既有单独管理的事务，也有纳入传统汉族王朝机构主要是六部管理的事务，这部分事务，有在部下设专门机构办理的，还有由某部下分支机构兼管的。在管理官员上，有以满人官员管理的，还有由满汉官共同管理的。地方上也存在汉官管理旗人事务及汉官管辖满官的情况。这是前人没有考察过的。鉴于它关系到对清王朝这一多民族国家之性质的深入认识和相关问题的理解，因而有必要作一专门问题考察。

需要说明的是，本文所说的满族，是循从清史、满学界将八旗旗人作为满族的说法，包括满洲、蒙古、汉军旗人，当然也包括一般不称为旗人的爱新觉罗皇族。因清皇族不称为旗人，所以本文题目特加"满族"以涵盖之，且与八旗并称。皇族事务中，诸如王公等宗禄之发放，涉入旗民的刑事案件，是纳入中央机构六部中的户部、刑部的，与旗人同机构办理，因而也附在其中叙述。

一、中央六部管理的满族及八旗事务

八旗旗人事务，由八旗都统衙门及值年旗办理，上三旗包衣旗人事务，是归内务府办理，部分事务兼掌于上三旗满洲都统。这是人所熟知的事实，无须介绍。但八旗及旗人事务并非仅仅由以上机构办理，还有相当一部分是纳入传统汉制机构主要是六部中，以下分部进行介绍。

1. 户部。旗人丁口编审、选秀女、继嗣、俸饷、旗地管理、田土争讼等事，掌于户部。

八旗人丁编审册之总汇、上报，以及与此相关的选秀女，掌于户部堂署下设的南档房。此机构设清字堂主事满洲二人管理。每三年一次的八旗编审，在京八旗及各省旗人驻防处，将编审的人口数，报户部，由此部的南档房统一造入丁档，核实后造人口数目清单，由户部上报皇帝。即《大清会典》所说："每届三年，户部将在京八旗、各省驻防送到满洲、蒙古、汉军人数，造入各旗丁档，缮写清单，恭折奏闻。"① 其丁档册，并存于户部下设的八旗俸饷处。②

每届三年的八旗选秀女，则由南档房预先查明及岁应选秀女者，由户部行文京城八旗及外省有旗人之处，查明后送户部，由南档房将应选秀女缮写绿头名签，送宫廷内监，③ 以备验选。秀女之验看，还须造报排单，即按秀女年岁及其父之官职大小，分别排列，这一程序，由本部八旗俸饷处负责（并见下述）。

旗人继嗣。旗人的过继、承嗣，不仅关系到一般家族的承祧以延续香火，以及孝养送终等问题，而且涉及家庭世爵世职之承袭、挑甲等有关权益之事，因而定有专门的继嗣法规，且有专门机构办理，这一机构，便是户部下设的广东司，此司主管官司员——郎中、员外郎、主事，均满汉并设（其他司的司官，皆满汉并设）。旗人继嗣者须按继嗣法则、程序进行，双方及族人取得一致意见后，由生父、相关族人、族长、佐领、参领出具甘结、印结，由各旗报户部广东司；驻防旗人继嗣，族人等出具甘结外，由该管官出具印结，报该驻防将军等长官，以两份分别送户部、该旗（京旗），由该旗查核丁册，加印结咨送户部。户部广东司核实，批准实行后备案。④

---

① 嘉庆《大清会典》卷 12《户部·南档房》，中国台北：文海出版社，1991 年影印本，第 632 册 643 页，简作 632/643。下同，皆此版本，不另注。皆此简作格式，不另注。
② 嘉庆《大清会典》卷 11《户部》，632/545"满洲、蒙古、汉军丁档，则户部八旗俸饷处专司之"。
③ 嘉庆《大清会典》卷 12《户部·南档房》，632/643—644。
④ 嘉庆《大清会典》卷 14《户部·广东清吏司》，633/723。

满族王公、八旗官兵之俸饷，旗人之赏恤，掌于户部下设的八旗俸饷处，此处设满洲郎中、员外郎、主事办理。宗室王公及世职将军，公主、额驸，八旗世爵世职、文武职官，等等，按爵、官所领为"俸"，其俸银、米，每年颁发二次，春季二月、秋季八月各一次。八旗兵所领为"饷"，饷银每月发一次，饷米每季发一次。俸、饷均由各旗造册——旗俸册、兵饷册及米册，八旗各营六品以下低级武官（亲军校、前锋校、护军校、骁骑校、步军校）、低级文官笔帖式的官俸，也造入兵饷册、甲米册。提前按截止期限分报吏部稽勋司下的稽俸厅、兵部稽俸厅稽核，这两部的稽俸厅，均满汉官并设，汉官也参与其事。所稽核的事项有：凡官之即任者、去任者，罚俸、降俸、停俸者，开复者，皆与存厅底册核对，注于新册，而咨户部八旗俸饷处，[①] 每年十一月，稽俸厅将上一年实支银米核对，缮具黄册，上报题销。[②] 兵丁饷册、米册，则查核其升迁、挑补、物故、出逃者，按例照官俸册核办。[③] 而八旗官兵俸饷之米的稽核及由米仓分放于各旗，则掌于户部下属的云南司，[④] 此司满汉官并设。米仓有二处：京仓、通仓（在京东之通州），共十六仓，由云南司安排各旗所领之仓。其中八旗兵册的甲米，是由京仓发放，各旗由仓领回发与各佐领下兵弁。各旗都统先期核明本旗各佐领、管领下应领甲米人数，造册咨送户部。户部按季、分月安排各旗：每季孟月即第一月，发镶黄、正黄旗（包括包衣旗兵，下同）；每季仲月即第二月，发两白、正红旗；每季季月即第三月，发两蓝、镶红旗。放米之季，户部派监放司员二人，领米旗分派押旗参领一人，分掌稽察。王公、官员的俸米（包括内务府旗人官员俸米），则是个人到通州的通仓去领取，领米须按规定时限赴通仓领回，王公大臣领米进京城，步

---

① 嘉庆《大清会典》卷8《吏部·稽勋司》，632/393。
② 光绪《大清会典》卷11《吏部·稽勋司》，中华书局，1991年影印本，第100页。下同，皆此版本，不另注。
③ 嘉庆《大清会典》卷14《户部·八旗俸饷处》，633/714。
④ 嘉庆《大清会典》卷14《户部·陕西司》，633/692；卷15《户部·云南司》，633/802—805。

军统领派员弁与稽察御史于沿途稽察，朝阳门内外各设册档登记，将每日验放进城米数互相核对，每十日具奏一次。①驻防八旗官俸、兵饷、马乾，在本省藩库领取，②由户部下各分省之司稽核；如江宁、京口驻防官兵俸饷，由江南司稽核；杭州、乍浦两处，由浙江司稽核；山东青州、德州及东北三将军辖下官兵俸饷，由山东司稽核，③等等，这些司皆满汉官并设。

八旗武官养廉银的颁发。文职京官双俸（正俸加恩俸），而无养廉银，武官领正俸外加养廉银。八旗武官养廉银，总额为八万六千两，正一品的领侍卫内大臣以下至正三品翼长，分为七等，最高岁给九百两，最低一百两。三四品之各参领，副参领等，以上述七等的余额发给。由户部山东司查核颁发。④

旗人赏恤。八旗官兵亡故后，其妻矢志守节者，按其夫原俸饷一半发给一年；阵亡官兵，其妻无子守节者，按其夫俸饷的一半发给终身。八旗鳏寡孤独者，月给养赡银。以上均附于兵饷册造入支领。八旗官兵红白事领取赏恤银，由各旗都统每月造册送户部八旗俸饷处查核，年终汇奏、核销。

旗下拴养官马银、豆之关领，也掌于户部。八旗下有官圈养马，有官兵拴养马。各旗马册房造具养马银钱册、马豆册、回圈回厂马册，以及拴养马匹的官兵姓名册，核计后送户部。各旗按月分赴户部八旗俸饷处（养马银钱）、云南司（喂马之料豆）分别办理以领取。

八旗回赎旗地、入官地亩或房宅及其出租收租，掌于户部下设的井田科，此

---

① 嘉庆《大清会典》卷15《户部·云南司》，633/802—805。第805页下记："提督衙门副将应领俸米，照参、游以下等官例，于京仓支关。"似应指京师巡捕五营之副将以下各武官，不由通仓领，而于京仓关支。
② 周洵：《蜀海丛谈》卷1《制度类上·满营》，巴蜀书社，1986，第31页。
③ 会典户部下各司于此记载不全，如广州、成都、西安驻防，广东司、四川司、陕西司下皆无记述，有可能是此项俸饷因支于该省藩库，而归于布政司钱粮册中，在户部之广东司、四川司、陕西司下稽核。
④ 嘉庆《大清会典》卷13《户部·山东司》，632/665—666。

科并掌八旗土田及内务府庄户之查核。①此科设于雍正十二年（1734），以户部福建司的满洲郎中坐办，其余司员无定额，由堂官酌委。②

旗人与民人关于田、房及主仆争控之案，由户部下设的现审处办理，③现审处源于八旗司。

清初，户部于其下的诸省分司之外，专设八旗的固山司，或称旗分司，④后称八旗司，以掌理旗民房地、家产、主仆争讼等事，每旗一司，设于户部大堂之左右庑，以翼排列，左庑为镶黄、正白、镶白、正蓝旗司，右庑为正黄、正红、镶红、镶蓝旗司，每司三间。⑤每旗司，设满洲郎中一员，为主管事务者。员外郎二员，汉军、蒙古各一人，后省。每司另配置"协审汉官"一人，掌汉字文书、押字、行文之事。共设笔帖式（旗人）三十二名。又设汉人书办（书吏）无定额，以本部浙江司、江西司、湖广司等八个省司下的书办分任。另外，有供杂役的汉人皂隶九人。⑥乾隆十三年（1748），户部八旗司改设现审处。⑦而八旗司仍保留，设贴写笔帖式。

现审处由户部堂官委派本部司员掌之，满汉并设，⑧共同办理案件，汉官也办理其事，如湖南人刘诏升"乾隆己丑进士，官户部，办事勤干……总办八旗现审处旗民争控地亩，多所平反"⑨。上述案件，一般情况下，是旗人于本旗呈控，民

---

① 乾隆《历代职官表》卷6《户部》，上海古籍出版社，1989年影印本，上册第120页。下同，皆此版本，不另注。
② 嘉庆《大清会典》卷13《户部·井田科》，632/659。
③ 沈书城撰《则例便览》卷44《审断·户部现审处审理事件》，乾隆五十六年刻本。
④ 《清圣祖实录》卷2，顺治十八年五月丁卯。
⑤ 吴暻：《左司笔记》卷19《廨署》。
⑥ 吴暻：《左司笔记》卷18《设官·八旗司》。
⑦ 《皇朝通典》卷24《职官》。
⑧ 会典未记现审处满汉司员并设。此据卢文弨《抱经堂文集》卷30《传五·浙江绍兴府知府朱公涵斋家传》，乾隆六十年刻本。记绍兴人朱煦曾于乾隆二十三年任户部江西司郎中，兼现审处。并见下一注所记汉官刘诏升，也兼任现审处。
⑨ 光绪《湖南通志》卷184《人物志二十五·刘诏升》。

人于地方官具呈，如该管官审断不公，实有屈抑者，许赴户部控诉。另外，若事系必须送部者，该管官查取确供确据，也送户部查办。必须刑讯者，会同刑部审理。田地界址不清必须查丈者，则将两造押发州县，会同理事同知查丈审结。在京宗室、旗人如有庄地追租等事，准其在户部具呈，由户部行文该处查办。①

归纳以上户部所管事项，八旗户口、丁档之总造册，有关的选秀女及俸饷、赏恤之事，回赎旗地诸事务，主要以满人办理。其中俸饷的稽核，仓米及马料的发放，旗人的继嗣，田地房屋诉讼及主仆间一般纠纷之案，是满汉官共同办理，汉官也参与其事务的经办。

2. 旗人刑事案件的审理，掌于刑部。此部并掌旗人逃亡者的督捕及惩处。皆满汉官共同办理。

旗人刑事案件。刑部下设以省命名的十七个清吏司，各省民人的刑案，徒罪以下之轻者，厅州县自行判处结案，事后逐级上报，由省汇咨刑部。流罪、充军及死刑案件，各省上报刑部判处，由刑部之下以省命名之分司，对口办理。京城案件，十七司轮流办理。京师八旗及地方驻防旗人刑案，也分在这十七司下审理，② 其分工为：

镶黄旗刑案，属云南司。

正黄旗刑案，属江西司。

正红旗刑案，属河南司。

镶红旗刑案，属安徽司。

正蓝旗刑案，属贵州司。

正白旗及广州驻防旗人刑案，属广东司。

镶白旗及绥远城将军辖下旗人刑案，属山西司。

---

① 嘉庆《大清会典》卷17《户部·现审处》，633/835。
② 以下据《清朝文献通考》卷81《职官考·刑部》，《历代职官表》卷13《刑部》，嘉庆《大清会典》卷44《刑部》。

镶蓝旗及福州驻防旗人刑案，属福建司。

畿辅驻防旗人刑案，属直隶司。

东北三将军所属旗人刑案，属奉天司。

江宁、京口驻防旗人刑案，属江苏司。

杭州、乍浦驻防旗人刑案，属浙江司。

荆州驻防旗人刑案，属湖广司。

青州、德州驻防旗人刑案，属山东司。

西安、宁夏、凉州、伊犁驻防旗人刑案，属陕西司。

成都驻防旗人刑案，属四川司。

广州驻防旗人刑案，属广东司。

以上诸司，均满汉司官并设。汉司官，以及刑部汉尚书，也经办旗人刑案事务。据卢文弨《抱经堂文集》记载，绍兴人朱煦，于"乾隆二十年（1755），选授刑部贵州司员外郎，无锡秦尚书综部事，留意人材，以公为能，凡有现审案件，率以委公，公详慎研鞫，悉得其情。先是，凡旗主以家人酗酒滋事送部者，准例概行发遣，公视其所下状，质之于庭，不能指实，因禀堂官，拘集录供，乃其主私仆妇，欲远其夫，故以此坐之，事遂不行，而旧例亦复位"①。这段资料说明，刑部司官汉人朱煦经办的，是该贵州司所管正蓝旗旗人刑案案件。而朱煦所办，又是该部汉尚书无锡人秦蕙田交与他的，即文中所说："无锡秦尚书综部事，留意人材，以公为能，凡有现审案件，率以委公。"

京师及驻防旗人逃亡之督捕，掌于督捕司，此司也设于刑部。顺治十年（1653），设兵部督捕衙门，②康熙三十八年（1699）裁归刑部。③刑部督捕司，司官满汉并设，接到逃人咨文，迅即行知应行缉犯各衙门，一体缉拿。拿获者，由

---

① 卢文弨：《抱经堂文集》卷30《传五·浙江绍兴府知府朱公涵斋家传》。
② 《清世祖实录》卷79，顺治十年十二月癸未。
③ 《清圣祖实录》卷196，康熙三十八年十一月庚子。

此司官员按督捕则例判处。①

3.旗人文官的选任、升迁调补，考绩、奖惩、守制与终养，勋阶之封赠及难荫，以及世爵世职之封袭，文武官之恩荫，与汉人文官这些事务，同掌于吏部，由满汉官共同办理。

以上事务，分掌于吏部四司——文选、考功、稽勋、验封司。而对八旗官员与汉官定有区别性制度。主要有以下两方面：

第一，官缺制。八旗文官定有满洲缺、蒙古缺、汉军缺，内务府包衣旗人定有包衣缺，宗室定有宗室缺，汉官定有汉缺，均定有固定缺额。这是中央机构官缺情况。其官缺选任，除包衣缺归内务府办理外，其他官缺都由吏部办理。京师外之奉天地区，直隶、山西两省北部，甘肃省、新疆，以上地区，某些道的道员、府厅州县的长官，都定有满洲缺。各省理事同知、通判，皆满洲缺。中央及外地所设笔帖式，都是旗人官缺，以满洲旗人为主。② 凡归吏部选任的旗人文官，都由吏部任职的满汉官共同办理。

第二，守制、终养之制。满人不同于汉人。守制，是为故去的父母守丧。汉官离职守制三年（二十七个月），旗人官员守制三个月（百日），③百日后"起复"，入衙署任职办事。④百日守制期间不朝会，不参加朝廷祭祀活动，停喜乐、会宴等事。外任官回旗至京守制，百日后任职。终养，是官员父母、祖父母到年老时，到老人身边奉养尽孝之制。八旗官员以"祖父母、父母年七十五岁以上为合例"⑤。

---

① 嘉庆《大清会典》卷44《刑部·督捕清吏司》，636/2076—2086。光绪《大清会典事例》卷855—860《刑部·督捕例》。
② 嘉庆《大清会典》卷6《吏部·文选司》，631/234。
③ 这里主要指满洲、蒙古旗人。其汉军旗人，任京官汉军缺如堂主事、笔帖式之类，于百日后进署复职行走，其用汉缺者，如汉官，皆开缺，而在旗守制。
④ 清初与此不同：顺治十年定，在京文职旗员，居丧一月即办事，康熙三年，改为居丧三个月，即守制百日。外任文职满官，康熙十二年定照汉官例，守制二十七个月，乾隆十四年改与在京满官同，守制百日。
⑤ 嘉庆《大清会典》卷8《吏部·文选司》，632/388。

还具体规定：京官郎中以下至笔帖式，父母年七十五岁以上者，停其外任，始终在京奉养老人；外任官，布政使、按察使以下至州县官，祖父母、父母年七十五岁以上，愿回京终养者，具呈督抚奏明，送部引见，改任京职。以上旗人官员特殊的守制、终养，也由满汉官共同办理，汉官参与其事。

4. 八旗武官之选任及军政（考绩）、奖惩，掌于兵部。

这些方面事务，分掌于兵部下设的武选司、职方司。其职掌曾有一变化过程。乾隆二十七年定制，武官铨选皆归武选司，军政考核归职方司。两司的司官，均为满汉并用，就是说，武官虽分为旗员、汉员，但其选任、军政与奖惩诸事，由兵部满汉官共同办理。兵部所掌旗员选任武官，主要是选补绿营官，由兵部按其官品、官缺分类，而以开列、题、调、轮、推、月选的方式，与汉人一体选补。① 八旗武官之选任，兵部主要掌程序、公文方面事务。其中一二品大员如八旗都统、副都统，各兵营长官统领，由兵部开列应选人名单，上报皇帝挑选、圈定。正三品以下官，如各旗参领、佐领、骁骑校，各种兵营参领以下官，由本旗、本营长官选拟候选人，报兵部安排引见皇帝，确定某人补授。兵部于五品以上者按月汇题，六品以下者注册。②

八旗武官之五年一次的任职情况考核（军政）、优劣之评，由八旗各长官注考，送兵部，兵部奏请皇帝钦派王大臣复验骑射后，作定评。八旗武官之奖惩，军功授爵，阵亡者之予爵承袭、荫子、妻子之赡养，武官之退休，以及品级相关事务，皆有规制，满汉武官这些方面事务，皆由兵部满汉官按制共同办理。③

以上吏、兵二部中，堂官（长官）尚书、侍郎是满汉复职（六部都如此），分司机构满汉官并设，旗人文武官员事务，堂、司两个层级，都有汉官办理。此

---

① 嘉庆《大清会典》卷37《兵部·武选司》，635/1666—1693。
② 乾隆《大清会典》卷60《兵部·武选司·职制上》，619/531；卷97《八旗都统·授官》，619/937—941，中国台湾商务印书馆，四库全书文渊阁影印本。下同，皆此版本，不另注。
③ 嘉庆《大清会典》卷37《兵部·武选司》；卷38《兵部·职方司》。

外，满汉官并设的军机处，也掌满汉官员的选任，主要是高级、中级重要职官的选任。

5.等级性礼制，是礼部的职掌。

满族帝后妃嫔、皇子皇女、王公、福晋夫人、王公子女、一般皇族成员及满人官员之冠服、仪仗等次规格，册封，上徽号、谥号，婚丧之礼，礼节仪制等，基本上是以汉制为蓝本，而融入满族礼制礼俗内容。如皇帝卤簿，基本为汉制，而仪仗用物中的纛，则加入了八旗骁骑纛、护军纛、前锋纛。冠服，则服饰之补子是汉制，袖子、冠是满族制式。婚丧礼仪，基本为汉制，也加入满族礼俗，如帝后、皇子皇女婚礼，按汉制婚姻六礼，又有满族礼俗内容，如公主指婚纳彩礼（初定礼），额驸家所备礼物有驼、马、羊，迎娶日，额驸家所备之礼还有马、鞍辔、胄甲、驼等物，皆满族礼俗。帝后丧礼中，则有男截发辫、女剪发，百日不许剃头的满族礼俗。朝仪中的君臣之礼三跪九叩，也是满族之礼。以上与满族有关的礼制，以及其他礼制，其制定、颁行，皆由礼部的满汉官负责。

八旗贞节孝义之人的旌表，是由"佐领报都统……详具实迹造册，送（礼）部核定"，合格者予以旌表。①

旗人教育、科举，也掌于礼部。八旗教育的重要学校——八旗官学，隶于国子监之下。所设教职，既有旗人，也有汉人，皆以国子监的贡监生担任，分别教满文、蒙古文、汉文，定期考试。教学情况，由国子监的教学管理机构查核。雍正十二年还曾在八旗官学中增设算学教师。乾隆三年（1738）专设算学，又称算法馆，也隶属国子监，专教八旗、汉人算学生。算学设满洲管理大臣。教官有助教，满汉参用，教习以汉人担任。

旗人与汉人共同参加科举考试，而对旗人乡试录取举人、副榜贡生，定有单独名额，这是旗人主要是满洲、蒙古旗人之特权。这方面事务，由礼部仪制司的

———

① 乾隆《大清会典》卷32《礼部·风教》。

满汉官统一办理。

附：中央机关对清皇族事务的管理概况

清皇族事务的管理机构是宗人府。宗人府沿袭明代，是历代汉族王朝管理皇族事务的机构，只是名称不同，唐、宋称宗正寺，明称宗人府。古代王朝设这种机构，是因为当时王朝带有皇帝家族家天下的某种属性，其事务乃设国家机构专门管理，清代也是如此。但因为清皇族属于满族，其宗人府在皇族事务的管理上带有民族性。清朝宗人府所设官，绝大部分是满族皇家的宗室王公、一般宗室。只有正三品的堂官府丞一人、堂下档房的二名正六品堂主事，为汉官，专办汉文之事。办理具体事务的一般官员如左司右司的理事官、副理事官，以及其他堂主事、笔帖式等，乾隆二十九年（1764）以前是皇族与旗人参用，此后专用皇族人。另外，宗人府下的银库，以堂官宗室王公、满洲大臣各一人共管。男女有爵位者的爵禄银米，由户部核实颁发，已见前述，此处从略。皇族刑事案件，一般财务、婚姻的诉讼纠纷，由宗人府与户部合审；人命斗殴案件，由宗人府与刑部合审。宗室王公涉入刑案，高爵者之亲王、郡王，由宗人府以行文方式讯问，若必须传其到衙门审问，须向皇帝请示。贝勒以下则都可传到衙门讯问。其具体管理制度，本人另有考察，此处不赘。①

二、地方汉官对旗人事务之管理

清代边疆地区所设职官，如漠北蒙古库伦、科布多，新疆北路伊犁、塔尔巴哈台，南路喀什噶尔等八城，设参赞大臣、办事大臣、领队大臣，西宁设办事大臣，西藏设驻藏大臣等，都是满蒙旗人担任，定期轮换，由军机处协助皇帝办理，而军机大臣既有满人，也有汉人，军机章京也是满汉并设，具体事务主要由满官办理。

---

① 见本书所收《清朝皇族的宗族制度与宗人管理》一文。

地方驻防八旗事务，也有由汉官办理的情况。河南、山西两省所驻八旗兵，最高统领满官分别为开封城守尉、太原城守尉，正三品，而无将军、都统、副都统这类满洲驻防大员统辖，因而乾隆二十一年（1756）明确规定，以后这两省驻防八旗官兵由两省巡抚节制，[①]并令该巡抚将"该官弁、技勇及马匹、器械随时察核"[②]。此后至清末，曾有多名汉人任这两省巡抚，如胡宝瑔、毕沅、方受畴、程祖洛、潘铎、张之万、李鹤年、刘树棠、吴重熹等任河南巡抚，杨国桢、梁萼涵、王兆琛、王庆云、沈桂芬、曾国荃、张之洞、张人骏等任山西巡抚。档案中也留下了这些汉人巡抚管理该省驻防八旗官兵事务的记录。如乾隆二十二年（1757）十月，城守尉拜林阿病故，河南巡抚胡宝瑔委令明宝暂时护理其职，并折奏乾隆帝简放。[③]乾隆五十一年（1786）二月，城守尉八十六因患泻症久治不愈，向河南巡抚毕沅要求回京调治，毕沅折奏皇帝并请另行简放。[④]嘉庆十八年（1813）十二月，该省驻防满营官兵缺粮，城守尉西格向河南巡抚方受畴反映，请求借支，方受畴折奏皇帝，请将开封附近州县仓内动支。[⑤]道光三年（1823）四月，城守尉常玉因父母年迈要求回京终养，河南巡抚程祖洛允准，并委任参将得志（旗人）署理其职，一并折奏皇帝。[⑥]同治元年（1862），该镶蓝旗满洲防御缺出，河南巡抚张之万以联芳升补该职，并奏请待军务稍松再将联芳送兵部引见。[⑦]道光二十三年（1843）三月，山西巡抚梁萼涵，请将太原驻防吸食鸦片的正蓝旗满洲

[①] 《皇朝文献通考》卷87《职官考十一·八旗驻防》。
[②] 乾隆《大清会典则例》卷113《兵部·职方司》，中国台湾商务印书馆，四库全书文渊阁影印本，第13—14页。下同，皆此版本，不另注。
[③] 《官中档全宗·朱批奏折》，04-01-16-0036-029号，北京：中国第一历史档案馆藏。下引档案同此，不另注明收藏单位。
[④] 《官中档全宗·朱批奏折》，04-0-6-0081-026号。
[⑤] 《官中档全宗·朱批奏折》，04-01-03-0145-010号。
[⑥] 《官中档全宗·朱批奏折·附片》，04-01-17-0059-011号。
[⑦] 《官中档全宗·朱批奏折·附片》，04-01-17-0095-071号。

防御色尔钦革职，折奏皇帝。①光绪三十一年（1905）十二月，山西巡抚张人骏审查太原城守尉额勒绷额自尽案。②另外，档案中每年都有该巡抚考核属员的年终密奏评语，其中有相当一部分是汉人巡抚为满人城守尉所作的评语。③

任职省督抚、布政使等汉官，还有管理旗人户口编审方面事务的职责。"会典"记述：外地驻防旗人、外任旗人文武官员家口，遇八旗比丁之年，由户部先期行文该管官员查核，造册二本，钤印咨送户部，册存部，一册发该旗，再由各该旗按册复核，附入本旗佐领丁册内，④钤印送部。地方官无满汉复职，任职者或满或汉，这样，有上述旗人事务之该管大员督抚、布政使等由汉人担任者，便当然地负责这方面的旗人事务。

此外，地方还存在满人专缺的官员由汉人督抚管辖、办理其选任的情况。

各省官员，多不设满缺、汉缺，而是满汉参用，某一职官，或任汉人或任满人，又有前后变化及某些省区的特殊情况。长官督抚、中级官道府以下，呈相反变化状况，首先需要简述其变化情况。

各省长官督抚，由旗人充任较多逐渐变为汉人居多。清初，汉军旗人充任督抚者甚多。大致在康熙七年（1688）以后，陕甘督抚、山西巡抚专用满人，兼用汉军旗人，四川也有这种情况。乾隆后期以后，陕西、山西巡抚兼用汉人，[乾隆二十九年（1764）裁甘肃巡抚，以陕甘总督兼其职]道光六年（1826）以后，陕甘总督兼用汉人。此后汉人任用为这几省督抚者渐多，山陕巡抚自道光二十几年后、陕甘总督自同治三年（1864）后，汉人居多。全国督抚总体情况，则任巡抚

---

① 《宫中档全宗·朱批奏折》，04-01-01-0814-050号。
② 《宫中档全宗·朱批奏折》，04-01-12-0642-065号。
③ 《宫中档全宗·朱批奏折·附片》，04-01-16-0158-090号，04-01-16-0177-049号；04-01-17-0060-024号。其余不备举。
④ 《宫中档全宗·朱批奏折》，04-0-6-0081-026号。

者，嘉庆以后，汉人渐多于旗人，同光两朝，已占十分之八。[①]任总督者，嘉庆二十几年以后，汉人增多，道光以后多于旗人，同光两朝，已超十分之七。[②]

而直省道员、知府、知州、知县及厅长官同知、通判，则清前期满人充任者甚少，自乾隆初年以后增多。某些省下还专设为满缺（间用蒙古旗人），主要设在直隶、山西两省北部，陕甘及新疆地区。

因而这些省的汉人督抚不仅管辖上述满人属员，而且掌握选取满洲、蒙古旗人任官的权力。如直隶省承德府下辖的平泉州知州，滦平、丰宁、建昌、朝阳、赤峰县的知县，山西省丰镇厅、甘肃省哈密厅的厅长官同知或通判，皆"专以满洲、蒙古人员题补"，选任上属于"题缺"而"题补"，缺出，由各该省的"督抚以应升、应调之员题补"[③]。直隶省多伦诺尔厅同知，甘肃省镇迪道道员，镇西府知府，伊犁抚民厅、吐鲁番厅同知，迪化州知州，宜禾县、昌吉县、阜康县、绥来县知县，是属于"调缺"而"调补"，这些官"缺出，由督抚于通省对品各员内拣调……专以满洲蒙古人员拣调，其对品人员内无合例堪调之员，始准声明升补"[④]。调补，是在省内以同品级官选补调任；题补，是在本省官员内既可以同品官选补，也可将低品级者提升补用，但强调必须以题本请示皇帝批准而确定，所以称题补。以上是嘉庆以后所设官缺情况，因而嘉庆及以后汉人担任这些省的督抚时，便掌握满洲、蒙古旗人选补以上官缺的职权。如嘉庆以后的直隶总督颜检、温承惠、方受畴、刘长佑、曾国藩、李鸿章，陕甘总督杨遇春、易棠、左宗棠，山西巡抚邱树

[①] 魏秀梅：《从量的观察探讨清季督抚的人事嬗递》，《"中央研究院"近代史研究所集刊》第4期（上），1973年5月。同光两朝汉人巡抚合计之数的比例，是据该文表—1之数计算得出：旗人占20.12%，汉人占79.88%。

[②] 魏秀梅：《从量的观察探讨清季督抚的人事嬗递》，《"中央研究院"近代史研究所集刊》第4期（上），1973年5月。同光两朝汉人总督合计之数的比例，是据该文表—2之数计算得出：旗人占27.77%，汉人占72.22%。

[③] 嘉庆《大清会典》卷6《吏部·文选清吏司》，631/234、292。

[④] 嘉庆《大清会典》卷6《吏部·文选清吏司》，631/288、293、296、234；卷4《吏部》，631/121。

堂、徐炘、申启贤、杨国桢、梁萼涵、王兆琛等，都有这种职任。

绿营中的武官，也有旗人充任的。[1]而总督、巡抚（兼提督衔者）又有节制本省提督、总兵以下官兵权，因而，在督抚由汉人充任时，该省由旗人充任的提督、总兵等绿营大员，便由汉人督抚节制，这是一个比较普遍的情况。另外，某些省份如陕西、甘肃省，以及直隶、山西北部，四川松潘镇，其绿营副将以下至守备这些中级绿营武官，还按比例划有一部分满洲缺，这些旗人充任的满洲缺绿营武官，不仅受督抚节制，而且其选任权，也是掌握在该省总督或兼提督衔的巡抚手中，当这些省督抚由汉人出任时，这些专由旗人充任的满洲缺绿营武官的选任权，也就掌握在汉人督抚手中，由他们调任或提升旗人，上报皇帝批准。这些省份，直隶省任总督者汉人时间较长，其中乾隆中期，方观承连任达十九年，同光之时，李鸿章任职二十多年，且大部分时间是连任。陕甘总督在道光以后也有近一半时间是由汉人出任。这些汉人总督管辖充任绿营武官的满人之时间也较长。

三、小结

作为主体统治民族的满族，本民族事务，除设有由本民族人任官的机构——八旗都统衙门及旗下参领佐领、八旗各兵营、内务府、宗人府，办理一些事务，如旗人人丁的基层查核造册上报，甲兵之挑取与训练，八旗官学生之挑选入学，旗人之教化及违禁行为的惩罚等。而很多事务的办理也只是初步性的，尤其是八旗都统衙门及旗下参领佐领所办之事，还需要纳入传统的汉制机构中进一步办理。如旗人户口汇总、入档，选秀女，继嗣及财务纳入户部；刑事，纳入刑部；文武官员之选任、考绩、奖惩、丁忧终养等纳入吏、兵二部，等等。其进一步办理的程序，也与中原州县汉族百姓事务之办理大致类同，如人口编审，汉人是由

---

[1] 见本集后附杜家骥：《多面的中国古代史及清史》之《清代八旗人选任绿营官制度考察》一文。

州县统计造册，报府，再报省布政司，上达户部。八旗旗人编审，是由各旗下佐领造册，报参领，再报都统，达于户部南档房。京师八旗刑事，轻者由步军统领衙门、内务府慎刑司等判处，重者上报刑部，又与汉人百姓案件之轻者州县判决，重者命盗案件由省报刑部类似。旗人科举考试，由佐领出具印结报各有关机构，与汉人由本州县以印结报送相关部门相同。其"旌表节孝之礼………八旗由佐领报都统，直省由州县报督抚、学政，均详具实迹造册，送（礼）部核定"①，也与汉人一样。清帝所说"佐领之管佐领下人，无异州县之于百姓"②，也带有这种行政关系的意思。这是入关后的满族承袭明制，纳入中原传统汉制国家机器的结果。

值得注意的是，纳入六部管理的满族及八旗事务，诸如旗人官员的选任、考核、守制、终养，俸饷稽核，旗人继嗣，财务纠纷，旗人教育、科举、旌表，旗人刑案的审理，逃人之缉捕与惩处，都是满汉官共同办理。只设满官的户部南档房、八旗俸饷处，又都设汉人书吏，③负责文字杂务之事。所以认为纳入六部的满族及八旗事务，多有汉人经手办理，应是符合实际的。

地方官，其文官，大部分职官满汉参用，无论设满官还是汉官，都管理以汉人为主的事务，而各级官员上下级之间的管辖关系、行政关系，则从督抚以下到知县，不仅存在满人任长官而管辖下级汉官之情况，而且存在着汉人所任长官管辖下级满官的情况，这后一种情况不应被忽略。由于地方各级长官只有一人，或满或汉，所以，如果是汉人充任督抚，则该省由满人充任的布政使、按察使、道员、知府、知州、知县，都是该汉人督抚的下属，归其管辖，政务处理权也掌于汉人督抚，而不是职为属员的满人。以下按层级类推。还有，河南开封、山西太原八旗驻防官兵，则有汉人巡抚节制管辖的情况。某些省份由满人专任的中下

---

① 乾隆《大清会典》卷32《礼部·风教》。
② 《清世宗实录》卷60，雍正五年八月庚戌。
③ 光绪《大清会典事例》卷147《吏部·书吏·经制额缺》。

级职官，如前述直隶、山西、甘肃几省及新疆地区［光绪十年（1884）也建省］的某些府、厅、州、县的满官，在汉人任督抚时，不仅是属员而受管辖，而且其选任权也掌于该汉人督抚。另外，各省总督、兼提督衔的巡抚，节制全省绿营官兵，汉人任督抚时，则该省任绿营官的满人等旗人，是由汉人督抚节制管辖。这种状况，在咸丰以后总督主要由汉人充任的情况下更突出。至于陕西、甘肃，以及直隶、山西沿边等地区绿营所专设的满人武官，也存在由汉人督抚管辖的情况。

综上可见，满族——八旗无论旗人事务还是旗人官员，并非完全由本民族自身单独管理，相当一部分是纳入传统汉制机构由满汉官共同经办，汉官也参与其事。无论中央与地方，又都存在汉官管辖满官、办理旗人事务的情况，相当多的身为属官的满人官员，是在汉人长官的管辖之下。凡此，是认识清王朝国家性质及满汉关系应该注意到的。

（原载《明清论丛》第11辑，故宫出版社2011年。此次内容有所增减）

清代绿营统辖体制辨析

清代军队——八旗、绿营，八旗的设官、级别相对简单清晰，绿营则甚为复杂，尤其是绿营营制、所设官员之间的统辖或节制关系更为复杂，而官方政书所记又简单、笼统。有些制度在当时之官场可能是常识，没有必要作细致的述说，而今人则感到茫然；某些简单乃至不确切的记述，又会导致今人的误解。因而均有必要作辨析与梳理。

一、绿营之统辖官

辨析绿营之营制、统辖关系，首先有必要对其设官，以及各级官员所统辖的绿营组织单位，即所谓标、协、营、汛，作简要交代。

绿营之统辖官，既有文官，又有专职武官。

统绿营之文官，最高为总督，其中又包括直省总督、河道总督、漕运总督，其次有巡抚，以及某些道、厅官，还有个别府、州、县官。

统辖绿营的专职武官，由高到低依次是：从一品之提督、正二品之总兵（或称"镇"）、从二品之副将、正三品之参将、从三品之游击、正四品之都司、正五品之守备、正六品之千总、正七品之把总、正八品之外委千总、正九品之外委把总、从九品之额外外委（以上均为定制后之品级）。

此外，某些驻防八旗将军、都统，如成都、福州、广州、伊犁将军，热河、乌鲁木齐都统，以及西宁等处大臣，也统辖绿营。

因统辖官对所统绿旗兵各营，在统辖关系上又有所不同，而有直辖之标营，与兼辖之营的区别。标营也简称"标"。

标，按不同统辖者而有不同名称，如总督直辖之标营称"督标"，河道总督直辖之标营称"河标"，漕运总督直辖之标营称"漕标"，巡抚直辖之标营称"抚标"，驻防将军直辖之标营称"军标",提督直辖之标营称"提标",总兵直辖之标营称"镇标"……各官所统标,有一营至五营不等,都是与统辖者同驻一地或附近之地。还应说明,标是统辖官直辖之营,而直辖营不一定全有标营之称。兼辖营,是相对于直辖之标营而言,皆称"兼辖××营",是指统辖者所统之营分驻于其他地方者,也有与统辖者同驻一地者,比如与统辖者同驻某城之城守营等。兼辖营与直辖标营相比,统辖关系相对疏远,因为它另设统辖者,其上为兼辖官,由此形成多层统辖关系。

协,只有从二品之副将所统辖的军事单位,才称"协",这也就是《大清会典·兵部》在绿旗营制中所说:"协,副将所属为协。"①

营,是绿营的基本单位。营兵规模大小不等,相差悬殊,大者一千余人,小者仅几十人。统营之武官,或为参将,或为游击,或为都司,或为守备。《大清会典》所记"参将、游击、都司、守备所属皆为营"②,就是这个意思。

汛,为营下组织,由正六品千总以下、正九品外委把总以上统辖,《大清会典》述为"千总、把总、外委所属为汛"③。

以上,便是史籍及今人论著中常提到的绿营统辖组织单位——标、协、营、汛及其统辖官。

营中又有中军一职,副将以下、守备以上皆有充任者,是协助统营官管理营务之职的,所设很多,并非有的学者认为的只有标营中才设置,④如山东曹州营、德州营、泰安营、台庄营、高唐营、寿张营之统营游击,安徽的游兵、潜山二营之统营游击,江西省饶州营之统营参将,建昌营之统营游击,这些游击或参将所

---

① 嘉庆《大清会典》卷35《兵部》。并见光绪《大清会典》卷43《兵部》。
② 嘉庆《大清会典》卷35《兵部》。并见光绪《大清会典》卷43《兵部》。
③ 嘉庆《大清会典》卷35《兵部》。并见光绪《大清会典》卷43《兵部》。
④ 如《辞海》"中军"条下作:"标的统领官称中军。"

统之营都无标营之称，又都设有中军守备。① 此类例子甚多，不备举。以下介绍作为标的中军所设档次，督标、军标、个别提督提标营的中军，以副将充任。抚标、提标营之中军，以参将任。镇标营之中军，以游击任。副将之协标营，以都司任中军。参将、游击、都司所统之营，以守备任中军。

以下为论述简洁，只对普遍性的各省总督、巡抚、提督、总兵、副将及参将以下官，以及其统营制度作辨析，而于河道总督、漕运总督、驻防将军以及道、府、州县等特殊统辖绿营情况从略。

二、标、协、营、汛之辨析

嘉庆、光绪两朝会典，于标、协、营、汛的统辖者及其层级关系方面，都有如下记述：

"凡绿旗兵……（各省）则统以督标、抚标、提标、镇标……标分其治于协，于营，于汛。"② （为求文字简洁，凡小字之注皆略而未录）

这段话，容易导致两方面误解：

第一，绿营组织有四个层级，标为最高，其次为协、为营、为汛。只有正二品以上官，如总督（包括河道总督、漕运总督）、巡抚、提督、总兵官，才拥有标营，或者说最低级的标也为总兵的镇标。标为协之上的层级，统领协的从二品副将及统领营的正三品参将以下官无标营，均为标之下的层级。

第二，标下再分为协、营、汛。标下分设协，协下再分营，营下再分汛。或者理解为标下分协，又分设营，分设汛。

关于第一方面，今人就有作上述误解的。《绿营兵志》认为"标是督、抚、提、镇

---

① 嘉庆《大清会典事例》卷471《兵部·绿旗营制》。并见光绪《大清会典事例》卷592《兵部·绿旗营制》。
② 嘉庆《大清会典》卷35《兵部》。并见光绪《大清会典》卷43《兵部》。

亲带的兵，凡有专阃之寄的总兵官以上的将帅，始得建标"[1]。《清代国家机关考略》认为"绿营最高组织为标，下面有协，有营，有汛"[2]。现今出版的几部军事制度史专著，也都作这种叙述。《中国古代军事制度史》第十章《清朝军制》述为："总兵以上的官员亲自率领的绿营兵称标兵。"[3]《中国军事史略》第七编第九章《清代前期的军制》述为："总兵以上官员所统绿营兵亦称标兵。"[4]《中国历代军事制度》第六章第三节《清代的军制》述为："总督（包括河道总督、漕运总督）、巡抚、提督、总兵，除下属各单位外，都有自己亲统的直属部队，称为'标'。"[5]总之，都不叙述"协"的副将有标及以下官有标。

其实，不仅总兵官以上将帅统标，其下之协、营的统辖官如副将、参将、游击，均有设标的。

掌协营之副将也统标，称为"协标"。《清朝文献通考》说："副将为提、镇分守险汛者，曰'协标'。"[6]《清世宗实录》记吏科给事中王瓒所言："各省兵制，有督标、抚标、提标、镇标、协标各名目。"[7]也在总兵官之镇标下列有协标。

协标自清初即广设于各省绿营。《大清会典事例》之《兵部·绿营官制》记述：

顺治二年，江南绿营"设狼山协、福山协、吴淞协、溧阳协、潜山协、宁国协、海州协副将及协标官"。

顺治二年，"（陕甘）设西安城守协、潼关协、庆阳协、靖远协、洮岷协、凉州协、永昌协、西宁协、花马池协、平罗协等处副将及协标官"。

---

[1] 罗尔纲：《绿营兵志》中卷第五章第三节《"营"的类别、兵种与将帅》，中华书局，1984，第217页。下同，皆此版本，不另注。
[2] 张德泽：《清代国家机关考略》第二编第四章第六节《各省绿营衙门》，学苑出版社，2001，第241页。
[3] 刘展主编《中国古代军事制度史》，军事科学出版社，1992，第478页。
[4] 高锐主编《中国军事史略》，军事科学出版社，1993，第548页。
[5] 中国军事史编写组：《中国历代军事制度》，解放军出版社，2006，第492页。
[6] 《清朝文献通考》卷87《职官考十一》。
[7] 《清世宗实录》卷93，雍正八年四月丙午。

顺治七年设福建绿营"闽安协、同安协等处副将协标左右二营，各设游击以下等官"。

顺治十六年，"（贵州）设平远协、定远协、铜仁协、平越协、安南协、贵阳城守协等处副将协标左右二营，各设游击以下等官"①。

同书及《清朝文献通考》卷183—187《兵考》还记有清初其他各省绿营各协副将所设的协标，不备举。

副将直辖协标及对其属员即协标下营官都司等的统辖关系，以及协标下辖的标营由副将管辖的营制，在档案中都有具体的反映。

如乾隆五年（1740），四川提督郑文焕奏折中提到，四川省夔州的协标副将陈玉琳为该协标所属中营都司转报属籍等事："据夔州协副将陈玉琳呈，据协标中营都司李廷伯详称，廷伯系正黄旗汉军雅思代佐领下人……"②

乾隆二十七年（1762），陕甘总督杨应琚奏折中，请将乌鲁木齐驻防官兵划归"乌鲁木齐协标两营，听该协副将、游（击）、守（备）管辖，以符营制"③。这又明确说明，该地设有协标，由该协之副将及其属官管辖，乃是当时的营制。

乾隆五十二年（1787），两江总督李世杰参奏之折说："安庆协标中军都司胡世雄，人既平常，性复执拗，每遇应办公事，该都司辄自出主见，任意混办，经该管副将查例指示，该都司竟抗不遵奉。"④这则进一步说明辖协标之副将对协下之营中军都司的管辖关系。

---

① 光绪《大清会典事例》卷549—555《兵部·官制》。
② 《宫中档全宗·朱批奏折》，04-01-01-0052-009号，乾隆五年八月二十八日，四川提督郑文焕：《奏为代奏夔州协标中军都司事》。
③ 《宫中档全宗·朱批奏折》，04-01-01-0254-042号，乾隆二十七年八月初三日，陕甘总督杨应琚：《奏为乌鲁木齐地方驻防官兵请归乌鲁木齐协标管辖事》。
④ 《宫中档全宗·朱批奏折》，04-01-12-0221-053号，乾隆五十二年三月十八日，两江总督李世杰：《奏为特参安庆协标中军都司胡世雄任性抗玩请革职事》。

同类内容，在嘉庆、道光、光绪朝奏折或题本中也有反映，不备举。①

部分参将、个别游击也有统标营者，只是没有提督、总兵之"提标""镇标"类的称谓，不称"参标""游标"，只称是其"本标"营。如会典所记：

浙江宁海营参将，统辖本标左右二营。

玉环营外海水师参将，统辖本标左右二营。

（四川）成都城守营参将，统本标左右二营，兼辖青云沱一营。

（广东）增城营参将，统辖本标左右二营。

（云南）顺云营参将，统辖本标左右二营。

永北营参将，统辖本标左右二营。

东川营参将，统辖本标左右二营。

镇雄营参将，统辖本标左右二营。

（贵州）长寨营参将，统辖本标左右二营。

台拱营参将，统辖本标左右二营。

朗洞营参将，统辖本标左右二营。②

（广西）宾州营参将，统辖本标中军一营，兼辖三里一营。

（四川）成都城守营游击，统辖本标左右二营。③

（江苏）常州营游击，统辖本标中左右三营。④

关于前述误解的第二方面，实际情况是，并非标下分设协，协也并不统辖于标。标，并非协之上的层级性概念，而是作为统辖官亲统直辖营兵之称，以此与

---

① 《官中档全宗·朱批奏折》，04-01-03-0144-020号，嘉庆十五年河南巡抚恩长奏折；04-01-12-0595-062号，光绪二十六年四月初二日，闽浙总督许应骙奏折；02—01-04-20159-005号，道光四年七月初六日，闽浙总督赵慎畛为福建闽安协标左营请销银两事所上题本。
② 嘉庆《大清会典事例》卷473、卷475、卷476《兵部·绿旗营制》。
③ 光绪《大清会典事例》卷595《兵部·绿旗营制》。
④ 嘉庆《大清会典事例》卷472《兵部·绿旗营制·江南水陆提督》。

"兼辖"相区别。而协是总督以下总兵官以上之统辖官兼辖之官兵，均以副将统领。协下，有副将直辖之协标营，有兼辖营，都可称为"协营"。协营并非由标营中分出，而是与标营并立之营，是为总督以下总兵以上官于标营之外增设的协防之营。另外，也并非所有统标之官其下都兼辖协。且不说品级低于副将的参将、游击等统标营者，不可能兼辖品级高于他们的副将及其协，并由他们的"标分其治于协"；就是总督以下，总兵以上这些品级高于副将的统标官，也并非都兼辖协，不少统标者没有兼辖协。以乾隆中期为例，总督、巡抚中，仅有两江总督、江西巡抚兼提督兼辖协营。提督，一般都兼辖协营，仅甘肃、云南二省提督无兼辖之协（嘉庆时也已兼辖协营）。各镇总兵，大部分兼辖协，乾隆中期共设65镇总兵，有38镇总兵兼辖协营，占58%。[①]提督、总兵是各省统辖绿营的专职高级武官，所以大多兼辖协。总督、巡抚、提督、总兵有设兼辖协的，又有不设者，表明协是因需而设，不具普遍性和一般性。

汛是由营或协（协营）之下分出，分防某营辖地之内的要地所设之绿营兵组织（河营之河兵防守之汛与此性质不同，此处不涉及），也是因需而设，并非所有营下都分设汛，如直隶之正定、天津、大名三镇，共设营42个，其中只有15个营下设汛，27个营都无下设之汛。[②]所以会典所谓"标分治……于营，于汛"，既不能理解为由标分出汛，也不能理解为所有营都分设汛，汛只是因需而设。在这点上，汛之因需而设协防于营，与协之因需而设，同样为非普遍性。汛与协虽然都是分驻之协防组织，但协下所分为独立设置之营，[③]而汛则是从营中分出之组

---

① 乾隆《大清会典则例》卷111—112《兵部·职方清吏司·营制》统计，623/282—344。
② 道光《中枢政考》卷37《绿营·直隶》，上海古籍出版社，续修四库全书本，853/618—622。下同，皆此版本，不另注。
③ 仅有一个组织者称协，实际也是营的规模，并设参将以下统营官，只是因为以从二品的副将直辖亲统，因而不称营，以免与统营之正三品的参将以下官同，有违体制。

织，其兵额在营的总额之内，并非本组织的独立兵额，[①]因而汛不具独立性，也正因此，可以认为：只有营才是绿营的基本组织。

还应注意的是，营下之汛，也并非完全由守备以下的千总、把总、外委等充任，某些汛又有由具有统营资格的游击、都司、守备等任统辖官者，[②]因此又模糊了营与汛之间的层级性差别。

汛既由营中分出，所以从制度上讲，所有营包括标营在内，都可分设汛，只是因需而设，有设也有不设而已。并非标营便特殊而不设汛。《绿营兵志》一书说，"标无分汛"，并进一步分析"因为分汛是零星的，汛兵专任防汛而不能事训练，故从那以协守分守地方为任务的协、营分出来，至于标兵，则以居中镇守与备战时调遣为任务，必须集中训练，故无分汛"[③]，这也不大准确。标下分设汛的例子并不鲜见。列举如次。

提标之分汛，福建提督石云倬提到他的提标营有"提标中营所辖之徐州墟、桃州隘二汛"，并请将"驻防徐州墟之守备调回府城"，将"桃州隘千总一员，移驻防守"[④]。直隶总督陈夔龙曾言"直隶绿营……提标昌平营所属汛兵，责任綦重"，

[①] 如正定镇之镇标左营，总兵额为708名。实际其左营之不计汛之兵额仅为466名，其余300多名为该营分设之9个汛的兵额。右营总兵额为898名，其不计汛之右营兵为401名，其余400多名，为该营下设之15个汛的兵额。天津镇河间协标之左营，总兵额为573名，该左营不计汛之兵额仅392名，其余也是该营分设之4个汛的兵额。均证明这些汛之兵是从营兵中分出的。以上各营之总兵额，见嘉庆《大清会典事例》卷470《绿旗营制》。不计汛之营兵额及各汛兵额，见道光《中枢政考》卷37《绿营·直隶·正定镇、天津镇》。两书成书年代不一，所以所记兵额有些出入，但可以证明各营的总兵额包括本营及该营下分之汛两部分，或者说，各汛之兵，是从营兵中分出的。

[②] 《清圣祖实录》卷247，记贵州黄草坝汛，按"游击一员"统兵300名防守。《清高宗实录》卷186，记贵州定旦汛，曾设"游击一员，把总三员"；卷593，记山东兖州镇所辖界河汛设守备。光绪《大清会典事例》卷874，记湖北省郧阳镇标右营下，有"分驻丰溪汛守备"；卷550，记福建泉州有"安海汛守备……灌口汛守备"，雍正九年又改以都司统领。

[③] 罗尔纲：《绿营兵志》，第216页。

[④] 《清世宗实录》卷94，雍正八年五月。

也提到提标下设所属汛兵。①

总兵之镇标下设汛的情况较多。如：直隶"正定镇标左营原辖之井陉汛"②，"福建镇标右营白沙汛把总一员，带兵二十八名，驻防龙岩县溪口"③，山东"兖州镇标右营所辖界河汛守备……专驻汛地巡防"④。其他：贵州"安笼镇标中营之马鞭田汛、洛霸汛，右营三土桥汛。镇远镇标中营之焦溪汛，右营之塘头哨汛、响水汛"⑤，湖北"郧阳镇标右营分驻丰溪汛守备"⑥，直隶正定镇标左营下设有赞黄汛等9个汛，镇标右营下设有深州汛等15个汛。⑦分出如此众多之汛于各地，以及"专驻汛地巡防"、驻某地"防守"的记述，又表明这些标下之汛，也是分驻别地防守，而不仅仅是与统标者"居中镇守"及"备战时调遣为任务"。

至此，可以对标、协、营、汛作如下总结。

标，是统辖官的直辖营，它是相对于兼辖营而言的，是只具有统辖意义的概念，不具层级意义，无论总督、巡抚、提督、总兵，以及协之副将、营之参将、游击等，都可拥有标营，并非只有协以上之高层级官员才可拥有标营。游击之下的都司、守备，也可有自己统辖之本营，只是他们一般只有本辖之一营，没有兼辖营，因而其所统之本辖一营也无相对于兼辖营的标营之称，其实他们所统辖之本营与标营在性质上是类似的。从这一意义上而言，标也即本标，与无标营之称而性质类似的本营，在设置上，具有一定普遍性。

协，是具有协防意义的营兵单位，只由副将统辖，均由提督、总兵或总督、

---

① 《宣统政纪》卷60，宣统三年八月。昌平营原属直隶提督兼辖营，而不是提标营，此外列提标下，何时所改，待考。即使不属标营，该文也提到了提标下设有汛兵。
② 《清世宗实录》卷150，雍正十二年十二月。
③ 《清世宗实录》卷156，雍正十三年五月。
④ 《清高宗实录》卷593，乾隆二十四年七月。
⑤ 《清高宗实录》卷194，乾隆八年六月。
⑥ 光绪《大清会典事例》卷874《工部·各省营房》。
⑦ 道光《中枢政考》卷37《绿营·直隶》，853/617。

巡抚所兼辖，以协助他们防守重点要地。协是中央分拨与提镇、督抚等的独立成一营（一个营规模者仅称协）或几营的组织，既不是从督抚提镇之标中分出，也并非设于标下，是于标外增拨的营兵，更不从属于标。罗尔纲先生曾指出："协、营不是从标分出，故与标即无从属的关系。"①协也并不普设，总督、巡抚有增设之协者，只是少数，或个别现象。

营，是绿营的基本单位。无论是督、抚、提、镇、副将、参将、游击、都司、守备直辖之营，还是游击以上兼辖之营，都是以营为单位。这是政书中对营的统辖者之主要记载内容。营之设置，也具有普遍性。

汛与协一样，是协防性组织，同样不具普设性，它是由营或协中分出的。又并非所有协、营，只是部分营或者说是某些营分出之兵，分驻该营防区内的重点要地。另外，汛，又不仅是作为与营同义的绿营兵组织概念，有时又作为防守地、防守点的名称，这在史籍记载中俯拾即是，这又模糊了汛的概念性质，不能单单地把汛作为特指的营下绿营兵组织。

总之，会典是把不具设置层级含义的标，与协、汛这两个仅为协防要地所设并不普遍的营兵组织单位，以及与营这一普遍设置的组织单位，这四个性质不同或涵盖范围有别的概念，混在一起作简单笼统的四个层级叙述，因而导致今人研究的误解。

上述辨别，庶可得出以下认识，这也是清朝统治者在绿营这一武装力量上的布设与其统辖上的设计特点，即：绿营并非按四层级式的标统协、协统营、营统汛的方式布设并统辖。而是不仅总督、巡抚、提督、总兵大员，而且协之副将及营之参将、游击、都司、守备，都有标营或性质类似于标营的自领本营，以各自标营或自领本营下弁兵，形成大小不等的各自直接负责的镇守区。只不过总兵及以上官所统之营，其上再无兼辖者，只有节制者，详见后第三节所述，协之副将

---

① 罗尔纲：《绿营兵志》，第217页。

及参将以下所统之营在其上还有更高的兼辖官而已（并见后述）。而均统营，并对该镇守区直接负责的性质，则是相同的。这也是绿营以营为基本单位并普遍设置的特点。

协、汛，都非普设于标、营之下，而是因需而设、于重要地区增设协防的补充性设置单位。

协，是总督以下总兵以上，于各自标营、兼辖营镇守地之外的重要地区，增设的级别高于营的重点防区，由总督以下总兵以上官所兼辖。

汛，则是总督以下、守备以上，于各自所统之标营或自统本营镇守区之内，分兵驻守的重要防守点。

协、汛的因需而设，于大（协）、小（汛）不同地区的增设，体现了绿营兵弁在设防上的细腻性与深入性。

三、绿营的多级性复杂统制关系

以下，根据诸种资料所记，结合上节的辨别，对本人所理解的绿营统制关系，再作简要归纳与梳理。

各省绿营的统制，都分为节制、统辖两种形式。

1. 节制关系。节制，是高级官员对本辖区官兵有控制、巡阅督查及调动之权的用语，因而是较高级别的统制形式。情况如下（据《大清会典事例·兵部·绿旗营制》记载）：

总督节制本辖省区巡抚、提督、镇总兵及其下官兵。

巡抚。凡兼提督衔者，节制本省之镇总兵及以下官兵。不兼提督衔之巡抚均不节制镇总兵，后来，江苏、贵州［嘉庆五年（1800）］、湖南［道光三十年（1850）］三省巡抚，以及光绪以后建省之新疆、台湾二省巡抚，也先后被赋予节制本省镇总兵之权。

提督，均有节制本省各镇总兵之权。

只有提督及以上官有节制权，总兵及以下官无节制权。

由此可见，总兵虽为各省专职性统兵高级武官大员，但其上设有双层节制：第一，受本省区最高级别的文官督抚节制，也即总兵或节制于总督，或节制于兼提督衔之巡抚、部分不兼提督衔之巡抚。第二，受本省区之最高专职武官提督节制。

提督虽为本省区最高级专职绿营武官，但其上又受文官总督节制。

设总督之省区，其下二省或三省巡抚在兵制上也受总督节制。

总督节制该辖区巡抚、提督、总兵所有统绿营之大员。这大概也就是总督之所以称为总督，又别称为总制，而总掌该军区绿营节制大权的主要内容所在。清代于各省既已设置省级长官巡抚，而又于边区之地的陕甘、云贵，沿海之地的两广、闽浙，沿长江两岸之湖广，以及沿海、沿江兼而有之的两江，这些应重点设兵的地区，联两省或三省再设省级长官总督，与巡抚重合设置，正是从军事设防上考虑，这也是总督职掌主要在军事，而总制绿营的主要原因。同治以后总督职掌的扩大，也与军事有关。

2.统辖关系。统辖形式又分为两种：一是直辖标营或本辖营；二是兼辖协、兼辖营。

直统标营或本辖营。总督、巡抚、提督、总兵、协的副将皆有标营，① 参将、游击、都司、守备所统营，有的称为标营，有的不称标营，实际也是自领之本营，性质上类似标营，或可称为本辖营。无论称标营与否，都以该营形成本官负责的防守区。

兼辖协。总督以下总兵以上有兼辖协，也只有总兵以上才可有兼辖协，但兼

---

① 绝大多数协的副将都有标营，个别协的副将无标营之名称，但也有自己直统的协，这种个别的仅有一个直统的协，其实也是直辖的标兵，即协标，这种协标也是营的规模和设官，只是仅此一协，而不称营，以免混同于营级而有悖于协高于营的体制。从这个意义而言，协之副将，也可以说均有直辖之标营。

辖协又非普遍现象。总督、巡抚有兼辖协者较少,如乾隆时只有两江总督、江西巡抚(兼提督),嘉庆朝只有以上二督抚及云贵总督、河南巡抚(兼提督)有兼辖协。提督、总兵则有部分人有兼辖协,比例大于督抚。

兼辖营。为各级官员于直统本标营外,兼管之营。总督多有兼辖营,乾隆时,八个总督有六人有兼辖营。巡抚多无兼辖营,十五个巡抚中,无提督衔之十个巡抚,只有江苏巡抚有兼辖营(后增湖南巡抚),其余九个无提督衔的巡抚,均只有标营,而无兼辖营。兼提督衔的五个巡抚,也有山东、江西两省巡抚无兼辖营。提督、总兵一般均有兼辖营。(个别无兼辖营,而有兼辖协,如广东南韶连镇总兵,无兼辖营,而有兼辖二协,该协其实也是营的规模)各协副将,有兼辖营者约为半数。① 参将、游击,有兼辖营者为少数。而都司、守备,尚未见有兼辖营之记载。可见,是否有兼辖营,兼辖营多少,既有统辖者品级地位及职任性质因素,又视其是否专职武官决定。督抚中,总督品级高,且为侧重于军事性职掌之文官,因而多有兼辖营。巡抚侧重文职,有兼辖营者很少。提督、总兵虽地位在督抚之下,但为各省专职武职大员,因而均有兼辖营。专职武官之副将以下,品级越低,有兼辖营者越少,都司、守备几无兼辖营。各协之副将虽地位低于巡抚,因系专职武官,有兼辖营者也远多于巡抚。

总督、巡抚、提督、总兵之兼辖协、兼辖营,都具有各自专辖性,形成其专辖区。督、抚、提、镇的几个标营,有的与其同驻一地,有的分防附近,也形成一个专辖区。这两部分专辖区又共同组成每个督、抚、提、镇的各自专辖区。总督、巡抚、提督的专辖防区又都是在各镇总兵之外的区域,这样,每省之内,便形成总兵之镇与督抚、提督各自辖区相间并存的绿营驻兵区,也可以说,无论是品级地位低的总兵,还是品级地位高的总督等,都有自己的专辖区。

---

① 据嘉庆《大清会典事例》卷470—476统计,全国共设协之副将96个,有兼辖营者52个,占54%。其中有的省之协下有兼辖者,如直隶、山西、河南、陕西、甘肃、四川,有的省之协全无兼辖营,如山东、云南、贵州。情况不一。这是嘉庆中期时的情况。

协、营的统辖与兼辖关系最为复杂。所有协及其统辖官副将、所有营及其统辖官参将、游击、都司、守备，又都是被兼辖者，都不具独自专辖性。协之副将，由总督以下、总兵以上官兼辖，营及其统领者参将、游击、都司、守备等官，由总督以下、协副将以上官兼辖。

无论是兼辖协、营，还是直统标营，其下又有多层统辖关系。

兼辖协、营中，被兼辖者又可有兼辖营，从而形成多层统辖关系。比如：两江总督兼辖江宁城守协，江宁城守协的副将这一被兼辖者，就既统本协标左右二营，又兼辖奇兵、浦口等四营，其中奇兵营之统辖游击这一被兼辖者，除直辖本奇兵营外，又兼辖守备所统辖之青山营，① 这样，青山营及其统辖者守备，其上便有奇兵营游击、江宁城守协副将、两江总督多层兼辖者。江南水陆提督，驻松江府，兼辖江阴县的江阴营，而统辖江阴营的游击，又兼辖分设于靖江县的靖江营，② 靖江营的统辖者守备，其上便又有江阴营游击、江南水陆提督两层兼辖者。九江镇总兵，驻九江府，兼辖设于广信府的广信营，广信营之参将，又兼辖分设于铅山县的铅山营，③ 这样，铅山营的统辖者都司，其上也有广信营参将、九江镇总兵这两层兼辖者。

直辖的标营中，也有下设兼辖营者。如直隶提督四标营中的前营，驻石匣城，统该营的游击，就又兼辖附近三营，这三营以都司或守备统营，分驻密云县、顺义县、石塘路，④ 以上是又一种形式的多层统辖关系。

由此形成多层节制、多层统辖的复杂关系：

总督有直辖标营，有的又有兼辖协、营，有自己的专辖区，又节制所辖一省或两三省之巡抚、提督、总兵等官兵。

---

① 嘉庆《大清会典事例》卷472《兵部·绿旗营制·两江总督》。
② 嘉庆《大清会典事例》卷472《兵部·绿旗营制·江南水陆提督》。
③ 嘉庆《大清会典事例》卷472《兵部·绿旗营制·九江镇总兵》。
④ 嘉庆《大清会典事例》卷470《兵部·绿旗营制·直隶古北口提督》。

兼提督衔之巡抚或某些巡抚，有标营，个别巡抚有兼辖协营，有自己的专辖防区，又节制总兵以下官兵。仅有标营的巡抚，也以其标营形成专辖区。

提督以本标营及兼辖营、协，形成其专辖防区，又节制总兵。其上则受总督节制。

总兵以本标营及兼辖营、协，形成其镇的专辖防区。其上受总督、提督及兼提督职之巡抚的双重节制。

副将以下守备以上皆可统辖营，但都是被兼辖者。他们又可兼辖比自己低级的武官所统之营，由此形成守备以上所统之营，有多层统辖关系，有两重者，有三重者。

总督以下、总兵以上官，其所辖营兵，一般而言，提督所统最多，总兵次之，总督又次之，巡抚最少，罗尔纲先生所作的统计表显示了这一点，[①]部分镇总兵所统之兵与提督所统规模相同，这是由提督、总兵是专职武官，督抚是各省之文职官所决定的。总督又因是偏重于军事职能之文官，所以有的具有重要防守需要的省区之总督，如两江总督，或无八旗兵驻防的省区总督，如云贵总督，他们所统之绿营兵也比较多。总督偏重于军事方面之职掌，主要体现在对本辖省区绿营的节制权上，无论是统兵较多的提督、总兵，还是统兵较少的巡抚，都受总督统一节制调度。总督统兵较少，而又节制统兵最多的提督、统兵较多的总兵，使各省最高绿营官提督及总兵，都不能形成割据一方的军事势力，更何况他们都不掌财政权，不具备像唐代藩镇那样的既有军队又有经济来源的割据条件。

营与汛，设置众多，广布于各省府州县，乃至州县内的重点防地、关口要隘，州县及其内分散设置的汛，所设兵多者数百人，少者仅数十人，甚至十人、十几人便设为防守汛点，[②]可谓星罗棋布、细致入微。俗言大风起于青萍之末、星

---

① 可参见罗尔纲《绿营兵志》据乾隆《大清会典则例》绿营营制所作的统计表，第203—207页。
② 道光《中枢政考》卷37《绿营·直隶·大名镇》。

火可以燎原，这些分散、细致设置于各州县及其内更小地方的巡防兵，正是为了扼制可能产生萌芽状态之反乱，以及维持平时统治秩序、治安。而这些营、汛，其上设有多层统辖官，又是为保障其职能的落实。

综之，总兵以上的多层节制，统营官的多层统辖，营、汛设置的普遍与细密，[①] 正是清朝统治者既利用绿营维持统治，而又防止其形成割据叛乱，而在体制上所作的周密设计。自宋以后吸取以前地方藩镇武官作乱的教训，削弱地方高级武官的权势、地位，以文抑武，一直到清延续实行，清代以文官督抚主要是总督节制武官提镇大员，是这一做法的延续。

清代绿营，无论其组织编制，还是统辖体制，均较复杂，本文在理解上或有不当或错误之处，敬请方家指正。

（原载《中国古代社会高层论坛文集》，中华书局 2011 年）

---

① 罗尔纲：《绿营兵志》，第 216 页。其也指出，汛，"从整个营制的机构看来，它却是最细密的"。

清前期大学士品级问题考

清前期大学士的品级，几经变化，又有提高品级之加衔，满汉也不同，直到乾隆五十八年（1793）取消兼衔，始得简明副实。在这一过程中，实录、会典等的记载，又有歧异或令人费解之处，爰作专文辨析。

一、清初满洲大学士何时为一品

《清太宗实录》卷38崇德二年（1637）九月丙寅条记：

> 大学士范文程、刚林等往科尔沁国册封，礼成，还。其馈遗册封使臣马匹、牛、羊、皮张，一品大臣范文程、刚林，每人三九，二品大臣胡球、诺木图，每人二九，三品大臣顾寔，一九。

若按这一记载，清入关前，作为内三院汉军旗人大学士范文程、满洲旗人大学士刚林，是一品大臣。又据清入关后所修的第一部会典康熙《大清会典》卷6《吏部四·品级》所记："内阁大学士，初定，满洲一品，汉人二品。顺治十五年，改俱为二品。"这里所说的"初定"，是指顺治十五年（1658）以前，但时间上限不明，可有两种理解，一种是指清入关后，一种是包括清入关前，若按后一种理解，也是在入关前，满洲旗人大学士就已定为一品了。但《清世祖实录》卷15顺治二年（1645）三月戊申条，又有如下记述：

> 大学士刚林等奏言：盛京原定：六部为一品，内三院为二品。今六部系二品，银印……得旨：内三院照盛京，为二品衙门。

这是说在入关前,内三院是二品衙门,作为内三院衙门的最高官员大学士,是二品官。顺治二年三月,距入关前尚不到一年,所述当是准确的。那么前举《清太宗实录》所记大学士是"一品大臣"之语,又是怎么回事?据《清太宗实录》卷37崇德二年七月庚寅条载:

命内秘书院大学士范文程、内国史院大学士刚林、内弘文院学士胡球等,赍册及诰命,往封外藩科尔沁国和硕公主及蒙古和硕亲王、多罗郡王妻等,又追封皇后祖父位号。赐范文程、刚林一等大臣品级而遣之。

《清太宗实录》所记两条,指的是同一事,即大学士范文程等去科尔沁蒙古册封,可见,当时范文程、刚林的一等大臣品级或一品大臣是临时赐予的,目的是提高作为使节的大学士的身份,以符合礼制上的等级性,也表示对对方即科尔沁蒙古之受封者的尊重。这种做法,在当时的清政权中并非特例,如同年十月,便又"遣英俄尔岱、马福塔、达云,赐以一品服色,率从官通事,赍敕往朝鲜,封李倧仍为朝鲜国王"(《清太宗实录》卷39崇德二年十月庚申条)。因此,可以断定,入关前的大学士并未定为一品,康熙《大清会典》所谓"大学士初定,满洲一品",包括以后四部会典抄录的这一语句,都未指入关前。

那么,满洲大学士之初定为一品,又是从何时开始的呢?无论档案还是史籍,都没有留下确切的记述,前举《清世祖实录》顺治二年三月戊申条,确认内三院仍照盛京旧制,为二品衙门,可知顺治二年三月前后,大学士始终为二品官。顺治二年闰六月,入关后的满族统治者第一次系统规定满汉官员品级,《清世祖实录》有如下记述:

(顺治二年闰六月)壬辰,定文武官员品级:御前内大臣,固山额真,六部尚书,都察院、理藩院承政,昂邦章京,多罗额驸,为一品。

> 内三院大学士，六部侍郎，都察院、理藩院参政，銮仪卫官二员，梅勒章京，护军统领，前锋统领，镇守盛京京城总管官，贝勒婿多罗额驸，摄政王下内大臣，为二品。
> ……………
> 其汉官品秩，俱仍旧制。

这次系统全面地制定了官员品级，内三院大学士仍沿袭原制，为二品官。这是指的入关前后一直任内三院大学士的旗人，如刚林、范文程、祁充格等人。入关后新纳入内三院的汉人，其"汉官品秩，俱仍旧制"，乃沿袭明朝内阁大学士的品级（见后述）。

《清世祖实录》卷36顺治五年（1648）正月壬寅条载：

> 谕大学士范文程、刚林、祁充格等曰：文职衙门不可无领袖，但不可如故明时专擅耳。今将尔衙门品级特行改定，章服如之，尔三人可用珠顶玉带，以示优崇。其谕吏、礼二部知之。

这段记载，表明清廷要把内三院大学士作为文职官之领袖，上述文字中未明言提高大学士、内三院衙门的品级，仅言"将尔衙门品级特行改定，章服如之，尔三人可用珠顶玉带"，实际是将这三位旗人大学士的品级提升了，而且配给其相应身份地位的品级服饰。上录史料源自乾隆定本《清世祖实录》，此前未经改过的《清世祖实录》的这段文字，则是：

> 今将尔衙门品级，较前改大，尔三人可用珠顶玉带。[①]

[①] 见《八旗通志》初集卷59《典礼志十·冠服通例》所录《清世祖实录》。

这段文字所谓将内三院衙门品级"较前改大"一语，虽然不雅，但却比较明确地表述了加大也即提升其品级的改制做法。大学士原为二品，提升为领袖官，当然也就是升为最高的一品官了。符合提升其品级后的官服——"珠顶玉带"，也正是一品官的服饰。据《国初品级考》载，一品官的顶戴是帽顶"上衔红宝石、中嵌东珠一颗，带用金方玉版四块"，这就是所谓的"珠顶玉带"。而二品官的顶戴是帽顶"上衔红宝石、中嵌小红宝石，带用起花金圆版四块"，帽顶无东珠，带无玉版。以后的记载，也进一步证实了这一年升为一品的推断。《清世祖实录》卷56顺治八年（1651）四月乙丑条记：

> 上以内三院大学士品级既与尚书同，遂命学士品级与侍郎同。

文中"既与"二字，表明在顺治八年四月以前，大学士的品级已经与尚书相同了，对照顺治二年闰六月的官员品级定制，六部尚书为一品，那么顺治五年正月以后的大学士，也是一品了。但这仍是满人大学士，以及按满洲大学士对待的汉军旗人大学士范文程。因而本人认为，康熙《大清会典》所述：大学士"初定，满洲，一品"，这里的"初定"，应是在顺治五年正月，顺治朝的前四年，大学士尚未定为一品，而是二品。顺治五年正月以后定为一品的大学士，只是满人。其他大学士品级如何？《清世祖实录》卷74，顺治十年（1653）四月乙卯条记：

> 大学士范文程、额色黑奏言：大学士宁完我、洪承畴、陈名夏俱隶旗下，照满洲官支给俸禄，其衙门职掌、官衔品级，或照满洲例，或照汉官例，相应请旨。得旨，宁完我，仍照满洲大学士例。洪承畴、陈名夏官品俸禄，俱照汉官例。

可见，已经入旗的汉人，其担任大学士者，待遇并不一致，有的比照满洲人,有的比照汉人,体现了满族统治者在对待不同时期、不同情况下归清入旗的汉旗人官员的差异。这段史料也说明,当时的汉人大学士,与满洲大学士,在官品、俸禄上是不同的。

二、大学士是否曾为正五品

顺治十五年(1658),大学士的品级发生了变化,起因是,清廷将内三院完全改为明朝制度的内阁。《清世祖实录》卷119顺治十五年七月戊午条记:

> 谕吏部曰:自古帝王设官分职,共襄化理,所关甚钜,必名义符合,品级画一,始足昭垂永久,用成一代之典。本朝设内三院,有满汉大学士、学士、侍读学士等官。今斟酌往制,除去内三院秘书、弘文、国史名色,大学士改为殿阁大学士,仍俱正五品,照旧例兼衔。设立翰林院,设掌院学士一员,正五品,照旧例兼衔,除掌印外,其余学士,亦正五品。以上见任各官,俱照本品改衔供职,以后升授衔品,俱照新例。内三院旧印俱销毁,照例给印。

由于内三院改为明朝制度的内阁,大学士的职衔名、品级也都按明朝之制,上录《清世祖实录》的说法是:"大学士改为殿阁大学士,仍俱正五品,照旧例兼衔。"这句话按字面简单理解,大学士是沿袭明制,而改为了正五品。

至康熙九年(1670)三月,康熙帝又令改革官员品级,主要是将满汉官员品级划一。《清圣祖实录》卷32康熙九年三月丙寅条记:

> 谕吏部:满汉大小官员,职掌相同,品级有异,应行画一。著议政王、贝勒、大臣会同定议具奏。

几天后，奏报了会议内容，并提出了改革方案，《清圣祖实录》同卷同月甲戌条记：

> 议政王等遵旨议覆：满洲大学士、尚书、左都御史，俱系一品……汉大学士，原系正五品，今为二品。尚书、左都御史，俱系二品……今若将汉人官员品级与满洲画一，则在外升调品级不符。查顺治十五年，曾将满洲官员品级与汉人画一。后康熙六年，将满洲官员品级改为照旧。今应行画一，将满洲官员品级，照顺治十五年之例。其见在品级，仍准存留，以后补授之时，照此定例补授。从之。

前述顺治十五年七月，有大学士改为正五品之语，这段康熙九年三月的记述又有"汉大学士，原系正五品，今为二品"之语，很容易让人理解为，在顺治十五年七月至康熙九年三月之间，大学士曾为正五品，至少汉大学士是如此。现代人的著述中便有作这样理解的，如《清代国家机关考略》一书之内阁部分，便认为："顺治十五年七月，清王朝参照明制，改内三院为内阁……大学士品级改为正五品，这也是参照明制，是怕阁权过重，特降低大学士品秩，借以抑制……康熙九年三月，画一满汉官员品级，当时王大臣等议覆说：'满洲大学士、尚书、左都御史，俱系一品……汉大学士，原系正五品，今为二品。'则知康熙九年以前，满洲大学士为一品，汉大学士为五品。以后满汉画一，满汉大学士则都定为正二品了。"

但是，在康熙中期纂修的《大清会典》中，却没有顺治十五年七月满汉大学士或汉大学士改为正五品的记述，所记述的倒是，满汉大学士"顺治十五年，改俱为正二品，兼各部尚书衔"，是改为正二品，而且自顺治十五年七月起，至雍正八年（1730）改为正一品这段七十二年的时期内，大学士始终都是正二品，从没有改为正五品。康熙以后的几部会典及其则例、事例，以及"清三通"《历代职官表》等职官部分关于内阁大学士的品级的记述，都是如此。根据雍正《大清会典》卷7《吏部·文选司·品级》、乾隆朝所修《历代职官表》卷2《内阁上·国朝官制》、嘉庆《大清会典事例》卷15《吏部·官制·原定满汉官员品级》所记，可列为下表。

表1

	初制	顺治十五年	雍正八年
满大学士	一品	改为正二品	升为正一品
汉大学士	二品	正二品	升为正一品

这几种政书的记述，也均表明大学士自顺治十五年定为正二品后，至雍正八年，一直是正二品，从无正五品之说。

而且，前述《清圣祖实录》康熙九年三月那段文字，也很难作这种理解：满大学士为一品，汉大学士却为正五品。同衙门同职，竟相差四个品级，这可能吗？

那么，《清世祖实录》顺治十五年所谓大学士按明朝殿阁大学士例"仍俱正五品"，究竟是怎么回事？

进一步说，是否真的是正五品，还是另有更高品级？原来关键在于随后的一句"照旧例兼衔"，不妨再照录完整的原文，顺治十五年（1382）七月"大学士改为殿阁大学士，仍俱正五品，照旧例兼衔"。既然这是明制，就有必要多费些笔墨，弄清并分析明朝的这种制度了。

众所周知，明初朱元璋废除丞相，以巩固皇权。寻于洪武十五年（1382）仿宋朝制度，置内阁大学士，规定其"秩皆正五品"[①]。但其后阁臣权力不断发展，

[①] 《明史》卷72《职官一·内阁》，中华书局，1974年标点本，第6册1733页。下同，皆此版本，不另注。

入阁者的身份也逐渐提高，据王圻《续文献通考》载，正德以前，一般入阁者的身份尚低，正德以后，官员入为内阁大学士，已是"以尚书为入内阁阶梯"①。就是说，大学士在入阁前，就已是正二品之尚书的官品身份了，早已超过正五品。为了了解其确实情况，笔者专门对正德以后至崇祯朝全部121名内阁大学士的入阁状况作了考察，依据史料是：《明史》卷109—110《宰辅年表》、卷111—112《七卿年表》，以及《明史》这些大学士的传记。从而得出以下认识：

第一，入阁时的官职。可分为三部分：

一是入阁时就是尚书，正二品。有46名。其中29名为礼部尚书（包括2名"故官"、1名落职而起用者），17名为其他部尚书，主要是吏部尚书。

二是入阁时就是侍郎，正三品。有45名。其中22名为礼部侍郎，23名为其他部侍郎，绝大多数又是吏部侍郎。另外还有21名不明者，但从其入阁时即晋礼部尚书衔的情况看，其入阁时的官职也主要应是吏、礼两部的侍郎，所以这21名，也基本可归入此类。共66名。

三是入阁时稍低于侍郎品级的职官，如詹事府少詹事、都察院佥都御史、大理寺少卿，均为正四品，共9名。多数出现在崇祯朝。

第二，以侍郎或以下官职入阁者，在入阁之时，或入阁不久，均晋某部尚书，实为兼尚书品级之虚衔（见下述），主要是兼礼部尚书虚衔。只崇祯末年个别入阁者，未及晋尚书衔，明朝即灭亡了。其原以尚书入阁者，仍兼尚书衔。因此也可以说，凡入阁为大学士者，均兼尚书衔，或者说是例兼尚书衔。

第三，所兼尚书衔是虚衔，因为此后的该部，都另有他人任尚书实职。

通过以上情况可以看出，至晚在正德以后，入阁为大学士者，不是正二品的尚书，就是稍低于尚书的正三品的侍郎等，再低者只是个别人，崇祯末年选了几个正四品官入阁，不过是崇祯帝频繁更换大学士，备选者实在乏人情况下的个别

---

① 王圻：《续文献通考》卷87《职官考·吏部堂属·皇明》续修四库全书本，上海古籍出版社，1995，第763册468页上。

事例。与崇祯帝后来对翰林有成见也有关系。

可见，所谓大学士秩正五品之制早已不存在，当初所定正五品，不过是因为选为大学士者，都是翰林词臣，正统时期，仍是"内阁固翰林职也"①，而翰林院的最高品秩官学士，是正五品。②但后来内阁大学士的宰相职任，又非翰林院之一班词臣所能胜任，因而入阁者，主要是尚书、侍郎这些在六部中有过实际部务职历、工作经验者，内阁也取得了其在六部之上的实际地位，所以内阁及其大学士在"嘉靖以后，朝位班次，俱列六部之上"③。另一方面，朱元璋的后嗣子孙皇帝们，谁也不敢明令改变祖制，将内阁大学士的正五品提升至六部尚书乃至其上，所以就采取了一种变通的办法，凡低于尚书的侍郎等入阁者，在入阁时或入阁后不久，即加尚书衔，成为兼尚书衔的某殿阁大学士，主要是加礼部尚书衔。这兼某殿或某阁大学士，属于兼殿阁衔，也是遵循明初的祖制。另外，一般大学士还兼三少或太子三师三少的一品荣誉虚衔，也有提高或符合大学士实际身份的意义，使其在六部一般尚书之上。

由于入阁者，有的入阁前就是尚书，官品稍低的侍郎，又多入阁同时即晋尚书衔，也可以说是晋尚书衔而入阁，是入阁者绝大多数已有尚书身份，王圻所说大学士"以尚书为入阁阶梯"，当就是指这种情况而言。

入阁者之所以主要出自礼部或吏部，是因为大学士之选重翰林出身，或者说是其首选资格，大学士其源即出自翰林院，这也是内阁选人之祖制，即所谓"内阁固翰林职也"，而"礼部尚书、侍郎必由翰林，吏部两侍郎必有一由于翰林"④，这两部的长官尚书、侍郎，翰林出身者也最多，入阁时或入阁后不久也主要是加礼部尚书衔，以保持其与翰林院翰林的渊源关系和清望。

---

① 《明史》卷73《职官二·翰林院》，第6册1787页。
② 《明史》卷73《职官二·翰林院》，第6册1785页、1787页。洪武十四年定翰林院学士为正五品，而次年定内阁大学士亦秩皆正五品。
③ 《明史》卷72《职官一·内阁》，第6册1734页。
④ 《明史》卷73《职官二·翰林院》，第6册1787页。

可见，明初所定的大学士正五品之制，以后实际已不存在，只是无人敢明令取消这一祖制而已。入阁为大学士者，实际已成文职中的最高品位者，而当时文官最高实职品级，就是正二品的尚书，所以入阁为大学士者，实际就是最高的正二品官，低者也要加尚书衔，成为正二品，因而可称之"例兼尚书衔"而成正二品大学士。内阁也成为实际上的正二品衙门，也即最高之职衙门。他们所加的尚书职名，也不是实职，因为都有实任其职的尚书之官，所加尚书衔名，纯粹是为符合其最高的文官品级身份。明朝君臣不敢明令取消明初大学士为正五品官的祖制，满族皇帝则没有这一顾忌，因而无论是入关前的内三院（内阁之雏形），还是入关后仿明制内阁而继续设立的内三院，都是明定为是正二品衙门，这正是根据明朝的实际情况所定的规制。也正因此，清顺治朝，在内三院供职的汉人大学士，开始就是正二品，而满人大学士，则在顺治五年提升为一品了。

明确了明朝内阁大学士的品级制度后，就不难理解，顺治十五年七月取消内三院名目，按明制设内阁，所谓"大学士改为殿阁大学士，仍俱正五品，照例兼衔"，只不过是循明制的一句套话，实质上是"照例兼衔"，也即兼尚书衔、殿阁大学士衔。此次改制，同时也规定，"六部满汉尚书，俱作正二品"[①]，也即大学士是例兼尚书衔的正二品官，这也正是康熙《大清会典》所说的，顺治十五年，满汉大学士俱为正二品的来历。当时这些大学士，也确实按明制而兼尚书衔，见下表。

表2　改为明制内阁后，大学士之殿阁、尚书兼衔

	大学士殿阁名	所兼尚书衔	实际任该部尚书者
觉罗巴哈纳	中和殿大学士	兼吏部尚书衔	科尔昆（满）
金之俊	中和殿大学士	兼吏部尚书衔	孙廷铨（汉）
额色黑	保和殿大学士	兼户部尚书衔	车克（满）

---

① 《清世祖实录》卷119，顺治十五年七月戊午，3/924下。

表2（续表）

	大学士殿阁名	所兼尚书衔	实际任该部尚书者
成克巩	保和殿大学士	兼户部尚书衔	王宏祚（汉）
蒋赫德	文华殿大学士	兼礼部尚书衔	恩格德（满）
刘正宗	文华殿大学士	兼礼部尚书衔	王崇简（汉）
洪承畴	武英殿大学士	兼兵部尚书衔	伊图（满）
傅以渐	武英殿大学士	兼兵部尚书衔	梁清标（汉）
胡世安	武英殿大学士	兼兵部尚书衔	梁清标（汉）
卫周祚	文渊阁大学士	兼刑部尚书衔	白允谦（汉）
李霨	东阁大学士	兼工部尚书衔	刘昌（汉）

资料来源：《清世祖实录》卷120，第12页。《清史稿》卷178《部院大臣年表一》上。

由此表可见，按明制改为内阁的殿阁大学士后，同样按明制兼尚书衔，满汉大学士也当然地成为正二品尚书衔的品官，而且所兼尚书衔也只是为符合大学士实际官位身份而加的虚衔，而不是实职，当时任各该部尚书者，都另有他人。至于康熙九年三月，议政王等所说的"汉大学士，原系正五品，今为二品"，其"原系正五品"，仍是指的明朝从未更改的祖制，"今为二品"，则是指康熙九年三月及以前汉大学士的品级，而不是指顺治十五年七月至康熙九年三月这十余年中，"原系正五品"至康熙九年三月而改为二品。不然的话，此后由大学士等纂修的康熙《大清会典》，会将顺治十五年七月所定的满洲大学士品级明确记为是正二品吗？如果当时是正五品却记为是正二品，那岂不是无视并篡改曾为正五品的史实了吗？再者，同为大学士，在顺治十五年七月由二品降为五品，突降三个品级，前后如此悬殊，这可能吗？事实是，清代的满汉大学士，从未定过正五品，即使在顺治十五年至康熙九年这十余年中，也不是正五品，官员的升补制度也说明了这一点。如康熙三年三月，吏部议奏："会议，大学士缺，以各部尚书、左都御史推补。"①当时，满汉尚书的品级是二品，如果大学士是五品，被推举而补大学士缺的尚书、左都御史，岂不是未升职，反而连降三级了吗？事实是，当时大学士与尚书同为二品，但因大学士比尚书职位高，身份地位也在尚书、左都御使之上，所以大学士缺出，才推举尚书、左都御史而补其缺，这实际是升职。我们再以同为内三院官员的学士与大学士作一对比。康熙六年（1667）三月，"谕吏部：内三院各设汉军学士一员，此系定例。今汉军学士员缺，将汉官一并开列，且汉军学士品级定为二品，若无三品应升之员，方以四品官员列名"②。同在内三院、处在大学士之下的汉军学士，当时尚"品级定为二品"，以三、四品官升补，而大学士反为五品，低学士三级，于官制、于理都不合，所以是不可能的。

最后，还有一个需要辨别的问题，就是尚书的品级，因为所谓大学士"照例兼衔"，兼殿阁之衔名与品级无关，与品级有关的是兼尚书衔而循尚书品级。而清初，尚书品级也几经变化，且满汉不同，而且恰恰就在顺治十五年七月至康熙九年这段时间内发生过变化，这样，在这期间兼尚书衔的大学士的品级，也会相应有所变化，且满汉大学士不同。

据康熙《大清会典》卷6《吏部四·品级》载：

> 各部院尚书，初定，满洲一品，汉人二品。顺治十六年改俱为二品。康熙六年复改满洲为一品。九年定，俱为正二品。

这里所谓的"顺治十六年改俱为二品"，是指顺治十六年（1659）闰三月改满汉官品级一事，但此次改品级，满汉尚书未动，实录记作："六部满汉尚书、侍郎、郎中、员外郎、主事、司务等官，称谓品级俱仍旧。"③"仍旧"是指的八个

---

① 《清圣祖实录》卷11，康熙三年三月乙亥。
② 《清圣祖实录》卷21，康熙六年三月乙未。
③ 《清世祖实录》卷125，顺治十六年闰三月辛酉。

月前的顺治十五年七月刚刚规定的"六部满汉尚书,俱作正二品"①,会典是把顺治十六年改与未改品级者都笼统地称为"改"了。所以,满汉尚书实际是在顺治十五年七月改为"俱作正二品"的。康熙六年后,满尚书又曾一度改为一品,《清圣祖实录》卷21康熙六年二月癸酉条记:

> 吏部遵旨议覆:各部院官员品级,照顺治十四年以前定例。满洲,尚书、左都御史,为一品……

此次改品级,主要是改满人官员,是当时辅政大臣鳌拜等为提高满官地位、压制汉官,而对以前顺治帝所定规制的更改。所谓"照顺治十四年以前定例",是指恢复由内三院改为内阁的顺治十五年以前,也即顺治十四年(1657)及以前的定例。所以康熙六年二月以后,满尚书又恢复为一品。但康熙九年,因又将内三院改为内阁,且将满汉官品级划一,所以满尚书又由一品复为顺治十五年改为内阁时的正二品,《清圣祖实录》卷32康熙九年三月甲戌条,记议政王等议覆。现在,"满洲大学士、尚书、左都御史,俱系一品",而汉大学士"今为二品",如今既然划一品级,应照顺治十五年定例,他们向康熙帝介绍并建议:

> 查顺治十五年,曾将满洲官员品级与汉人画一。后康熙六年,将满洲官员品级改为照旧。今应行画一,将满州官员品级,照顺治十五年之例。

康熙帝同意。既然满尚书又复顺治十五年之例,就是前述的"六部满汉尚书,俱作正二品",那么,循从尚书品级的满大学士,也就当然地由一品又改为正二品了。但因前后两次改动的都是满人官员,所以汉大学士未动,始终是正二品,而

---

① 《清世祖实录》卷119,顺治十五年七月戊午。

满大学士，在康熙六年二月至九年三月之间这三年内，曾一度为一品，这也正是前述议政王等向康熙帝所介绍的，康熙九年三月未改前"满洲大学士、尚书、左都御史，俱系一品"的史实。而清朝的五部会典及"清三通"等政书，都略去了这段史事，所以现在所能见到的会典的记载，记满洲大学士都是：初为一品，顺治十五年改为正二品，至雍正八年升为正一品。而没有康熙六年至九年满大学士曾为一品的记述。

还有一点需要说明的是，顺治十八年（1661）六月，内阁又改为内三院，但满汉大学士及学士的品级并未更改，仍是"照见定六部尚书、侍郎品级"[①]，也即按顺治十六年所定，满汉大学士俱为二品。

三、总结

现在，我们就可以把清朝大学士的满汉不同品级及其变化，直至最后定制，作一简单总结。

清入关前，内三院是二品衙门，大学士品级为二品。[②]

清入关初，内三院定为二品衙门，满汉大学士均为二品官。至顺治五年正月，满人大学士升为一品，汉人大学士仍旧，为二品。汉军旗人大学士，有的照满洲例为一品，如范文程、宁完我，有的照汉人例为二品，如洪承畴、陈明夏。

顺治十五年，内三院改为内阁，满洲大学士改与汉人同，照明制兼尚书衔，为正二品，且兼殿阁衔。但康熙六年至九年间，满大学士又一度复顺治十五年以前之制，为一品。

康熙九年划一满汉品级，满大学士又与汉大学士同为正二品。且将内三院复改为内阁，大学士称殿阁大学士也即兼殿阁衔，同时兼各部尚书虚衔。此后，满

---

① 《清圣祖实录》卷3，顺治十八年七月己酉。
② 严格说来，应是内三院为二等衙门，大学士为二等官，而不是二品官，因为当时的品，与入关后的品级还不完全等同。

汉大学士的正二品又延续了60年，这实际是名实不符，因为大学士的实际身份地位乃至职权，都在正二品的尚书之上，所以至雍正八年，为名实相符，将大学士明确为正一品。《清世宗实录》卷93，雍正八年四月丁未条记："命改定大学士、尚书品级，大学士为正一品，尚书为从一品。"从此成为定制。

此前的内三院改为内阁，大学士均兼尚书衔而为正二品，这是循从明制。至雍正八年满汉大学升为正一品时，仍然兼尚书衔，实际已与其品级相矛盾了，因为大学士已为正一品，此时的尚书为从一品，正一品的大学士却仍沿旧制兼从一品的尚书衔，名不符实，终于在乾隆五十八年（1793）取消这一旧制。此年四月上谕："大学士秩居正一品，又何庸复兼从一品之尚书虚衔为耶？著交吏部详悉查明，将内外文职，似此无关职任兼用虚衔者，分别删除。"吏部遵旨议奏："大学士兼尚书衔……均请删除。"[①] 至此，明代以来历经二百多年的大学士加尚书衔才最终结束。

（原载《清史论丛》2007年号，中国广播电视出版社2006年）

---

① 《清圣祖实录》卷1427，乾隆五十八年四月乙酉。

清代官印的特点及其所反映的职官制度变化

官印,是政权各机构、官员的权力凭证,广泛钤用于各种公文,并以其区别非官方的、伪造的文书、凭证,关系到国家各机关的行政运作、权力之行使,是职官制度的重要组成部分。目前,对清代官印及其相关制度的研究很少,仅见到任万平《清代官印制度综论》[1]一文,对清代官印的使用分期、官印制造与管理制度,以及形制特点如质地、纽式、印形与尺度、官印称谓、款识形式等,作了详细、深入的论述。

俗言清承明制,是指清代的制度沿袭明朝,实际上,清朝所承袭的明朝制度,在很多方面都有变化,而且是非常重要的变化。另外,清朝由于增加了满族特有的行政机构与职官,尤其是边疆民族地区大量设官,这使清代的职官制度远较明代复杂。以上诸方面情况,在清代官印上也有很多反映,其既体现了清代官印的特点,也反映出清代职官制的某些变化,本文拟就这些问题作一粗略考察。

一、清代官印的特点

与明代相比,清代官印明显体现出以下特点。

1. 种类多。

明代颁给各衙署、官员的印信(广义之印),绝大部分是方形之印,上至正一品衙门之宗人府、五军都督府,下至地方低级的从九品司狱司等,都颁与印。只有未入流者,如各州县仓库、河泊所等,颁与长方形的"条记"。另外,初设带有临时性的职官如总督、巡抚,以及镇守官、公差官,则颁给长方形的"关防"。条记、关防的使用范围都较小。[2] 印、关防、条记,均为银或铜铸造。清代这些印信

---

[1] 载《明清论丛》第1辑,紫禁城出版社,1999。
[2] 万历《明会典》卷79《礼部·印信制度》。

的质料基本与明代相同。①

清代除用印、关防、条记外，增加了"图记"，此外，还有木刻的"钤记"。其中印、关防，尤其是关防，使用范围大大超过明代。图记主要是八旗基层组织及边疆民族地区所设职官使用。以上具体情况，均见下述。其中木刻钤记，主要颁与地方文职佐杂官及无兼管兵马钱粮之武职官。

以上只是大方面的分类，清代官印由于等级严格，形制、文字各异，文职、武职也有区别，所以在印、关防、图记、条记各种印信之内，又区分为不同规制之种类，这方面的规制性区别种类，远较明代繁多、复杂，这一点，将在第三个特点"等级严格"一目中作详细叙述。

2. 数量大。

明代中央的部院寺监等机构及其设官制度，清代基本全部沿袭，只是在下属的分支机构或附属机构上有所增减，以曾经颁有印信的机构为例，明代所设之行人司、尚宝司、上林苑监等，清初都曾设置，后裁撤。而清代增设的内阁典籍厅，吏兵二部的稽俸厅，户部军需局，八旗俸饷处，八旗现审处，井田科，户部三库，刑部赃罚库，工部料估所、制造库、节慎库，各部院督催所等，皆颁与印信。从总的来看，这类分支或附属的颁与印信的机构，清代比明代增加不少。另外，清代还增设了军机处、乐部、总理各国事务衙门、出使各国大臣等明代没有的非分支性颁与印信的机构或官员。地方上，明代省府州县机构及设官、颁印制度，清代基本沿袭。所不同者，明代宗室诸王分封到地方，设王府，颁与印信，清代宗室诸王不在地方建藩，于京城宗人府统一管理。再，明代的卫所，清初沿袭，此后不断裁减，雍正二年（1724）更大规模裁撤，仅剩漕运卫所及边区部分卫所，卫所颁印数量因之减少。但清代所增设的颁与印信的地方官数量，却大

---

① 福格：《听雨丛谈》卷5《图记》。"今之盐政及巡城御史印信，其式最小，方仅一寸数分，以铁为之。"其所记这两种官印信之用铁、尺寸，均与《大清会典》不同。记此以作备考。

大多于明代。道员，府州县分防地方或担任某种事务的佐贰官，明代尚无固定印信，只是临时配给，清代则颁发印信（详见后述），这些官员数额颇大，佐贰有六七百人（嘉庆年间额数）。① 此外，清代还新增设了厅及理事同知通判，税关监督也增加了，均须颁与印信。以上增颁印信之事，在第二节还将详细介绍。

清代因满族统治而特有的机构，为内务府、理藩院及与八旗有关的诸机构、组织。其中内务府机构庞大，分支机构有五十多个，所颁之印，除总管内务府堂印，还有七司、三院、织染局、三织造、关防处等印信。八旗组织及相关机构颁印较多，八旗下之佐领图记，乾隆后期即有一千三百余颗。② 其他如二十四旗都统、八旗护军统领、前锋统领、步军统领、领侍卫内大臣、火器营、健锐营、神机营、圆明园护军营、各兵营参领，以及地方驻防将军、都统、副都统、城守尉、防守尉，各处总管、协领、佐领、驻防衙门左右司，宗室、觉罗族长，以及户部下设的八旗俸饷处、现审处、井田科等，皆颁与印信。

边疆民族地区设官而颁发印信者，数量尤多。蒙古游牧诸部，共设二百零二个札萨克旗、二十个盟，每旗札萨克、每盟盟长，均颁印信。藏蒙地区喇嘛呼图克图、禅师、驻京札萨克大喇嘛等，亦颁与印信。另外，东北地区、蒙古地区、新疆地区所设的驻防将军、都统及其以下驻防官，东北地区之稽察宁古塔、黑龙江官，管庄官、屯庄官，守边门官，漠南蒙古地区之巡察归化城、巡察游牧等处官，察哈尔游牧总管，漠北地区之办理乌里雅苏台等处事务大臣、库伦大臣、科布多参赞大臣、办理粮饷事务官、办理买卖民人事务官，新疆地区的各兵营及总管、协领与各处佐领官，伊犁、塔尔巴哈台、古城、哈密、乌鲁木齐、吐鲁番、库尔喀喇乌苏及喀什噶尔、叶尔羌、英吉沙尔、和阗、乌什、阿克苏、库车、喀喇沙尔等处之参赞大臣、办事大臣、领队大臣，管理粮饷、屯田、仓务、钱局、市集、牧厂、军台、卡伦等事务官，诸回城伯克，各印房、印务处，西宁办事大

---

① 嘉庆《大清会典》卷4《吏部》。
② 光绪《大清会典事例》卷321《礼部·铸印·铸造一》。

臣、驻藏大臣、前藏监铸银钱事务官、后藏管理粮务官、边区各驿站官等，均颁给印信。

清代由于地方、边区印官的大量增加，又有满族特有的诸机构及职官，因而所颁之印大大超过明代。其具体准确的数量已难于统计，且各时期也有变化。以乾隆后期计，大约有一万多颗①。

3.等级严格、规则细致。

机构或官员的品级有高低，其地位、职掌重要程度不同，所颁给的印信也有所区别，印信的这种等级差别，主要体现在其质料、尺寸大小、印文字体、纽式、台形等方面。

行政机构或官员所用印信的质料，有银，有铜，银质等级高于铜质，这一点，明清两代相同，清代增加了木刻钤记，用于佐杂等较低级的官员，在质料这一较大分类上，多了一个等级。尺寸大小，明清两代在其体现等级的规制上，没有特殊差异，均为品级、地位高者尺寸大，反之则小。而在印文字体上，则清代之规制及其所体现的等级上，比明代严格、复杂得多。明代印信，从正一品下至从九品、未入流衙署，均为九叠篆文（监察御史印少一叠，以示区别），只有文渊阁银印，为玉箸篆文，为特例。②清代，则分为七种篆文，文官与武官不同，分为四个等级，且配以银质、铜质之分，而又区分为更多等级。

文职。由高到低依次为尚方大篆、尚方小篆、钟鼎篆、垂露篆。内外一二品用尚方大篆，主要指六部、理藩院、都察院、军机处、内务府、翰林院，以及外

---

① 乾隆前期，就有一万颗左右，据光绪《大清会典事例》卷321《礼部·铸印》载，乾隆十三年，因所用印信之满文都改为篆字，普遍改铸，清高宗说，每年可改铸"三千余颗，约计三年可以完竣"，是其时当有一万颗左右。乾隆中期以后，新疆地区大量设置印官，所以至乾隆后期，估计为一万多颗，当不会有大出入。

② 万历《大明会典》卷79《礼部·印信制度》。

官总督、巡抚。①三品京官衙门、外官从二品之布政使司、正三品之按察使司，用尚方小篆。其中一二品官用尚方大篆，从二品外官布政使、三品中的部分京官衙门如通政司、大理寺、太常寺、两京府用尚方小篆，且皆为银印，其余三品官衙门用尚方小篆，如詹事府、光禄寺、太仆寺等为铜印。

以下品级较低者，均为铜质或木质印信，而文字有别。京官四五品、外官三四品，为钟鼎篆。三品之外官，从三品之盐运使为钟鼎篆，正三品之按察使则为尚方小篆（见前述），以此区分其等级。京官六品以下、外官五品以下，均为垂露篆。

武职。一二品用柳叶篆，如领侍卫内大臣，八旗都统、副都统，各特种兵营如前锋营、护军营等之统领，各地驻防将军，提督，皆柳叶篆、银印。边区重要职掌之驻扎大臣，如办理乌里雅苏台等处事务大臣、库伦大臣，新疆办理回城事务之参赞大臣、办事大臣，驻藏大臣等，也归入这一等级，为银印、柳叶篆。而绿营武官正二品之总兵官，则用铜关防。三四品用殳篆，如八旗参领，驻防城守尉、防守尉、总管，绿营副将、参将、游击，皆为殳篆、铜关防。其中副将为从二品，为用殳篆之特例，以与作为大员之总兵相区别。四品一般用悬针篆，唯四品总管、四品防守尉，因职任重要，与三品同用殳篆。四五品用悬针篆，如八旗佐领、内管领，绿营都司、守备等，皆用悬针篆。

高级武官之用银印者，为虎纽。其余为直纽。而文职，则皆为直纽。②

如果我们把皇帝、王公与百官之宝印各自特定应用印文篆体作统一考察，其等级性就更显严格且多级化了，而且这一特点，是清代宝印制度所独有的，正如《清朝文献通考》之《玺宝符印》所说：

---

① 嘉庆、光绪两朝《大清会典·礼部》作总督、巡抚为小篆，有误，应为尚方大篆。见嘉庆光绪《大清会典事例·礼部·铸印》乾隆十三年上谕。
② 嘉庆《大清会典》卷27《礼部·铸印局》。

御宝用玉箸篆，诸王则芝英篆。文臣则有尚方大篆、小篆，钟鼎篆，垂露篆。武臣则有柳叶篆、殳篆、悬针篆。皆以位之崇、卑为等，视汉唐以来官印文专用一体书者，等威益以辨矣。①

印文使用多民族文字，是清代印信制度的又一大特点，而且规制也甚细致、复杂。

一般印信，用清、汉文篆体，②职掌事关少数民族事务之机关或官员，其印信则增用不同民族文字，且有篆与不篆之分，一般为少数民族文字不篆，也有清文、少数民族文字均不篆者，其规制甚为复杂。简单介绍如下：

理藩院印，清、汉、蒙古文三体字，清、汉文篆体，蒙古字不篆。

边区凡事关蒙古之机构或官员所颁印信，均增用蒙古文，而不篆，清、汉文用篆，其中清廷所派任的官员之印为清、汉、蒙古三种字，如热河都统印、库伦办事大臣印即此类。总理察哈尔八旗、管理张家口官兵都统印，游牧察哈尔总管印，用清、蒙古两种字，蒙文不篆，而各札萨克印、盟长印，虽也用清、蒙古文字，又均不篆。

新疆地区，事关蒙古事务官员印信，则用清、汉、托忒文，托忒文为额鲁特蒙古文，因该地区为额鲁特蒙古。如乌鲁木齐都统、古城领队大臣、办理伊犁等处事务大臣印，为此类。事关"回部"（维吾尔族）事务官员印信，用清、汉、回文，如各回城参赞大臣、办事大臣印。也有一印用四种民族文字者，如伊犁将军印、办理喀喇沙尔事务大臣图记，皆清、汉、托忒、回文四种。还有用三种或两种民族文字而不用汉文者，如伊犁、惠宁城协领关防，各回城伯克，皆清、托忒、回文三种文字，而塔尔巴哈台参赞大臣印、领队大臣图记、四营营长关防，则为清、托忒文两种。还有单一民族文字者，如吐鲁番同知关防之仅镌回文，绥

---

① 《清朝文献通考》卷143《王礼考十九·玺宝符印》。
② 初，清文即满文不用篆体，乾隆十三年始，清文皆改篆。

化同知关防之只用托忒文。①西藏、蒙古地区喇嘛呼图克图（活佛）印，用清、蒙古、唐古忒文（藏文），均不篆，②也有用清、汉、唐古忒三种文字者。③

以上民族地区所颁印信，使用何种文字、几种文字，篆与不篆，皆根据事务、职掌之具体需要而定，体现了规制的细化。

二、印信制度所反映的职官制度变化

清代印信制度及其特点，也反映了清朝官制及行政制度在清代的某些变化与特点。也可以说，清代在官制及行政制度的某些变化，在其印信制度上也有体现。

往代中央部院设长官一人，清代实行满汉复职制，设长官满汉各一人，而以满人掌印，部院下各分支机构的各司亦如此。④

清代皇帝经常出巡，或驻避暑山庄等处，外出而不废政务，因而该时中央各机关便分为两套班子，一套留京，一套扈从皇帝随行，以随时处理政务，印信也另铸一套，称为"行在"印信，以便随行皇帝外出时使用。此制始于顺治六年（1649）。⑤初实行于部院、銮仪卫等机构，顺治十六年（1659）扩大到中央寺监诸衙门。⑥明代于永乐六年（1408）朱棣去北京时，也曾铸有一套，此后很少使用，令印绶监收贮，只嘉靖十八年（1539）南巡，礼部领出，以给扈从者。⑦清代不仅经常使用，而且形成相应制度。

明清两代中央某些相同的机构，至清代，所颁印信规格不同于明代，反映了

---

① 嘉庆《大清会典》卷27《礼部·铸印局》。
② 光绪《大清会典事例》卷321《礼部·铸印·铸造一》，乾隆十四年。
③ 《清朝续文献通考》卷183《王礼考十四·玺宝符印》，光绪九年。
④ 杜家骥：《八旗与清朝政治论稿》，人民出版社，2008，第432页。
⑤ 《清世祖实录》卷44，顺治六年六月己酉。光绪《大清会典事例》卷321《礼部·铸印·铸造一》作顺治八年，恐误，未取。
⑥ 光绪《大清会典事例》卷321《礼部·铸印·铸造一》，顺治十六年。
⑦ 《明史》卷68《舆服四》，第6册1665—1666页。

这些机构地位在清代的变化。

明代之宗人府为最高文职衙门，正一品，银印，三台，方三寸四分，厚一寸。部院为正二品衙门，银印，二台，方三寸二分，厚八分。二者不在一个档次。清代初沿明制，乾隆二年（1737）改定，部院与宗人府均为三台之银印，方三寸三分，属同一档次，因部院尚书已升为从一品之故，仅印信厚度少宗人府一分，以示区别。

翰林院，明代为正五品衙门，颁给之堂印为铜质，方二寸四分，厚四分五厘。清初沿明制，乾隆十四年（1749），将其堂印改为二品银印，方三寸二分，厚八分，地位大为提高，仅低部院一级。与军机处印记同。

明代，通政司、大理寺、太常寺、詹事府为铜印，清代均改为银印，尺寸也比明稍大。明为方二寸七分，厚六分，清为方二寸九分，厚六分五厘。詹事府，后又改为铜印，尺寸也缩小。①

应该说明的是，各机构所颁印信的档次等级，主要根据各机构的品级，而这种品级，又主要是根据各机构最高长官的品级。因而清代上述衙门印信比明代有所更改，提高档次等级，也主要是因为品级提高，同时还要考虑同级、上下级衙门的行政关系，以使行文用印合理。品级的提高不一定表明该衙门职权的提高，如清代吏部品级地位高于明代，而其职权却明显小于明代，尤其是康熙初年以后。而通政司、大理寺由铜印升为银印，当与这两个机构的长官与部院长官同列九卿，且清代经常举行九卿会议有关。翰林院地位的提高，是因与其有渊源关系的内阁升为正一品衙门，而且翰林院设掌院学士，以二品官之侍郎以上官充任。

值得注意的是，清代的大学士虽正式定为文职最高之正一品官，内阁也成为正一品的最高文职机构，但不予印信，只有内阁内部所设的典籍厅，颁与关防，而这典籍厅关防，仅是铜质，为长三寸、宽一寸九分、垂露篆的低等印章，与户

---

① 以上，明代是据万历《大明会典》卷79《礼部·印信制度》，清代是据《清朝文献通考》卷143《王礼考十九·玺宝符印》及嘉庆《大清会典》卷27《礼部·铸印局》。

部军需局、刑部赃罚库、理藩院银库、工部制造库等小机构的关防同等规格。其用途，是办理内阁之文字杂务所用，即"本衙门及各馆行文、关支银两及移取档案，皆用之"，"至各部院行文内阁，只称移会典籍厅，而典籍厅行文，直移会各部院"①。可见清代大学士品级地位虽高，但仍无以其名义对外行文之制，更无独立的对外发号施令之权，仍是皇帝高级"秘书"的职任性质。而后来设置的军机处，则是银印、方三寸二分厚八分、二台、尚方大篆，稍低于部院的银质、方三寸三分厚九分、三台、尚方大篆的印章规格。清代皇帝将内阁、军机处、部院这三种机构的印信作如此的等次安排，是否具有某种政治深意，在行政运作上又有怎样的具体体现，值得深入研究。

以下两个机构的增设、颁与印信，明显与其职掌的重要性有关。

司务厅、督催所。司务厅，设于部、院、大理寺等机构。明代亦设，但不颁其印信，②明代六部司务厅，设"司务二人，从九品……司务掌催督、稽缓、勾销、簿书"③，"典出纳文移"④。清代，分其职掌而设专门机构办理，如簿册、文书等档案文件，专设档房、本房管理。其收发公文，也分为两个机构，设当月处专管收发京城中央诸衙门公文，并掌监用堂引、抄发谕旨等。而司务厅，专管收发外地官员公文。当与清代的公文数量比明代大量增加有关。清代司务厅的另一重要职掌，是管理本部门的吏役，稽查其不法行为，所雇贴写书吏，经承保结后，移付司务厅注册，辞去或驱逐者，司务厅将其除名，⑤而且颁与司务厅印信，部院司

---

① 王正功：《中书典故汇纪》卷4《仪式》。
② 《明史》卷72《职官志一·吏部》记司务厅明初曾设主事，有主事印，洪武二十九年改主事为司官，此厅无主事之设，亦无印。再查万历《大明会典》卷79《礼部·印信制度》，颁印机构中也无司务厅。
③ 《明史》卷72《志第四八·职官一·吏部》。
④ 《明史》卷73《志第四九·职官二·大理寺》。六部司务厅司务也应有这一职掌，其所掌"簿书"当为笼统之述，具体的事务似有收发公文、收藏簿册、文书等。
⑤ 嘉庆《大清会典》卷5《吏部》。光绪《大清会典事例》卷88—95《吏部·处分例》，雍正十二年，道光十六年；卷146《吏部·书吏》。

务的品级，也定为正八品，比明代的从九品提升三级。① 明代司务厅之催督之职，在清代则发展为督催所之增设，并颁与其印信。清初当沿明制，至雍正朝，先于六部中的工、刑二部设立督催所，乾隆年间扩大到其他四部及理藩院、都察院。督催所专掌本单位下各司等所办各类事务之按期限督催，以免迟延遗漏，各司等承办司官，应将已结、未结事件，详造清册，送督催所，以送都察院有关科道查核、注销。督催所每三月将已结、未完结之事"具奏""奏闻"，也即汇报皇帝一次。② 以上司务厅、督催所两个机构的增颁印信，表明两点：第一，对部院这类高级机构所经办的重要政务，在行政运作的管理上得到了强化，尤其是在行政效率上加强了管理。这两个机构都有这方面职能，主要是督催所，颁与印信，以赋予其独立对外行文乃至奏闻皇帝的职权。第二，以司务厅专管本部院之吏役，则是对吏治造成严重负面影响的非官之"吏"加强管理。

清代某些官员印信的改制、印官的大量增加，反映了清代官制的某些变化，以及行政事务的扩大及统治的深入化，这点，在地方官制及与其符合的印信制度上体现得尤为明显。

清代督抚，成为固定性的各省最高长官，而且其品级也固定为一二品，因此其印信，也由明代之长二寸九分宽一寸九分五厘的铜关防，至清代而改为长三寸二分宽二寸之银关防，等次规格大为提高。

布政使的佐贰官参政、参议，按察使的佐贰官副使、佥事，明代就曾派出管某道或管某方面事务，从万历《大明会典》看，没有专为其配备的印信，估计可能是"因事添设则赐关防治事"③，属于明会典所说的"公差官"而临时颁与关防

---

① 六部、理藩院之司务厅司务，品级、职掌相同，都察院初设司务，后改设为经历厅，设正六品经历，也管吏役之事。大理寺司务厅司务品级，仍为从九品。
② 《清高宗实录》卷75，乾隆三年八月戊戌；卷87，乾隆四年二月乙巳；卷126，乾隆五年九月乙亥。
③ 沈德符：《万历野获编》卷13《礼部·不识方印》。

之类，① 至少在万历以前是如此。清代，这些佐贰官作为道员则逐渐取消佐贰兼衔，品级也划一为正四品，不再是藩臬二司的佐贰官，而成为道的独立印官，颁与固定的长三寸宽一寸九分、印文为锺鼎篆的铜关防，从一个侧面反映了道制行政在清代的相对固定化。府州县佐贰官，在明代就有分防地方，而颁给印信关防者。② 清代，这种情况已具普遍性，因于雍正七年（1729）下令："佐贰官内，有分驻弹压、管理水利、粮务等项，及直隶州州同、州判应给钤记者，均由各该督抚查明具题铸给。"③ 清代府州县的佐贰官，即府同知、通判，州的州同、州判，县的县丞、主簿，大量地被分派到各下属地方分防，担任缉捕、维持治安等事务，或分管粮、漕、盐、茶、河、塘、清军等项事务，须赋予其相对独立的权力及行文之职权，颁与印信，这是中国古代王朝后期行政制度的重大变化，体现了地方统治的深入与细化。清代府州县长官已很少有同城或同署佐贰官，而府之上的督抚、布按二司、道员又无佐贰官（督抚不设佐贰，布按二司佐贰已为独立之道员，道员也不设佐贰），这又是清代上至督抚下至州县长官几乎无不聘雇幕宾的重要原因之一，也是上述佐贰官制度变化的连锁反应。

府佐贰同知、通判，所分管之地方重要者，则将该地方划出，设置或升级为新的行政机构——厅。专管河务者，别设河厅。这些厅的同知、通判，已成独立印官，不属佐贰，而是长官。更多的，是新设的行政区划，称之为厅，径以同知、通判为厅之长官，颁其印信。行政上，直隶厅与府同级，散厅与州县同级。厅是清代所增设的地方机构，为往代所无，至清末宣统年间，全国所设厅达一百五十六个，④ 主要分布于沿海、东北、新疆、川楚陕三省交界山区及直省如直隶、山西、甘肃、湖南、四川等与边区交界地，这些地区，多为移民或边区民

---

① 万历《大明会典》卷79《礼部·印信制度》。
② 《明熹宗实录》卷28，天启二年十一月，衡州府通判陈维智升为同知，移驻桂阳，铸给关防；卷78，天启六年十一月，四川保宁府同知周宪章移驻广元，颁给捕盗关防。
③ 光绪《大清会典事例》卷321《礼部·铸印·铸造一》，雍正七年。
④ 牛平汉主编《清代政区沿革综表统计》，中国地图出版社，1990。

族杂居地，与清代人口大量增加，移民或民族杂居地须设新的行政区划有很大关系。这些地区所设之厅，均须设独立印官以加强治理。

清代版图扩大，边疆民族地区大量设官，所设之官，既有中央所派驻该地者，又有本地少数民族所充任者。其特点：一是数量大、种类多，已如前所述；一是设置具体，如蒙古地区之管理买卖民人事务，新疆地区之管理军台、卡伦、各城回务，西藏地区之监铸银钱事务、管理粮务等，这种基层的非常具体的事务，也设官员或机构，颁给印信，[①] 以加强管理。以上体现了清代边疆民族地区统治的直接、具体及其系统、深入化。

本篇小文内容简单、探讨粗略，错误及不当之处，尚祈方家指正。清代官印制度内容丰富，其他相关问题，容俟来日。

（原载《历史教学》2009 年第 11 期）

---

① 嘉庆《大清会典》卷 27《礼部·铸印局》。

清代内务府初设时间考

内务府是清代庞大的内廷机构，设立于清初，其具体时间，尚无确论。官私史籍，或笼统作"国初置内务府"[①]；或作"世祖开国"时设，指顺治帝入关初；[②]或作入关前："我朝龙兴之初，创立内务府，以往昔之旧仆专司其事。入关后，复以明三十二卫人附丽之……"[③]沿用其说者作："初制，设内务府，以旧属司其事。入关后，明三十二卫人附之……"[④]

今人沿用各说者均有之。还有学者认为，最初的内务府设立的时间已不可考。[⑤]不过还是有学者不断作内务府设立具体时间的探讨。

关于内务府设立具体时间的研究，最早的是曹宗儒《总管内务府考略》一文，对此有所涉及，提到"自太祖、太宗以来，至世祖顺治十年以前，天子有包衣昂邦……世祖入关，因明宫旧有阉人，亦收为宫中之役，而掌宫内政令者，仍属包

---

① 康熙《大清会典》卷149《内务府》，729/7227。《清朝文献通考》卷83《职官考七·内务府》，第5607页。
② 王庆云：《石渠余纪》卷3《纪裁十三衙门》，北京古籍出版社，1985，第96页。
③ 昭梿：《啸亭杂录》卷8《内务府定制》，中华书局，1980年标点本，第225页。下同，皆此版本，不另注。
④ 《清史稿》卷118《职官五·内务府》，中华书局，1977，第12册3424页。下同，皆此版本，不另注。
⑤ 20世纪70年代时，美国学者陶博著有《康雍乾内务府考》。此书便认为内务府成立的年代无法考明，是因为一般的文献从未点出真正的设立年代（其实这和军机处的情形很像，即使是当代人都不一定能说清楚机关设立的时间）。并认为清太宗在整顿八旗的时候，引进了大量汉人的文官制度，促成了皇家的私事与国家公务正式分开，内务府的规模应是在此时奠定的。但真正的确立还是要等到顺治十八年之后，裁撤十三衙门重设内务府时。此书引用的证据多来自日本人的研究，而且并没有使用基本档案如《满文老档》。笔者未能见到陶博《康雍乾内务府考》一书，以上观点，是据李典蓉《清代内务府研究综述》（网上所公布，未见出版物）所述。

衣昂邦。昂邦又译作总管，是其名为家之总管，而清帝已化家为国，官文书遂译为内务府总管矣"①。此文侧重点不在入关前，因而对内务府在入关前的由来，只是表达观点，无史料介绍及具体论述。内务府到底何时设立，也未提及，但说到入关前至顺治十年（1653）前有包衣昂邦。不过，这包衣昂邦是后来内务府的总管大臣，太祖、太宗时有无包衣昂邦？至今也无人提出史料证明。那么，入关前究竟有无管理汗室或皇室内务的官员？钟安西《清代内务府初探》利用《满文老档》崇德元年（1636）的一条满文史料"dorgi baita icihiyara amban"（内事物管理大臣）证明崇德元年已有办理内事大臣。而且，这与内务府的满文名称"Dorgi baita be uheri kadalara yamun"（内事物把总管理衙门）的意思是很接近的。在《八旗满洲氏族通谱》中，也可以找到内务府机构中人在入关前任职的记录。由此推知内务府机构应是入关前崇德年间就已设立。②祁美琴《清代内务府》一书，利用《清太宗实录》崇德元年有"管理内府事务官宁塔哈"的记载（与上述《满文老档》所述应是同一事），以及《八旗通志》初集追述的类似之事为佐证，认为"内务府设立的时间应该最晚至崇德元年"③。以上揭示的"办理内事大臣"或称"管理内府事务官"，是否就是包衣昂邦即内务府总管大臣，尚无法证明。这些研究所揭示的史实，虽然只是关于内务官的，还不是内务府这一机构设立时间的直接证明，但使这一问题的研究取得了重要进展。

专门论及内务府之机构设立时间的，有唐益年《清代内务府沿革初探》一文。该文提到，在整理清代内务府档案的过程中，曾发现一件由日本人泷川政次郎在1943年影印刊行的《盛京内务府顺治年间档册》。该影印本是满文，内容主要反映了顺治四年（1647）至八年（1651）盛京内务府与北京的总管内务府之间的往来活动。在影印本中，多次出现了汉语译为"总管内务府"的机构名称，与撤销

---

① 载《文献论丛》1936年。
② 钟安西：《清代内务府初探》，北京大学历史系1982级硕士论文。
③ 祁美琴：《清代内务府》，中国人民大学出版社，1998，第56—58页。

十三衙门后再度设立的内务府的满文名称完全一致。① 此文没有提供所提到的满文数据。笔者现据日本京都大学文学部资料室见到的《盛京内务府顺治年间档册》之影印件作介绍。

顺治四年至八年，北京内务府给盛京留驻的皇室包衣佐领的满文公文，所记北京内务府的满文名称，均为内务府衙门，仅举最早且较完整的两件：

Dorgi baita be uheri kadalara yamun i bithe……ijishūn dasan i duici aniya juwe biyai orin juwe de taimbulu gajiha。译为汉文是：内务府衙门的文书……顺治四年二月二十二日，台穆布录带来。

Dorgi baita be uheri kadalara yamun i bithe……ijishūn dasan i duici aniya juwe biyai orin uyun de hoto bošokū gajiha。译为汉文是：内务府衙门的文书……顺治四年二月二十九日，霍托拨什库带来。②

当时，顺治四年的内务府衙门的满文——Dorgi baita be uheri kadalara yamun，与后来的字书《御制清文鉴》部院衙门中内务府衙门的满文固定用语——Dorgi baita be uheri kadalara yamun，完全相同。可见，至晚在顺治四年，作为衙门的内务府机构已经设立。这只是存留到今的档案所反映的，可能在以前内务府衙门就已设立，只不过以前的档案未能保存下来（上述满文文书最早的顺治四年的一件即前残），而肯定不是设于顺治四年以后。因而，这些档案为把内务府衙门设立的时间向更早探索提供了基础，即内务府之设既然并非沿袭明制，则入关后

---

① 唐益年文载中国第一历史档案馆编《清代档案史料丛编》第9辑，中华书局，1983。该文又据王先谦《东华录》顺治二年有"禁内务府管领等私收投充汉人"的记述，证明清初内务府的确立是在顺治初年。不过王先谦《东华录》是在光绪年间摘抄实录而成，其摘抄实录又并非完全抄录原文，不少内容是根据自己的理解，或用后来的名称。这段顺治二年"禁内务府管领等私收投充汉人"的记述，就不是实录原文。实录原文是"谕户部曰：凡包衣大等新收投充汉人，于本分产业外妄行搜取，又较原给园地册内所载人丁有浮冒者，包衣大处死不赦"。见《清世祖实录》卷13，顺治二年正月庚戌。实录原文的顺治二年并无内务府这一机构名称。
② 据《盛京内务府顺治年间档册》之影印件，日本京都大学文学部资料室。

顺治初年确实已有的内务府衙门其来有自，这就有可能是入关前便有内务府衙署这一制度的延续。

据康熙《盛京通志》卷13《公署·内务府公署》记："内务府公署，在大清门外之东……崇德二年建，顺治元年迁都后，为内务府佐领治事公所。"这部方志成书于康熙二十三年（1684），距入关前的时间不算太远，由当时的奉天府尹董秉忠率锦州知府孙成等守令修成。其凡例称："凡事关国朝典制，皆咨请（盛京）四部、内务府，历查旧案，往返再三，然后入志。"因而有重要参考价值。该志明确记载内务府衙门——内务府公署，是建于入关前的崇德二年（1637），有具体年份。而且，又明确说在顺治元年（1644）迁都后，这座入关前的内务府公署仍存在，作为入关后留在盛京的皇室包衣事务的办公衙门，所以有一定可信性。①

又，《清初内国史院满文档案译编》（以下简称《内国史院档》）的顺治十一年（1654）十月二十三日上谕："谕礼部：内府事务殷繁，须各司分理，乃止设十三衙门。其原设之尚方司未曾议及，此司系太宗时设立，职掌甚要，断不可少。着仍旧设立，共为十四衙门。尔部即行知道。特谕。"②按：后来的内务府，其下的分支机构就是以某某司命名。清太宗时，宫廷中已设有管理内务且"职掌甚要"的尚方司机构。这尚方司，无论入关前，还是入关后，都是宫廷内务系统的机构。由此可知入关前的太宗时，还设有负责宫廷内务中某项具体事务的机构，其有可能是当时内务府下的一个重要机构。

综上，初步判断，内务府很有可能是设于清入关前的崇德二年。前述锺安西、祁美琴已揭示，崇德元年（1636），已有办理内府事务大臣，或许在崇德元年或以前，已设有管理汗、皇帝宫中事务的官员。崇德二年，建正规衙署，且当时还有尚方司这一内务机构。崇德二年所建的内务府衙署，此后延续行政，一直存

---

① 这一资料线索为博士生王月提供，特志。
② 中国第一历史档案馆译《清初内国史院满文档案译编》（下），光明日报出版社，1989，第333页。下同，皆此版本，不另注。

在。因而入关后的顺治元年，迁都北京的清皇室，又沿其制，于北京继续设内务府衙门。盛京的原内务府衙门，则作为留在盛京的皇家内务府包衣佐领的办公处所。这就是前述康熙《盛京通志》所记"（盛京）内务府公署，在大清门外之东……崇德二年建，顺治元年迁都后，为内务府佐领治事公所"的由来。也因此，才会有前文所述顺治初北京内务府给盛京留驻的皇室包衣佐领的满文公文。

（原载《古今论衡》2012 年第 1 期）

清代官制特点简论

中国古代每一王朝的国家机关与其职官设置都有自己的特点，不可能是对前代一成不变的完全继承。而清代在中国古代的所有王朝中官制的特点尤多，这是清代的特殊情况决定的。其一，清代虽有"清承明制"之说，但随着政治、社会等条件的变化，其包括官制在内的制度必然会有所改变，呈现清朝时期的特点。其二，清朝又是少数民族满族为统治主体的王朝，设有本民族一些特殊机构及职官。其三，清朝后期，西方政治思想及制度传入中国，清朝又设置很多新机构，有些还带有近代政治性质。以上三点，是清代官制多方面特点的主要体现，也是其官制特点复杂而不同于往代的主要原因。

以下，先分中央、直省地方、民族边区，以及官员选任这四部分，简论清代不同于往代尤其是不同于明代官制的特点。最后简述鸦片战争以后，清代的新官制及其特点。

一、中央

1.清代中央的国家机关即衙署，在承袭明代之外，还设置满族具有民族特色的特殊机构，有以下几种。

八旗组织及八旗都统衙门设都统、参领、佐领、骁骑校等官，值年旗衙门设都统、副都统等，各旗设查旗御史。八旗设各特种兵营，如骁骑营、护军营、前锋营、步军营、火器营、健锐营，设统领、参领、校官等。

内务府。其是清代管理宫廷事务的特殊机构，下分七司、三院等分支机构，设置大量的内务府包衣官缺，主要以上三旗包衣旗人充任职官。

议政处。其是议政王大臣会议的办公处所。任职者由满族王公、八旗高级官员组成，无汉官参加，是清前期满族统治者处理国家机要大政及满族内部事务的机构。乾隆五十六年（1791）裁撤。

理藩院。其专门办理少数民族边疆事务，并管与俄国，以及西部、西南如廓尔喀等国交涉之事。任官者主要是满洲旗人及八旗蒙古人。

御前、御用武职机构。宫中侍卫皇帝的机构，除有侍卫处外，还设御前大臣、御前侍卫、乾清门侍卫，以及由这些人管理的奏事处，在皇帝近身处护卫皇帝，并协助皇帝办理某些政务。御用武职机构有虎枪营、善扑营、御鸟枪处、上虞备用处等，这是清代皇帝为保持尚武之风，进行武事演练、围猎兼娱乐等而设置的机构。官员都以满蒙旗人充任。

以上八旗都统、各特种兵营的长官统领及理藩院的额外侍郎，御前大臣、御前侍卫等，还以八旗以外的藩部蒙古王公担任，以少数民族之人担任中央高级、重要官员，这在往代汉族王朝是不多见的。

2.沿袭明朝制度的机构及其变化与特点。

清中央的内阁、六部、都察院、通政司、翰林院，及大理寺、太常寺、太仆寺、光禄寺、鸿胪寺、国子监、钦天监等寺监机构，都是沿袭明代，但其长官也即堂官，如六部的尚书、左侍郎、右侍郎，实行满汉复职制，满汉额缺对等设置，即同一官职，设满汉各一人。其下的分支机构，如部下的各司，每司的司官是满汉官并设，额缺多不相同，一般是满缺多于汉缺。

重要机构的变化、增设及其变化特点如下：

内阁。其是清代沿袭明代所设的相职（宰相职务）机构，但比明代有诸多变化，体现为以下几点：

第一，清代内阁的地位比明代高。明代内阁虽然在嘉靖以后实际在六部之上了，但是大学士始终是正五品，这是很低的，为行使职权合理，而不得不加尚书等品级衔，而为二品。清代一开始就明确规定内阁为正二品衙门，雍正年间又升为正一品衙门，成为名正言顺的国家最高政府机关。

第二，清代内阁下设的分支机构比明代多，有很多的房、处，如满本房、汉

本房、汉票签处、满票签处、批本处等。

第三，满汉复职，所以设官也多。

第四，大学士职任的变化。大致在雍正以后，大学士已不票拟，票拟由内阁侍读、中书担任，大学士最后再审定、画诺。还有，大学士多兼其他职务，或者兼军机大臣，或者管理部院、充当翰林院掌院学士，因而不能常川到阁。也正因此，雍正以后内阁又增设协办大学士。另外，明代大学士中有首辅，清代无首辅大学士。

军机处。其是清代特设的相（宰相）职机构，设军机大臣、军机章京。因而清代雍正以后便有两个相职机构——军机处、内阁，二者长期并存。军机处重点处理机要政务，内阁办理大量的一般例行公事，并非闲曹。军机处设立后，原内阁所办理的机要政务及议政处所办理的一些机要事务，改由军机处军机大臣协助皇帝处理。这与清代皇帝乾纲独揽、清代政务（边疆民族事务、八旗事务、刑案件事务等大增及人口倍增）较明代繁多有关，所以军机处的设立及其与内阁长期并存，有分工作用，也体现了清代皇帝以军机处重点专断机要大政的特点。清人称军机处为内阁之分局，也可以说是内阁处理机要政务的分出机构。但不是为削弱大学士之权，因为军机处设立后，大学士又被任用为军机大臣，在内阁、军机处两个机构中任职，这些大学士的权力反而比以前扩大了。

六部——吏、户、礼、兵、刑、工部。明清两代六部的共同特点，是户部、刑部下的分支机构——司，比以前大大增多。明以前各朝代的部一般都是下分为四个司，户部和刑部也是这样，明清两代这两个部的司都多达十几个，每个司都以省命名，对口分管地方各省事务。户部是管理财政的，刑部是管理刑事案件的，所以这两部设司的增多，是明清时期对这两方面事务管理深化、细致的体现。

清代吏部官员的职权比明代小，而刑部官比明代权重。明代吏部权重，吏部及其长官掌管高级官员的推举——会推，较高级、重要官员的推举——部推，以及有中级以下官员的主要选任权。所以清代官员及史学家赵翼总结："明吏部权重。"[1] 清代废除会推制，吏部只是负责开列众多的有资格任高级、重要官员者的人名单，提供皇帝选择某人。而中级以下官员的选任，清代将重要的官缺划为请旨缺，归皇帝选任，较重要的，划为题补缺、调补缺等。中央机构的题补缺、调补缺，归各部院等机构长官选拟正（第一候选人）、陪（第二候选人），再引见皇帝最终确定；地方官的题补缺、调补缺，由督抚选拟，再提供皇帝确定，吏部只管审查所提名之人是否符合规定。中级以下官员中题补缺、调补缺等以外的一般官缺，才归由吏部主掌选任。

刑部官之所以比明代权重，是因为明代三法司会审重大刑案，其中刑部受理，都察院纠察，大理寺驳正。清制，三法司会审名不符实，外省刑案，主要由刑部核复，不会三法司者，都察院、大理寺无由过问，刑部只把本部复核意见送知都察院、大理寺。应会三法司者，亦由刑部主稿。另外，京城案件，都由刑部审理。《清史稿·刑法志》的作者总结：清代刑部的"部权特重"[2]。

清代的六部因为实行满汉复职制、满汉并设制，所以设官额数比明代增加一倍还多。另外，堂下机构、附设机构也比明代增多。

六部堂下机构。其是各部大堂下所设统一办理公文、杂务的堂属机构。明代六部都设司务厅，所设官名司务，从九品，主要执掌公文簿书及其稽核、督催等事。清代在设司务厅之外，增设以下机构[3]：

当月处，掌监用堂印，本部堂印由其来管理。再有是阁抄。凡是军机处协助皇帝处理的奏折，批示以后，下发到内阁转发六部，批到哪个部，由哪个部的司务厅抄录，再交给部堂等官员以执行。

---

[1] 赵翼著，王树民校证《廿二史札记校证》卷33《明吏部权重》，中华书局，2001年订补本，下册第770页。
[2] 《清史稿》卷144《刑法志三》，第15册4206页。
[3] 以下机构及其职掌，均见嘉庆《大清会典》的各部堂官后附或分司后附，武英殿官刻本。

督催所。雍正朝设立，掌按期限督催本部各司所办事件，以保障行政效率。

本房、档房等，这类机构名称在各个部也不完全一样，但是性质都一样，有的叫清档房，有的叫汉本房，等等。本房，掌缮写题奏本章。档房，收储档案。另外还有其他一些职掌，如户部的北档房掌全国各省财政收支，南档房掌八旗丁册及选秀女事务；工部的黄档房，掌工程用款、物料的核实；等等。

附设机构，是一般分支机构之外，又增设的专掌某项事务的机构。清代六部之下这类机构增设得也比较多。如户部捐纳房，凡是要捐官、捐职衔的，都要到户部捐纳房交钱，户部捐纳房造册交吏部，吏部据此授予捐纳者何品级职官、什么衔名。户部还设八旗俸饷处，专门办理八旗官兵的俸饷。再如井田科，这是雍正时期设立的，如贫穷旗人把地卖了，国家出钱买回，以租金补贴旗人，就归这个机构管理，而当初并不是这种职掌，后来就专门管理这种事务了。户部现审处，处理旗人与民人租佃、债务纠纷案件。再如刑部，增设秋审处，专门查核秋审、朝审的死刑案，死刑案件上报的公文，刑部要审核是不是判处合理，里面有没有值得怀疑的地方，这类审核归秋审处。

这类堂下机构、附设机构，有的是因为清代有八旗这一民族方面事务而增设，如户部下办理八旗各种事务的八旗俸饷处、井田科、现审处。有的因为某些制度的发展，如清代捐纳成为选官的一个较重要方面，而且是国家财政的一项重要收入，户部捐纳房就是因此而专设。有的是因清代在某些事务的管理上加强而增设。有的增加了某些机构职能，如当月处、司务厅、督催所。清代司务厅增加管理本部胥吏的职掌，因而把部分事务划出，以新设的当月处办理。督催所，是雍正以后为提高六部工作效率而设，以该所检查、督催部院事务的办理。①

中央的其他机构也有类似设置情况，不作赘述。

---

① 《清高宗实录》卷75，乾隆三年八月戊戌；卷87，乾隆四年二月乙巳；卷126，乾隆五年九月乙亥。

二、直省地方

地方直省，主要沿袭明制，由于清代加强、深化了对地方的统治，故所设机构及其职官也相应地发生了变化。体现为以下几方面：

1. 督抚按省设置，事权集中。

宋明以来，惩唐代藩镇割据之弊，诸路、行省设诸司以分其权。明代各省设三司——管民政、财务等事务的布政使司、管刑法等事务的按察使司、管军事的都指挥使司，均为长官。但因事权散置，协调不利，也难免出现推诿扯皮现象，这尤其不利于突发事件的应对，乃又设总督、巡抚。明代的督抚，尚无以省为单位的固定辖区。清代，督抚成为按省设置的长官、综掌权力的封疆大吏，原各省长官布政使司布政使、按察使司按察使，降为督抚的属员，督抚兼具武职，总督节制本省区绿营最高专职长官提督及总兵，巡抚或兼提督职，而且督抚有直辖的绿营官兵，分别称为督标、抚标。

又由于清代汉人军队实行绿营制，明代的军事性卫所制度不复存在，所以三司之一的都指挥使司都指挥使也即都司，在清代也不是省级长官，而品级一再降低，最后成为一般中级武官的职名，正四品。明代都指挥使司管辖下的卫所，清初虽然还在形式上予以保留，但已逐渐裁撤，那些实土卫所，即有管辖地区的卫所，均改变为与州县类似的行政性质，官员行使州县文职行政职责，而且卫所也不断改为州县，雍正二年以后，除了运漕粮省份的漕运卫所仍保留外，卫所已寥寥无几。

2. 省、府、县化大为小。

明代的陕西省，清代分为陕西、甘肃二省，江南析为江苏、安徽两省，湖广省划分为湖北省、湖南省。大府，则分出一部分州、县，以所分出的州升为直隶州，而下辖所分出的县，与府平级，直隶于省。如直隶的正定府，山西太原府、平阳府，山东济南府、兖州府，河南开封府，陕西西安府，四川成都府，原来所辖州县多在 25 个以上，最多的西安府有 37 个。化为小府以后，基本保持在 16 个以下，规模减小了将近一半。府大，较远的地区鞭长莫及，不便管理，划小了，有利于管理。江苏等地的某些县一分为二，一个县划为两个县，主要是便于管理税收。

3. 增设与府州县同级的厅。

厅，主要设在移民聚居地、少数民族或民族杂居区、距府州县治所窎远或难治之地，如东北地区，山西、直隶两省北部与蒙古交界地区，新疆地区，陕西南部即川楚陕交界地，东南沿海几省沿海岛屿，四川、云南、贵州、湖南省的少数民族地区，台湾地区，都设有厅。某些省内还有将个别州县改设为厅的。设厅，主要是为加强该地的治理，厅的长官同知、通判，品级高于县的长官知县。不少厅在清后期改为州县，以东北地区、直隶北部为多，这些厅的设置带有过渡性。

4. 清代地方各级长官的佐贰官少或根本不设，多雇幕宾以佐理政务。

清代总督巡抚，沿袭明代而设，其初为临时派设，不配置佐贰官，以后至清代也始终不配设而成定制。布政使、按察使的佐贰官，皆下放到省下各处分守、分巡，到清代固定为"道"的长官，所以布、按二司也无佐贰官。原为佐贰后为长官的道，不设佐贰官。厅为新设，其长官同知、通判也不配置佐贰官。府州县之佐贰官，本来就因裁剪而数量少，又有被下派到辖区分防者，以致知府、知州、知县皆很少有佐贰官。直省各级长官又一人掌多方面事务，尤其是刑事增多、财政事务繁多，为此不得不聘请幕宾佐理政务，地方机构也有"无幕不成衙"之说。大量使用书吏也与此有关。

5. 专项事务管理加强，设固定专职官，所设官有所增加或改变。

河务设官。明朝设总理河道官，与漕运的职任分、合无常，自万历三十年（1602）后，总督河道不再管漕运。[①] 清沿明制，顺治元年（1644）即专设河道

---

① 纪昀等：《历代职官表》卷 59《河道各官》，上海古籍出版社，1993 年影印本，下册 1137 页下按语、1143 页下—1144 页上按语。

总督，为常设之官，而且其下之层级性设官细化，有管河道的道员及河厅官、汛官、河营官。

漕运设官。设官管理漕粮运输事务由来已久。清承明制，河运漕粮，顺治九年（1652），改明代漕粮之军民交兑为官收官兑，①设官也因之有所变化，总掌漕运事务的是漕运总督，协助其办理漕务的，有粮储道的道员，运漕粮的押运官、领运官等。

榷关事务设官。榷关，指税关征收商品过关税，所设官称为关监督，或称关差。清代由于商品经济比明代发展，所设税关比明代大量增加，不仅沿运河设，沿长江、其他江河、沿海及陆路、边区也设置，因而所设榷关职官相应大量增加。鸦片战争以后，又增设洋关，洋关设总税务司、各分关税务司，委任洋人官员管理，这是以往朝代所没有的特殊职官。清朝官员也有管理洋关者，如津海关道及其他道的道员。

学务官。明代以御史、道员督理地方学校事务。清代所设学政，为每省最高学务官，地位高于明代，与督抚平等。其他学务官如府学教官教授、州学教官学正、县学教官教谕及各学副教官训导，品级都比明代提高。明代，教授是正九品，其他都是从九品以下的未入流。清雍正朝定，教授为正七品，学正、教谕都是正八品，训导为从八品。

三、民族边区

清代对边疆、民族地区的统治更直接、深入，改变明代"羁縻式"的间接性统治，由中央派官直接管理，因而民族边区也设官。羁縻是对少数民族很不尊重的一个用词，羁縻就是牵领马、牛等牲畜的笼头、缰绳，系在头上，只要以笼头、缰绳牵着牲畜的头，牛和马就会跟着你走，如果牵领其身子就拽不动，以此比喻对于少数民族的统治方式是控制其酋长，不管其部民，部民由其酋长管。所

---

① 嘉庆《大清会典事例》卷165《户部·漕运·漕粮征收》。

以这种"羁縻式"的统治地区，中央并不派内地官去管理。清代改变"羁縻式"的间接统治，直接派官员到这些地区进行管理。

如西南少数民族地区，元代以来实行土司制，土司世袭，世代统辖所属部民。清雍正年间大规模地改土归流，即废除少数民族上层世袭性的土官，改设州县，派遣定期任免调换的流官管理。湖南、湖北两省土司全部改为流官。贵州、云南、广西省的土司也大量减少。

蒙古、回部、藏区则由中央派设将军或大臣直接管理。漠北蒙古地区设乌里雅苏台将军、库伦大臣、科布多参赞大臣。漠南蒙古，绥远城将军、察哈尔都统、热河都统都对各该附近地区蒙古有管理权。盟旗制则是任命蒙古贵族为官——盟长、札萨克管理，盟长、副盟长，于本盟札萨克汗、王公或不管旗之汗、王公内，由理藩院开列人名，奏请皇帝选任。[①] 札萨克为"朝廷敕任之官"[②]，具贵族领主与职官双重身份，世管承袭，上报理藩院奏请皇帝认定册命，颁与诰敕，有罪则革之。[③] 盟长、副盟长、札萨克，都由中央颁与印信，[④] 以行使其职权，在本盟、旗贯彻执行中央政策而施治。新疆回部各城，是由中央派驻由八旗旗人充任的参赞大臣、办事大臣或领队大臣，统辖回部人担任的伯克进行管理。伯克由中央定以不同品级，颁与俸禄，[⑤] 由参赞大臣、办事大臣等拣选任用，品级高、职务重要者，奏请皇帝选任。藏区则设驻藏大臣，与达赖喇嘛、班禅喇嘛共同统辖藏人充任的官员噶隆施政管理，噶隆为三品官，颁与俸禄，噶隆以下文武僧俗藏官，四品至七品不等，均由朝廷颁与顶戴。噶隆及藏人武官代本，由驻藏大臣

---

① 嘉庆《大清会典》卷50《理藩院·旗籍司》。
② 《清朝续文献通考》卷209《兵考八·蒙古兵·东三省政略蒙旗篇》。
③ 《清高宗实录》卷620，乾隆二十五年九月乙卯。
④ 《清高宗实录》卷296，乾隆十二年八月甲子。
⑤ 伯克的俸禄，是给予俸地及种地的回部人——彦齐，也有兼给钱者。

会同达赖喇嘛拣选,拟定正陪,驻藏大臣奏请皇帝拣放。① 其余官员,由驻藏大臣会同达赖喇嘛或班禅选补。②

四、官员选任制度

清代任官,中央满汉复职、满汉并用,地方省、府、厅、州、县,满汉参用,基层州县佐杂官,多用汉员,地方各级长官所聘用的幕宾即师爷,以及众多的胥吏,也都是汉人,体现了地方直省以汉治汉的特点。而民族边区,则主要任用满洲旗人为主的旗员。

满蒙旗员入仕、升迁皆有优越条件或特权。科举入仕,专为满蒙旗人定有录取名额,录取率高于汉人。中央各机构官缺,有宗室缺、满洲缺、蒙古缺、汉军缺、包衣缺、汉缺,汉缺之外都是满人旗人官缺,显著多于汉缺。汉族人多缺少,旗人人少缺多,旗人任官机会多,比例大大高于汉人。铨选有正途、异途的条件限制,清制,凡科甲(进士、举人)、荫生及国子监贡生中的拔贡、优贡、岁贡、恩贡、副贡生,监生中的荫监生、优监生,为正途,其余为异途。异途经官员保举,也可视同正途。在授官上,很多官职只用正途出身,但这只是对汉人的限制,而"旗人并免保举,皆得同正途出身",只有个别文职官对旗人有条件限制,如翰林院的翰林官编修、检讨,应进士出身。以军功贵族世爵世职入仕者,亦以旗员居多。光绪年间的国子监祭酒宗室盛昱曾说:"八旗之人不及汉人什百分之一,八旗之京官乃多于汉人数倍。"③

满族统治者在官缺制中,为旗人设置超过汉人的大量官缺,又为其进入官僚

---

① 所述为乾隆后期定制后情况,见《钦定藏内善后章程二十九条》第十一条。《元以来西藏地方与中央政府关系档案史料汇编》,北京:中国藏学出版社,1994,第3册。嘉庆《大清会典事例》卷741《理藩院·设官·西藏官制》,乾隆五十六年、五十七年。并见嘉庆《大清会典》卷52《理藩院·典属司》。
② 嘉庆《大清会典事例》卷741《理藩院·设官·西藏官制》。《卫藏通志》卷7《番目》。
③ 《清朝续文献通考》卷95《学校二》,第8554页。

机构开设宽阔的入仕途径，旗人在官职之升迁调转上也有不少特权或优越之处，从而保障了满族的主体统治。也因此而产生了某些负面影响。

旗人入仕途径宽泛，缺多人少，入仕得官容易，而且不少限定性资格条件低，不少人是凭身份、特权而不是凭才能入仕，因而优选概率低，导致官僚队伍素质的低下。

而中央的满汉复职，一职两官，则无分任之效，反而带来了推诿牵掣的弊端。清末官员曾尖锐地指出："一部之中有二尚书、四侍郎，又加以管部之亲王、大学士，则以一部而有七主任官矣！绝无分劳赴功之效，惟有推诿牵掣之能，官制之弊，莫此为甚。"① 因而光绪后期实行官制改革，改变满汉复职制，一部设一尚书、二侍郎，不分满汉。

清代的官缺选任中，又隐然有肥、瘠之分，对肥缺的选任，明显加惠满人。如榷关的关差、管盐务的盐政，中央户部、工部管理库储之职，主要授予旗人尤其是满洲旗人。② 把国家公职之官缺划分出肥缺以授受，亵渎了国家公职的严正性，是严重的腐败行为。

清代在官员选任制度上实行"首崇满洲"政策，维护了满族的主体统治，造成诸多弊端。但选官制方面也有可取之处。比如府州县按其冲、繁、疲、难而定重要程度的官缺——最要缺、要缺、中缺、简缺，因人选任，有利于地方治理。

清代的地方长官衙署，没有或很少有佐贰官，总督、巡抚、布政使、按察使、道员衙署，都没有佐贰官，府、厅、州、县衙署则佐贰官很少，因而几乎都雇倩幕宾协助办理政务，乃至有"无幕不成衙"之称，此为清代地方官行政的一大特色。

辅助官员办理杂务的，有胥吏，胥吏有文吏（又称书吏）、胥役之分。清代的胥吏人数众多，遍设中央、地方衙署，地方官衙署尤其多，甚至数十、百倍于

---

① 《清末筹备立宪档案史料》，中华书局，1979，上册第368页。下同，皆此版本，不另注。
② 杜家骥：《八旗与清朝政治论稿》，人民出版社，2008，第430—432页。

官。胥吏蠹政，为害甚烈，是清代吏治腐败的重要因素之一。

五、晚清新官制

鸦片战争以后，列强入侵，清朝国势日衰，以维新富国强兵。其先是兴办洋务实业，继而进行政治改革、推行新政，增设新机构、筹备立宪，传统王朝官制为之大变，成为清代官制的一大特点。

咸丰十年（1860），设总理各国事务衙门，光绪二十七年（1901）又改其为外务部，中国开始有了具有真正意义的近代外交机构，清廷是以所谓天朝对藩属国、四夷之国的关系办理前礼部、理藩院掌管的对外事务，而此后不得不改变这种观念，对外国的外交事务划归外务部掌管。

为了实行新政，清廷于光绪二十七年以后，增设新机构，如商部、巡警部、学部，以及练兵处、财政处、税务处等。

光绪三十二年（1906）始，为实行宪政，又大幅度地裁、改、增设中央机构。

户部改为度支部，将财政处并入，[①]综理全国财政事务。

太常寺、光禄寺、鸿胪寺并入礼部。

兵部改为陆军部，将太仆寺及练兵处并入。总管全国陆路军队事务，诸如新式陆军即新军之编练、军事学堂教育、新式武器军械制造等，是其重点掌管之事。另外，为发展海军，先设筹办海军事务处，暂隶陆军部，宣统二年（1910）分出而改设为独立的海军部。

刑部改为法部，专掌全国司法行政事务，监督执法判案，刑部原审理刑案的职掌划归大理院。大理寺改为大理院，作为全国最高专司审判的机构。

巡警部扩增为民政部。掌国土区划、民众户籍、整饬风俗、赈恤、治安、警务、土木工程、医药卫生等事务。

商部改为农工商部，裁撤工部，将工部的诸职掌分别划给农工商部、度支

---

① 见光绪《大清缙绅全书》及《职官录》（宣统三年冬季）。

部、民政部。以农工商部统掌全国商务、矿务、船政、水利工程、机械制造与农、林、牧、渔业之事。

理藩院改为理藩部。

增设邮传部。专掌铁路、航运及邮政、电器设施等事务。

新设的各部（包括以前所设外务部）取消满汉复职制，堂官均改设尚书一员、侍郎二员，不再分满汉缺。另外，在堂官尚书侍郎与诸司之间，增设承政厅、参议厅，① 分别设正三品之左丞、右丞，正四品之左参议、右参议，协助尚书侍郎办理部务。

地方也进行官制改革。各省裁学政，设提学使司，置交涉使司以办理外交事务，又改按察使司为提法使司，过去的省下二司增为四司——布政使、交涉使、提学使、提法使，均为督抚属官。东三省则特设民政、度支、旗务、蒙务等司，与其他省有别。另外，各省又设巡警道、劝业道，以督办地方新政事务。

光绪三十三年（1907），为实行宪政，设资政院，作为议院的基础，② 并命各省速设咨议局。宣统元年（1909），资政院颁布章程，次年正式开院。资政院是初步具有近代国家议院性质的机构。

宣统三年（1911）四月，设责任内阁。各部尚书均改称大臣，侍郎称副大臣，各部大臣为责任内阁的国务大臣。并裁军机处、旧内阁。最初，由于清廷所组之责任内阁倚重亲贵，十三名国务大臣中满人居多，皇族就占了七名，被时人讥为"亲贵内阁""皇族内阁"，乃不得不改组，但不久清帝逊位，清朝灭亡，仅存数月的宪政，内阁也随之消亡。

晚清官制改革虽然实行的时间不长，但变动颇大，行政机构与王朝传统衙署迥异，多为适应近代新的政治、经济事物而增设、改设，是中国政治发展史上具

---

① 《光绪朝东华录》，中华书局，1984，第5578—5579页。
② 《清末筹备立宪档案史料》之光绪三十三年八月"军机处上谕档"，下册第606页。

有时代变革意义的重要事件,对随后建立的民国之政治制度也有重要影响。

(原载《历史教学》2013年第4期)

明清两代宫廷之差异及相关政治问题

阅读明清两代典籍，感到这两朝的宫廷有很多差异之处，其中最明显的是供职于皇宫中的人员大不相同，明代主要是太监宦寺，清代时太监大量减少，供职较多的是内务府旗人包衣（奴仆）男、妇，旗人（主要是上三旗人）官兵，杂役、匠人等，还有蒙藏喇嘛、西洋人，在男女之防上，对外部男性入宫的禁限，不像明代那样森严。而且由于皇帝勤政，满汉官员也每日频繁出入皇宫，甚至接近或深入後宫区（或称後寝区）[①]。另外，宫中还设置与满族骑射有关的机构。这一切，都应与"满族因素"有关。鉴于其还关系到两朝的宫廷政治乃至国家治政，以及民族习俗等问题，因而将其作为一个专题进行探讨。

一、明清皇宫所在的部位及内部结构

明清两代北京城，由外到内，大致分为三重。最外的一重为京城，中间一重为皇城，皇城中间为皇宫，即紫禁城。明代，紫禁城又称内皇城，或称内紫禁城[②]、紫禁内城[③]，紫禁城外围为外皇城。清代仅将紫禁城外围部分称为皇城，皇城是几个带"安"字的门（天安门、地安门、东安门、西安门、长安左门、长安右门）以内，以及南至大清门以内的部分。[④] 皇宫为四门（午门、东华门、西华门、

[①] 清代皇宫乾清门以内皇帝及其家属后妃、子女居住的区域，当时文献均作"後宫"或"後寝"区，若以简化字"后宫"或"后寝"区，则意思改变，因为"后宫"仅指皇后、太后所居之宫，"后寝"区仅指皇后、太后寝宫生活区。所以校凡这一内容的用词，都作"後宫"或"後寝"区。

[②] 万历《大明会典》卷187《工部七·营造五·皇城》，中华书局，1989年影印本，第944页上。下同，皆此版本，不另注。

[③] 孙承泽：《春明梦余录》卷6《宫阙》，四库全书文渊阁本。下同，皆此版本，不另注。

[④] 乾隆《钦定日下旧闻考》卷39《皇城一》，北京古籍出版社，1983年标点本，第1册612页。下同，皆此版本，不另注。

神武门）之内，又称大内。

紫禁城内，以保和殿、乾清门之间为界，分为前后两部分，前部即南部为前朝部分，又称"外朝"区，后部即北部为後寝部分，是皇帝及其家属的居住区，又称"内廷"。此外，又可分为中路及其两侧的东侧区、西侧区。前朝部分的中路，主要是三大殿的区域。後寝部分的中路，主要是当朝皇帝及其后妃的居住宫区，後寝部分的两侧，是已故皇帝的后妃被称为太后太妃等的居住区。

本文所说的"宫廷"，主要指紫禁城，因紫禁城外围的皇城又屏卫着紫禁城，且服务于紫禁城内的一些机构也设于皇城，因而所述内容要涉及皇城，尤其是明代，服务于皇宫的太监诸机构及其作坊、仓库等设施，广布于皇城中，所以，也有将明代包括紫禁城在内的整个皇城都称为宫廷的。[①] 清代的皇城与明代不同，明代广布于皇城的诸太监机构，清代都已取消，皇城不再是禁区，而是"悉为民居、列肆之所"[②]"紫禁城外，尽给居人"[③]。不过对紫禁城外围之守卫部分的叙述，仍需涉及皇城。

二、明清两朝宫廷之比较

本文从以下诸方面，对明清两朝宫廷的不同情况进行对比，并总结清代的特点，提出一些初步认识。请对照"明清两代皇宫内部建置图"阅读。

1. 宫廷侍奉机构及人员。

明代的宫内服务者，除宫女、女官外，主要是太监。太监有所谓十二监、四司、八局共 24 个衙门，此外，还有诸房、库等。其设置及职掌如下：

十二监。司礼监，掌宫廷仪礼、刑案，钤束长随、当差、听事各役及关防门

[①] 朱偰：《昔日京华》之《明清两代宫苑建置沿革图考》，百花文艺出版社，2005，第 49—50 页。

[②] 陈宗蕃：《燕都丛考》第二编第一章《内城总说》，北京古籍出版社，1991 年标点本，第 163 页。

[③] 高士奇：《金鳌退食笔记》，北京古籍出版社，1982 年标点本，第 117 页。

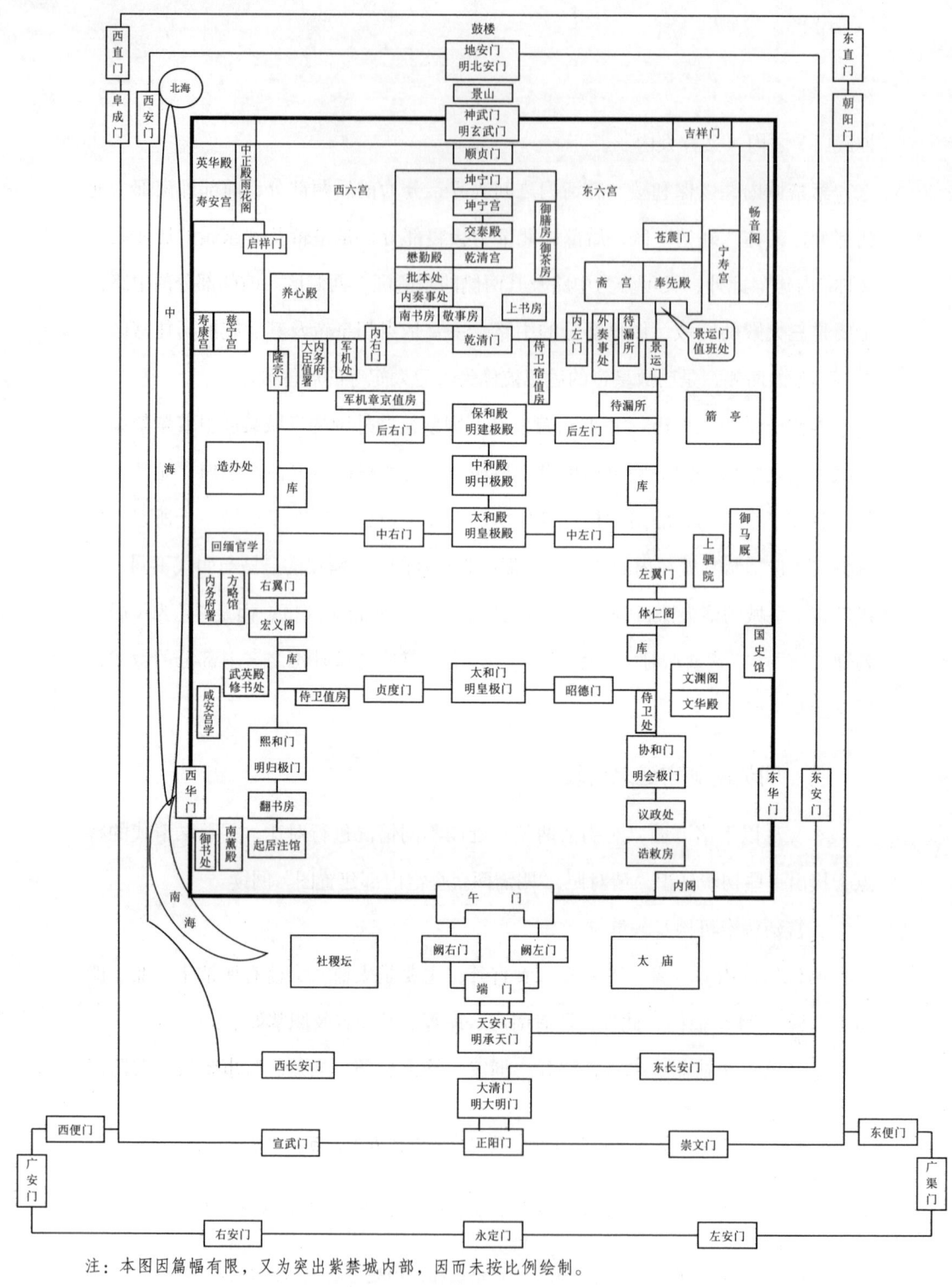

注：本图因篇幅有限，又为突出紫禁城内部，因而未按比例绘制。

图 1　明清两代皇宫内部建置图

禁等，另外还掌公文之事（详见后述）；内官监，掌诸作坊制造、库藏及营造宫室、陵墓等事；御用监，掌御前所用诸器之造办；司设监，掌卤簿、仪仗、帷幕诸事；御马监，掌宫中用马等事；神宫监，掌太庙等坛庙洒扫、香、灯等事；尚膳监，掌御膳及宫内食用并筵宴诸事；尚宝监，掌宝玺、敕符、将军印信等事；印绶监，掌古今通集库及印信、勘合、符验、信符、铁券、诰敕诸事；值殿监，掌各殿及廊庑扫除事；尚衣监，掌御用冠冕、袍服、履舄等服用之事；都知监，初掌各监行移、关知、勘合之事，后仅随驾前导警跸。服侍皇帝者，又设御前近侍多人。

四司。惜薪司，掌宫中所用薪炭之事；钟鼓司，掌钟鼓、内乐、诸杂戏；宝钞司，掌造粗细草纸；混堂司，掌沐浴之事。

八局。兵仗局，掌制造军器；银作局，掌打造金银器饰；巾帽局，掌帽靴；针工局，掌制作宫中衣服；内织染局，掌染造御用、宫内应用缎匹；酒醋面局，掌宫内食用酒、醋、糖、酱、面诸物；司苑局，掌蔬菜、瓜果供备；浣衣局，掌衣物等浣洗。

此外还有诸库、诸房等，如司钥库、内承运库和分储杂物的十库，以及掌御用医药的御药房，掌造御用酒的御酒房，掌供奉茶酒、瓜果及进御膳的御茶房，掌报时刻的刻漏房、更鼓房，掌诸糕点制作的甜食房，畜养异兽珍禽的牲口房，观星云、测灾祥的灵台，掌造军器、铳炮、火药之类的安民厂及盔甲厂等。[①]

以上太监诸衙门及各房、库，大部分设在外皇城，[②] 少数设在紫禁城内，有的在紫禁城内、外均设。

紫禁城内所设，多为外皇城太监机构的内值、附设机构。计有：司礼监秉笔

[①] 《明史》卷74《志第五十·职官三·宦官》，第6册1818—1822页。
[②] 设于外皇城的太监机构、诸设施，见刘若愚著，吕毖编次《明宫史》之《金集·内府职掌·宫殿规制》，北京古籍出版社，1982年标点本，第5—13页。下同，皆此版本，不另注。并见朱偰：《昔日京华》之《明清两代宫苑建置沿革图考》之《明内府衙门职掌表》。

太监值房、经厂值房、管赏处、都知监值房、文书房、南司房、尚膳监、宫中膳房、太庖厨、御茶房、御酒房、御用里监、刻漏房、更鼓房、御马监、御用等监库。其中司礼监因职掌较多，在宫内有多处值房。①

太监诸衙门及各房、库所设太监、杂役宦官名目繁多，有提督太监、掌印太监、秉笔太监、随堂太监、少监、监丞、典簿、门正、门副、医官、赞礼、奉御、尚冠、尚衣、尚履，以及一般的长随、当差、听事、写字、监工等50多种。②其中承充杂务的长随、当差、听事的宦官人数甚多，长随等就居住宫中，在宫中"分各门共爨"，共54门。③

清代在皇宫内服务者，主要是内务府上三旗包衣男女奴仆及太监，但太监人数比明代大量减少。为皇宫服务的太监，其活动区也从明代的皇城缩小到紫禁城内，而且基本是紫禁城北半部的後寝区。④总管太监的机构是敬事房，设于乾清门内西侧。太监们的事务，也比较单纯，主要是服侍皇帝及后妃、皇子女等的生活起居。后妃的东西十二宫，每宫配置太监若干名，各"专司本宫陈设、洒扫、承应传取、坐更等事"。御膳房、御茶房的太监，"专司上用茗饮果品"及掌"上用膳馐、各宫馔品、各处供献、节令宴席、随侍坐更等事"。在御前服务的，主要是掌陈设、洒扫、坐更，保管并取送皇帝所用之物，服侍皇帝，登载内起居注等。另外，後寝区的宫殿、某些禁门的洒扫、启闭关防，宫内烧炕，御花园等处的花草管理、鱼虫鸟兽畜养，等等，也是太监负责的事项。⑤御前服侍者除太监外，还有

---

① 刘若愚著，吕毖编次《明宫史》之《金集·内府职掌·宫殿规制》，第13—22页。
② 《明史》卷74《志第五十·职官三·宦官》，第6册1818—1822页。
③ 刘若愚著，吕毖编次《明宫史》之《木集·内府职掌·答应长随》，第59页；《金集·内府职掌·宫殿规制》，第18页。
④ 紫禁城内前朝区的三大殿等处，紫禁城外的景山、瀛台、雍和宫，也设有太监，人数很少。皇帝住圆明园时也设太监。均从略。
⑤ 乾隆《国朝宫史》卷21《官制二》，北京古籍出版社，1987年标点本，下册第446—484页。下同，皆此版本，不另注。

哈哈珠子，①为旗人男性少年。

紫禁城内从事杂务的内务府三旗管领下包衣奴仆，称为"苏拉"，"总凡四千九百五十名"，其管理机构是内管领掌关防处，简称"掌关防处"，设于皇宫内，置内管领、副内管领各30人。其具体服侍事项是：承应"皇后宫内差务，内管领等轮班承应；皇贵妃、贵妃位下，内管领各二人；妃、嫔位下，内管领各一人"，听差苏拉15名至5名不等，由内管领率领，承担各宫后妃的服侍性杂役，②负责后妃各宫、各处分例食品、用具之备办供应。此外，从事宫中所用酒醋、酱菜之成造，蔬菜瓜果之供应，各种饼饵、饽饽、糕点、祭品之制作（由内管领下包衣妇人承担）供应，筵宴桌张之管理备办，器皿库各种器具之保管取用，水、冰（暑期）之承应抬送，车辆牲畜之管理与使用，以及宫殿内之糊饰，院内洒扫、除草，冬季熏缸（防火缸），疏浚紫禁城内河道。还有，紫禁城内，除当朝皇帝后妃所居十二宫，其他所有宫殿、房屋、庭园、门禁等，划为30区，三旗包衣分为30班（每旗10班），每班负责一区"谨视宫室而以时葺治"③。

以上，都是日常应服务的事项，因而，这众多人数的包衣男女奴仆，是常日在宫中服务的。

此外，後寝区的御膳房、茶房，其管理官员尚膳正、尚茶正，尚膳副、尚茶副，尚膳、尚茶，是由侍卫充当。而承当具体事役的"内膳房厨役六十七名，有十名召募民充，余俱于（包衣）三旗人丁内挑补"，其他如庖长、副庖长、庖人、拜唐阿、承应长、承应人、催长、领催等，也是由内务府三旗男性包衣充当。④

比较明清两代皇宫中从事杂役、侍奉皇室的人员，明代基本上是清一色的太监及宫女。清代，也有太监、宫女，但更多的是内务府三旗的包衣，以及三旗侍

---

① 乾隆《国朝宫史》卷2《训谕二》，上册第6页。
② 《钦定总管内务府现行则例·掌关防管理内管领事务处·承应事宜》，海南出版社，2000年影印本，故宫珍本丛刊本，第307册271页。
③ 嘉庆《大清会典》卷77《内务府·掌关防处》，武英殿官刻本，第10—19页。
④ 嘉庆《大清会典》卷80《内务府·御茶膳房》，第1—2页。

卫，还有极少量的民人厨师，除包衣妇人外，全部是男性，最多的是苏拉有四千多名。有的是配置于后妃寝宫服务的，如前述皇后、皇贵妃、贵妃、妃、嫔位下，均配置内管领，以率包衣苏拉为各宫后妃供应食品、水、冰及从事其他服侍性杂役。服务于御膳房、茶房的包衣、侍卫、民人厨役，也是在後寝区。

此外，外部男性进入後寝区服务的，还有以下几种情况：

坤宁宫萨满祭祀。坤宁宫内中西部为萨满祭祀场所，每日朝祭、夕祭两次，除萨满、司祝、司香等为女性外，另设男性的满人"司俎官五人、司俎执事十八人、宰牲十人、掌籍三人、服役二十人"，每日两次进内从事杀猪等事务。做祭品，则由包衣30余人与饽饽房包衣妇人一起承应。[①]另外，朝祭毕，还要赐宫中值班王公、大臣、侍卫进坤宁宫内吃胙肉。[②]

中正殿、雨花阁、宝华殿喇嘛唪经。这些唪经机构设施在後寝区西侧，太后太妃所居之慈宁宫、寿康宫以北。定例"每日以（喇嘛）二十人在前殿唪吉祥天母经，以九人在后殿唪无量寿佛经，以三人在后殿唪龙王水经"，朔望及重要节日，唪经的喇嘛更多，有时达一二百人。[③]其"演法则有跳布札、放乌卜藏诸技"。喇嘛"长年承应内廷者，至数十百人之众"[④]。设有中正殿管理处，管理喇嘛做佛事等事务，管理中正殿事务大臣、员外郎等，也是宫外满洲官员。又，後寝区的"养心殿有佛堂，朔望以喇嘛十人放乌卜藏"[⑤]，唪无量寿佛经。[⑥]

戏班进内演戏。後寝区东侧的畅音阁、阅是楼，为皇室人员、王公大臣等观

[①]《钦定总管内务府现行则例·掌关防管理内管领事务处·承应祭祀员役》，第307册273页。

[②] 光绪《大清会典事例》卷1183—1184《内务府·祀典·坤宁宫祭神之制、坤宁宫日祭》等。

[③] 嘉庆《大清会典》卷80《内务府·中正殿》，第7—10页。

[④] 陈康祺：《郎潜纪闻》卷1《喇嘛教》，中华书局，1984年标点本，第7—8页。

[⑤] 吴振棫：《养吉斋丛录》卷17，中华书局，2005年标点本，第220页。下同，皆此版本，不另注。

[⑥]《钦定总管内务府现行则例·中正殿·每月定例念经》，第309册267页。

剧之所，同光时期，常有宫外戏班的"外优"进内演戏。①

2.宫廷造办、纂修、教育机构。

明代的宫廷造办机构及设施，多设置于外皇城，即紫禁城之外，设于紫禁城内的制作性机构设施，只有侍奉宫内饮食的尚膳监、宫中膳房、太庖厨、御茶房、御酒房等，见前述。

清代，除了这类饮食制作设施如御膳茶房及内饽饽房、酒醋房等设于宫内，还有其他造办机构及设施，最著名的便是众所周知的造办处，设于前朝部分的西侧。造办处设管理大臣2人，郎中以下至管库官等40余人，下设如意馆、金玉作等十几个作坊，其中如意馆中还有西洋画匠供职。诸作坊工匠、拜唐阿、苏拉等共330多人，每日进宫于造办处工作。②

明清两朝，均于宫内设修书机构。明代，午门内的"皇极门外两庑……东二十间为实录、玉牒、起居诸馆及东阁会坐公揖处。西二十间，上十间为诸王馆，下十间则会典诸馆"③。清代，于东华门内设馆纂修实录、会典。明清两代，以上纂修机构都是临时性的，修毕即撤。起居注有所不同，应经常纂修，不过明代断断续续，洪武、永乐朝曾实行，以后中断，万历时一度恢复。④清代，自康熙十年（1671）编纂起居注，除康熙五十七年（1718）至六十一年（1722）这五年暂停，此后连续不断，直到清亡，起居注官也一直入值宫中。

除此之外，清代的皇宫中还有一些常设的纂修、出版机构，这是明代所没有的。如国史馆，设于东华门内之北，主要纂修本朝史，初为临时性，乾隆三十年

---

① 章乃炜、王蔼人：《清宫述闻》之七《述内廷·阅是楼、畅音阁等处》，紫禁城出版社，1990年标点本，第884—885页。
② 嘉庆《大清会典》卷80《内务府·养心殿造办处》，第16—17页。
③ 孙承泽：《春明梦余录》卷10《文华傍室》，第6页。
④ 孙承泽：《春明梦余录》卷13《皇史宬》，第1—2页。"国初犹设起居注，如洪武中，宋濂为起居注……永乐中，王直以右春坊右庶子兼记起居。后不知废于何时"。万历朝，应张居正之奏请而恢复。

（1765）后为常设之馆。方略馆，设于武英殿后，[1] 掌纂修方略、纪略，并奉旨编纂其他典籍。[2] 武英殿修书处，是人所熟知的宫中常设的编辑出版机构，设管理王大臣、总裁、提调、正副监造等官20余人，翰林充任之纂修、协修20余人。设有书作、刷印作，置内务府包衣匠役、拜唐阿等90余名。[3] 另有御书处，在西华门内，为刻印御制诗文、法帖及制作朱墨之所，设管理官员、匠役等100多名。[4]

明清两代皇宫中，都有皇子教育处所。皇子以外的学校，是明朝宫中没有、清宫设施的又一特殊之处。清代这类学校均教育旗人子弟，计有：咸安宫官学，设于武英殿旁，学生110名，置管理官员、教习、苏拉等60余名；蒙古官学，学生24名，官员、教习7名；回缅官学，管理官员、教习及学生共16名。以上诸学学生，就在皇宫中住宿学习。[5]

3. 宫廷守卫人员。[6]

明代宫廷的日常守卫，主要是在紫禁城周围的皇城部分，由"上二十二卫"的亲军卫官兵守护，分别守卫皇城四面。[7] 直接守卫紫禁城的亲军诸卫，是在紫禁城城墙外四周驻守巡逻，紫禁城墙外四围共设40处红铺（或曰36处），为巡逻的官兵驻守的铺房。夜间，设"坐更将军一百人，每更二十人"，另于紫禁城四门"设走更官八员"巡更。[8] 统管者为勋臣，于午门外"每晚有勋臣一员，在阙左门内直

---

[1] 吴长元：《宸垣识略》卷2，北京古籍出版社，1982年标点本，第29页。
[2] 梁章钜、朱智：《枢垣记略》卷21，中华书局，1984年点校本，第268页。记方略馆入值者"在方略馆纂修《西域图志》及校勘辽金元三史"。
[3] 嘉庆《大清会典》卷80《内务府·武英殿修书处》，第14页。
[4] 嘉庆《大清会典》卷80《内务府·御书处》，第15页。
[5] 嘉庆《大清会典》卷80《内务府·咸安宫官学、蒙古官学、回缅官学》，第20—23页。
[6] 本人对清代宫廷守卫已有专文《清代紫禁城的守卫制度》，收《明清宫廷史学术研讨会论文集》，故宫出版社，2017，此处仅作简要介绍。
[7] 万历《大明会典》卷228《上二十二卫·各卫通行事例》，第1122页上。
[8] 万历《大明会典》卷143《兵部二十六·守卫》，第731页下。

宿"①。此外，还有五军营的叉刀官军，夜间于外皇城内值宿。②在外皇城四周设红铺72处，以亲军诸卫官兵驻守巡逻，从而守卫外皇城而间接守卫紫禁城。亲军诸卫官兵除于皇城"巡绰各门"，还"巡警京城各门"。常朝时，则入紫禁城充当仪仗队及侍卫③（并见后述）。

入紫禁城内担任侍卫、接近皇帝的，是上二十二卫中的锦衣卫为主的官兵。

锦衣卫的侍卫，称将军、大汉将军，是"直殿内"④。锦衣卫共设大汉将军1500余名。其余侍卫及统领官，有：府军前卫带刀官40员；神枢营红盔将军1500名，把总指挥16员，明甲将军500名，把总指挥4员，大汉将军8员；五军营叉刀、围子手3000名，把总指挥8员，勋卫散骑舍人无定员，旗手等二十卫带刀官180员。

掌领侍卫的，为侯、伯、驸马等官，共6员：一员管锦衣卫大汉将军及勋卫散骑舍人、府军前卫带刀官，一员管五军营叉刀官军，四员管神枢营红盔将军，每日一员轮值。

侍卫入值皇宫大内，主要有以下几种情况，均在前朝区。

大朝。凡皇帝寿诞、元旦、冬至这三大节大朝会时，皇帝与百官朝贺，以及大祀、誓戒、册封、遣祭、传制等，皇帝御皇极殿，侍卫官兵全部进宫入值。领侍卫官侍立殿内，锦衣卫、神枢营将军118人序列于御座左右。其殿门，殿外丹陛延至皇极门外，均以锦衣卫、神枢营将军、五军营官军布列侍卫。

常朝。是指常日皇帝御门或御殿，与官员商议、处理政务，届时，侍卫官兵

---

① 刘若愚著，吕毖编次《明宫史》之《金集·官殿规制》，第5页。
② 万历《大明会典》卷142《兵部二十五·侍卫》，第729页下。
③ 万历《大明会典》卷228《上二十二卫·各卫通行事例》，第1122页下。
④ 万历《大明会典》卷142《兵部二十五·侍卫》，第729页下。又，陆容：《菽园杂记》卷4。"本朝将军之名不一……职方司职掌收充将军，与上项不同，盖选军民中之长躯伟貌者以充朝仪耳，谓之大汉将军"。

入值。①并"纠仪、挐人。朝退,轮百户一员巡察皇城四围,其余分守东华、西华等门,听候宣唤。至夜,轮百户二员、校尉四十名,同该日指挥,于内直房直宿,以备传报,其余出宿外直房"②。

凡大朝、常朝,锦衣卫的銮舆、擎盖等十司与驯象所,以及旗手卫,还擎执朝仪器仗礼具,布列卤簿仪仗。

此外,遇经筵日,锦衣卫掌印官入文华殿侍卫,该值的千户、百户、校尉,于殿外侍立听候。殿试举人,锦衣卫堂上官充巡绰官。岁贡生员于午门内考试,由锦衣卫官校看守。③

明代宫廷守卫的详细情况,还可参见《明代宫廷典制史》的有关部分。④

清代,皇城的地面部分是由步军营中的满洲步军守卫,皇城内的紫禁城城墙周围部分由下五旗护军营护军巡守。⑤

紫禁城内,有三个机构官兵守卫,分别是:上三旗护军营、八旗前锋营;内务府包衣三旗官兵;侍卫处。

无论皇城还是紫禁城,担任守卫的主要是满洲旗人、蒙古旗人官兵。轮流值宿的官员有所谓"六大班":"禁城以内,诸王及满洲文武大臣、前锋统领、护军统领、内务府大臣轮流直宿,谓之六大班。"⑥

紫禁城内三个机构的官兵守护之处分别如下:

第一,上三旗护军营官兵及部分前锋兵守卫紫禁城内各门等处。设景运门值班处,置景运门值班大臣1人,以前锋统领、护军统领、印务章京、上三旗司钥章京等轮值,夜间则宿值宫中。所守卫的皇宫内的各门、内库等,有30多处,前

---

① 万历《大明会典》卷142《兵部二十五·侍卫》,第728—729页。
② 万历《大明会典》卷228《上二十二卫·锦衣卫》,第1118页下。
③ 万历《大明会典》卷228《上二十二卫·锦衣卫》,第1119页上。
④ 赵中男等:《明代宫廷典制史》第十四章《仪卫》,故宫出版社,2010。
⑤ 嘉庆《大清会典》卷70《护军营》,第6—8页。
⑥ 吴振棫:《养吉斋丛录》卷2,第32页。

朝区有景运门、隆宗门等，後寝区有苍震门、启祥门、吉祥门、文华门，寿康宫之长庚门、西南门，宁寿宫之敛禧门、锡庆门、皇极门、履顺门、蹈和门、保泰门等。①

第二，内务府上三旗包衣骁骑营、护军营。

内务府包衣骁骑营官兵主要守卫武英殿、南熏殿、宁寿宫、英华殿、寿安宫，以及造办处各门及银库、肉库、衣库，与火班处等，共31处。这31处包衣骁骑营官兵，皆轮班值守，夜宿宫中。

内务府包衣护军营官兵，主要守卫後寝区的重要门禁，如慈宁宫、寿康宫、宁寿宫门，稽察出入，日值而不夜宿。②

第三，侍卫处。设侍卫、亲军，以领侍卫内大臣、内大臣、散秩大臣统辖。分内、外班，均日夜轮值。

外班重点防卫前朝区的大门——太和门，轮值宿卫。太和门旁为侍卫处衙署及外班侍卫值宿处。

内班重点守卫乾清门、内右门，以及宁寿门、神武门。③ 乾清门、内右门是进入内廷後寝区的门禁，内廷行走官员，由守门之侍卫稽其出入。内班侍卫值宿处，是设于乾清门庑下，值庐在保和殿之侧的后门旁。④ 皇太后住慈宁宫，则以侍卫什长率侍卫十员守卫，夜"宿于慈宁门下"⑤。

御前或近御之处，包括皇帝日常起居、处理政务的养心殿，则有御前大臣、御前侍卫、乾清门侍卫负责护卫。官员引见皇帝，由御前侍卫、乾清门侍卫带至

---

① 嘉庆《大清会典》卷70《护军营》。
② 嘉庆《大清会典》卷77《内务府·三旗包衣骁骑营、三旗包衣护军营》。
③ 嘉庆《大清会典》卷65《侍卫处》。
④ 奕赓：《佳梦轩丛著·侍卫琐言》，北京古籍出版社，1994年标点本，第72页。下同，皆此版本，不另注。
⑤ 奕赓：《佳梦轩丛著·侍卫琐言》，第71页。

御前。①

皇帝御乾清门听政，与内阁部院等官员商讨政务，领侍卫内大臣及值班内大臣、侍卫等于门左右阶侍立。御前侍卫随皇帝出宫，同乾清门侍卫均于御座两旁侍立。②

皇帝出入皇宫，则有后扈大臣、前引大臣、豹尾班侍卫扈从保卫。皇帝召见外国使臣、燕飨、御经筵，这些人及御前侍卫等皆于皇帝前后、两旁及殿外侍立。③

明清两代宫廷守卫的最大不同，是明代亲军侍卫主要守卫紫禁城外部，只有大朝、常朝等场合皇帝在前朝区时，锦衣卫、神枢营等侍卫官兵等才入内，列入仪卫。夜间，只有常朝日退朝后，才留数十名锦衣卫官兵值宿宫中，即前述：常朝朝退"至夜，轮百户二员、校尉四十名，同该日指挥，于内直房直宿，以备传报，其余出宿外直房"④，这"内直房"当是在左右掖门内的午门内侧，即前朝区的南部⑤，离後寝区甚远。这些人是常朝退朝后为"备传报"而宿于紫禁城内的。平时无论白日夜间，男性官兵不入紫禁城内，紫禁城中日夜侍值者，主要是太监。看守紫禁城、皇城门禁的，是太监，其制为："午门、东华门、西华门、奉天门、玄武门、左右顺门、左右红门、皇宫门、坤宁门、宫左、右门。东宫春和门，后门，左、右门，皇城、京城内外诸门，各门正一员，管事无定员。司晨昏启闭，关防出入。旧设门正、门副各一员。"⑥门正、门副均为太监。掌各门钥匙

---

① 昭梿：《啸亭杂录·续录》卷1《奏事处》，第388页。
② 嘉庆《大清会典》卷65《侍卫处》。
③ 嘉庆《大清会典》卷65《侍卫处》，第6—9页。
④ 万历《大明会典》卷228《上二十二卫·锦衣卫》，第1118页下。
⑤ 杨嗣昌：《杨文弱先生集》卷43《召对纪事》。记其被皇帝召对，是"初待于外直房，良久，入右掖门，待于内直房"，这是官员的"内直房"，在右掖门内。侍卫官兵的"内直房"，有可能是在左掖门内。具体地点，待考。
⑥ 《明史》卷74《志第五十·职官三·宦官》，第6册1821页。

的，还有"司钥库，掌印太监一员……凡乾清宫等门及午门、东华门等钥匙，皆本库监工于五更三点时自宫中发出，分启各门，其钥即便缴回"[1]。夜间宫内打更的，是更鼓房宦官，"每夜五名，轮流上玄武门楼打更，自起更三点起，至五更三点止"[2]。宿守皇帝近御之处的，是司礼监太监等，明宫太监所著《明宫史》记："宫壶中，凡掌印、秉笔、管事牌子，俱在乾清宫内各直房居住。每夜，除该正管事牌子在殿内直宿，其余者候圣驾已安寝，磕过安置头，寝殿门已阖，则始散归各直房……凡猝然夜间御前有事，忽有传召，或直火灾、意外之警，便立可衣冠，手持五尺，速赴圣驾之前，以防卫之。"[3]另外，正德以后各朝，还曾于宫中训练由宦官组成的卫队，称之为"内操"。[4]

清代，宫中守卫的旗人官兵常日在紫禁城中，且日夜护卫，夜间也宿值宫中。其上三旗护军营官兵，当班者是昼夜在宫内守护，即"日则守卫，夜则巡更传筹"[5]。白日，守门护军官兵佩刀、执红棒，稽察官员、杂职人役及物品之出入，早晚，以夜值之司钥章京、护军参领掌禁门之启闭。其夜间，是以传筹的方式在皇宫内巡更，具体情况是："紫禁城内五筹递传，每夕，自景运门发筹，西行过乾清门，出隆宗门，循而北，过启祥门迤而西，过凝华门迤而北，过中正殿后门，迤北至西北隅，迤而东过西北门、顺贞门、吉祥门，至东北隅迤而南，过苍震门至东南隅，迤而西，仍至景运门，凡十二汛，为一周。"这实际是环绕皇帝及其家属的后寝区之门、墙外的十二汛间，而巡更一周。此外，环三大殿诸门为一周，共八汛，也以五筹传递。太和门内大院一周，四汛，以三筹传递。总计，夜

---

[1] 刘若愚著，吕毖编次《明宫史》之《木集·司钥库》，第46页。
[2] 刘若愚：《酌中志》卷16，海山仙馆丛书本。
[3] 刘若愚著，吕毖编次《明宫史》之《水集·内臣服佩·一把莲》，第79页。
[4] 王天有：《明代国家机构研究》第四章《宦官机构》，北京大学出版社，1992，第191页。
[5] 光绪《大清会典事例》卷1153《护军统领·职掌·守卫禁门》。

值护军营官兵，在宫中诸门的二十四汛之间，以十三筹递传，巡更警卫。①宫中侍卫，于各重要禁门处"昼坐门禁，夜守扃钥（引者按：指关闭禁门）"②，其内班侍卫"（夜）宿则于乾清门庑下"③。守卫宫殿的内务府包衣骁骑营官兵，也是日间守卫，夜晚"直宿巡查"。④

4. 宫廷行政机构及官员。

明代，皇帝与百官相见及行政是在前朝区，其行政机构也设于前朝区的南部。南部东侧的"会极门，凡京官上本、接本，俱于此处，各项本奉旨发抄亦必由此处"⑤，此门稍东南，即内阁，为阁臣入值之所。西侧南部归极门（清之熙和门）西南，有六科廊，后移午门外，⑥而六科给事中"奉旨发抄"批红后的题本，仍须进午门在会极门。皇帝常朝御门听政，在皇极门（清太和门）召对阁臣等官，或在建极殿（清之保和殿）左侧后左门前的平台，⑦或在文华殿，⑧均在前朝区中路。

清代，内阁沿用明代旧址，而取消了明会极门（清之协和门）之官员行政，其上题本、接题本，都归入内阁，六科给事中之"科抄"，也是到内阁红本处领红本而发抄。唯清代奏折成为题本之外另一大类上奏公文，数量颇大，特于景运门内设（外）奏事处以办理奏折接收传递事务。这又与明朝宫中由太监掌管的接收

---

① 乾隆《皇朝文献通考》卷180《兵考二·禁卫兵·八旗护军营》。嘉庆《大清会典》卷70《护军营》，第10—11页。
② 乾隆《大清会典则例》卷170《领侍卫府·宫门宿卫》，第1页。
③ 奕赓：《佳梦轩丛著·侍卫琐言》，第72页。
④ 嘉庆《大清会典》卷77《内务府·三旗包衣骁骑营》，第6页。
⑤ 刘若愚著，吕毖编次《明宫史》之《金集·宫殿规制》，第19页。
⑥ 蒋一葵：《长安客话》卷2《皇都杂记·六科廊》，北京古籍出版社，1980年标点本，第30页。所记六科是因"永乐间失火"而"迁午门外"，恐误。
⑦ 刘若愚著，吕毖编次《明宫史》，第13—14页。并见焦竑：《玉堂丛语》卷3《召对》，中华书局，1981年标点本，第70页。下同，皆此版本，不另注。
⑧ 焦竑：《玉堂丛语》卷3《召对》，版本同前，第67—69页。记有明英宗、孝宗在文华殿召内阁、部院大臣咨询、议政的情况。

封进题本的文书房类似。① 六科的地址、职掌，均沿袭明制。以上，是清承明制，官员入宫办理政务形式与明类同者。

清代比明代的不同之处，是宫中增设了很多行政机构，而且有的机构及入值官员贴近或进入后寝区内廷，入宫的官员人数、频繁度也大大超过明代。

清代皇宫中增设的行政机构、职掌及入值官员情况如下：

南部前朝区。议政处，在太和门前大院的东庑，为清前期满族议政王大臣之会议、办公处所。稽察钦奉上谕事件处，为乾隆后议政处所改。掌稽核谕旨特交部院、八旗所办之事，入值者，为满汉大学士、尚书、左都御史，以及司官、笔帖式等。诰敕房，也在东庑，掌诰敕之审查、收发，隶内阁，内阁侍读、中书等在此入值。② 翻书房，太和门前大院的西庑，负责翻译皇帝满汉文谕旨等公文，有满洲翰林官、内阁中书、各部院司官、笔帖式在此入值。③ 内务府公署，设在武英殿后，为总管内务府事务堂署，入值者有内务府大臣、堂郎中、主事、委署主事、笔帖式等70余人。内务府上驷院公署，在文渊阁后，掌御用马匹及内务府诸马场、马厩之管理，设管理官员50余人、侍卫20人，侍卫、司鞍长等掌御马之训练、选用或侍奉皇帝、皇子乘马等事。其旁设御马厩，昭德门、左翼门内，则有放置弓箭、刀枪、甲胄的武备院四库。御鸟枪处、弓箭处，在西侧区，掌皇帝狩猎、出巡所用武器弹药之供备。④ 箭亭，在文渊阁北，为皇帝检阅八旗武举、武官校射之所。⑤

---

① 明朝宫内的文书房，见《明史》卷74《志第五十·职官三·宦官》，第6册1821页。
② 以上议政处、稽察钦奉上谕事件处、诰敕房的地址，见乾隆《钦定日下旧闻考》卷62《官署一》，第2册1024页。
③ 昭梿：《啸亭杂录·续录》卷1《翻书房》。并见乾隆《钦定日下旧闻考》卷11《国朝宫室三》，第1册147页。
④ 乾隆《国朝宫史》卷21《官制二》，下册第459—460页。嘉庆《大清会典》卷80《内务府·御鸟枪处、内火药库》，第17—18页。
⑤ 景清：《武场条例》卷1《武殿试一》。吴振棫：《养吉斋丛录》卷9。并见高宗以后各朝实录。

乾清门前。军机处，在乾清门以西，对过为军机章京值班房，满汉章京共32人，分班入值。内务府大臣值所，在军机处西邻，总管宫内事务之内务府大臣每日入值此处。官员待漏所（在乾清门东）、王公待漏所（在景运门内南侧），凡奏事、引见及轮班入值以便皇帝召对的官员，在这些所待旨候召，听到宣召、叫起，则到后寝区内的养心殿或乾清宫面见皇帝。

后寝区。乾清宫，在明朝及清康熙时期，为皇帝寝宫。雍正后，作为皇帝常日召对臣工、引见庶僚、接觐外藩属国陪臣，及岁时于内廷受贺、赐宴之所。[①]南书房，在乾清门内南廊西端，为内廷行走词臣之值房。批本处，在月华门之北，置满洲翰林、中书，负责皇帝阅过之本章的清字批红。[②]懋勤殿，在批本处之北，是南书房文学侍从与皇帝品评书画、写字之处，并兼编书、写经。此外，每年秋审，皇帝对死刑犯作终审判处，于此殿内举行，届时，内阁大学士、学士及刑部、都察院官进入此殿，与皇帝一起办理此项政务。[③]

以上，日常需进入后寝区的军机大臣、奏事处官员，以及入值后寝区南书房、批本处、懋勤殿等机构的官员，又称为"内廷行走"。

正因为清朝宫中比明朝宫中增加了诸多行政机构，因而每日出入宫中的官员大量增多。而且有值夜者，如军机处的军机章京。

再看君臣议政。主要形式是御门听政。

明前期尤其是洪武、永乐年间，皇帝是非常勤政的，君主御门或御殿与官员处理政务，有早朝、午朝、晚朝的一日三朝之制，这是历代王朝中所少见的。此后虽然减少次数，但弘治及以前，皇帝仍能不时召见官员。自正德以后，多数皇帝怠于朝政，连批示官员奏章的批红都懒于经手，而交给秉笔太监。万历皇帝甚

[①] 嘉庆《国朝宫史续编》卷54《宫殿四·内廷一》，北京古籍出版社，1994年标点本，第431页。下同，皆此版本，不另注。
[②] 嘉庆《大清会典》卷2《内阁·批本处》，第22页。
[③] 嘉庆《大清会典》卷41《刑部》，第2页。

至一二十年不见官员。这是人所熟知的史事，毋庸多述。

清代，康熙时期，若无特殊事情，康熙帝几乎每天御门听政。雍正朝设军机处后，养心殿等处成为君臣每日办公之所，军机大臣"常日直禁庭以待召见""每日寅时入直于此（军机堂）"①。军机章京不仅白日入值，而且夜间轮宿宫中（隆宗门外方略馆），以备紧急之事应皇帝之召。②中央部院寺监等二十几个衙门官员分为9班、八旗诸营分为10班，每日轮班入宫奏事，地方官进京述职、出京任职，以及选官、考绩之引见，均须面见皇帝。另外规定"非系直日，亦各准其奏事引见，不得拘泥直日，以致事有积压"。待漏所里等待召见的官员分"起"，"每日召见各起，（奏事处）皆以次传进"③。皇帝有时也在晚间召对官员，谓之"晚面"。④

三、小结及相关政治问题

综前所述，清代宫中人员比明代发生了以下两方面十分明显的变化。

第一，人员的构成，大部分是外部所进入的男性。如：从事服役侍奉的内务府三旗包衣、日常唪经喇嘛；护卫大内的上三旗护军、前锋官兵，内务府三旗包衣护军营、骁骑营官兵，侍卫处官兵；从事制作的造办处十几个作坊的管理官员与匠役，武英殿修书处、御书处的官员及编辑人员与匠役，常设的国史馆、方略馆修书人员；宫中官学入宿学习的旗人子弟；每日均在後寝区内廷行走的满汉官员；等等。而太监，则人数大减，这是众所周知的事实。郑天挺先生说清代"内

---

① 嘉庆《大清会典》卷3《办理军机处》，第1页。
② 赵翼：《檐曝杂记》卷1《圣躬勤政》，中华书局，1982年标点本，第6页。下同，皆此版本，不另注。
③ 嘉庆《大清会典》卷65《奏事处》，第11—12页。
④ 赵翼：《檐曝杂记》卷1《军机大臣同进见》，第4页。

务府成立，而宦官的势力锐减"①，也有这种意思。

第二，每日入宫的人员大量增加。清代由于宫廷护卫机构及官兵内移至紫禁城中，宫中又增设造办处、纂修出版机构、官学及诸多行政机构，因而常川进入皇宫之人远较明代为多。尤其是每日都有内廷行走者、召见奏事者与皇帝办理政务，更是值得注意的现象。

以上两方面变化的特点、原因、影响，值得探讨。

明代，入宫办理政务的官员，其办公地点、机构，均设在紫禁城南部的南端，如内阁（宫内东南隅）、会极门（邻内阁）、御门听政的皇极门（今太和门），皇极门外两庑的临时性纂修机构实录、会典、玉牒、起居注诸馆，均在这一部位。总之，是使这些必须入宫的行政人员远离宫中北部的後寝区，後寝区只能是皇帝、后妃、子女、宫女、宦官的活动区域。而清代，无论是从事服役侍奉皇室的内府男性包衣官员、苏拉，还是护卫宫中的旗人官兵，以及其他各种官役的男性人员、喇嘛等，都被安排在宫中服务，而且深入到後寝区，官员每日都进入皇帝的寝宫养心殿办理政务。凡此，都与明代大不相同。其重要原因，当与满族男女之防的旧俗不如汉族森严有关。

满族在入关前，远不像汉族之男女之防那样严格，没有男女授受不亲等礼俗。甚至男女之间也行抱见之礼，外来女宾、出嫁之公主与皇帝、诸王公相见，也行交抱礼，皇帝之皇后、诸王之福晋，还参加朝廷的某些礼仪活动。其寝宿之处，男女之防也不像汉人那样森严。②皇太极时期，召见或宴请蒙古来宾、宗室王公、汉人将帅等，也在他与中宫皇后的寝宫清宁宫，这在档案或文献中有很多记载。③满族入关前建政权后，汗、皇帝宫中，虽也役用阉割者，但人数很少，大部

---

① 郑天挺：《清代包衣制度与宦官》，载《清史探微》，1945年。北京大学出版社所刊《清史探微》也收入，1999年标点本。
② 本集《满族抱见礼》。
③ 中国第一历史档案馆译《清初内国史院满文档案译编》（上），崇德四年十二月，第448页。《清太宗实录》卷30，崇德元年八月甲申、丁亥、壬辰；卷38，崇德二年八月。

分宫内服役者，是包衣奴仆。因而在入关后入居明朝皇宫后，仍沿入关前旧制、旧俗，以大批包衣服务宫中的前朝区甚至後寝区，替代明朝之太监。又将侍卫、守护官兵引入而安置于前朝区、後寝区，把造办作坊、旗人子弟学校也设置于皇宫之内，也就并不稀奇了。

男女之防，汉族比满蒙等少数民族严格，其实汉族早期也不像后来之森严，西汉之时，宫中侍奉皇帝起居及充任侍官的，就有男性，称为"帷幄侍御""侍中"等，多为外戚、公主之子，也有少量的外臣儒者。[①]东汉以后，这种情况始减少。宋代以后，宫中男女之防趋严，至明而达于极端。清室以少数民族满族入居皇宫，虽然在入关后汉化，但仍与明礼俗有异，因而众多男性可以进入宫中，与男女之防极端趋严的明代形成较大反差。

喇嘛番僧常年在後寝区做佛事，也是这方面的体现。这一宫廷规制，又与满族皇帝笼络蒙藏民族、利用其喇嘛教有关。

清代每日入皇帝寝宫办理政务的官员大量增加，体现了清朝满族皇帝的勤政，以及其行使皇权之乾纲独揽的家法。满族以少数民族入主广土众民的汉族中原，满汉矛盾长期存在，为此满族皇帝常具忧患意识，为维护满族的主体统治，其极为注意吸取往代教训，尤其是明代中后期皇帝怠政、委用太监而导致的政乱国衰，更是其铭记于心的前车之鉴。因而其严禁太监干政、处理政务绝不假手太监，而且事无巨细，皆躬自断制，以免大臣尤其是汉族大臣蒙蔽、擅权。这就是清帝常常自诩的"我朝圣圣相承，乾纲独揽，政柄从无旁落""我朝乾纲独揽，政无旁落，实家法相承，世世敬守"[②]，"至本朝阉寺，祇供洒扫之役，从不敢干与政事"[③]。实现乾纲独揽，只有勤政，经常召见官员以扩大对政情信息的了解，

---

① 阎爱民：《汉晋家族研究》，上海人民出版社，2005，第112—119页。
② 《清高宗实录》卷576，乾隆二十三年十二月癸丑；卷582，乾隆二十四年三月辛巳。《清仁宗实录》卷94，嘉庆七年二月乙丑。
③ 《清高宗实录》卷1403，乾隆五十七年闰四月丙申。

巨细政务皆亲自过问、裁决。这也是清代皇权专制发展到中国古代王朝时代顶峰的重要原因之一。

为了能够确实行使其乾纲独揽的皇权，实行有效的统治，并改变其在汉族官绅心目中的落后形象，满族皇帝还积极学习汲取汉族的政治文化，设于邻近皇帝寝宫旁的南书房，就有这一目的，以便皇帝随时可以与入值之汉人翰林研讨儒家经典、诗词。康熙皇帝对儒家政治文化的求知欲尤为强烈，从康熙十年（1671）至二十五年（1686），命翰林为其举行的经史"日讲"，以多达九百次而创纪录。[1]对包括未来继位者在内的诸皇子实施严格教育，也是出于这种目的。清代宫中严格的皇子教育，与明朝也成鲜明对照，曾入值宫中的赵翼对此有过对比性评论，认为清代皇子教育远胜明代。[2]清代皇帝的整体素质相对较高，就与宫中严格的皇子教育有关。[3]

清代宫中所设服务于皇帝的与武事有关的机构设施，也是有异于明代的特殊之处。如掌御马之训练、侍奉皇帝及皇子乘马等事之上驷院、御马厩，校试射箭等武技的箭亭，以及供应皇帝与八旗官兵秋狝、校射的御鸟枪处、弓箭处、内火药库，均设于宫中。满族皇帝常称本朝以骑射定天下，把八旗兵的骑、射训练作为维护统治的重大事项，而且皇帝身体力行，并作表率，与八旗官员"校射禁廷"。[4]宫中这类机构设施，均服务于这一重要事项。

古代家天下王朝时代，国家大政主要出自皇家宫廷，宫廷的禁限程度，影响到大政形成的透明度，宫廷封锁得越严，外官介入的程度越低、介入的可能性越小，也就越容易产生私密性祸乱。清代的宫廷，每天都有大量外部人员进入，尤其是皇帝身旁，主要是行政官员，改变了明代皇帝主要与宦官为伍的局面，减

---

[1] 白新良：《经筵日讲与康熙政治》，载《清史新论》，辽宁教育出版社，1992。
[2] 赵翼：《檐曝杂记》卷1《皇子读书》，第8—9页。
[3] 杜家骥：《清代的皇族教育》，《故宫博物院院刊》1990年第4期。
[4] 陈梦雷：《松鹤山房诗文集》卷17《都统李公传》。昭梿：《啸亭杂录》卷1《重读书人》，第17页。

少了宫廷政治的阴暗性。明代那种太监、奸佞形成宫中势力，侦缉官民，把持批红，假传圣旨，屡次出现的宫中乱政等现象，在清代不再出现，从而形成相对清明的朝政。明代中期以后不少皇帝怠政，外界官员进入皇室深宫的人少，皇帝、皇子主要在寺宦、宫女圈子内生活，极不利于皇帝及未来继承皇位之皇子的素质、行政能力的培养与提高。这种情况，清与明也形成反差。

皇权专制越发展，皇帝个人对国家大政的影响越大，皇帝的素质、为政态度与行为、勤政与否，直接影响国家的治乱兴衰。清代宫廷严格教育皇子，并形成皇帝勤政的皇室家风，这也是清代宫廷政治的重要特点，尤其是康雍乾三帝，不仅素质高，而且勤政，康雍乾盛世的形成与此不无关系。宫廷朝政的相对清明，又是盛世的形成及其能够长时期保持的原因之一。而这一切，如前面所分析，又都与满族因素有关。

总之，满族入主中原，清室入居明宫，为清代宫廷带来诸多特色，既有满族旧俗，又有对明代宫廷弊政的剔除，对清代政治也产生某些值得肯定的影响。

（原载《北京社会科学》2013 年第 5 期）

清代的銮仪卫

銮仪卫，是清代负责皇帝、后妃之乘舆车驾及仪仗的机构，入关后沿袭明代的锦衣卫而改设。古代王朝帝制时代，凡服务于皇帝、皇室的近御机构，均有值得注意的特色内容，清代的銮仪卫也是如此。这些带有特色的内容，都对清代帝王制度的全面认识有关，鉴于目前尚无对銮仪卫的专门研究，因作专文考察。

一、銮仪卫的机构与设官、校尉

清入关后的顺治元年（1644），沿明制而于京城设锦衣卫。不久罢其侦缉等职事，专司供奉帝后车驾仪仗。定制后的机构设官如下：

掌卫事大臣一人，由皇帝从王公或八旗满洲、蒙古大臣内特简。銮仪使三人，正二品。以上为堂官（长官）。堂官之下的属官，为銮仪卫分支机构——六所一卫之官，共一百余员，是銮仪卫职官的主体官员。有以下四种：

冠军使，正三品。云麾使，正四品。治仪正，正五品。整仪尉，正六品。设在各分支机构中（见下述）。

分支机构六所一卫，又统称"七所"，分工办理銮仪卫各类事务。六所，是左所、右所、中所、前所、后所、驯象所。卫，是旗手卫。

每所设官，掌所印满洲冠军使一人，掌所事汉军云麾使一人。旗手卫，设掌印满洲冠军使一人，掌卫事汉军冠军使一人。

每所或卫都设两个司。每司设掌司印满洲云麾使一人，掌司事汉军治仪正一人。所下还设闲散云麾使、治仪正、整仪尉，一至四人不等，均为满洲缺。旗手卫设闲散满洲治仪正三人，整仪尉四人。道光五年（1825），又增设宗室冠军使、云麾使、治仪正、整仪尉。

另外设有侍卫，无定员，与七所十四司官一同办事。还有鸣赞鞭官，为满洲官缺，负责典礼过程中的传宣鸣鞭。

銮仪卫总办公务的机构为印房，设正办事章京、副办事章京各二员，均以本銮仪卫的满洲冠军使、云麾使兼充，总司平日七所事务。

銮仪卫的六所一卫及其下分司，各自职掌如下：

表1 銮仪卫的六所一卫及其下分司的各自职掌

六所一卫	其下分司	职掌
左所	銮舆司、驯马司	掌皇帝辇舆、五辂之设用
右所	擎盖司、弓矢司	掌卤簿所设之伞、盖、刀、戟、弓、矢、殳、枪及鸟兽之旗
中所	旌节司、幡幢司	掌卤簿所设之麾、氅、旌、节、幡、幢、纛、帜、钺及仗马
前所	扇手司、斧钺司	掌卤簿所设金八器、交椅、方机、八风旗、扇、星、御仗、拂、祭祀用盥器，并掌置静鞭、设棕荐、整品级山
后所	戈戟司、班剑司	卤簿所设旗、瓜、吾仗
驯象所	东司、西司	掌设朝象、仪象，庋藏行幸乐、前部乐之乐器，用则提供给署史（奏乐者），并掌象之畜养
旗手卫	左司、右司	掌设卤簿乐，以及朝会、皇帝巡幸出入宫、祭祀、出斋宫之鸣钟鼓。日月食，陈金鼓以救护，夜则司钟鼓之值更

职官之下设校尉，从事抬辇舆、擎执仪仗器械等事，有两千多人。其名目，有军尉、旗尉、民尉，统称校尉。军尉有亲军尉、护军尉。亲军尉，选自上三旗亲军，从事卤簿中仪刀、殳、戟、弓箭的擎执。护军尉，选自内务府包衣三旗护军营，从事卤簿中豹尾枪的擎执及牵引仗马。以上军尉皆临时传取调用。旗尉、民尉担任擎执仪仗中的其他仪械器具，以及抬辇舆、亭，其中抬辇舆，主要以旗尉担任。旗尉选自内务府三旗包衣，有474名。演奏卤簿中的行幸乐、前部乐之署史，也选自内务府三旗包衣。民尉，选自京县大兴、宛平两县民人及近京的外州县人，乾隆四十四年（1779）以后，这部分外州县充任者，改由内务府包衣旗

人选用，民尉共 1856 名。[①] 民尉还担任演奏卤簿乐、抽静鞭、养象与设仪象、朝象（仪象为宝象、导象，朝象是大朝、常朝时设于天安门外）。此外还有蒙古画角军、汉军更夫。蒙古画角军（也称蒙古鸣角军）30 人，选自上三旗蒙古，从事吹蒙古画角（布勒器）。汉军更夫 40 人，选自八旗汉军，[②] 担任午门、神武门钟鼓值更，皇帝出巡、围猎驻跸处值更，以及郊坛内之守更。[③]

銮仪卫衙署，设在西长安门内。存放卤簿仪仗用具之库有两处：内銮驾库，在皇宫东华门内之南；外驾库，在东长安门外。

二、清代皇帝之卤簿、后妃之仪卫

皇帝的辇舆仪仗，称作"卤簿"[④]，卤簿的规格，是皇帝至尊等级身份的重要体现，因而其规格最高，规制也最复杂。清代卤簿规制，在乾隆八年（1743）、十三年（1748）从名称到规格作了较大变动，基本形成定制。本文所述，主要是定制以后的情况。

皇帝卤簿由以下几部分组成。

（一）辇舆车驾

这是皇帝出行的乘具，众人观瞻，最能体现皇帝的至尊身份与尊贵地位，所谓"等威莫大于车服"，说的是等级最显著的重要体现是车驾与服饰。皇帝的车驾即出行乘具，有以下几种，均为卤簿的组成部分。

1. 辇。

有玉辇、金辇，为乘轿，有盖、檐、帷幔，是皇帝最高规格的乘具。玉辇规

---

① 嘉庆《大清会典》卷 66《銮仪卫》。
② 嘉庆《大清会典》卷 39《兵部·车驾清吏司》作："銮仪卫更夫四十人，缺出，由（兵）部于八旗汉军另户内无论马甲闲散俱准挑补。"
③ 乾隆《大清会典则例》卷 169《銮仪卫·谯漏》。
④ 最初，皇后、皇太后、太皇太后的仪仗也称"卤簿"，改制后称为"仪驾"，只有皇帝的仪仗称为"卤簿"。

格又高于金辇。玉辇高一丈一尺一寸，上盖衔玉版，内辕长三丈八寸五分、外辕长二丈九尺。用36人抬。金辇高一丈零五寸，上盖衔金版，内辕长二丈八尺一寸、外辕长二丈六尺一寸，用28人抬。

2. 舆。

有礼舆、步舆、轻步舆。尺寸规格明显小于玉辇、金辇。礼舆高六尺三寸，辕长一丈七尺六寸五分，大横杆二，长九尺，小横杆四，长二尺二寸五分，肩杆八，长五尺八寸，以16人抬。礼舆也是轿，有盖、檐、帷幔，盖上金顶。步舆、轻步舆则不属于轿，无顶盖、无帷幔，只设座椅，通高三尺五寸、三尺四寸。步舆、轻步舆均为16人抬，而在材质、装饰及座椅、辕、横杆、肩杆的尺寸等规制上有所区别。

以上，舆有时也称"辇"[①]，但高规格的玉辇、金辇不称"舆"。

3. 辂。

实即车，但设而不乘。有五种，即五辂：玉辂、金辂、象辂、木辂、革辂。主体形制如轿，以盖的标志性装饰材质——玉版、金版、象牙版、木（花梨）板、革版区分并名之，配合其他不同装饰，别为等次。五辂均为两轮，轮的直径皆三尺三寸。不同辂的高度稍有区别，玉辂、金辂，高皆一丈二尺余，其余三辂，高皆一丈一尺余。另外，玉辂、金辂，是以象驾引，其他三辂以马驾引。而用马——服马（驾辕马）、骖马（辕两边拉套之马）的数量各不相同：象辂，以八匹马驾引（服马二、骖马六）；木辂，以六匹马驾引（服马二、骖马四）；革辂，以四匹马驾引（服马一、骖马三）。

（二）篦头

篦可称为狭义的"仪仗"，种类多样，最复杂，为免叙述杂乱，权且分为以下几类：

---

① "步舆"又作"步辇"，"轻步舆"又作"轻步辇"，嘉庆《大清会典》卷66《銮仪卫》："銮驾卤簿……皇帝乘步辇""骑驾卤簿……九龙华盖在皇帝轻步辇之前"。

1. 雕饰仪件。

质为竹、木。有四种：仗、瓜、星、钺。

仗，有引仗、御仗、吾仗，皆竹制，长五至七尺，或绘金云龙，或端饰铜钻，或铜钻涂金，或两者兼而有之。

瓜，有立瓜、卧瓜，长七八尺，顶为木雕瓜形。

星，雕木，高八尺余，圆顶如星。

钺，雕木，高八尺余，首为钺形。

2. 旌旗类。

有帜、旗、纛、麾、氅、节、旌，有的又分多种，以旗最多。诸如：日旗、月旗、云旗、雷旗、风旗、雨旗、列宿旗、五星旗，五岳旗、四渎旗，神武旗、朱雀旗、白虎旗、青龙旗，天马旗、天鹿旗、犀牛旗、赤熊旗、黄黑旗、游麟旗、彩狮旗，云鹤旗、孔雀旗、仪凤旗、翔鸾旗。共八十多种。旌则有教孝表节旌、明刑弼教旌、行庆施惠旌、褒功怀远旌、振武旌、敷文旌、纳言旌、进善旌，其绣花缎面中，各绣本旌之教孝表节、明刑弼教等满汉文字。纛有八旗骁骑纛、八旗护军纛、八旗前锋纛、五色金龙纛。帜、麾、氅、节种类较少。

3. 幡扇伞盖类。

有幡、幢、扇、伞、盖。幡有龙头幡、豹尾幡、绛引幡、信幡。龙头幡杆首为戟形，横刻龙首系幡。豹尾幡，悬豹尾，长八尺，上衔金叶，缀金铃，加金镮系幡。绛引幡如龙头幡，唯垂幨是青紫黄三重，杆如黄麾。信幡，绣满汉文信幡字，蓝边，垂幨是青黄红三重。幢有羽葆幢、霓幢、紫幢、长寿幢。扇有鸾凤扇、雉尾扇、孔雀扇、单龙扇、双龙扇、寿字扇，通高皆一丈一尺左右。伞，有赤方伞、紫方伞、五色花伞、五色九龙伞、黄九龙伞。盖，有导盖、九龙曲盖、翠华盖、紫芝盖、九龙盖、五色花盖、五色龙盖。盖顶直径皆五尺余，翠华盖为绿色盖，紫芝盖为紫色盖，其余皆黄色盖。九龙盖、五色花盖、五色龙盖直柄，余皆曲柄。高者一丈二尺余，矮者八尺余。

4.武器类。

有戟、殳、枪（豹尾枪）、仪刀，并有弓箭及盛装的革具櫜、鞬。

5.器具类。

有杌（几）、椅，皆饰金或涂金。有瓶、盘（槃）、壶、盒、炉，皆金质。有拂（拂尘）。

（三）仗马、仪象

仗马，从内务府上驷院调用。设于卤簿中时，项悬朱缨，鞍、镫皆铜鋄金，鞍为黄毡缘青边，马首、身饰件皆以黄绒、缎装饰。

仪象，卤簿所用有宝象、导象。宝象全身装饰，类似仗马，背驮宝瓶。导象又名朝象，披蓝毡，不加羁饰。

（四）其他

红灯，铁丝笼外围红纱，中置铜盘插烛。竹柄，顶以曲项之龙首衔环悬灯。静鞭，各种礼仪仪式中，鸣鞭以示肃静或以下仪节程序。

皇帝的卤簿有四种，是根据皇帝出行的不同活动性质、地点而设定的，用以上器物组成不同的标志性规格。这四种卤簿是：大驾卤簿、法驾卤簿、銮驾卤簿、骑驾卤簿。各种卤簿配以不同的乐。其中大驾卤簿、法驾卤簿较隆重。

皇帝所乘不同之辇、舆，以及所设仪仗器物的多少、样式等，是不同卤簿的标志性规格。

大驾卤簿，是规格最高的仪仗，皇帝到天坛三大祀——圜丘、祈谷、常雩时使用。另外皇帝大阅（阅兵典礼）时至行宫、礼成还宫，亦用之。

大驾卤簿仪制，前列导象、宝象，次《前部大乐》。以下为五辂，次《铙歌乐》，间设红镫。下为：引仗、御仗、吾仗。其次：立瓜、卧瓜、星、钺。其次：旗、纛、麾、氅、节、旌、幡、幢、扇、伞、盖。其次：戟、殳、豹尾枪、弓矢、仪刀。其次：仗马。其次：杌、椅、瓶、盘、壶、盒、炉、拂。以上仪仗的每类器具，皆以銮仪卫官率校尉擎执。以下是皇帝乘坐的玉辇及玉辇左右前后的布设。玉辇周围，銮仪使二人奉辇，冠军使一人、云麾使一人、治仪正二人、整仪尉二人扶辇。玉辇前，为九龙曲柄黄华盖，以下为玉辇前的前引佩刀大臣十人，提炉二人。玉辇后为佩刀后扈大臣二人。领侍卫内大臣、侍卫班领率豹尾班执枪、佩仪刀、弓矢之侍卫随辇。其后为宗人府王公、散秩大臣、前锋统领、护军统领等。殿后，是黄龙大纛，由领侍卫内大臣率侍卫什长、亲军等司纛。

法驾卤簿。皇帝乘金辇，乐用前部大乐《铙歌鼓吹》。御仗、吾仗、立瓜、卧瓜、星、钺、扇、旗、纛、盖、豹尾枪、弓矢、仪刀、弓矢等，较大驾卤簿稍减。其余与大驾卤簿同。

凡皇帝祭方泽（地坛）、太庙、社稷、日、月、先农、历代帝王、先师而去各坛庙，设法驾卤簿。其区别：祭太庙、社稷坛，不设前部大乐。祭日坛、月坛、先农坛、历代帝王庙、先师庙，皇帝乘礼舆，不乘金辇。其余相同。

以下场合也设法驾卤簿。

庆典朝贺。（将銮仪卫设置卤簿的相关执事一并介绍）万寿、元旦、冬至这三大节朝贺，以及重大庆典筵宴，前一日，銮仪卫官员率校尉在太和殿丹陛铺设棕荐。次日，将法驾卤簿设置在太和殿门外以南直至天安门前。其制，太和殿的门外正中，立九龙曲柄黄华盖。太和殿檐下东西，分设拂、炉、盒、壶、盘、瓶、椅、几。以下，殿前的丹陛东西，设仪刀、弓矢、豹尾枪、殳、戟，由亲军尉、护军尉分班擎执。以下，自丹陛三成，相间达于两阶，设九龙曲柄黄盖、翠华盖、紫芝盖、九龙黄盖、五色九龙伞、五色花伞。阶下设静鞭。阶前甬道东西，列仗马。丹墀东西，列紫、赤方伞及扇、幢、幡、旌、节、氅、麾、纛、旗、钺、星、瓜、仗，至太和门外，设玉辇、金辇（皆设而不乘）。午门外，序列五辂。五辂之南，设宝象、《卤簿乐》《铙歌鼓吹》。以南的天安门外，设朝象（即导象）。如果在圆明园行庆贺礼，则将法驾卤簿设在正大光明殿阶下，至大宫门外，而不设仪象、辇、辂。

太和殿前丹陛，肃立满洲传赞鸣鞭官六人，面向东。其下之丹墀，校尉四人各执静鞭，分立东西。皇帝出寝宫，午门鸣钟鼓。皇帝御太和殿时，奏乐，升座，乐止，传赞鸣鞭官传宣鸣鞭，校尉鸣鞭三次，文武百官行礼，礼毕，仍赞鸣鞭。继续以下程序。

若皇帝御午门，举行凯旋后的献俘礼，则设九龙曲柄黄华盖于午门楼檐下，将朝会设在太和殿丹陛的卤簿，设在午门外左右两观之下，将设在丹墀的卤簿，设于阙左门、阙右门至端门之北，将仗马设在两角楼前，辇、辂、仪象，则设在天安门外。静鞭置于两角楼夹御道左右。所设之乐《金鼓铙歌大乐》在午门前，《丹陛大乐》在卤簿末。

銮驾卤簿。皇帝"行幸于皇城则陈之"①。皇帝乘步舆。其制，前列《导迎乐》。以下为御仗、吾仗、立瓜、卧瓜、星、钺。其次为五色金龙小旗、五色龙纛。以下的双龙黄团扇、黄九龙伞、九龙曲柄黄华盖，以及佩刀前引大臣十人，排在皇帝所乘步辇之前。步辇之后，为后扈佩刀大臣二人、豹尾班侍卫执枪十人、佩仪刀十人、佩弓矢十人，殿以黄龙大纛。

骑驾卤簿。皇帝出巡及大阅时使用。皇帝乘轻步舆。其制，前列《铙歌大乐》，间以《铙歌清乐》，蒙古角。其次：御仗、吾仗、立瓜、卧瓜、星、钺。其次：五色金龙小旗、五色龙纛。其次：单龙赤团扇、双龙黄团扇、五色花伞。其次：豹尾枪、弓矢、仪刀。其次：九龙曲柄黄华盖。以下是皇帝所乘轻步舆，或所乘之马，其前为前引佩刀大臣十人，其后为后扈佩刀大臣二人。其次：豹尾班侍卫执枪十人、佩仪刀十人、佩弓矢十人，殿以黄龙大纛。大阅则陈卤簿于行宫

---

① 嘉庆《大清会典》卷66《銮仪卫·左所》。《皇朝续文献通考》卷184《王礼考十五·卤簿仪卫》。政书皆以这句话"行幸于皇城则陈之"记銮驾卤簿之功能。这皇城是指京城内城之中的皇城，还是指整个京城甚至包括圆明园等处？哪些具体活动属于"皇城行幸"？未见记载，待考。

门外。①

骑驾卤簿及皇帝亲征诣堂子行礼,举行大阅典礼等,用蒙古画角军。如大阅时,銮仪卫于帐殿前左右设蒙古画角。兵部尚书奏请鸣角,蒙古画角先鸣,以下亲军海螺递鸣,以次鸣达军阵,军中举炮,伐鼓行阵。此外,皇帝出巡,每日黎明时,蒙古鸣角军于御营门前鸣画角,署史鸣大小铜角,申时(下午三至五点间,又作晡时)鸣画角。②

设銮驾卤簿、骑驾卤簿时,如果皇帝乘马或乘便舆,则步舆仍设。便舆有暖舆,有凉舆,视时节而定,抬舆者或用八人,或用四人。③

皇帝乘辇舆,宫内用内监,出宫用旗尉。④

校尉除了抬舁皇帝乘坐的辇舆外,还在各种礼仪中抬舁不同的"亭",如祭祀典礼中放祝版、玉、帛之亭的祝版亭等,放焚香等的香亭,安设列祖神牌的神亭,庆贺典礼时放置王公百官向皇帝庆贺表文、进士黄榜及诏书等的龙亭,放礼部表文等的表笺亭,放册封之册、宝及玉牒、实录、时宪书等的彩亭,等等,均由銮仪卫官率领校尉抬舁,设引仗,以鼓乐前导,放置相应之处。有的礼仪还有其他器具,如颁诏典礼,校尉设云盘、黄盖于太和殿丹陛下,设龙亭、引仗于午门外。待诏书出,以云盘承接,上张黄盖,出午门,放置龙亭内,在黄盖、引仗前导下,校尉将龙亭诏书抬至天安门。宣诏官在天安门上宣读毕,以金凤衔诏书续至天安门下,云盘承接,放置龙亭抬至礼部,然后刊刻颁发。再如文武殿试后

---

① 以上,见光绪《大清会典事例》卷1109《銮仪卫·卤簿·陈设卤簿》。又,光绪《大清会典事例》卷954《工部·制造库工作·卤簿》记有"嘉庆八年,銮仪卫奏准:每遇祭坛,陈设大驾卤簿。升殿,祭堂子、太庙、社稷坛,陈设法驾卤簿。元旦日拜庙,陈设骑驾卤簿。惟万寿日,并每年正月初次至圆明园,皆陈设大驾卤簿。遇有陈设銮驾卤簿,銮仪卫具奏请旨",录此以备续考。
② 乾隆《大清会典则例》卷169《銮仪卫·谯漏》。
③ 嘉庆《大清会典》卷66《銮仪卫·左所》。
④ 嘉庆《大清会典》卷66《銮仪卫·左所》。

传胪大典，则銮仪卫官率校尉奉黄榜，以云盘承接，张黄盖，放龙亭内，抬至长安左门外长安街悬挂。春秋二季举行经筵大典，则銮仪卫官率校尉抬书案至文华殿讲所。

另外，凡文武殿试、考选翰林与庶吉士散馆、考选御史及试差，以及天安门外考试岁贡，皆简用銮仪卫官分拨校尉巡绰。

以下简述皇室女性后妃所用的轿舆仪仗。

皇室女性后妃所用的轿舆仪仗，总称为"仪卫"。而按使用人的身份高低，分为仪驾、仪仗、彩仗三种。① 其乘用之具，初有辇、轿、舆、车，太皇太后、皇太后、皇后所用，有辇、轿、舆，皇贵妃、贵妃、妃所用，有轿、车。② 后来（大致在乾隆初）统称为轿、舆，③ 最后统称为舆、车。④ 其制如下：

皇后仪驾：凤舆，十六人抬。仪舆，八人抬。凤车、仪车，均以马驾。

皇贵妃、贵妃仪仗：翟舆，八人抬。仪舆，八人抬。皇贵妃，翟车、仪车。贵妃，有仪车无翟车。

妃、嫔彩仗：翟舆，八人抬。仪舆，四人抬。仪车。

以上，除皇后配备之仪舆、仪车各二乘外，其余舆、车，皆各一乘。每车，以一匹马驾之。⑤

女性仪卫中的仪仗（广义），用具有：

---

① 初，太皇太后、皇太后、皇后仪卫也称"卤簿"，皇贵妃以下所用统称"仪仗"。见雍正《大清会典》卷250《銮仪卫·卤簿仪仗》。这也是沿袭往代王朝的称谓，往代，后妃、王公、官员仪仗也称"卤簿"。清自乾隆朝，只有皇帝仪仗称"卤簿"。
② 雍正《大清会典》卷250《銮仪卫·卤簿仪仗》。
③ 乾隆《大清会典》卷93《銮仪卫》载，皇太后、皇后仪驾，凤轿、仪轿，凤舆、仪舆；皇贵妃、贵妃仪仗；妃嫔彩仗，翟轿、仪轿，仪舆。乾隆《国朝宫史》卷10《典礼六·仪卫》所记与此相同。
④ 嘉庆《大清会典》卷66《銮仪卫》。光绪《大清会典》卷83《銮仪卫》。
⑤ 嘉庆《大清会典》卷66《銮仪卫》。嘉庆《国朝宫史续编》卷50《典礼四十四·仪卫》所记与此相同。

拂尘。提炉、香盒、盥盘、唾壶、水瓶，自提炉至水瓶皆赤金质，镶嵌云凤、花草，饰珊瑚、青金、绿松石等。金机、金交椅。绣九凤（或七凤）黄盖。各色缎绣九凤伞、黄缎绣花伞、红缎方伞。黄缎、红缎绣龙凤扇。黄纱绣五色龙凤之金节。各色缎绘金龙凤旗。卧瓜、立瓜、吾仗。①

皇后、皇贵妃、贵妃、妃、嫔，各按身份使用由以上器具配设的不同规格的仪仗（狭义）。

后妃平日使用仪卫，主要是在皇宫内，由内监知会銮仪卫，銮仪卫之五所按制提供，后妃仪卫"用旗尉，大内陈设则用内监"②。后妃出宫，以及皇室人员婚丧之事，则用到銮仪卫及其他机构人员。

后妃出皇宫在宫外使用仪卫，其"舁舆、擎仗，俱用旗尉。内廷则用内监"③，旗尉，是内务府皇室包衣。其扈从守卫，则用皇宫中侍卫。《大清会典事例》记为"皇太后、皇后、妃、嫔出入，以乾清门侍卫四人、侍卫十人前导。如出郊外，前引侍卫二十人，其余侍卫，在豹尾班（侍卫）后扈从"④。

皇帝大婚时的銮仪卫执事。皇帝升太和殿，阅册宝毕，授册封使臣迎娶。銮仪卫至皇后母家邸第，陈凤舆、仪仗。皇后乘凤舆，鼓乐前导，至大清门，由中门行御道，至乾清宫降舆，入坤宁宫。皇帝礼服，诣皇太后宫，行礼。至坤宁宫，行合卺礼。⑤

三、清代銮仪卫机构的设置沿革及其评价

顺治元年（1644），清廷沿明制于京城设锦衣卫，按明制设指挥使等官。顺治

---

① 乾隆《国朝宫史》卷10《典礼六·仪卫》。
② 乾隆《大清会典则例》卷169《銮仪卫》，第625册406页。嘉庆《大清会典》卷66《銮仪卫》，第639册2979页。
③ 嘉庆《国朝宫史续编》卷50《典礼四十四·仪卫》，第386页。
④ 乾隆《大清会典则例》卷170《领侍卫府》，第625册409页。
⑤ 《清圣祖实录》卷16，康熙四年九月辛卯。《清德宗实录》卷265，光绪十五年正月癸酉。

二年（1645），改锦衣卫为銮仪卫，但职官仍旧，且行使明代锦衣卫的侦缉拏捕职能。顺治三年（1646）七月，明令革除这项职能，《清实录》记，顺治三年"革銮仪卫缉访人役，永著为令"①。这一改革，是听从了当时的汉人给事中张国宪的疏请：

> 前朝厂卫之弊，如虎如狼，如鬼如蜮。今易锦衣为銮仪，此辈无能，逞其故智。乃臣闻有缉事员役在内院门首访察赐画。赐画特典，内院重地，安所用其访察？城狐社鼠，小试其端。臣窃谓宜大为之防也。

疏入，下廷臣议禁止。谕旨："銮仪卫专司扈从，访役缉事，一概禁止。""厂卫之祸始息。"②

又据载："本朝改锦衣为銮仪，缉捕如故。顺治四年（1647）春，銮仪使王鹏冲奏罢缉访，专司法驾，以内大臣领之，改衙门为二品。长安中除一大病。不然，秦法偶语、武氏告密，岂盛世所应有哉。"③此又一说，附记于此以备考。

另外，清代銮仪卫设官及机构，也比明代精简。

清代初设銮仪卫职官时，尚保留明锦衣卫指挥使等职官，顺治四年罢指挥使等官，改设本朝銮仪卫职官——銮仪使、冠军使、云麾使、治仪正、整仪尉等，但因为是本着明代锦衣卫的规模，所有职官都是正副两种。顺治五年（1648）乃罢去副职，且裁减官员，具体措施为"罢銮仪副使，并裁冠军副使、云麾副使、治仪副正、整仪副尉各官……裁銮仪卫官一百一十四员"④，这一百多名官员，大致为该机构总额的一半，裁减力度及规模不小。

---

① 《清世祖实录》卷27，顺治三年七月乙丑。
② 《清史稿》卷244《列传第三一·季开生传》所附。
③ 陈僖：《燕山草堂集》卷4，康熙刻本。
④ 光绪《大清会典事例》卷543《兵部·官制·銮仪卫》。

清代銮仪卫的机构，也比明代锦衣卫大为精简。明代锦衣卫衙门，设有左右中前后共五所，每所各有銮舆等十司，共五十司。清代最初沿其制为五所，但每所只设一司，共五司。至顺治十一年（1654），每所定为两司，共十司。另外，驯象所，设东西二司；旗手卫，设左右二司。合计六所一卫共十四司，比明代精简很多。①

銮仪卫由于使用之卤簿仪仗华丽繁多，人役甚多，是王朝中非职官人员钱粮开销较大的机关。但清代比往代尤其是唐宋时期，其卤簿动用的人役大为减少，因而其费用又算是节省的。

乾隆后期修成的《历代职官表·銮仪卫》，比较清代銮仪卫与往代的异同，有如下评论：

> 谨按：……然考之于史，唐宋法驾卤簿，执掌兵士至用二万二千二百二十一人。南宋省约过半，犹用六千六百八十九人，冗役太多，故当时郊祀赏赉靡滥最甚，以致惜费惮行，相沿成习，殊为繁缛无当。
>
> 明初诏：卤簿弥文，务从省节，其数视唐宋为差少。而锦衣掌卫者，不惟供清道奉引之职，乃复令兼司治狱，事得专达。中叶以后，权势大张，擅窃国威，恣行凌虐，其权任远出法司之上，流弊至不可胜言。而为之长者，反得以恩倖受赏，往往加至保傅公侯。其权贵子弟冒衔锦衣者，至有二三千人，岁耗度支无算。名器冗亵，至是为已极。
>
> 我朝銮仪卫即明代锦衣之职，而官守严肃，度数精详，翊奉礼仪，无不各共其事。凡卤簿仪仗之制，皆经睿裁考定，准今酌古，条理得中，超三代之隆文，昭一王之盛轨，列史《仪卫志》所载，固未有如今日之整齐典重者，洵足永垂法则焉。②

---

① 《清世祖实录》卷84，顺治十一年六月壬申。
② 乾隆《历代职官表》卷42《銮仪卫》，上册第805页。

以上这部清朝官修典籍的按语,对本朝之制赞誉颇多,然去其谀辞,所反映的差别情况还是基本属实的,其所说宋朝皇帝卤簿用人最多时达一两万人,正史亦有记述。《宋史》记:

> 宋初,大驾用一万一千二百二十二人。宣和,增用二万六十一人。建炎初,裁定一千三百三十五人。绍兴初,用宋初之数,十六年以后,遂用一万五千五十人;明堂三分省一,用一万一十五人。孝宗用六千八百八十九人,明堂用三千三百一十九人。以后,并用孝宗之数。①

清朝之銮仪卫,卤簿执事者仅两千多人。嘉庆《大清会典》记:

> 民尉,左所三百七十五名,右所二百三名,中所二百五十七名,前所二百三十八名,后所二百五十五名,驯象所二百六名,旗手卫三百二十二名,内二十四名月给钱粮银二两五钱,二百三十三名月给钱粮银二两,五百九十六名月给钱粮银九钱五分五厘,一千三名月给钱粮银七钱。

以上民尉共1856人。② 其每月钱粮开支为银1857.28两,一年为22287.36两。其旗尉、军尉等,数额如下:

> 左所,旗尉二百二十八名,右中前后四所,旗尉二百四十六名。内五十二名月给钱粮银二两五钱,四百二十二名月给钱粮银二两,与乐部署史钱粮,皆由内务府三旗随旗支领。蒙古吹角军、汉军更夫钱粮,亦由各旗支领,至亲军尉、护军尉,皆临时咨取,无额设钱粮。

---

① 《宋史》卷147《志第一〇〇·仪卫五》。
② 民尉多时为1916名,乾隆四十四年将一部分裁归旗尉,由内务府包衣闲散充当。

以上，旗尉共474名。蒙古吹角军30名，汉军更夫40名，乐部署史148名。①亲军尉、护军尉共216名。②以上数种加上民尉1856名，共2764名。

其钱粮，旗尉月银为970两。蒙古吹角军、汉军更夫、乐部署史，共218名，即使每名月银以3两计，为654两。以上四种任职者，共月银1624两，全年19488两。加上民尉之22287.36两，全年共4万余两（41775.36两。临时调用的亲军尉、护军尉，不在銮仪卫编制之内，兵饷在本单位，不计在内）。清代对昇輦舆的校尉等虽也有赏赉之举，但因所用人数规模大为减少，其费用必然节减，也未出现唐宋明诸朝"郊祀赏赉靡滥最甚，以致惜费惮行""岁耗度支无算"的现象。

总之，清廷虽然承明制而最初设锦衣卫，但很快就汲取明朝教训，取消其侦缉职能，去其弊端。而且精简机构与官员，裁减卤簿用人，开支较少。这两方面，都是清代銮仪卫值得肯定之处。

四、清代銮仪卫机构的性质特点

清代銮仪卫机构的性质特点，可作以下几方面归纳：

1. 銮仪卫是满人为主的旗人武职机构。

銮仪卫官员，除了数额很少的办理文字杂务的主事、经历各一人及为数不多的笔帖式这一低级文职外，掌卫事的职能官员都属武官，官方政书也将其作为武职衙署。《大清会典》谓"銮仪卫官，系武职，隶兵部"③，也是这个意思。其职官，又主要由旗人担任。其中掌卫事大臣一名，以满洲勋戚为主，清中期以后间用蒙古王公。堂官銮仪使，满缺二名，汉缺一名［初为二名，康熙三十一年（1692）裁

---

① 吹角军、更夫、署史数额，据乾隆《大清会典则例》卷169《銮仪卫》统计。
② 嘉庆《大清会典》卷66《銮仪卫·右所》作："大驾卤簿……刀戟弓矢殳，用亲军尉一百三十六人，枪用护军尉六十人。"《銮仪卫·中所》作："仗马十，大驾、法驾卤簿，皆并设之。其马调于上驷院，用护军尉二十人。"以上是用亲军尉、护军尉最多的大驾卤簿，共216名。
③ 雍正《大清会典》卷3《吏部》。

汉缺一名]，以汉军旗人、汉人兼用，乾隆后期以后任用汉人的情况不多，同治以后，基本已无汉人担任銮仪使。銮仪卫的主体官员是冠军使、云麾使、治仪正、整仪尉，定制后共109缺，为满洲缺、汉军缺，其满洲缺，蒙古旗人也可预选。汉军缺初为汉缺，汉人、汉军旗人兼用，雍正三年（1725）后主要以汉军选用，大致在乾隆中期以后，实际已成汉军缺。道光五年（1825）后又定有宗室缺，也是满人。总计銮仪卫设官，满人72名、汉军41名。[①]因而，銮仪卫实际是以满人为主的旗人武职机构。

所以称銮仪卫是以满人为主，不仅体现在銮仪卫职官数量上满人较多，更重要的是，满人在銮仪卫中主掌着职权及近御紧要职差，这一点在下一节的关于銮仪卫最重要的近御侍从性特点中，作详细论述。

銮仪卫之官缺还有一点值得注意，就是，銮仪卫又是汉军旗人官缺相对较多的机构。清初，汉军旗人官缺不少，后来逐渐裁撤。此后，除了汉军八旗、步军统领之下、内务府及各机构之笔帖式外，为汉军设专缺的机构及官缺数很少，文职仅11个机构，共26缺。[②]唯武职机构的銮仪卫，则汉军缺相对较多，汉军缺銮仪使及六所一卫的冠军使、云麾使、治仪正、整仪尉，共50缺，[③]接近文职机构所设汉军缺的两倍。道光五年后汉军缺额有所减少，仍有41缺（计銮仪使）。

---

① 《大清光绪新法令》第一类《官制一·内官制》，上海：商务印书馆刊本。光绪三十三年九月二十二日，銮仪卫奏酌拟整顿銮仪卫办法并缮单呈览折并清单，当时是"冠军使额，宗室缺一员、满缺七员、汉军二员；云麾使额，宗室缺二员、满缺十八员、汉军八员；治仪正额，设宗室缺四员、满缺十八员、汉军二十员；整仪尉额，设宗室缺四员、满缺十五员、汉军十员"。满缺共69个，再加掌卫事大臣1人、满洲銮仪使2人，共计72名。汉军缺共40个，再加汉军銮仪使1人，共41名。
② 中央机构，除低级杂职的笔帖式定有汉军缺外，其他专项事务的职能性职官，文职机构，仅内阁侍读2人，典籍2人，中书8人，部院堂主事7名，大理寺寺丞2名，太常寺博士1名，钦天监从六品秋官正、灵台郎、司晨、博士各1名，共26员。而武职机构銮仪卫，则銮仪使、冠军使、云麾使、治仪正、整仪尉，共50缺。（据《皇朝文献通考》卷79《职官考三·武职·銮仪卫》统计）
③ 据《皇朝文献通考》卷79《职官考三·官数·武职·銮仪卫》统计。

2. 銮仪卫最重要的性质特点——近御侍从性，又以满人担任近御紧要职差。

銮仪卫为皇帝和皇室成员所乘轿舆及仪仗提供服务，接近皇帝或后妃，带有近御侍从性，乾隆帝也曾说"銮仪卫衙门到处扈从，为朕切近随行之员"①，因而，保障皇帝及皇室成员的人身安全，是首要考虑的问题。

掌銮仪卫职权、近御要差的，是八旗满洲人，而且注重从侍卫系统选用。

掌卫事大臣主要以领侍卫内大臣、内大臣担任，清廷规定"掌卫事大臣员缺，由侍卫处将领侍卫内大臣、内大臣职名开送兵部，题请补授"，乾隆十九年（1754）定，直接由领侍卫内大臣奏请选用，不再经由兵部。② 被选为掌卫事大臣者，又多属皇家贵戚近人。掌卫事大臣之下满洲官员的选用：满洲銮仪使，由满洲冠军使、一等侍卫入选。以下的满洲冠军使由云麾使选用，云麾使由治仪正选用，治仪正由整仪尉选用，候选的治仪正、整仪尉"如不得其人，以侍卫处的三等侍卫选补云麾使，蓝翎侍卫选补治仪正"。③ 可见，满洲侍卫是銮仪卫满缺官员的重要候选人。

皇帝出宫乘坐辇舆，是用内务府皇室包衣之旗尉担任轿夫杠夫，④ 抬舁后妃

---

① 《清高宗实录》卷185，乾隆八年二月甲辰。
② 光绪《大清会典事例》卷1108《銮仪卫·官制·升除》。
③ 乾隆《大清会典则例》卷169《銮仪卫·本卫官除授》。光绪《大清会典事例》卷1108《銮仪卫·官制·升除》。
④ 嘉庆《大清会典》卷66《銮仪卫·左所》作："玉辇用旗尉三十六人。金辇用旗尉二十八人。礼舆、步舆、轻步舆，皆用旗尉十六人。"乾隆后期以前曾有民尉。乾隆《大清会典》卷93《銮仪卫》是作，玉辇用"旗尉、民尉各十有八人"，金辇用"旗尉、民尉各十有四人"。《皇朝文献通考》卷86《銮仪卫》仍作"奉辇旗尉百六十八人、民尉六十人"。嘉庆《大清会典》卷66《銮仪卫》则已记，左所奉辇舆"旗尉二百二十八名"。显然是这奉辇舆的60名民尉在乾隆后期以后改用旗尉，自此，抬皇帝辇舆者全部是旗尉了。

舆轿的，也是旗尉。①贴近皇帝辇舆的"左右奉辇銮仪使二人，扶辇冠军使一人、云麾使一人、治仪正二人、整仪尉二人"②，以及祭祀前皇帝盥手时，奉盥器、进帨巾者的冠军使、云麾使，也都是满人。③其印房的正副办事章京，皆用满人冠军使、云麾使，皇帝出巡时，他们参与扈驾。④皇帝乘坐的辇舆前后，还有"前引佩刀大臣十人……后扈佩刀大臣二人。豹尾班执枪、佩仪刀侍卫各十人，佩弓矢侍卫二十人，领侍卫内大臣一人、侍卫班领二人"，这些守卫皇帝者，皆宫中近御满洲武官。⑤仪仗中的武器类，豹尾枪的擎执者，是宫中包衣护军营选用的护军尉，戟、殳、仪刀、弓矢的擎执者，则是皇帝上三旗的亲军尉。

卤簿中不属武器类的其他器具的擎执者，则主要是民尉及部分旗尉。情况如下：卤簿最前端的朝象、仪象，牵引者为民尉。以下牵引仗马者，为护军尉。以下引领驾拉五辂之马者，为民尉。擎执星、御仗、引仗、吾仗、瓜、钺、扇、伞盖、纛、帜者，用旗尉，间用民尉。执拂尘、金八器、金交椅、金方机，用旗尉。擎执旗、麾、氅、旌、节、幡、幢者，以及卤簿设鞭、持鞭以行者，朝会及驾出入之前期铺设棕垫者，用民尉。

总之，接近皇帝等皇室人员的服务者，都是旗人。其中的紧要近差，又是以满洲旗人、内务府包衣旗人担任。

---

① 乾隆《国朝宫史》卷10《典礼六·仪卫》，第171页、174页、176页。记皇太后、皇后仪驾，皇贵妃等仪驾，妃嫔彩仗，皆为"擎执舆尉，俱用旗尉，内廷陈设，则用内监"。
② 光绪《大清会典事例》卷1109《銮仪卫·卤簿·陈设卤簿》。
③ 《大清光绪新法令》第一类《官制一·内官制》。光绪三十三年十月，会议政务处奏议覆整顿銮仪卫办法折，銮仪卫满人"专备随扈禁近要差"，而"汉军人员……一切禁近要差，从不遣派"。
④ 嘉庆《大清会典》卷66《銮仪卫》，第639册2980页。正副办事章京，皆满洲，皇帝巡幸时"与于扈驾"。
⑤ 光绪《大清会典事例》卷1106《侍卫处·建置·设官》。顺治年间，即定宫中侍卫机构的"扈从之制：后扈二人，于领侍卫内大臣内简用。前引十人，于内大臣、散秩大臣、暨统领、副都统内简用。豹尾班侍卫，于三旗侍卫内选功臣后裔六十人充补"。

除了以上具体服务者外，掌握銮仪卫职权者，也有负责安全方面的问题。这一职任，不需要多强的行政能力，而忠于皇帝、皇家是重要考虑条件。从担任者的情况看，掌卫事大臣主要是皇家勋戚贵族及宗室亲王、郡王，满洲銮仪使也多任用满洲勋戚后裔。以下简要列举从顺治到清末，担任掌卫事大臣这一职任的人选，以见一斑。

顺治朝，有公爵遏必隆（公主之子）、公爵额尔克戴青（额驸之子），其中遏必隆由顺治九年（1652）任此职至康熙八年（1669），达17年。康熙朝，有侯爵桑格，伯爵辛愈、四格，公爵常泰。此后，公爵阿灵阿（遏必隆之子）由康熙三十六年（1697）任至五十五年（1716），共19年。公爵马尔赛，由康熙五十五年至雍正九年（1734）出征，共任此职14年。乾隆朝，公爵讷亲任11年。公爵傅恒及其子福隆安、福长安，由乾隆十二年（1747）至嘉庆四年（1799），连任52年。嘉庆、道光时期，有丰绅济伦（乾隆帝外孙）、喀喇沁蒙古公爵丹巴多尔济、定亲王奕绍、定郡王载铨、散秩大臣肃顺。咸丰、同治时期，有蒙古亲王御前大臣僧格林沁、怡亲王载垣、贝子奕绍、御前大臣额驸景寿。光绪朝，有博多勒噶台亲王伯彦讷谟祜（僧格林沁之子）、庆郡王奕劻等。①

以上任职倾向与其特点，也与皇帝以銮仪卫掌卫事大臣、銮仪使这一荣耀职衔笼络勋戚贵胄、汉人功勋武职大员有关。不过汉军人所任职官并不担任近御要差。清末的会议政务处便曾指出：

> 汉军人员例无翎枝，一切禁近要差，从不遣派……该卫额设宗室、满洲缺六十九员，专备随扈禁近要差。汉军缺四十员，专备陪祀、各项值班

---

① 以上顺治至乾隆朝之掌卫事大臣，据《钦定八旗通志》卷317—319《銮仪卫掌卫事内大臣年表》。嘉庆至光绪各朝，据《清实录》。

等差。①

从官制上看，六所一卫的掌所印、卫印者，所下各司的掌司印者，也都是满人官员，而办理所卫、司具体事务的官员，则皆为汉军旗人。《大清会典》记，六所都是"掌印冠军使，满洲一人；掌所事云麾使，汉军一人"；各司是"掌印云麾使，满洲一人；掌司事治仪正，汉军一人"②。

3. 銮仪卫是武职衙署中体制最系统、最严整的机构。

清代的武职衙署，有八旗都统衙门、各特种兵营衙署、侍卫处（领侍卫府）、銮仪卫。八旗都统、某些兵营，在清初都没有衙署，由长官在自己家中办公，带有草根性，其衙署，大多是在雍正继位以后才相继建立的，但比起部院寺监等文职衙门，机构简单，设官也较少。侍卫处设于宫中，仅负责宫廷及皇帝皇室成员的护卫，事务单纯，机构也简单。而銮仪卫，则与部院机构相埒，有堂、所、司几级机构，各设常日入值职官，有系统的行政规制。清人称："（銮仪卫）相沿明制，凡冠军使等官之任，拜印升堂，吏皂趋贺，悉如大部制，故其秩虽次领侍卫府，而威仪过之。"③所谓"悉如大部制"，是指如同六部之制。

4. 銮仪卫官职的职掌，以及奉抬辇舆、擎执仪仗器械之校尉的技能，具有专业性，因而，其职务接替带有内部性。

其冠军使、云麾使、治仪正等业务职官，主要是由本卫职官升迁，治仪正由本卫的整仪尉升用，云麾使由治仪正升用，冠军使由云麾使升用。

从事技能服务的校尉，则带有家传性。正如皇帝上谕所说，銮仪卫校尉"如请轿、静鞭、旗手、作乐，俱须熟手递相传授。象所校尉，亦系随象来京，娴于

---

① 《大清光绪新法令》第一类《官制一·内官制》，光绪三十三年十月，会议政务处奏议覆整顿銮仪卫办法折。
② 嘉庆《大清会典》卷66《銮仪卫》。
③ 昭梿：《啸亭杂录》卷6《銮仪卫》，第176—177页。

喂养，难易生手"①。因而其选用规定：

> 銮仪卫校尉缺出，于见役校尉亲生儿男弟侄内，择堪用者替补。如校尉子弟不足，移文五城，将身家殷实民人保送选补。其养象校尉缺出，即以所生儿男替补。有朦胧冒替者，俱问罪，以违制论。②

其舆夫校尉尤其是奉舁祭祀神亭的校尉，其选用更为重视。嘉庆六年（1801）上谕内阁：

> 扎郎阿等奏嗣后恭遇大祀请拨熟练校尉奉舁龙亭，添派督率员役以昭诚敬一折，所奏甚是。天地坛大祀，由太常寺衙门同礼部堂官恭奉神牌，敬安龙亭，请至坛上，礼成复御，典礼綦严，较之奉请銮典，尤当虔慎。所有舁亭校尉及督率官员，理宜整肃威仪，用昭诚敬。设稍有未能平稳妥协之处，关系非轻，其承值官员处分甚重。乃日久疏懈，銮仪卫舁亭人役，或间有不用正身校尉，所派官役稀少，不敷照应，殊非敬慎严肃之道。嗣后恭遇大祀，著銮仪卫拣派熟习抬舁正身校尉充当，并添派职官四员、头役六名，小心照料。其官员职名及校尉花名，均先期咨送礼部、太常寺严加查核。倘敢掺杂外人，或人数不敷，致有礼仪不肃之处，即著该部、寺据实参奏。③

道光年间的一次祭天大祀，抬神亭的校尉就因失足脱肩，亭顶掉落，而遭严惩，负责官员也被议处。因而校尉注重在有世传熟练技能的家族中选用。

5.任职銮仪卫者带有荣耀性，皇帝也以此笼络任职者。

由于銮仪卫是为皇帝服务的近御机构，任职官员甚至服役之人也因此带有荣

---

① 《清高宗实录》卷1094，乾隆四十四年十一月丁亥。
② 朱轼等撰《大清律集解附例》卷2《吏律》，雍正内府刻本。
③ 《清仁宗实录》卷92，嘉庆六年十二月己酉。

耀性。皇帝也利用这点，而将该机构之授职尤其是銮仪卫较高层次官职的授予，作为荣显、酬劳、笼络世职贵族及官员的手段。由于銮仪卫不像部院等机构那样，把官员的行政能力作为选任上的主要考虑因素，而因功得世职者，又不一定有行政能力，因而皇帝把世爵世职人员，作为选任銮仪卫职官的重要对象。而作为体现皇帝尊贵身份之辇舆仪仗的銮仪卫，其任职官员也应注重身份较高者，因为与皇帝身份颜面有关。

满缺整仪尉，是"于满洲、蒙古世爵及佐领内简选"，此后，佐领之入选在乾隆二十一年（1756）改为选"各项拜唐阿"，乾隆三十六年（1771）增加上驷院七八品司弓、司矢，世爵世职之入选则始终保持。① 由于銮仪卫官员之升用偏重于本卫职官，所以满缺整仪尉以后逐步晋升的满缺治仪正、云麾使、冠军使，同样保持较多的满洲、蒙古旗人世爵世职人员。值得注意的是，汉人在这方面的选用，曾有一个由清初的重视到后来越来越轻视的变化。

顺治八年（1651），"议有功汉人，大小世袭武职，俱以銮仪卫、外卫所用，照新入八旗官员例，给予世袭敕书，酌定汉名品级。一等精奇尼哈番，称为銮仪卫都指挥使，正一品；二等精奇尼哈番，称为銮仪卫都指挥副使，从一品；三等精奇尼哈番，称为銮仪卫都指挥同知，从一品。一等阿思哈尼哈番再一拖沙喇哈番，称为外卫都指挥使，正二品……"② 这是将汉人功臣授为属于汉人世职系列的銮仪卫世职，等同于满洲世爵世职，如相当于满洲精奇尼哈番（后称子爵）的，是銮仪卫都指挥使或副使、同知，凭这种爵位性世职身份，可选为本銮仪卫的官员。顺治十三年（1656）进一步规定，"汉人武职之立功、投诚者"也授予銮仪卫职官。③ 顺治十七年（1660），兵部、銮仪卫会覆都察院官的奏疏建议，把汉人功臣、殉难子弟授世职而选为銮仪卫官员的范围，扩大到"不拘世职品级大小"都可入

---

① 光绪《大清会典事例》卷1108《銮仪卫·官制·升除》。
② 《清世祖实录》卷57，顺治八年五月辛卯。
③ 《清世祖实录》卷104，顺治十三年十一月壬子。

选。① 不过这一扩大实行的时间很短，到下一年就停止了，② 仍以授銮仪卫都指挥使或副使、同知的汉世职选授。雍正三年（1725）四月，皇帝对銮仪卫发布上谕：

> 尔衙门之汉整仪尉员缺，将世袭官员与武进士停其补授。世袭官员内难得优员，如有优员，旗下且将用之，若系劣员补授，于尔衙门何益。嗣后八旗汉军内，无论领催、马甲及闲散人等，有颖俊可用之人，与工于马步射者，着怡亲王、果郡王、兵部大臣与尔衙门之大臣等公同拣选，于整仪尉员缺引见具奏③。

雍正帝此次改制，既是为了汉缺銮仪卫官的优选，将颖俊可用、工于马步射者选入，摒弃难得优员的世职官员，也是为了扩大一般汉军旗人的选官，缓解汉军旗人入仕为官之途狭窄的问题，让汉整仪尉员缺全部由汉军旗人入选。不过非旗人的汉世爵仍有在銮仪卫任职者，④ 后来才逐渐减少、消失。记事止于乾隆五十年的《皇朝文献通考》，其已将这些官均记为汉军任职，说明在此以前，汉缺冠军

---

① 《清世祖实录》卷142，顺治十七年十一月丁丑。
② 《清圣祖实录》卷5，顺治十八年十月戊辰。
③ 《世宗宪皇帝上谕八旗》卷3，文渊阁四库全书本，雍正三年四月初九日上谕。并见雍正《大清会典》卷115《兵部·武选清吏司·銮仪卫官员升除》。
④ 光绪《大清会典事例》卷616《兵部·绿营处分例·限期》作："乾隆六年又奏准：汉侍卫及銮仪卫行走之汉世爵等官请假回籍者，呈该管官酌定日期，具奏请旨。其往返程途：在京部限十五日，直隶限两月，山东、山西、河南限三月，江南、江西、浙江、湖广、陕甘限四月，福建、四川、广东、广西、贵州限五月，云南限六月。"这些在銮仪卫任职的汉世爵人员，有的是雍正三年以前就入选，而得以继续留在卫中晋升至治仪正、云麾使、冠军使者。另外，是否有可能还继续从汉世爵中选补汉缺整仪尉？雍正三年上谕所说"汉整仪尉员缺，将世袭官员与武进士停其补授"，是确实停止？还是暂时停止，以后又有所松动？记事止于乾隆二十三年的乾隆《大清会典》，仍记各所、司职官是满缺之外的任职者为"汉"，而不记为"汉军"。所以，只能说是在雍正三年以后，銮仪卫的冠军使、云麾使、治仪正、整仪尉逐渐变为完全由汉军旗人担任的汉军缺。

使、云麾使、治仪正、整仪尉已全部以汉军旗人担任，①实际已成汉军缺（包括汉军世职之充任②）。嘉庆时所修《大清会典》则明确为汉军缺。③

以上是整仪尉及以后逐步晋升治仪正、云麾使、冠军使的汉人入选。冠军使以上的銮仪卫堂官——銮仪使的汉缺，则相当长时间内是将汉人武职大员——各省的提督、总兵，纳入选用范围的。此制自顺治十七年开始实行。此前，銮仪使仅从京城本銮仪卫的冠军使、云麾使中选用。顺治十七年六月，九卿科道会议提出，嗣后"銮仪卫堂官缺出，应以本卫官及各省提督总兵官，总兵官加有左右都督与都督同知、都督佥事职衔者，察其资俸，开列正陪二员，奏请定夺。疏入，从之"④。以上入选的提督、总兵官，不分满汉，因銮仪使分满汉缺，其汉缺銮仪使，则是由汉人或汉军之提督、总兵官选入。见以下事例。康熙年间，就有四川提督郑蛟麟、河南提督许天宠、湖广提督王可臣，湖广永州总兵官刘应志、陕西延绥总兵官许占魁、广东高雷总兵官祖泽清、广东总兵官严自明等，被选为銮仪使。雍正年间，有陕西固原提督李麟、贵州提督赵坤入选。总兵官为正二品，与銮仪使平级，但总兵官选为銮仪使，被称作是"升职"，提督是一品官，选任为比其品级低的銮仪使，也属于"荣任"。所以，汉人总兵官、提督被任为銮仪使，是皇帝笼络这些汉人武官的举措。也正因此，这一举措在清前期尤其是平三藩之时，屡次实施，有的在充任銮仪使时，又有被重新任命为提督总兵，使其效命疆场的。如康熙十五年（1676）二月，便加銮仪使许天宠为太子太保，任广东援剿藩乱之提督兼管水师营事，同时赏赐其弓矢、甲胄、御马。王可臣则是在任为銮仪使的次年康熙十六年（1677）六月，又被任命为广东提督，协助剿灭藩乱。甚

---

① 乾隆《皇朝文献通考》卷79《职官考三·官数·武职·銮仪卫》已均记为汉军任职，第5590页下。
② 乾隆二十五年，仍明确将马步射、清语较优者轻车都尉李文桂等九人，命在銮仪卫任职，见《清高宗实录》卷613，乾隆二十五年五月甲子。
③ 嘉庆《大清会典》卷66《銮仪卫》。
④ 《清世祖实录》卷137，顺治十七年六月己酉。

至有些叛而复降者,也被任为銮仪使,以示宽慰而笼络之,如前述三藩之乱之时的祖泽清、严自明都是如此。而古北镇总兵陈世琳之任为銮仪使,则是由于其父陕西提督陈福在平藩乱时殒命行营,陈世琳与其母也沦落四川,①因而康熙帝以陈世琳为总兵官,又任为銮仪使,则有优恤奖酬之意。汉人汉军提督总兵入选銮仪使,又偏重年岁较大或身体状况不太好者,所以常见一些人在任为銮仪使后不几年,便故去。如前述王可臣,在康熙十五年二月被任为銮仪使,两年后的康熙十七年(1678)三月病故。②许占魁,康熙十六年八月任銮仪使,不到一年的次年闰三月故世。许天宠也是在任銮仪使几年后的康熙十七年故去。刘应志则是在任为銮仪使的一年后,以年老休致。③这种情况的选任,又带有荣恤优养有功绩的汉人老弱武官之意。

乾隆时期,仍是这种任用宗旨。乾隆十二年(1747),天津总兵李正"效力年久、人尚老成……且身患脾泄之疾",因而皇帝加恩将其补授銮仪使。④乾隆后期,湖南永州镇总兵任銮仪使不久,就因其"年力就衰,一切差务不能奋勉,著以原品休致"⑤,可见在任銮仪使时就已年老力衰,以致不久就退休了。

总的来看,以汉提督、总兵选任汉缺銮仪使之制,在乾隆后期以后是在逐渐削弱的。乾隆四十二年(1777),乾隆帝便提出:"(提督)若人地非宜及年力衰迈者,断难姑容留俟改补銮仪使之理。"因而取消提督选任汉銮仪使之例,命嗣后汉銮仪使缺出,只将总兵官与俸深的冠军使做候选人。⑥实际上此后任用总兵官为銮仪使的情况也逐渐减少了,仅见嘉庆年间云南鹤丽镇总兵官张玉龙,道光年间浙江处

---

① 《清史稿》卷253《列传第四〇·陈福》。
② 《清圣祖实录》卷72,康熙十七年三月广东肇庆安塘司库报,三月二十四日,提督王可臣病故。
③ 以上诸提督总兵任銮仪使及有关之事,皆据《清圣祖实录》《清世宗实录》,不一一作注。
④ 《清高宗实录》卷301,乾隆十二年十月癸未。
⑤ 《清高宗实录》卷1208,乾隆四十九年六月庚寅。
⑥ 光绪《大清会典事例》卷1108《銮仪卫·官制·升除》。

州镇总兵官高明德、广西右江镇总兵官满承绪、山西太原镇总兵官蒋柏龄，咸丰朝的甘肃宁夏总兵官武庆，被任为銮仪使。此后已不再见任用者。光绪三十三年（1907）会议政务处称："查汉銮仪使缺出，向由兵部以汉军冠军使及各省汉军、汉员现任总兵开单请简。惟历来兵部办理此事，久无总兵衔名开列，旧例已成具文。"①正反映了这种情况。

官员之外的一般服役人员——校尉，由于是为皇帝服务，执役时又身穿光鲜华丽的服饰，还时常得到赏赐，因而也被视为是荣耀之职差。受赏赐的，主要是抬辇舆者。皇帝亲祭天地、太庙、社稷、先农坛等，皇家婚事嫁娶，皇帝带家眷出巡、围猎、谒陵及丧事赴陵等，皆乘辇舆，事后多有赏赐抬辇舆的校尉银两之事，清后期较多，《清实录》有不少记载。

任职近御之差，也带有某些风险，获咎者多为负责职官。如嘉庆八年（1803）皇帝外出，抬轿"校尉行急脱肩"，掌卫事大臣及銮仪使均受到惩罚。嘉庆十八年（1813），嘉庆皇帝去社稷坛，銮仪卫把降舆处的棕垫铺错了地方，承办人及堂官分别被议处。道光十六年（1836），皇帝亲祭天神坛，因"降舆处与仪注不符"，掌卫事大臣载铨、銮仪使、赞引官、对引大臣、前引十大臣都被处罚。次年南郊大祀，抬神亭的銮仪卫校尉失足脱肩，致亭顶落下，校尉张士英免死，减等发落，所有负责官员都自行奏请议处。民尉也有这方面情况，因而也有不愿当民尉的，②其多是临时调用所给钱粮不多的民尉。

6. 在銮仪卫任职者升迁相对较快。

銮仪卫的所、司职官，其升迁，多由本卫职官，外机构职官的升入者较少，少外部竞争者。另一方面，本卫职官又可外升其他处职官，升途广，较少滞选待

---

① 《大清光绪新法令》第一类《官制一·内官制》，光绪三十三年十月，会议政务处奏议覆整顿銮仪卫办法折。

② 《皇朝续文献通考》卷27《职役考一》。嘉庆八年"又遵旨议定：民校尉见出五十余缺，无人应募，应由内务府闲散内拣补。所有世习其业、承充日久之民尉，自未便遽行更换。俟有此项缺出充补无人，即行文内务府咨送挑补"。

缺问题，因而升迁较快。

銮仪卫之所、司的四种职官，最低的整仪尉，当然要从外部选进，整仪尉之上的治仪正、云麾使、冠军使，则主要由本卫官员升迁，其官制规定：

> 满洲冠军使员缺，于满洲云麾使内拣选。满洲云麾使、治仪正员缺，于满洲治仪正、整仪尉内以次拣选，如不得其人，行文侍卫处，拣选三旗三等侍卫拟补云麾使、蓝翎侍卫拟补治仪正……汉冠军使员缺，于汉云麾使内拣选。汉云麾使员缺，于汉治仪正内拣选。汉治仪正员缺，于汉整仪尉内拣选。①

銮仪卫的堂官掌卫事大臣一人，主要选自外部，本卫銮仪使也可入选。② 銮仪使，本卫的冠军使是候选人之一。

銮仪卫所、司官，乾隆以后又可参选绿营武官。③ 乾隆六年（1741）定，京城旗人选用直隶、山西沿边绿营官，其"副将，分左右翼轮用。参、游、都、守，八旗轮用，均于员缺时，行文领侍卫内大臣、銮仪卫、火器营等，简选三四人，出具考语，咨送到部（兵部），考试弓马，简选引见，恭候钦定补授"④，銮仪卫官是入选人员之一。此次定制所选，是满洲旗人，即"专用满洲"。⑤ 乾隆二十三

---

① 光绪《大清会典事例》卷1108《銮仪卫·官制·升除》。
② 掌卫事大臣，初，主要选自领侍卫内大臣、内大臣，后于王公或满洲、蒙古大臣内特简，銮仪卫的满洲銮仪使，也是入选人之一。
③ 光绪《大清会典事例》卷561《兵部·职制·铨选一》。康熙十一年曾定，参将、游击、都司员缺，以一、二、三等侍卫选用，"按月行文领侍卫内大臣、銮仪卫，将行走已满三年，拣选二三人，出具考语，送（兵）部引见，恭候简用"。此时备选的侍卫，似属于领侍卫内大臣属下，拨在銮仪卫行走，而不属銮仪卫武官，故本文未将康熙十一年的侍卫选绿营官算作銮仪卫之所、司官入选。
④ 乾隆《大清会典则例》卷105《兵部·武选清吏司·职制三》。
⑤ 光绪《大清会典事例》卷565《兵部·职制》，乾隆九年。

年（1758）扩大到汉军旗人，军机大臣等议覆"汉军冠军使、云麾使、治仪正、整仪尉，亦请照满洲例，补绿营员弁……从之"①。具体情况是：满洲、汉军冠军使，可选用为绿营副将；②满洲云麾使，可选用为绿营参将；汉军云麾使，可选用为绿营参将、游击；满洲、汉军治仪正，可选用为绿营都司。③上述情况对銮仪卫中的汉军旗人尤为有利。由于銮仪卫中的汉军不仅可在本卫晋升，又可外放升为绿营官，且该官缺有专定为由汉军轮选者，参选的汉军范围又较小，有较少竞争者，因而在銮仪卫任职的汉军旗人升迁较快。乾隆三十六年兵部奏："查例载，汉军人员轮选参将等官月分，遇有缺出，先由领侍卫府、銮仪卫及八旗护军营等处，保送应选人员到部……近年遇应用汉军缺出，惟銮仪卫保送二三员，余俱无保送之人。"④嘉庆帝也曾说："若銮仪卫官员，一经邀恩录用，不数年即可升至副将参将二三品武职。"⑤因而时人评论：

（銮仪卫官）许外放绿营武弁，汉军人员视为捷径，每多诿托。掌卫者复有苞苴之纳，故其风日颓，不可挽回。至今上亲政初大加整饬，复特简大臣挑取，其弊始革焉。⑥

五、小结

以下，将考察清代銮仪卫的认识作几点简单归纳。

古代帝制王朝时期，皇帝之衣食住行，都有值得重视的内容。作为皇帝之行

---

① 《清高宗实录》卷576，乾隆二十三年十二月甲子。
② 光绪《大清会典事例》卷565《兵部·职制八旗世爵及武职外用》，道光六年。
③ 嘉庆《大清会典》卷37《兵部·武选清吏司》。
④ 《清高宗实录》卷877，乾隆三十六年正月甲子。
⑤ 《清仁宗实录》卷137，嘉庆九年十一月辛丑。
⑥ 昭梿：《啸亭杂录》卷6《銮仪卫》。

及亮相于公众场合之用具的卤簿，既有使用需要之功能性方面的高等讲究，如乘用工具之辇舆的功用，更重要的是它的政治意义，皇帝出行，亮相于外部社会，官民百姓观瞻，重要礼仪场合中属主要角色，都需要体现皇帝身份地位之至尊等级，某些重要典礼中皇帝卤簿的设置，也是礼仪政治规格的需要。为了体现与维护皇帝至尊之等级身份地位，卤簿所用器具华丽繁多，造价昂贵，日常使用，役用大批舁、执人员校尉，费用较大，这与皇家为大修宫室、陵墓而广征民役财力，在性质上是一样的。而清代皇帝卤簿之费用，比往代如唐宋等朝较少，其銮仪卫也没有明代锦衣卫访缉职能及其弊端，应是值得肯定之处。

銮仪卫是满人为主的旗人武官机构。其中汉军旗人官缺虽少于满洲缺，但相较于其他机构则较多，接近文职机构所设汉军专缺总数的两倍。銮仪卫服务于卤簿仪仗的人役校尉，则主要是内务府包衣旗人、京县民人，其中民人数量较多。銮仪卫官职的职掌、抬舁辇舆、擎执仪仗器械之校尉的技能，具有专业性，因而，其负责具体职务之冠军使以下职官的升迁、校尉的接替，都带有内部性。

銮仪卫最重要的性质特点是，它的近御侍从性，与皇帝、后妃的人身安全相关。在官职上，掌銮仪卫职权、禁近要差的，为八旗满洲人，而非汉军旗人，而且注重从侍卫系统中选用。主掌者的掌卫事大臣，则多属皇家贵戚近人。

銮仪卫之任职者带有荣耀性，皇帝也以此笼络任职者。另外，在銮仪卫任职者，其升迁也相对较快，尤其是汉军旗人，更较在其他机构中任职者升迁迅速，以致趋之若鹜。以上，也是近御机构的因素性特点。

（原载《故宫博物院院刊》2020年第10期，"紫禁城建城600年暨故宫博物院建院95周年"专辑）

清代"拜唐阿"

拜唐阿，是满语对一种职差人的称谓，满文作：baitangga。①汉文有时称之为"执事人"。清代文献、档案中，常常可以看到有关挑取八旗旗人为拜唐阿当差的记述。拜唐阿作为一种职差人，分布广、数量大，而且是旗人选官的一种途径。《清史稿·选举志》谓："满人入官，以门阀进者，多自侍卫、拜唐阿始。故事，内、外满大臣子弟，五年一次挑取侍卫、拜唐阿，以是闲散人员、勋旧世族，一经拣选，入侍宿卫，外膺简擢，不数年辄致显职者，比比也。"②因而值得作为一个专题进行考察。

拜唐阿究竟是怎样一种职差人，从事什么事务？《御制增订清文鉴》汉文称之为"执事人"，其满文解释稍详，作：siden i baita de afaha jergi akū urse be baitangga sembi。③译成汉文是"称担任役人差务不列于官品的那种人，为拜唐阿"，但仍太笼统。迄今，又尚未见到有关拜唐阿的专门研究。鉴于它关系到八旗制度、旗人官制、满族人之等级身份及其旧俗等问题，故对其作初步考察。

一、拜唐阿的设置分布及其职差

拜唐阿不属官员，因而在政书等有关官制的文献中没有这种人员的系统记载。但综合各种文献、某些间接记述，基本上可以钩稽出他们所服务的机构、职役性质、种类，以及某些服役处的大致人数等。

按其职役地、处所而分，有京城、陵寝、地方驻防与边区几大处。其中服务

---

① 汉文有译为"执事人"者，似太笼统，不准确，针对性不强，未能概括拜唐阿职事的特点。
② 《清史稿》卷110《选举五》，中华书局，1977年标点本，第12册3217页。
③ 《御制增订清文鉴》卷4《设官部二·臣宰类第十三》，中国台湾，文渊阁四库全书影印本，232/124。

于京城的种类最复杂,又有宫廷内外、苑囿、各行政衙署内、宗室王公府第等多处。以下分别介绍。

1. 京城。

宫廷内外的拜唐阿,主要设在服务于皇帝、皇室生活或有关的机构。[①]

御膳茶房,分为(御)膳房、(御)茶房。膳房,设领班顶戴拜唐阿4名、拜唐阿41名。茶房,设领班顶戴拜唐阿4名、拜唐阿23名。

太后膳茶房也设拜唐阿。如寿康宫膳房,设拜唐阿15名;茶房,设拜唐阿11名。[②]

皇子饭房,设拜唐阿7名。皇子茶房,设拜唐阿5名。

御药房,设拜唐阿3名。

御鸟枪处,掌御用鸟枪、炮之承应。设鸟枪拜唐阿33名、炮拜唐阿4名,皇帝木兰行围、出巡,则备枪、炮随行。

上虞备用处,又名尚虞备用处,亦名粘竿处,为随扈、侍从皇帝渔猎、罝鸟等事之机构。有粘竿拜唐阿40名、备网拜唐阿12名、守库拜唐阿10名。

鹰狗处,有养鹰处[或名养鹰鹞处,初又有养鸦鹘处,乾隆三十七年(1772)裁]、养狗处,掌皇帝狩猎所用鹰狗之驯养。皇帝狝狩,则承应其事而随扈。设有九品顶戴养鹰拜唐阿班长6名、八旗拜唐阿30名,养雕拜唐阿班长1名,额鲁特拜唐阿8名、回人拜唐阿5名。九品顶戴养狗拜唐阿班长6名、拜唐阿29名,额鲁特、回人所充任之九品顶戴拜唐阿班长1名、拜唐阿17名。两处又分别设掌文移翻译的内务府拜唐阿5名、10名,遇两处笔帖式缺出,也由此项拜唐阿充任。

虎枪营,由精于骑射、善杀猛兽之上三旗旗人组成,设虎枪兵600名,其中由拜唐阿充当者108名。虎枪兵随皇帝围猎,皇帝巡视近畿,或去避暑山庄,则

---

① 以下所述,除特别标注外,均据嘉庆《大清会典》卷72—80《内务府》,卷71《各御用营、处》。

② 《清宣宗实录》卷4,嘉庆二十五年九月戊辰。

随从，于御道分段防守。

向导处，掌皇帝出巡时相度路途及向导等事。设有总统大臣及向导章京 32 名、拜唐阿 48 名，于八旗前锋校、护军校、骁骑校、前锋、护军内选充。

善扑营，专门演练摜跤（清语谓之"布库"）、射箭、骗马等技艺以供御用，如御试武进士，皇帝宴请蒙古王公时献技以助兴等。有随印行走拜唐阿 54 人，由八旗护军校、骁骑校、领催、前锋、护军、马甲、步甲、马兵内挑取。

武英殿修书处，此处设书作、刷印作、库作、铜字库等，以装裱书画，印刷装订书籍。有拜唐阿 19 名。

御书处，掌御制诗文法帖之镌刻、拓印及制墨等事，设刻字作、墨作、裱作、墨刻作。有拜唐阿 10 名、效力拜唐阿 12 名。

养心殿造办处，下设各种工艺品、器物制造作，如金玉作、造钟处、珐琅作、玻璃厂、鞍甲作、炮枪处、油木作、如意馆、匣裱作等。所设人员中，有拜唐阿 40 名，掌各种器物之监造。

雍和宫，有从事陈设、洒扫拜唐阿 8 名。

御船处，专掌皇帝去清漪园、静明园、瀛台乘坐之御舟的管理、承应。有拜唐阿 60 人，其中顶戴头目 4 名。

圆明园、畅春园、清漪园、静明园、静宜园等园，皆设有拜唐阿，各数名或十数名不等。

南苑，以及京城之河、潭、海子、各桥，设有栽植树木花草、看守、管闸等拜唐阿。

上驷院，掌内务府属养马及马匹供用之事。设司辔拜唐阿，约 30 名[①]。

武备院，属内务府，掌御用、官用武事器物之制作与供用。下设之备箭处，

---

① 光绪《大清会典事例》卷 644《兵部·马政·八旗官马二》载，八旗各官兵、服役人等拴养马匹，拜唐阿一般每人拴养一匹，而"上驷院司辔拜唐阿，原拴马三十匹"。以此推之，当有拜唐阿 30 名左右。

设箭匠拜唐阿 60 名；穿甲处，设拜唐阿 5 名；鋄作，设拜唐阿 13 名；又有伞库之掌伞拜唐阿。

南府（后改名升平署）、景山学艺处，为宫廷学艺（戏曲、奏乐）人的管理机构。两处共设拜唐阿催长 4 名、拜唐阿 14 名。

内务府下设七司，广储司、会计司、掌仪司等，都设拜唐阿。另外，掌内庭所用丝绸之织染、刺绣的织染局，也设有拜唐阿。

銮仪卫，掌皇帝出行之卤簿仪仗，内有布拉奇拜唐阿 30 名，由上三旗蒙古人充当，供差遣。①

京城中的中央行政机构，如内阁、部院，也设有拜唐阿。政书中对此记载不多，某些文献或档案中有零星记述。如《内阁小志·皂隶》载，内阁设有拜唐阿 1 名，掌阁署供茶之事。《内国史院档》记，顺治二年（1645）八月，摄政王多尔衮谕曰："一应题奏本章，于本朝有益者，方可由部拜唐阿奉旨宣谕六科。"② 说的是六部之下设有拜唐阿，负责向六科传达公文指示。光绪《大清会典事例》记有"[道光四年（1824）]又奏准，挑取各部院衙门当差食饷官兵、拜唐阿等，各旗、营造送钱粮档内，详细注明在何衙门当差字样，以便查核"③。这说明在各部院衙门有挑入拜唐阿当差者，由拜唐阿所隶各旗、营造俸饷册，以便查核。另外《清文总汇》解释拜唐阿，还述及"内外衙门部院管事无品级人"称为拜唐阿，④ 也说明在部院等衙门有拜唐阿。所谓管事，当与上述当差一样，属于役使性杂务。又

---

① 《清朝续文献通考》卷 130《銮仪卫》，光绪三十三年，第 8901 页。又，元代蒙古人，宫廷奏乐者称为"呼喇齐"，见徐应秋：《玉芝堂谈荟》卷 31《五色赋》，上海古籍出版社，1993。清代銮仪卫中八旗蒙古人充当的布拉齐拜唐阿，是否为仪仗队之奏乐者，待考。
② 中国第一历史档案馆译《清初内国史院满文档案译编》（中），第 139 页。
③ 光绪《大清会典事例》卷 254《户部·京城兵饷》，道光四年，第 3 册 1001 页。
④ 志宽等编《清文总汇》卷 4，光绪二十三年荆州驻防翻译总学刻本，第 38 页，"拜唐阿条"。下同，皆此版本，不另注。感谢吴元丰先生提供此材料。

如恽敬的《大云山房文稿》，也记有个叫玉福的，充当礼部下属机构祠祭司的拜唐阿。[①] 由礼部兼管的乐部，其下设有什榜处，掌奏蒙古乐，设拜唐阿60名，专司奏乐，皇帝于木兰围场、避暑山庄等地宴蒙古王公，则奏蒙古乐，称掇尔多密（满文 cordombi）。

八旗各旗营。前述道光四年由八旗各旗、营挑取官兵、拜唐阿入部院衙门当差一事，表明在八旗各旗下、各兵营，如健锐营、火器营、护军营等下有拜唐阿，他们与官兵（应指骁骑校、甲兵等）挑为部院衙门当差以食饷，为兼职，这种兼职两处的拜唐阿不鲜见。又，乾隆三十九年（1774）上谕："嗣后所有十五善射之缺，惟将拜唐阿、兵丁及各该旗闲散宗室拣选带领引见，挑取之后，仍令在原差上行走。"[②] 这说明在十五善射处，也有兼充善射人的拜唐阿。十五善射由每旗15名精射箭者组成，充任者仍在八旗下。又，《清文总汇》称，八旗军营"随营听用的各项匠人、医生俱是（拜唐阿）"[③]。这里所说的营，应当包括京城八旗的各种兵营及地方驻防旗兵营，有随营而设的修造兵器、甲胄、马具等的匠役，以及马医等医生，由旗人充任者，也称拜唐阿。此外，直省驻防旗人又有拜唐阿兵丁。

宗室王公府第之内，也设拜唐阿。如康熙、雍正两朝，所分封的顺治帝皇子、康熙帝诸皇子，以及康熙帝皇孙理郡王弘晳，在分府入居后，都拨与拜唐阿、工匠、苏拉等，[④] 以服务于王公府第。原下五旗王公府第的拜唐阿，则由该王公属下旗人充当。如清初名臣正红汉军旗人宁完我，其四世孙宁邦玺，便是正红旗康亲王府内的拜唐阿。[⑤]

---

① 恽敬：《大云山房文稿》初集卷4，续修四库全书，第1482册。
② 《钦定八旗通志》卷39《兵制八·教阅·京营》，第710页。
③ 志宽等编《清文总汇》卷4，第38页，"拜唐阿条"。
④ 《雍正朝满文朱批奏折全译》（上），黄山书社，1998，第116号、345号折，第60页、181页。下同，皆此版本，不另注。
⑤ 《清世宗实录》卷71，雍正六年七月乙亥。

2.陵寝。

清朝帝后陵寝,关外有三陵:永陵、福陵、昭陵。关内有两处:东陵,地处直隶之遵化州;西陵,在直隶之易州境内。各陵设有守陵官兵及管理陵寝修葺、祭祀等事务的宗室、官员,以及众多的从事各种具体事务的人员。

每陵之帝陵、后陵等,均设有膳房、茶房及其他机构。所设拜唐阿,有膳房拜唐阿、茶房拜唐阿,负责祭品的摆设等;香灯拜唐阿,负责香、灯、烛的点燃等事。此外,还有从事打扫、草木管理等事的闲散拜唐阿。其中永陵12名、福陵15名、昭陵34名。① 关内东、西陵之每处帝陵、后陵,均设膳房、茶房拜唐阿各五至九名不等,香灯拜唐阿一般为每座陵设2名,其闲散拜唐阿各数十名不等。此外,皇贵妃、妃嫔、太子,某些王、公主的园寝,也设有拜唐阿,人数少于帝后陵。

3.直省驻防地及边区。

杭州。《清高宗实录》卷221载,乾隆九年(1744)七月,杭州将军萨尔哈岱奏:"向来杭州兵拜唐阿内,若缘事革退及病故者,将伊自置马匹器械交该管官确实估价,转交顶补之人。"可见杭州驻防有拜唐阿兵丁。

成都。《清高宗实录》卷798,乾隆三十二年(1767)十一月庚子载,成都驻防副都统富椿,曾"挑披甲拜唐阿共五百二名",是成都驻防有充兵丁的拜唐阿五百余名。

西安。《清高宗实录》卷923载,乾隆三十七年(1772)十二月,"军机大臣等奏准,西安将军福僧阿奏称:西安兵户口滋繁,兵缺较少,不足养赡。前奏准由京派往满洲兵一千,请少派二百。其缺,在该处拜唐阿闲散内挑补。从之"。这说明西安的八旗驻防有不少拜唐阿,驻防旗兵中的200名是由拜唐阿闲散挑补,这些拜唐阿挑补后是充当甲兵。

---

① 穆彰阿等修《大清一统志》卷57《武职官·奉天》,613/765。光绪《盛京典制备考》卷1《山陵·三陵额设官兵役》,光绪四年盛京刊本,与"一统志"所记同。

宁夏、凉州。《清高宗实录》卷1236载，乾隆五十年（1785）八月军机大臣等议准，"陕甘总督福康安奏称，前经宁夏将军莽古赉奏准，凉州、庄浪二处添设驻防兵，请派宁夏当差之拜唐阿闲散五百名移驻凉州……从之"。这说明宁夏驻防也有拜唐阿，挑为甲兵移至凉州驻防。这些人在宁夏时是当差拜唐阿，挑为甲兵后，在职业上又成了凉州驻防的甲兵拜唐阿。

广州。会典事例载，乾隆五十四年（1789），"广州驻防酌裁甲兵十四名，作为养育兵二十八名，每名月支银一两，分给眷多粮少之拜唐阿，以资养赡"[1]。说的是广州驻防旗人之家，有食粮当差之拜唐阿。贫穷者，再予其养育兵名额，以食一两月银。

直省驻防城设有拜唐阿，当是普遍现象，以上只是某些文献所透露的几处而已。

东三省。吉林，伯都讷副都统衙门，有汉字笔帖式二员，其中一员为"本处拜唐阿补放之缺"[2]，表明该地驻防有拜唐阿。光绪元年（1875）六月，吉林增设官兵，其中又有京城拜唐阿等调至吉林，交署吉林将军穆图善差遣委。[3] 此外，打牲乌拉衙门有拜唐阿，长白山处有"看守白山拜唐阿"[4]。黑龙江驻防"旗分佐领内有马甲拜唐阿"[5]，驻守兵丁内还有水手拜唐阿及沿黑龙江巡查卡伦之兵丁拜唐阿。[6] 盛京地区，除三陵中有不少该地旗人充当陵寝拜唐阿外，盛京城之步营即步兵营中，设有负责巡查缉捕的拜唐阿，置八旗拜唐阿章京8名［嘉庆二十一年

---

[1] 光绪《大清会典事例》卷259《户部·俸饷·优恤俸饷一》，第3册1075页。
[2] 《清高宗实录》卷612，乾隆二十五年五月甲寅。
[3] 《清德宗实录》卷12，光绪元年六月壬午。
[4] 光绪《吉林通志》卷1《圣训志一》，乾隆五十六年十二月；卷38《经制三》。
[5] 《清高宗实录》卷639，乾隆二十六年六月戊子。
[6] 《钦定八旗通志》卷73《土田志十二·给地总数·黑龙江驻防》，第1288页。《清高宗实录》卷156，乾隆六年十二月丙申；卷205，乾隆八年十一月壬寅。《清文宗实录》卷132，咸丰四年六月己巳。

（1816）以前10名］，各管本旗街道，值宿巡查。又从1000余名领催、步兵中，选步领催8名、步兵40名，为大班拜唐阿，总查城内外赌博、娼优、盗窃、逃犯、凶酒、斗殴等事。另，每旗各挑步领催4名、步兵8名，为小班拜唐阿，稽查赌博、娼优等不法事。① 盛京官参局也设有拜唐阿，额数不清。② 属于盛京户部管理下，有拜唐阿盐丁502名，在海边从事制盐，每年向该户部交纳盐斤，置拜唐阿领催1名管理。③

北部、西北边区。漠北蒙古边境、科布多地区，设旗人军营，定期换班，其中就有拜唐阿。④ 新疆地区多处设有边卡，管卡官以侍卫为主，另外也派拜唐阿任该职，均定期轮换。⑤ 该地的领鲁特营中，也设有拜唐阿。⑥

4. 其他。

京城西北昌平州之南沙河城内，设有毡作局，置官员等管理匠役，制作毡片，监管者中有拜唐阿领催。⑦ 热河、避暑山庄等处，以及京畿行宫，设有拜唐阿。⑧ 此外，档案中还记述，八旗各旗编审丁口中，有"抚西拜唐阿"一项，与台尼堪、汉军旗人归为一类，均为隶旗汉人。雍正元年（1723），这三项隶旗汉人有

---

① 光绪《盛京典制备考》卷5《督捕、步营二司事宜》，光绪四年盛京刊本。下同，皆此版本，不另注。
② 光绪《盛京典制备考》卷5《官参局事宜》。
③ 乾隆《盛京通志》卷38《田赋二·奉天各属官庄》，中国台湾，文渊阁四库全书影印本，502/47。
④ 《清高宗实录》卷296，乾隆十二年八月甲子。
⑤ 《清仁宗实录》卷174，嘉庆十二年二月己未。
⑥ 松筠：《新疆识略》卷5《官制兵额》。
⑦ 乾隆《钦定日下旧闻考》卷150《物产》，第4册2402页。
⑧ 《清高宗实录》卷1458，乾隆五十九年八月丁巳；卷1462，乾隆五十九年十月。均有官员犯罪罚为拜唐阿，发往热河效力的记载。《清德宗实录》卷18，光绪元年九月乙卯。《宣统政纪》卷11，宣统元年三月丙寅。又记有守护隆福寺行官、梁格庄行宫之拜唐阿。

19.4795万人，①其中的抚西拜唐阿应是个不小的数目，因而作为一大项来统计。这抚西拜唐阿究竟分布于何处，从事何项差役，遍查文献未见记载，只好俟诸来日。

从上述情况可知，拜唐阿的职差事项非常繁杂，既有皇家宫廷、陵寝从事服侍性杂务的，又有制作机构中担任制造、监造的，还有各行政部门如内阁、部院充任杂务的，又有任某项专业的——如奏乐拜唐阿。在八旗驻防城、边区，还有供差遣当差的，巡逻、缉捕的，以及充当甲兵的等。各处所设员额，一名、数名、十几名、数十名、上百名乃至数百名不等。

拜唐阿的挑取，注重身体强壮、骑射水平，倘"身弱、残疾，抑或骑射平常"，则为不堪挑选者。②官方政书，也把拜唐阿归入武职系列，常与武职官并叙。遇有战事，拜唐阿也常被选入从征，受统兵者差遣。③

二、拜唐阿的来源及其身份的复杂性

充当拜唐阿者，主要是八旗旗人，包括八旗满洲、蒙古、汉军，内务府包衣旗人，以及编入京城八旗中的新满洲、索伦、达斡尔、额鲁特蒙古、回部人等。

京城旗人中，又以内务府上三旗包衣旗人充任者较多。据清末的编制额缺，镶黄旗421名、正黄旗347名、正白旗635名，④共拜唐阿1400余名。

挑取的八旗官员子弟，也是拜唐阿的重要来源。八旗官员子弟，凡已及岁（成丁）者，均应挑取拜唐阿。乾隆五十年（1785）以后，所挑范围缩小到四品、三

---

① 《清初编审八旗男丁满文档案选译》，《历史档案》1998年第4期。
② 《清宣宗实录》卷10，嘉庆二十五年十二月上。《清文宗实录》卷27，咸丰元年二月甲子。每五年挑取时，都有这方面说明，实录中多有记述。
③ 《平定金川方略》卷8、卷11、卷12，中国台湾，文渊阁四库全书影印本，第356册。《平定准格尔方略》前编卷50，正编卷1、卷7、卷31，中国台湾，文渊阁四库全书影印本，第357、358册。
④ 《清史稿》卷130《兵志一》，第1036页。

品以上官员子弟，并制定五年挑取一次之制。其制如下：

> 挑取各项拜唐阿，于在京大臣官员子弟内，将未得差使之闲散、捐纳监生、捐纳天文生、捐纳候补笔帖式、捐纳候补各项小京官，考取候补各馆誊录官，年十八岁以上者咨送挑选。外任旗员子弟，文职知府以上，武职副将以上，驻防副都统以上，除不准挑哈哈珠子外，俟及岁时，亦送京挑差。至内外大员子弟，每五年由军机处开列名单进呈，奉朱笔圈出者，引见，或授侍卫，或授拜唐阿。①

赏给拜唐阿。因为挑为拜唐阿，就有了一份职业，按月按季领取钱粮，属于铁杆皇粮之差，而且可以作为选官资格、进身之阶。也正因此，还有赏给拜唐阿职差者。如乾隆五十三年（1788）驱逐廓尔喀战役的官兵中，阵亡的笔帖式之子，便赏给拜唐阿。②前述宁完我四世孙宁邦玺，也是由雍正帝降旨赏给拜唐阿的。

此外，官员或贵族王公犯罪、革职者，也有罚为拜唐阿的。如嘉庆初，和珅同党户部尚书福长安被革职治罪，便发往裕陵充供茶拜唐阿。③乾隆五十八年（1793）、五十九年（1794），办理西藏事务之鄂辉、雅满泰、两淮盐政董椿、巴宁阿，都曾被罚在拜唐阿上行走。④身为宗室的景熠，在圈禁获释后，也令充当粘竿处拜唐阿。⑤居京回部隶八旗蒙古之郡王衔贝勒克克色布库，因在道光帝御门时旷误，被革去郡王衔，在粘竿处拜唐阿差使上行走。⑥奎林，公爵，孝贤皇后之侄，

---

① 嘉庆《大清会典》卷67《八旗都统》。并见道光《钦定中枢政考》卷30《八旗·兵制·挑取拜唐阿》，854/136—137。
② 《清高宗实录》卷1312，乾隆五十三年九月庚午。
③ 《清仁宗实录》卷50，嘉庆四年八月乙巳。
④ 《清高宗实录》卷1458，乾隆五十九年八月丁巳；卷1440，乾隆五十八年十月癸卯。
⑤ 《清仁宗实录》卷115，嘉庆八年六月辛卯。
⑥ 《清宣宗实录》卷193，道光十一年七月丁丑。

曾被罚为粘竿处拜唐阿。①也有因父罪牵连而降为或罚为拜唐阿的，如陕甘总督那彦成因挪用赈灾银获罪，其子容恩等也被黜革，后改为降一等，用为粘竿处拜唐阿。②英和因修陵寝工程获罪，其子兵部侍郎奎照、通政使奎耀，俱革职作为拜唐阿，在陵寝工程处效力。③官员等罚为、降为拜唐阿者，在《清实录》中有很多记载，不备举。

除八旗旗人外，少数民族之人等，也有挑为拜唐阿者。嘉庆十一年（1806）定，驻京蒙古王公子弟未经入旗，如有充当拜唐阿者，准照马甲钱粮，每月支银三两，每季支米五石五斗。④热河达什达瓦额鲁特蒙古，其当差者中有"养鸦虎海青食正饷之拜唐阿"⑤。察哈尔蒙古八旗，初由在京八旗蒙古都统兼辖，乾隆二十六年（1761）改由驻防察哈尔都统管理，⑥乾隆三十四年（1769）复准："兼并在察哈尔旗分之八旗蒙古喀拉沁、浩齐特人等，有年力强壮者，遇察哈尔旗分闲散少、不得人之佐领下，出有披甲拜唐阿之缺，准其笼统挑取。"⑦可见，在察哈尔蒙古旗下蒙古人，也挑取披甲拜唐阿，且定有额缺。

拜唐阿由于来源复杂，所以其身份也很复杂，有八旗旗人，有少数民族人。旗人中，有宗室贵族、旗人官员等被罚为拜唐阿者。旗人由一般途径挑为拜唐阿者，既有一般旗人被挑取者，也有八旗勋戚贵族世家、大员子弟挑取者，还有身

---

① 《清高宗实录》卷1298，乾隆五十三年二月壬寅。
② 《清仁宗实录》卷322，嘉庆二十一年九月壬子。
③ 《清宣宗实录》卷142，道光八年九月己酉。
④ 光绪《大清会典事例》卷987《理藩院·内札萨克给俸》，第10册1198页。
⑤ 光绪《大清会典事例》卷259《户部·优恤俸饷一》，乾隆五十六年，第3册1075—1076页。
⑥ 察哈尔蒙古既有别于八旗，又不同于札萨克旗，学界称之为内属旗，本文归入少数民族范围内叙述。
⑦ 光绪《大清会典事例》卷713《兵部·兵籍·八旗拔补兵缺》。道光《钦定中枢政考》卷4《八旗·补放·察哈尔兼管喀尔沁人等挑取马甲拜唐阿》作："察哈尔兼管之喀尔沁、豁齐忒人等内有实无产业情愿进京当差者，准其来京挑取马甲拜唐阿，如本佐领应挑马甲拜唐阿之闲散幼丁不敷挑选，遇有马甲拜唐阿缺出，择其年力精壮者挑补。"

为有爵位者、官员，以及有举人、贡监生、秀才身份之人挑为拜唐阿者。其中出身较高者充当拜唐阿而从事侍奉性的仆役，最能体现满族带有人身隶属性的落后等级制，特列举如下：

清初五大臣之一额亦都后人，世袭公爵，其家族在康乾时期就有十几人充当拜唐阿，其中丰盛额、特清额、特成额，皆公爵之子。① 五大臣另一人安费扬古之孙额尔贝，以及都统喀岱之子费扬固、领侍卫内大臣穆福之孙索柱、大学士马齐之子福光与傅敏、大学士伊桑阿之子伊尔金、尚书杭爱之子傅赖、大学士范文程之孙范世同、巡抚萨弼图之子倭和、巡抚李基和之子李林叶及李洪逊兄弟二人、总督长鼐之子成善、总督傅拉塔之子吴什泰、总督石文晟之子席德理、都统王永誉之孙王赤贤、提督左世永之子左弘钧、侍郎庸爱之子阿保柱等，这些一二品大员的子孙，都曾充任拜唐阿。而都统石文彬之子伯爵傅达里、法保之子伯爵法尔萨、提督刘忠之孙男爵刘英、轻车都尉傅尔笏纳等充当拜唐阿，又是有贵族爵位身份的拜唐阿。② 以上这些满族贵族、高官家庭出身者充当的拜唐阿，都直接侍奉皇帝，在养鹰狗处、御犬处等机构，为皇帝养鹰、鹘、鹞、狗。

现任官员及候补、候选官员，也有任拜唐阿者。清制规定："八旗现任及候补候选官员，钦奉特旨挑取拜唐阿后，经该管大臣以该员当差本属勤奋，因身弱、近视，或家道贫寒不能充当紧要差使，奏明拨回本旗者，准其仍以原职录用。"③ 这里所说的八旗现任官员挑为拜唐阿者，多属武官兼任其职差，如散佚大臣、侍卫、参领、佐领、护军校、骁骑校等兼充拜唐阿者。《康熙朝满文朱批奏折全译》便记有散秩大臣傅达里、法尔萨、景伟，参领、二等侍卫李天智，参领、三等侍

---

① 据《镶黄旗满洲钮祜禄氏弘毅公家谱》，不分卷。
② 《康熙朝满文朱批奏折全译》，中国社会科学出版社，1996，第 3911 号折，第 1585—1586 页；第 4210—4218 号折，第 1690—1696 页。第 3911 号奏折应为雍正时的公文，误收入此集。下同，皆此版本，不另注。
③ 锡珍：《吏部铨选则例》卷 2《满洲官员则例》，续修四库全书，750/101。下同，皆此版本，不另注。

卫王元书，佐领、三等侍卫巩爱、骁骑校胡西塔、海达里、金启茂等 20 余人，在养狗处、养鹰鹞处兼任拜唐阿。①《康熙朝满文朱批奏折全译》所记候补、候选官员充任拜唐阿的，有候补知县博莫、候补同知席德里、候补州同李昭、候补千总崔盛、候补州同王兴祖、候补笔帖式佟泰等 10 余人。②候补、候选官员在清中期以后大量存在，且等候时间较长，挑为拜唐阿者当更多。

还有不少拜唐阿，具有举人、贡生、荫生、生员、监生身份。他们或是有这种身份时挑为拜唐阿，③或是挑为拜唐阿后由各种方式、途径取得举、贡、监生等身份，其中以捐纳取得监生者最多。据《康熙朝满文朱批奏折全译》所记，有举人迟卫垒、贡生王元理、荫生劳格、监生永福等 10 余人。④

没有以上各种身份的拜唐阿，在拜唐阿中应占多数，尤其是直省驻防地当差的、披甲兵丁拜唐阿，以及陵寝处的闲散拜唐阿，绝大多数应该都没有前述身份。但只要身为拜唐阿，就不同于一般旗人，而具有参加武科举乡试，乃至选为武官的资格，这其实也是一种有政治权益的身份。

三、拜唐阿的职事及由此体现的等级性

拜唐阿所从事的，大都是普通的杂务、差事，有的在一般人看来甚至带有低贱性。其中又因其所任职差及饷银之不同，而区别为不同等次，实际可视为是一种身份差别。

各机构中的拜唐阿，有的被委任为某种职任头目，或掌管某类、某处事务，

---

① 《康熙朝满文朱批奏折全译》，第 4213 号、4214 号折，第 1691—1692 页。
② 《康熙朝满文朱批奏折全译》，第 4213 号折，第 1691—1692 页。这是康熙时的情况，乾隆以后当更多。
③ 光绪《大清会典事例》卷 1176《内务府·升除》记，武英殿修书处、御书处拜唐阿缺出，"于（上）三旗举、监、生员、马甲、闲散人内拣选"。这些机构的拜唐阿，需有文化。
④ 《康熙朝满文朱批奏折全译》，第 4213 号、4214 号折，第 1691—1692 页。

如领催拜唐阿（或称拜唐阿领催）、催长拜唐阿（或称拜唐阿催长，下同，不另举），以及带有领班长、××长、库掌、司函长、厫长、委署催总、委署库掌等职衔之拜唐阿，又有赐予顶戴及几品虚衔者。这些拜唐阿所担当的职任、所挂的职衔等，已具有职官的某种性质，或者说已接近职官。在选官时，既然有这种职历、衔名，自然比一般拜唐阿有利，是一种重要的优先考虑因素。这种资格，也是一种身份的体现。再有，在古代，士农工商等五花八门的职业，在人们的观念中也是有等级的，进而影响到人们的等级身份、社会地位。拜唐阿这一阶层或称群体，在包括官员在内的所有旗人所从事的职业中，从整体上而言，是属等而下之的。因为拜唐阿不属职官阶层，但由于非职官阶层之人职任繁杂、多样，也会因不同职业、职差而影响到其身份的不同。拜唐阿从事的事务，有的是侍奉性的，其中所侍奉的对象又有皇帝、皇室及王公之家的不同。同是为皇帝、皇室服务，有的为皇宫内近御差使，有的在京郊、京外陵寝、园寝。其中服务于皇帝之近御机构中的拜唐阿，档次就较高。乾隆四十四年（1779），在议定回赎八旗地亩所收租银应赏哪些旗人时，就明确规定："至拜唐阿一项，虽不在兵数之内，但查茶膳房、备箭处、伞上、养鹰狗处、粘竿处，差使紧要，较别项拜唐阿不同，应令该管大臣，照依兵丁应领赏银之例，一体赏给。"[①]尤其是粘竿处即上虞备用处拜唐阿，因随扈皇帝侍从渔猎等事，更受优待，乾隆时特准月食三两钱粮。其实这些近御拜唐阿不仅在经济待遇上优于其他拜唐阿，而且体现在其仕途出路上。不少后来成为一二品大员的拜唐阿，其最初都是在近御拜唐阿差使上效力。

王公府第的拜唐阿及其职事，又不能与宫廷、近御处相比。一本名为《书房首领太监拜唐阿达拜唐阿则例》的档册，记有某王府书房所设拜唐阿等人员的职差及薪饷，非常详细。所设人员为：首领1名、太监1名、拜唐阿达（即拜唐阿头目）1名、拜唐阿4名。这四种人一同服务于书房，记载他们服侍的项目共

---

① 嘉庆《大清会典事例》卷136《户部·田赋》。

70多条。其中记拜唐阿等"专管打扫书房里外地面,清理本库物件,料理各处一应陈设古玩、书籍、账目,冬令薰炕、安熟火,夏令薰蚊蚁,随外匠进内帮助贴落,在清客处、本处匠役处取送物件,或传派外差,皆不可偷安怠惰"。在其下所列70多条中,有其他更细的规定。诸如:年节布置宴席;祭祀时安设供品、祭祀器具,递香、请磬;王爷外出,预备车辆、随用物品;检查各处房屋,夜间坐更、打梆等。首领拜唐阿达是督促、稽察者,每月给银2.5两,一年给米25斛。4名拜唐阿与太监是从事具体杂务者,同等待遇,都是月银2两,年米20斛。①

有的拜唐阿从事苑囿、陵墓的洒扫,草木种植;有的从事器物制造;有的是负责监造或充任××长而领班、监督。②工作性质不同,待遇也有所不同。所得之饷,乃有月银3两、2两、1两不等。如武备院中,备箭处的头目拜唐阿、亲随备箭拜唐阿等,月食3两钱粮;染毡作、杂活作拜唐阿,月食2两钱粮;③从事洒扫、种植等职业的,是待遇最低的,月食1两银。④

还有的在某机构中供差奔走,有的为一般当差者,有的披甲为兵。拜唐阿既有各种待遇上的差别,又有职差性质所体现的体面与否的不同。凡此,在当时人的观念中,尤其是旗人的心目中,是有区别的。有的体面,有的是一般旗人不屑而为的。这种职差上的差别,也可视为是身份上的一种差别体现,呈现出拜唐阿身份的复杂性。

四、拜唐阿的选官

挑取拜唐阿从事某种职差,是身为旗仆——即有仆的身份的旗人,应尽的服务性义务。按一定期限履行了这种义务,又有某种奖酬,这就是赋予其选官资

---

① 《书房首领太监拜唐阿达拜唐阿则例》,抄本,1册,日本东京国会图书馆藏。
② 《清代孤本内阁六部档案》,全国图书馆文献缩微复制中心,2004,第2册721页;第3册871页、875页。
③ 嘉庆《大清会典》卷78《内务府·武备院》。
④ 光绪《大清会典事例》卷252《户部·俸饷》,第3册。

格。《大清会典》规定：

> 各处拜唐阿，行走已过五年者，按品以旗员补用。骑都尉，以四品旗员补用。云骑尉、一二品荫生、蓝翎侍卫、候补五六品人员及有顶戴现食五六品俸者，以五品旗员补用。其由亲军、护军、马甲、养育兵、闲散挑补者，以蓝翎侍卫、整仪尉、骁骑校、蓝翎长等官分别补用。①

这里所说的，是原有世职骑都尉、云骑尉及荫生、有品级者所充任的拜唐阿，以及没有这类身份的甲兵、闲散等所充任的拜唐阿，在行走五年后，便具有选官资格，可按其原有的品级或身份，授予不同等次的职官。而具体的选官则有多种，其方式、途径也是多方面的。大致可归纳为以下几方面：

挑补侍卫。侍卫为武官，分为五等：一等侍卫（或称头等侍卫），正三品；二等侍卫，正四品；三等侍卫，正五品；四等侍卫，从五品；蓝翎侍卫，正六品。侍卫每三五年挑选一次，拜唐阿是其中一项候选人。② 拜唐阿挑补侍卫，主要是任最低等的正六品的蓝翎侍卫。嘉庆十七年（1812）特别规定："嗣后凡届挑选侍卫之期，除本处侍卫仍照例升等外，其余蓝翎侍卫员缺，著于各项拜唐阿、前锋、护军内挑选，带领引见，不准将马甲、闲散入选。其马甲、闲散内如有二品以上大员子弟，仍准入选。"③ 拜唐阿与前锋、护军的资格身份，因高于马甲、闲散，所以赋予挑取蓝翎侍卫的权利。另外，粘竿处设有蓝翎侍卫15名，缺出，均由拜唐阿内拣补。④ 还有直接授予蓝翎侍卫的，如嘉庆十二年（1807）定，此后再将拜唐阿派往新疆看守卡伦，即在拜唐阿内挑取人才出众者，授为蓝翎侍卫，再行派

---

① 嘉庆《大清会典》卷68《八旗都统》，639/3081。
② 奕赓：《佳梦轩丛著·侍卫琐言》，第63—64页。
③ 光绪《大清会典事例》卷558《兵部·挑取侍卫、拜唐阿》，第7册243页。
④ 嘉庆《大清会典》卷71《上虞备用处》。

往。① 也有因本人军功或父祖之功而赏与蓝翎侍卫者。②

补放骁骑校。骁骑校是八旗中数量相当大的武官，每佐领下一名，正六品。乾隆年间曾规定："粘竿处拜唐阿保举优者，遇有满洲、蒙古、汉军骁骑校缺，俱五缺用一。"③ 这是按比例划归粘竿处拜唐阿选补骁骑校的缺额，骁骑校每出五缺，划一缺由粘竿处拜唐阿选补。其他处的拜唐阿，遇有别项人员挑补骁骑校不得其人时，拜唐阿也可补该骁骑校缺。④

出任佐领。《钦定八旗通志·旗分志》中，记有不少身为拜唐阿者充任佐领官的，简列如下：正黄满洲旗第三参领第四佐领，曾以拜唐阿明德管理。正白满洲旗第一参领第十五佐领，曾以拜唐阿息冲格管理。第三参领第一佐领，曾以侍郎明安之子拜唐阿和尔钝管理。此旗包衣第二参领第一满洲佐领，曾以拜唐阿常寿管理，常寿故，以拜唐阿拜色管理。包衣第二参领第二满洲佐领，拜唐阿郑泰、拜唐阿八十，都曾任佐领。汉军八旗中，镶黄汉军旗第一参领第七佐领，曾以拜唐阿福成管理。第五参领第三佐领，曾以拜唐阿王景奭管理。正黄汉军旗第一参领第四佐领，总兵官金世荣之子拜唐阿金永曾任佐领。第二参领第二佐领，曾以拜唐阿王来祜管理。第二参领第三佐领，曾以拜唐阿王来祜管理。第四参领第七佐领，曾以拜唐阿耿衍祚管理。第五参领第三佐领，曾以固原提督李林隆之子拜唐阿李炜管理。正白汉军旗第二参领第八佐领，曾以拜唐阿沈之义管理。正红汉军旗第三参领第五佐领，曾以拜唐阿周兆祥管理。镶蓝汉军旗第三参领第五佐领，曾以拜唐阿尚崇序管理。第三参领第六佐领，曾以拜唐阿七品官杨光祖管理。第四参领第六佐领，曾以拜唐阿尚之缙管理。

挑补整仪尉。整仪尉为銮仪卫职官，属武官系列，正六品。乾隆二十一年

---

① 《清仁宗实录》卷174，嘉庆十二年二月戊寅。
② 李桓：《国朝耆献类征初编》卷296《岱森保传》，广陵书社，2007。《清史列传》卷20《阿里衮传》之"子丰升额事"，第5册1516页。
③ 光绪《大清会典事例》卷1131《八旗都统·授官·补授骁骑校》，第12册284页。
④ 《清高宗实录》卷1001，乾隆四十一年正月己亥。

（1756）定："满洲整仪尉缺出，由世职官并各项拜唐阿补放。"①乾隆二十三年（1758）还调整满洲、蒙古、汉军拜唐阿选补整仪尉的额缺比例，将整仪尉之29缺，划给满洲、蒙古旗人16缺，划给汉军旗人13缺，皆为鹰狗处拜唐阿补整仪尉之缺。②

挑补绿营官。乾隆十年（1745）定，养鹰、狗、鸦虎（鹘）三处满洲拜唐阿，行走五年后，其现有职衔食俸者，以都司、守备补用，现食饷者，以千总补用。③

挑补赞礼郎、读祝官、鸣赞。这些官设于太常寺、鸿胪寺及各陵寝，为文官。满洲缺均为七品官，职司礼仪，声音洪亮是入选重要条件，拜唐阿是入选人之一。乾隆二十一年议准："各陵及太常寺赞礼郎、读祝官、鸿胪寺鸣赞各缺，应选声音明亮者，原定章程未备，嗣后不拘文武官兵、拜唐阿、生员、官学生，均准拣选。"④

选取笔帖式、内阁中书、库使等官。这类文官，需要一定的文化水平。笔帖式，是旗人中任官数量最大的职官，有七、八、九品及无品级几等。拜唐阿之充任，有挑补本机构笔帖式者，有由考试统一选拔者。粘竿处、御书处、御鸟枪处，以及养鹰鹘处、养狗处、善扑营等机构所设笔帖式，由本处拜唐阿内挑。⑤其中御鸟枪处是先作为候缺笔帖式，仍食拜唐阿钱粮，五年职满无过失，以内务府七司九品笔帖式补。⑥而粘竿处拜唐阿挑选笔帖式，四年后还可补用为各部院笔

---

① 光绪《大清会典事例》卷1108《銮仪卫·官制·升除》，第12册30页。
② 《清高宗实录》卷576，乾隆二十三年十二月甲子。
③ 《乾隆朝旗抄各部通行则例》，乾隆十年三月二十六日。
④ 《清高宗实录》卷506，乾隆二十一年二月壬寅。并见《吏部铨选则例》卷3《满洲官员则例》，750/133。
⑤ 嘉庆《大清会典》卷71《养鹰狗处、善扑营》。并见光绪《大清会典事例》卷1176《内务府·升除》，第12册。
⑥ 《清宣宗实录》卷41，道光二年九月壬午。并见光绪《大清会典事例》卷1172《内务府·官制·御枪处》，第12册。

帖式。① 以考试方式录取者，除了选用为笔帖式，还有中书、库使等。嘉庆十九年（1814）规定："考试中书、笔帖式、库使、翻译、誊录等官，凡大员子弟奉旨挑取拜唐阿，内有举、贡、生、监出身者，一体咨送考试。其缘事罚充拜唐阿者，不准考试。"②

科举入仕。嘉庆十二年（1807）上谕："嗣后，各项拜唐阿内，有系贡、监、生员者，均著准其应试。其缘事罚充拜唐阿者，仍不准其应试，著为令。"③ 这是文科举。武科举，拜唐阿可直接参加乡试，即考取武举人。拜唐阿及马甲、前锋、护军、骁骑校、笔帖式等，均可与武生一体应武乡试。④ 经文、武科举取中举人、进士者，则归吏部或兵部铨选授官。

补放内务府官。由内务府包衣拜唐阿选补，有以下多处：

内管领。内管领是内务府包衣组织管领所设管理官员，五品，属文官系统，每管领下设一名。康熙四十四年（1705）定："内管领缺出，著将旧内管领子孙内，有当拜唐阿等差者，带领引见。"⑤ 拜唐阿是内管领的人选之一。

武英殿修书处、御书处等机构库掌，六、七品不等，为内务府文官系统。缺出，由拜唐阿、笔帖式内拣选。⑥

上驷院司鞍长，八品顶戴，由拜唐阿补放者，予六品虚衔。⑦

陵寝膳茶官。陵寝膳房、茶房设有尚膳正、尚茶正、尚膳副、尚茶副，均为内务府官，由内务府包衣拜唐阿补缺，属武官系列。缺出，即于茶、膳房拜唐阿

---

① 光绪《大清会典事例》卷41《吏部·满洲铨选·粘竿处笔帖式》，第1册516页。
② 光绪《大清会典事例》卷39《吏部·满洲铨选》，第1册488页。并见《吏部铨选则例》卷5《满洲官员则例·拜唐阿考试中书、笔帖式等项》，750/192。
③ 《清朝续文献通考》卷85《选举考二·举士》，第8438页。
④ 《清圣祖实录》卷240，康熙四十八年十一月壬申。光绪《大清会典事例》卷718《兵部·武科·武乡会试兼行事宜》，第8册917页。
⑤ 光绪《大清会典事例》卷1172《内务府·官制·内管领处》，第12册670页。
⑥ 光绪《大清会典事例》卷1176《内务府·升除》，第12册706—707页。
⑦ 光绪《大清会典事例》卷1171《内务府·官制·上驷院》，第12册654页。

内拣选引见补放,①或于香灯拜唐阿内挑选。②初补,一般为尚茶副或尚膳副。其品级,各处陵寝不同,为七品至九品不等,或只带品级虚衔。还有简选为七品虚衔委署尚膳正、委署尚茶正者。③

陵寝内务府主事、笔帖式。东西陵各陵,每陵设有主事二员、笔帖式二员,主事为内务府官,缺出,由该陵寝处将茶膳拜唐阿拣选翻译清通、文理明顺者补用。笔帖式,初由在京八旗人员选补,乾隆三十四年(1769)改由陵寝处拜唐阿、闲散人等考试,选取通晓满汉文义者备用,缺出,从中掣补。④

捐纳。拜唐阿捐纳为官,与其他人同,不赘。

拜唐阿选官,授武职者品级较高。若再遇出兵机会而立功,则升迁异常迅速,官至总兵、副都统、统领、提督、都统、将军、领侍卫内大臣等一二品大员者,并不鲜见。又因满人任官可文武互用,还有官至督抚、尚书、大学士等文官大员者。略举数例,⑤以见一斑。丰升额,因父阿里衮军功,由拜唐阿赏蓝翎侍卫,乾隆朝累迁至兵部尚书。特清额,自粘竿处拜唐阿,屡迁总兵、提督,官至成都将军。特成额,自粘竿处拜唐阿授侍卫,因军功授总兵,迭迁至礼部尚书、湖广总督。缊布,由拜唐阿擢蓝翎侍卫,乾嘉间累迁总兵、内务府大臣、侍郎、都统、尚书。保泰,自拜唐阿累迁至察哈尔都统。富僧阿,由拜唐阿授侍卫,官至荆州、黑龙江将军。官文,内务府正白旗包衣汉人,由拜唐阿补蓝翎侍卫,咸丰年间率兵镇压太平军,由副都统升至将军、总督,官至大学士。⑥乐善,由拜唐阿升銮仪卫官,咸丰年间任总兵,军功授奖,擢直隶提督。西凌阿,由拜唐阿授

---

① 《清仁宗实录》卷242,嘉庆十六年四月庚戌。
② 光绪《大清会典事例》1176《内务府·升除·陵寝官属》,第12册708—709页。
③ 《清高宗实录》卷213,乾隆九年三月甲午。
④ 档案:内务府档,乾隆三十六年七至十二月《掌仪司行文》,日本东京东洋文库藏,档号:Ma2-7-6。
⑤ 以下所举,除特别注明者外,均据《清史稿·列传》本传,为简洁,不备注。
⑥ 《清史列传》卷45《官文传》,第12册3579—3587页。

侍卫，道光中，于军中累迁，至察哈尔都统。崇礼，蒋氏，内务府正白旗包衣汉人，咸丰年间由拜唐阿捐纳为六品苑丞，累迁员外郎、副都统、都统、尚书，光绪二十九年（1903）授大学士。[1]

五、余论

清代皇帝在发布挑选八旗拜唐阿的谕旨时，常常称被挑选者是因为具有仆、世仆——也即奴仆的身份，所以被挑取者当差行走、侍从皇帝，是报效主上，世代子孙皆应如此，这是尽仆的义务。身为仆的旗人如果违背这种为仆之道，皇帝就可以强制实行。乾隆十七年（1752）九月上谕：

> 外任八旗官员均为满洲世仆，伊等身居外任，既不能在内当差，自应将伊子遣赴京城，挑补拜唐阿行走，代伊报效，于理方协……嗣后外任官员之子，除准留一人随任外，余俟年已及岁，即赴京挑补拜唐阿。但当差之人太多，亦不无繁费，如有四五子者，可酌留二三人，余令赴京挑差。[2]

乾隆五十年（1785），针对旗人官员子弟贪图安逸，躲避这种挑差的行为，更制定五年一次的强制性制度，违者治罪。

> 嗣后外任旗员子弟，无论王公属下，俱一例挑取拜唐阿、侍卫。若有隐匿，经该旗查出参奏，从重治罪。著为例。[3]
> 在京文武大臣、外任文武大臣官员等，皆受恩深重，得项较多，伊等子弟长成，更当挑取侍卫、拜唐阿，效力行走，方合满洲世仆之道……嗣后著

---

[1] 《清史列传》卷61《崇礼传》，第16册4796—4799页。
[2] 《清高宗实录》卷422，乾隆十七年九月己未。
[3] 《清高宗实录》卷1224，乾隆五十年二月辛卯。

由该旗五年一次……严查伊等子嗣内，年已及岁者，只准奏请一人随任，司办家务。其余年已及岁之子弟及孙，俱著催令回旗，以备挑取差使。倘瞻徇情面，不行咨催者，将该都统一并治罪。将此通谕八旗、各省，永远遵行。①

可见，这挑取拜唐阿及侍卫，都源于满族奴隶制的某种残留。无论包衣，还是旗分佐领下人，都有仆的身份，只不过在人身隶属上有强弱之分而已。也正因为旗人对皇帝、皇家具有人身上的隶属性，所以不论是一般无身份的旗人，还是贵族、官员子弟乃至有爵者、官员，都有挑为拜唐阿之义务。少数民族贵族等被满族皇帝称为世仆，所以也不排除充任拜唐阿之事。而汉族官员之子弟，则没有挑为拜唐阿之制。可见，这与满族等少数民族社会形态较落后之旧俗有关。拜唐阿所从事的职差，又有不少是伺候、侍奉、扈从之事，宫中膳茶房，侍奉皇帝、皇室成员饮食，大宴则"预备茶酒"，② 摆设食品，然后"阶下伺候"。③ 陵上拜唐阿，从事祭祀，安排摆设祭品，燃点香、灯。鹰狗处拜唐阿，是为皇帝饲养鹰狗。即使被视为"天子亲军"的粘竿处拜唐阿，④ 以及武备院、虎枪营拜唐阿，也不过是为皇帝出行、渔猎时执灯前导，扈从守护，备箭持弓，提笼备网而已。有时还被临时派遣，从事看守、打扫房间之类的下等杂务。⑤ 清帝役使侍卫、拜唐阿，与元代的"集赛"制有类似之处："集赛者，国制，分宿卫供奉之士为四番……凡上之起居饮食、诸服御之政令，集赛之长皆总焉。"⑥"其他预集赛之职，而居禁近者，分冠服、弓矢、食饮、文史、车马、庐帐、府库、医药、卜祝之事，悉世守之，

---

① 《清高宗实录》卷 1227，乾隆五十年三月乙亥。
② 奕赓：《佳梦轩丛著·寄楮备谈》，第 134 页。
③ 光绪《大清会典事例》卷 1188《内务府·典礼》，第 12 册 832 页。
④ 郭沛霖：《日知堂笔记》，中华书局，2007，第 137 页。
⑤ 鄂尔泰等编纂《国朝宫史》卷 3，雍正五年十月初三日上谕。
⑥ 苏天爵：《元名臣事略》卷 3《太师洪阳忠武王》，中国台湾，文渊阁四库全书影印本，451/525。

虽以才能受任使、服官政，贵盛之极，然一日归至内庭，则执其事如故，至于子孙无改。"①

在满族皇帝的观念中，挑取侍卫、拜唐阿，是主子对仆的一种眷顾，因此又常有赏给拜唐阿、赏在拜唐阿上行走之说。官员在其子弟挑取拜唐阿后，也常有谢恩的，朱批奏折中有不少这种内容。②挑为拜唐阿，不仅可得一份钱粮，而且也取得进入仕途的某种资格条件，这是汉人无法比拟的。尤其是上三旗、勋旧世家子弟充任皇帝近御差使的拜唐阿，再挑为侍卫后，往往由此而洊擢为大员。这也是满族皇帝激励旗人官员子弟勤于骑射的一种手段。清帝在挑取拜唐阿上谕中说，五年一次挑取之制，"原因侍卫、拜唐阿系体面差使，大员子弟挑取侍卫、拜唐阿后，益得演习清语、技艺骑射，差委得人"③。但从实际情况，以及清帝一再放宽挑取之制，并由强制变为自愿的状况来看，效果并不理想。满人由于入仕途径远比汉人宽阔，满族旧的主仆观念也有所变化。所以在乾隆以后，不少满人并不愿以拜唐阿这种仆役性的职差为进身之阶，尤其是贵族、高官之家的子弟，甚至已视从事这种侍奉人、养鹰狗等的差事，为低贱而失颜面之事。虽然迭晋为大员的拜唐阿并不鲜见，但在庞大的拜唐阿群体阶层中，终究还是少数。更兼满人汉化，受汉人重文轻武观念的影响，贪图安逸、"冀图文职"，以捐纳买取文职，而"不愿挑取侍卫、拜唐阿者甚多"④。清帝为此而制定强制性的挑取措施，但并不能从根本上改变这种变化状况。以致道光继位后，又不得不放松政策，将挑取拜

---

① 《续文献通考》卷125《兵考》，浙江古籍出版社，1988，第3911页。
② 见《宫中档·朱批奏折·内政类·职官》，如：乾隆二十三年二月，江苏巡抚讬恩多，奏为恩准胞弟及子进京挑取拜唐阿等事谢恩事；乾隆五十五年十一月，额尔登布奏为次子福兴赏给拜唐阿差使谢恩事；嘉庆十一年五月，粤海关监督阿克当阿，奏为得知子官明蒙恩赏挑蓝翎侍卫、次子松宁赏挑拜唐阿谢恩事；嘉庆十一年五月，陕甘总督倭什布，奏为得知臣孙常琳蒙恩赏给拜唐阿谢恩事；道光六年六月，江西南赣镇总兵杨超镛，奏为子保瑞挑补拜唐阿谢恩事。
③ 《清宣宗实录》卷182，道光十年十二月辛丑。
④ 《清高宗实录》卷1227，乾隆五十年三月乙亥。

唐阿的范围缩小，由乾隆以后所划定的在京文职三品以上、武职二品以上、世职公侯伯以上，外省文职知府以上、武职总兵以上官员之兄弟子孙，再次缩小到三品官员以上，四品之道员，将知府这一人数较多的阶层排除在外。而且规定，在划定范围内的官员兄弟子孙，也是"听其自便"，"情愿"挑取者上报，不再强制，[①]以此来维持五年一次在旗人中挑取侍卫、拜唐阿的旧制，一直坚持到清末。[②] 但不过只是形式上的维持祖制而已。

（原载《西域历史语言研究季刊》第 4 辑，科学出版社 2010 年）

[①] 《清宣宗实录》卷 10，嘉庆二十五年十二月乙酉。
[②] 《清德宗实录》卷 498 记载，光绪二十八年四月，仍以五年已届期，发布挑取侍卫拜唐阿的上谕。

满族抱见礼

满族旧有的礼俗，有所谓请安礼、抱见礼。请安礼在入关后一直实行，且广泛施用于官场之中及一般旗人之间。而抱见礼，则"以抱不雅驯"[1]而遗弃，只在官方某些典礼中保留一些形式，在特定场合中作为满族君臣的一种礼仪。另外，入关前的满族，在礼节上也没有汉族那种严格的男女之别，入关后也逐渐循从汉俗。正是这些已被遗弃的满族礼俗，体现着满族不同于汉族的习俗观念、表达情感的方式及男女之间原始自然的关系。这些礼俗，尤其是所谓不雅的抱见礼，究竟是怎样的行礼动作，在什么场合中施行，具有怎样的礼意？作为礼仪，它又是怎样施用于政治生活中，体现了怎样的政治意义？由于它早已成为满族早期的历史，入关后的文献也少有记录，人们已不明其详情。然而在档案、实录中却有不少记录，尤其是档案对抱见礼种类、不同抱见礼细节动作区别的记载，非常详细，从中可见抱见礼的多样性、等级性、复杂性。由此也获知，抱见礼是满族入关前一种在礼敬程度及规格上都比较高的见面、迎接礼节，亲人久别相见，或迎接尊贵的客人，以及交往中，多行此礼。其中的抱腰接面式的抱见礼，更表达了深沉的礼敬及亲近之意。从档案所反映的情况看，它多施用于较隆重的礼仪场合，行礼的方式，也因双方的等级及应表达的亲近程度而有多种。以下根据有关资料，略述其大概情况。

一、满族内部的抱见礼

入关前，后金（清）内部君臣之间，常行抱见礼，较多的场合，又是汗等迎接别离一段时间出征、凯旋将领们的郊迎礼，这种场合，又与跪拜礼结合进行。

---

[1] 杨宾：《柳边纪略》卷4。

天命十年（1625）四月，清太祖努尔哈赤率众迎接远征瓦尔喀部的领兵将领宗弟旺善及副将达珠瑚、彻尔格，这三人向努尔哈赤"叩首"后，努尔哈赤"与三臣抱见"。① 天命十一年（1626）十月，后金将领楞额礼、阿山出征凯旋，俘获甚多。汗皇太极率诸贝勒大臣等"出迎十五里，遍阅人口、牲畜毕，楞额礼等叩见，上亲加慰劳，特许行抱见礼"。②

由于当时的战事频繁，这种郊迎时的抱见礼，还按照汗、大贝勒、一般贝勒、大臣等不同身份地位的等级差别，而分出不同的抱见方式，体现了抱见礼中的等级性。

《满文老档》载，天聪元年（1627）四月十八日，汗皇太极率诸贝勒远迎出征朝鲜归来的大贝勒阿敏及贝勒济尔哈朗等一行，（贝勒有时又以"台吉"称之，下同）阿敏进见时，汗与大贝勒代善、莽古尔泰是"离位迎之"，以下，是阿敏"跪拜，汗答礼抱见"。以上礼节中，汗皇太极对大贝勒阿敏不仅离位起立相迎，而且以站立抱见阿敏，作为对阿敏叩见的迎礼，因天聪朝尤其是天聪六年（1632）正月以前，三大贝勒代善、阿敏、莽古尔泰的地位较高。而被迎接的济尔哈朗等一般贝勒，则是向汗及两大贝勒"遥拜一次，又进前跪拜之，行抱见礼"，汗、两大贝勒代善、莽古尔泰也不答礼。汗、两大贝勒之下出迎的贝勒德格类等人，对阿敏是"叩首抱见"，对凯旋诸贝勒也只是"抱见"，当是站立而互相抱见。而领兵的大臣扬古利等人，则是向汗及两大贝勒跪拜后"与汗及两（大）贝勒抱膝见"。③ 以上"抱膝"，当是臣见君的抱见礼，带有身份尊卑的等级性。如天聪五年"征瓦尔喀诸将士还，上迎至十里外，拜天毕，御座。主帅孟阿图遥拜一次，近前复拜，抱膝相见"。④ 天聪七年（1633），皇太极迎接出征将帅，出征将领楞额礼、石

---

① 《满洲实录》卷8，天命十年四月四日。
② 《清太宗实录》卷1，天命十一年十月丙寅。
③ 《满文老档》，中华书局，1990，下册第841—842页。下同，皆此版本，不另注。
④ 《清太宗实录》卷8，天聪五年三月甲午。

廷柱也是"抱汗膝见"。① 虽是抱膝，因为是允予对方以抱的方式行礼，当也是对对方的高规格礼遇。

大贝勒、贝勒们迎接凯旋的汗皇太极，也行抱见礼。《满文老档》载，天聪二年（1628）三月，皇太极率贝勒们出征蒙古凯旋，留守的大贝勒阿敏、贝勒杜度等出迎，其礼仪是，阿敏等"依次跪拜抱见汗。次，出征诸贝勒大臣及来迎诸贝勒大臣，按次相互跪拜抱见"。②

从以上所述还可看出，抱见礼的行礼动作方式、所表达的礼意，可算是多种多样，既可先抱以表示对对方的礼敬，也可用抱见作为对对方的还礼即答礼，诸多情况下，又是身份地位相当之人，同时互相抱见，相互表达亲近与敬意。身份地位高的汗或大贝勒等允准对方相抱，是表示对被允准者的礼遇。其中又按被允准者的身份等级，或允准者对对方的礼遇程度，而分为允予抱大腿、抱小腿或抱膝等方式。抱见礼还既有站立抱见，又有跪着抱见，这两种抱见又都有单向抱与互相抱的不同。此外，还有在马上行抱见礼者，如天命二年（1617）正月初十日，努尔哈赤远迎前来朝见的科尔沁部蒙古的明安贝勒，就是"与明安马上抱见"。③

满族的抱见礼还实行于男女之间。如崇德二年（1637）二月皇太极亲征朝鲜班师回朝，他的同父异母姐妹们如董鄂公主（嫁何和理）、占河公主（嫁达尔汉）等向他庆贺时，也是与他行抱见礼。据《内国史院档》记载："董鄂公主抱见圣汗，次占河和硕公主、章嘉和硕公主、喀尔喀和硕公主、国舅阿布泰妻和硕格格行礼万福，再行三叩头礼，礼毕，圣汗皆抱见。"④ 崇德三年（1638）八月，皇太极的女儿归宁，进宫时，与其父"行交抱礼"，随后这位公主又"与诸王迭相交抱"。⑤ 满族男女之间的抱见礼还施行于蒙古。天聪九年（1635）九月，察哈尔蒙古林丹

---

① 中国第一历史档案馆译《清初内国史院满文档案译编》（上），第32页。
② 《满文老档》，中华书局，1990，下册第881页。
③ 《满文老档》，中华书局，1990，上册第49页。
④ 中国第一历史档案馆编《清初内国史院满文档案译编》（上），第253页。
⑤ 《沈馆录》卷1。

汗之妻苏泰太后归附后金时，以及同年十二月、崇德三年十二月，皇太极的蒙古岳母来朝，皇太极都是与她们"行抱见礼"[①]"互相抱见"[②]。

　　抱见礼所以能实行于满族男女之间，与满族没有汉族那样严厉的男女之防、男女授受不亲的伦理道德观念也有关。努尔哈赤起兵时，他的护卫就睡在他的房中。[③]满族妇女也参加社交礼仪活动，不回避男子。如《内国史院档》载，崇德三年七月二十日，多罗郡王阿达礼的岳父乌珠穆沁部蒙古的多尔济来，至演武场迎接的，便是诸王、贝勒、贝子及他们的福晋，其中有：礼亲王代善及其福晋、豫亲王多铎及其福晋、郑亲王济尔哈朗及其福晋、睿亲王多尔衮及其福晋等，共七个福晋出迎。[④]崇德四年（1639）正月，宴请来朝的蒙古贵族科尔沁部的福妃、次妃，以及男性的卓里克图亲王、巴图鲁郡王，皇太极是与他的后妃一起，在崇政殿设大宴款待。[⑤]同月二十一日，福妃等以立碑谢恩，在崇政殿摆宴，仍是皇太极后妃相陪。皇太极的后妃们还参加谒寺庙的活动。崇德四年正月初三日，皇太极以新年礼，率王公入实胜寺行拜佛礼，回宫后，又由其皇后与东西宫福晋"入拜实胜寺佛，免冠行九跪九叩头礼"。[⑥]皇太极还经常在他与皇后的寝宫清宁宫设

[①] 关嘉禄、佟永功、关照宏译《天聪九年档》，天津古籍出版社，1987，第112页。《清初内国史院满文档案译编》（上），第192页、216页。
[②] 中国第一历史档案馆编《清代档案史料丛编》，中华书局，1990，第14辑，第119页。下同，皆此版本，不另注。
[③] 昭梿：《啸亭杂录·续录》卷3《洛翰》，第465页。"高皇帝创业之初，有洛翰者，本刘姓，中原人……高皇帝赏识，拔为侍卫。觉罗龙某叛时，阴夜怀刃入高皇帐，公觉，以手格之，四指皆落，卒卫上以出。"努尔哈赤的这位贴身护卫洛翰，当与主人睡得很近，日夜守卫，因而首先发现刺客。
[④] 中国第一历史档案馆译《清初内国史院满文档案译编》（上），第337页。
[⑤] 中国第一历史档案馆编《清代档案史料丛编》，第14辑124页。
[⑥] 中国第一历史档案馆编《清代档案史料丛编》，第14辑119页。

宴宴请蒙古贵族男女，[①] 有时一个月有几次，[②] 汉人尚可喜也曾被召入宫中赐宴。[③]

二、满族与蒙古贵族之施行抱见礼

满族汗、贝勒等在迎接蒙古贵族时，也行抱见礼，而且视对方身份地位而有不同规格等次的抱见礼，也体现了抱见礼的等级性。

《盛京满文逃人档·两蓝旗值月》记载，天聪元年七月初五日，后金汗皇太极与诸宗室贝勒迎接举部投附后金的敖汉、奈曼两部的蒙古贝勒，皇太极以他们"远来归附，跋涉劳苦"，而不让他们叩拜，想与他们"互相抱见可也"。蒙古诸贝勒坚持先叩拜，于是"趋前拜汗，时，汗及诸贝勒大臣为之起，蒙古诸贝勒叩拜。汗及诸贝勒迎面抱见，毕，汗复答拜，与来归蒙古为首三贝勒抱见"。以下，"汗复位，蒙古众小贝勒依次叩拜汗，行抱见礼"。接着，"大贝勒（代善）、贝勒阿敏，以兄礼至洪巴图鲁（笔者按：此人即奈曼部蒙古的衮出斯贝勒）座，叩首抱见，洪巴图鲁亦迎面跪叩抱见"。随后"大贝勒、贝勒阿敏复位，杜棱、塞臣卓礼克图二贝勒来叩首抱见"。[④] 这段史料所记述的，可以说是抱见礼中的最高规格礼仪，主要表现在，身为后金汗的皇太极，与对方互行抱见礼，即"互相抱见"，如文中所述的，汗先对向他叩拜的蒙古贝勒"迎面抱见"，然后再"答拜"而与他们"抱见"。后金当时的大贝勒代善、阿敏等人，甚至先向奈曼部蒙古贝勒洪巴图鲁"叩首抱见"，然后洪巴图鲁"迎面跪叩抱见"。汗皇太极及代善等大贝勒们所以要以抱见礼相迎，而且给以如此高的礼遇，是因为来附的蒙古贝勒原来地位就高，是某部落的首领，而且他们是前来投附后金，这对于壮大后金势力及对付察哈尔蒙古与明朝，都有重要意义。类似的情况及迎接礼仪，在《盛京满文逃人档》中还有

[①] 中国第一历史档案馆译《清初内国史院满文档案译编》（上），第448页。
[②] 《清太宗实录》卷30，崇德元年七月甲辰、己酉、辛酉、庚午，共四天。《清太宗实录》卷38，崇德二年八月庚子、辛酉，两天三次。
[③] 中国第一历史档案馆译《清初内国史院满文档案译编》（上），第78页。
[④] 中国第一历史档案馆编《清代档案史料丛编》，第14辑6页。

两处记录，天聪元年八月十八日，察哈尔蒙古阿喇克绰特部的麻哈萨图等三个台吉率家口逃归后金，麻哈萨图朝见汗时，皇太极及诸贝勒"离座受礼。跪见汗时，汗亦迎面跪拜抱见。次见三大贝勒，其礼如上"。以下，麻哈萨图三人与诸小贝勒台吉如济尔哈朗等相见时，也是"互相跪叩抱见"。[1] 十月初七日，察哈尔蒙古的贝勒昂坤杜棱携三子同来投归，皇太极与诸贝勒、台吉们出城相迎，近前时，也是"互相叩首抱见。次，诸台吉依次抱见"。[2] 下面叙述的几种抱见形式，在礼仪规格上似体现出身份差别、不平等。仍是《盛京满文逃人档》，其《两白旗值月（档）》记，天聪元年十二月初一日，察哈尔蒙古的阿喇克绰特部台吉多尔济伊尔登来朝，皇太极及诸贝勒升殿后，来朝的蒙古台吉"率众遥拜，复近前叩拜一次，抱汗时，汗起立迎之，复屈膝坐，来朝台吉抱汗大腿相见，次抱三大贝勒小腿相见，其礼如汗。次与贝勒费扬古互行叩拜，抱腋相见"，[3] 从行礼动作看，来朝的蒙古台吉是跪着抱见，且有区别，汗与三大贝勒皆屈膝坐，蒙古台吉对最高的汗是抱其大腿，对三大贝勒是抱其小腿。汗与三大贝勒既不还礼，也不与其互相抱见。蒙古台吉与一般贝勒的费扬古，则是先互相叩拜，然后互相抱见。与汗皇太极所行的抱见礼，相当多的情况又是抱汗之膝。如《内国史院档》记，天聪七年（1633）二月初一日，阿禄科尔沁部的头领率众来归，便是先向汗皇太极跪拜一次，接着"抱汗膝面见"。[4] 同月十六日，阿禄部的达喇海台吉等来朝，这些人也是先向皇太极"遥拜一次，复近前跪拜一次，抱膝而见"。[5] 这些只有台吉身份的蒙古贵族，因身份低于前述各部的蒙古首领贝勒，因而其来朝是先率众遥拜，又近前叩拜一次，所行抱见礼，则是跪着抱见屈膝而坐的汗与三大贝勒的腿，后者也不还礼。

---

[1] 中国第一历史档案馆编《清代档案史料丛编》，第14辑7页。
[2] 中国第一历史档案馆编《清代档案史料丛编》，第14辑8页。
[3] 中国第一历史档案馆编《清代档案史料丛编》，第14辑8页。
[4] 中国第一历史档案馆译《清初内国史院满文档案译编》（上），第5页。
[5] 中国第一历史档案馆译《清初内国史院满文档案译编》（上），第5—6页。

三、满族实行于汉人的抱见礼

满族迎接外部首领的抱见礼，除施用于蒙古外，亦施之于汉人。《内国史院档》载，天聪七年六月初三日，皇太极与诸贝勒出迎来降之明将孔有德、耿仲明。其时，"汗率诸贝勒出德胜门十里外，迎于浑河岸，中设大黄幄，两侧各设五青幄"，然后与孔、耿二将及众降官等"谢天，行三跪九叩头礼"。接着，皇太极与诸贝勒商议与孔有德相见的礼仪。皇太极"欲令行抱见礼"。诸贝勒曰："为汗者恐不宜抱见，以礼相待即可耳。"皇太极对他们讲了一番二将来归的重要意义，以及应该予以高规格礼遇的道理，最后说，二人"来归于我，功有此大者乎！因此朕意当行抱见礼"。仪注确定后，孔、耿二人先以汉族臣见君之礼跪拜，然后又走近皇太极御座前"叩头，抱膝见"。以下，再"与大贝勒行三跪拜抱见礼，次与诸贝勒以次抱见"。①从以上记载可以看出，这种抱见礼，虽然孔、耿二人是叩头后抱汗皇太极的膝而见，但在后金的礼制中，应属于抱见礼，所以，这种可以抱汗之膝的行礼方式，是对行礼者的较高的礼遇。这种礼遇，在以后仍可看到。如《内国史院档》记，同年九月十二日，孔有德于东京养伤痊愈后来朝，也是孔、耿二人对皇太极先"遥拜一次，复近拜一次，抱膝相见"。②次年四月初十日，皇太极与诸贝勒出迎来归之明朝副将尚可喜，同样是共同拜天后，汗皇太极"坐毕，尚副将遥拜五次，近前复拜二次。抱见时，汗起还礼，尚副将抱汗膝见，毕，退行一拜礼"。以下，又"与大贝勒行一拜礼抱见，其余诸贝勒以齿序抱见"。③皇太极及众贝勒与祖大寿、祖可法父子相见，也曾行抱见礼。投降的祖可法来到后金军营，领兵者"贝勒济尔哈朗、岳托见之，俱起立。可法欲拜。岳托曰：'前此对垒，则为我仇敌。今已讲和，犹兄弟也，何以拜为。'遂行抱见礼。诸贝勒至，俱以次抱见"。不

---

① 中国第一历史档案馆译《清初内国史院满文档案译编》（上），第19页。并见《清太宗实录》卷14，天聪七年六月癸亥。
② 中国第一历史档案馆译《清初内国史院满文档案译编》（上），第35页。
③ 中国第一历史档案馆译《清初内国史院满文档案译编》（上），第75页。

久,祖大寿来至后金,皇太极"命诸贝勒出迎于一里外,诸贝勒行抱见礼",皇太极也出迎而"至御营。上出幄,列炬以俟。大寿欲跪见,上止之,行抱见礼"。①

四、满族入关后的抱见礼

清入关后,满族抱见礼在旗人的社会生活礼俗中消失。抱见礼作为旗人社会生活之习俗,其消失应是渐进的过程。杨宾《柳边纪略》说满人"别久相见则相抱,近以抱不雅驯,相见与别但执手……相抱者少见"。此书成于康熙后期,据此,在康熙后期,关外的满人社会中已很少实行抱见礼了。②这种变化,殆因汉化缘故。因而汉化较快的关内一般满人,其生活习俗中的抱见礼俗似乎消失得更早些。具体说,是受汉族礼俗及伦理观念影响所致。汉族人际交往礼俗,讲究含蓄而不外露,温文而不狂热。所以双方行礼,也从来不用身体的某些部位互相接触的方式,如拥抱、接吻等,且视这些举止为不雅。清入关后,关内满人生活于广大的汉族社会中,受这种观念的影响,因而遗弃了以前礼节中的互抱、搂腰、接面等举止习俗。至于男女之间的互抱,在具有男女授受不亲的伦理观念的汉族人看来,更属行为之大忌,简直是伤风败俗。妇女参加男女混杂的社交礼仪活动,同样是汉族人之所不耻。因而满人接受这种观念,将以前相抱的礼俗也视为不雅,也即前述满人"以抱不雅驯"而"相抱者少也",以致抱见礼在社会生活中也逐渐消失。而满族之"打千"请安礼,因没有上述问题而被汉官接受而实行。其实,满族的抱见礼俗,就现在看来无可厚非,其无论男子与男子还是男女之间,用互抱来表达强烈的亲近之情及礼意,以及妇女参加社交礼仪活动等,现在看来都颇有些不古的现代意味。但无论如何,这些正常的礼俗行为,却被汉化而化掉了。这种被汉族文化反征服而化掉的东西,以及这种现象,究竟应该怎样看待它?看来是值得今天的史学工作者进一步研究的课题。

---

① 《清太宗实录》卷10,天聪五年十月丙寅。
② 韦泽:《满族的抱见礼》,《满语研究》2007年第1期。

满族官方礼仪中的抱见礼节，在清入关后仍延续实行，主要用于迎接出征凯旋的满族将帅。乾隆以前，皇帝出京远迎郊劳，先举行拜天礼，然后君（包括代行君权的摄政王）臣间行抱见礼。嘉庆以后，皇帝不再郊迎，行抱见礼主要是在皇宫中举行。现主要根据《清实录》所载，按时间顺序列举如下（礼仪中的拜天内容略去）：

顺治二年（1645），"定国大将军和硕豫亲王多铎班师还京……（于南苑）上御幄，诸王列侍左右，大将军和硕豫亲王及出师王、贝勒、各官朝见，行三跪九叩头礼。和硕豫亲王起，近上前跪，行抱见礼。嗣，承泽郡王硕塞亦近前跪，行抱见礼"。①

顺治三年（1646），摄政王多尔衮驻跸乌兰诺尔，正值出征蒙古苏尼特腾机思之豫亲王多铎回师，摄政王出营五里外迎之，率出征内外王公大臣等拜天毕，"坐于金黄凉帐内，出征王、贝勒、贝子、公等暨诸大臣两翼序立，听鸣赞官赞行三跪九叩头礼，众仍跪。和硕德豫亲王、土谢图亲王、卓礼克图亲王、承泽郡王、英郡王、札萨克图郡王等进前跪，行抱见礼"。②

康熙朝，康熙帝郊迎平定三藩之乱的领兵大将军等凯旋，都是"自驻跸所率诸王大臣等迎凯旋大军于二十里外"，行拜天礼后，在黄幄中行抱见礼。康熙十九年（1680）三月出迎，康熙帝"御黄幄，和硕安亲王岳乐率凯旋将帅行礼……上召安亲王岳乐近前，上亲起抱见，命近御座左侧坐"。③同年九月，康熙帝出迎另一位平三藩迎凯旋的领兵大将军康亲王杰书等，也是"御黄幄，和硕康亲王杰书率凯旋将帅行礼。上召康亲王杰书近前，上就御座抱见，命近御座右侧坐"。④

康熙二十一年（1682），迎大将军贝子章泰、大将军都统赖塔等，康熙帝"御

---

① 《清世祖实录》卷21，顺治二年十月癸巳。
② 《清世祖实录》卷28，顺治三年九月丙寅。
③ 《清圣祖实录》卷89，康熙十九年三月戊戌。
④ 《清圣祖实录》卷92，康熙十九年九月癸卯。

黄幄，大将军贝子章泰、大将军都统赖塔率凯旋大臣官员等行礼。上召贝子章泰及都统赖塔进前，行抱见礼。命贝子章泰近御座左侧坐"。①

乾隆二十五年（1686），乾隆帝郊迎平定西域的定边将军兆惠、副将军富德、参赞大臣明瑞、巴禄等凯旋，同样是"御黄幄，将军、参赞等以次趋进，行抱见礼。赐坐，慰劳。礼成，凯歌乐作"。②

乾隆四十一年（1776），金川平定，行郊劳礼，迎接领兵将帅阿桂等。乾隆帝"御黄幄，将军、副将军等率众三跪九叩，候旨，行抱见礼，赐坐、慰劳、赐茶。礼部堂官奏礼成，马上凯歌乐作"。③

嘉庆八年（1803）十二月，统兵将领额勒登保班师回京，与嘉庆帝"行抱见礼于养心殿"。④

道光八年（1828），领兵将军长龄凯旋。道光帝曾"谕内阁，本日长龄亲诣御园，恭缴扬威将军印信，朕御勤政殿行抱见礼"。⑤

咸丰五年（1855），蒙古亲王僧格林沁班师回京，咸丰帝"御养心殿，参赞大臣科尔沁博多勒噶台亲王僧格林沁至御座前，行抱见礼"。⑥

入关后的抱见礼，还有实行于蒙古的记载。

康熙二十八年（1689），理藩院尚书阿喇尼前往准噶尔蒙古噶尔丹处，交涉关于漠北喀尔喀蒙古事，回京后曾对康熙帝说："臣等八月初七日抵厄鲁特噶尔丹之地，颁敕书、赏物毕，臣等与噶尔丹行抱见礼。"⑦

---

① 《清圣祖实录》卷105，康熙二十一年十月乙酉。
② 《清高宗实录》卷607，乾隆二十五年二月壬寅。并见昭梿：《啸亭杂录》卷6，第153页。
③ 《清高宗实录》卷1007，乾隆四十一年四月戊辰。
④ 《清史稿》卷344《列传第一三一·额勒登保》。并见赵刚：《清代宫廷抱见礼漫谈》，《紫禁城》1992年第4期。
⑤ 《清宣宗实录》卷137，道光八年六月乙亥。
⑥ 《清文宗实录》卷167，咸丰五年五月壬戌朔。
⑦ 《清圣祖实录》卷142，康熙二十八年十月乙酉。

五、余论

官方礼仪中的抱见礼,缘于满族生活中的本来礼俗,生活中的抱见礼俗由于汉化而消失,而官方礼仪中的抱见礼延续实行,应有其政治原因。在满族皇帝看来,允准臣下抱君主,对臣下而言是高规格的政治礼遇,因而实施于有大贡献于国家的军功之臣。但这种具有民族性文化观念的礼仪,也只实行于满族内部,以及与满族之礼俗相通的蒙古人之中,而不便实行于汉人。因其与前述汉族的礼俗举止原则、伦理观念矛盾而相抵触,因而在清入关后,也未见以抱见礼实行于汉人功臣的记载。诸如乾隆时期的岳钟琪,嘉道时期的杨芳,咸同光时期的曾国藩、李鸿章、左宗棠,均为对王朝国家社稷有大功之汉臣,而未见对他们实行抱见礼。至于入关前皇太极对孔、耿、尚及祖大寿父子实行抱见礼,则另有原因,在皇太极看来,行抱见礼是对来归附汉将的高规格礼遇,而汉将一方是前途穷蹙、投归依靠后金,况且皇太极实施抱见礼又是高规格之礼遇,投归依附之汉人只有入其乡随其俗而接受,才合情理。清入关后承袭明朝之制,再让羞于搂抱礼节的汉族功臣以满族礼抱见皇帝,就不便实行了。乾隆时,安南国王阮光平之婉拒满族的抱见礼,大概与安南受汉文化影响而同汉人礼俗相近也有关。乾隆五十五年(1790)安南国王阮光平前来为乾隆皇帝庆寿。乾隆"谕军机大臣曰:'阮光平祗受封爵,叠荷殊恩。本年躬诣阙廷,祝厘瞻觐,实属出于至诚。俟该国王到京时,欲令行抱见礼,以昭优异。'该国王初次入觐,未谙天朝体制,福康安于其进关后,告以此次进京祝嘏,大皇帝深为嘉予,国王到京朝见时,大皇帝欲令国王行抱见请安之礼,此系逾格施恩,天朝大臣内懋著勋劳者,始能膺此异数,其余虽亲贵大臣,亦所难得,今国王邀此隆礼,实为希有宠荣"。[①] 福康安将乾隆帝的想法转告阮光平后,"阮光平叩头谢恩,据称赏用金黄鞓带,已觉圣恩过重,抱见之礼,更为逾格优隆,未敢承受,特具表恳辞"。乾隆帝得知,又一次指示福

---

① 《清高宗实录》卷1346,乾隆五十五年正月辛卯。

康安说："朕览该国王所进表文，肫切诚恳，特用朱笔详晰批示……至国王辞谢行抱见请安之礼，措辞谦谨，大皇帝览表，深鉴肫诚。国王务恪遵恩谕，不必再为辞谢，如此详晰告知，俾该国王益深欢欣入觐之忱也。"[1] 究竟阮光平如何回复，届时是否行抱见礼，未见记载。无论如何，阮光平之婉辞抱见礼，是否与安南受汉文化影响而同汉人礼俗相近有关，清代皇帝对朝鲜等藩国及西方国家来使也未闻提出行抱见礼，而对安南国王提出行此礼，凡此原因，都值得进一步研究。

（原载《历史档案》1998年第2期，此次增加了不少内容，叙述顺序作了较大调整）

---

[1] 《清高宗实录》卷1354，乾隆五十五年五月壬午。

曹雪芹祖上之隶旗与领主的多次改变

曹雪芹祖上隶属八旗的哪一旗，身为满人奴才的曹家，其主子即领主又是谁？是"曹学"研究中的一个问题，学界曾作了艰苦的探究，也取得了某些共识。但由于资料匮乏，仍存在很多未知盲点，有些笼统的认识，也未必确切。本人从未涉入"红学""曹学"，在这方面可以说是个完全的门外汉。本文也不考虑《红楼梦》的作者问题，只是近些年一直探讨八旗问题，有些内容与曹家有关，因而将以前考察八旗制度中与曹家有关的内容，辑此小文，供给红学界。

本文认为，曹雪芹祖上——曹世选（或作曹锡远）、曹振彦，曾有三次不同的隶旗，按时间变化的先后，依次是：正黄旗、镶白旗、正白旗。作为旗人奴才身份的曹雪芹祖上，其主子，也历经三次变化，依次是：努尔哈赤、多尔衮、顺治及康熙等皇帝。以下分阶段作说明。

一、隶正黄旗，主子为努尔哈赤、多尔衮阶段

这一阶段，大致为曹家归入后金隶旗的天命六年（1621）至天命十一年（1626）八月。有五年左右的时间。曹家究竟何时被纳入后金政权并编入八旗组织，目前尚无直接史料，红学家根据曹家当时曾生活在辽东，后金天命年间曾攻占辽东，皇太极天聪年间曹振彦又任后金的"旗鼓牛录章京"，推测曹家是在后金天命六年攻取辽阳时被俘掠归旗。[1]这种推测有合理性，接近史实，曹家祖上于天命年间在辽东地区归入后金而隶旗，也是目前红学界多数学者的共识。[2]

那么归旗后是在哪一旗，主子又是谁？以前一般认为开始就隶正白旗多尔

---

[1] 冯其庸：《曹雪芹家世新考》，文化艺术出版社，1997年8月，第407—411页。
[2] 周汝昌：《曹雪芹小传》，百花文艺出版社，1983年4月，第22页。也认为曹家因住在东北铁岭卫到辽阳这一带地方，于天命年间成了满洲军队俘虏或奴隶，被编入旗。

衮，现在看来并不准确。因为多尔衮被分封入旗分拨给牛录属人，是在天命七年（1622）三月以后，以前曹家隶旗，是在多尔衮之父努尔哈赤的旗下，而且所隶旗是正黄而非正白。现根据本人的相关成果，①作如下介绍：

八旗设立于乙卯年（1615），次年为建立后金政权之天命元年（1616）。设八旗后，正黄、镶黄两旗旗主是汗努尔哈赤；正白旗旗主是皇太极；镶白旗旗主是杜度；两红旗先由代善一人领，后来代善领正红旗一旗，分拨镶红旗与其嫡长子岳托、嫡次子硕托，以岳托为旗主；正蓝旗旗主为莽古尔泰；镶蓝旗旗主为阿敏。这种领旗状况一直保持到天命七年，所以这一阶段曹家若隶旗，应在努尔哈赤的正黄旗下，主子是努尔哈赤。

努尔哈赤在两次设立汗位接班人（先为嫡长子褚英，后嫡次子代善）失败后，②开始规划其身后实行八和硕贝勒即八旗旗主共治国政制度，于天命七年三月宣布这一计划，其主旨是，其身后，由八旗八个旗主共同推举其中一人为继位之国君，若其无德无道、不纳谏，可共同将其废掉，再推举新君，国政也由八旗领主共商议定。③正是在这种规划下，由于八旗中两黄旗之外的六个旗都已有旗主，努尔哈赤开始把自己所领的两黄旗，传给与他共同生活的最后一个大福晋（乌拉那拉氏）所生的三个嫡幼子——阿济格、多尔衮、多铎，使他们也成为领旗者，以成八旗八主的领旗格局，为实现八旗领主共治国政制奠定规制基础。而努尔哈赤将自领之旗传给尚未分家的与其晚年共同生活的嫡幼子，也是女真、蒙古贵族的习俗。

两黄旗当时共有 60 个牛录，每旗 30 个牛录，具体分拨情况是，正黄旗的 30

---

① 杜家骥：《天命后期八旗旗主考析》，《史学集刊》1997 年第 2 期。《八旗与清朝政治论稿》第一章《入关前的八旗领主分封》，人民出版社，2008 年 3 月。
② 这两次立储情况，见李学智：《清太祖时期建储问题的分析》，《思与言》1970 年 8 卷第 2 期。〔日〕冈田英弘：《清太宗继位考实》，《故宫文献》1972 年 2 卷第 2 期。周远廉：《太子之废》，《社会科学辑刊》1986 年第 1 期。
③ 《满洲实录》卷 7，天命七年三月初三日。

个牛录，阿济格、多尔衮每人15个，以阿济格为正黄旗旗主（当时称为固山贝勒），这兄弟二人由努尔哈赤家中分出而独立。镶黄旗的30个牛录，分与多铎15个，努尔哈赤暂留15个自领，准备死后再传给多铎，又因多铎年幼，在这三兄弟中最小，当时仅八九岁，且努尔哈赤仍是后金国主，所以镶黄旗旗主仍由努尔哈赤担任，多铎可算作是准旗主。这种分拨牛录情况，在反映当时历史的《满文老档》《满洲实录》及其他《清太祖实录》中，都没有记载，是在皇太极崇德年间批评多铎时透露的，见于《清太宗实录》的记载，清太宗批评豫亲王多铎时说道：

> 昔太祖分拨牛录与诸子时，给武英郡王（按：即阿济格）十五牛录，睿亲王（按：即多尔衮）十五牛录，给尔十五牛录，太祖亦自留十牛录。及太祖升遐，武英郡王、睿亲王言：太祖十五牛录，我三人宜各分其五，朕以为太祖虽无遗命，理宜分与幼子，故不允其请，悉以与尔。①

这里透露的太祖努尔哈赤在世时，分拨与多尔衮的牛录属人，应当就有曹家在内，这也是后来所记载的多尔衮属下有曹振彦的由来。曹家的主子，也因这次分拨，由努尔哈赤转为其子多尔衮。

那么，曹家之主子的这一转换时间又如何？也即努尔哈赤是何时将其牛录分拨与多尔衮的？史籍中无直接记述，只能以有关史事判断。

努尔哈赤在自领两黄旗的情况下，对八旗下命令、设置官员，都是对另六个旗的旗主下达，一旦针对八个旗主，那就说明自领的两黄旗已分给了三个幼子，因而多出这两黄旗旗主，即使是对准旗主的多铎及其镶黄旗，也应作这种安排，以规划、完善其以后的八旗旗主共治国政制。《清太祖武皇帝实录》记载，天命八年（1623）正月，努尔哈赤命"八固山王设八臣辅之，以观察其心"。② "八臣"

---

① 《清太宗实录》卷46，崇德四年五月辛巳。
② 《清太祖武皇帝实录》卷4，天命八年正月初七日。

为八个人，其辅佐的固山王即旗主也应是八个人。这是迄今见到的已设八个旗主的最早记载。同年二月，《满文老档》卷（册）45，天命八年二月初七日下记载，努尔哈赤为了让八旗旗主约束各自的行为，特命每人脖子上挂一个牌子，上记类似座右铭式的箴言，同时每个旗主贝勒下设"监视诸贝勒挂在脖子上的箴言各四人"，其中镶黄旗下记有"满都赖、扬善、吉孙、扎努阔尔坤"四人，正黄旗下是"沙津、隋占、车尔格依、茂海"四人。这条史料说明，努尔哈赤已将多铎、阿济格、多尔衮分别安排领镶黄、正黄旗，因而为他们每旗设四个监视箴言的人。如果未安排旗主，仍是努尔哈赤领这两黄旗，他不会每旗设四人共八个人来监视自己的。

八旗于天命八年（1623）及以后有八个旗主的记载还有一些，[①]此处不赘举，这些记载都可间接地说明多尔衮与其同母兄阿济格，至晚在天命八年正月，已分封入旗，领牛录属人。

多尔衮与其兄阿济格，是封入了正黄旗。证明如下：

先从八旗中两黄旗的排列顺序看，天命七年四月，是正黄旗在前，镶黄旗在

[①] 《满文老档》太祖朝卷（册）52，中华书局汉译本，1990，天命八年五月二十四日，第491页。下同，皆此版本，不另注。记努尔哈赤下令"八贝勒之家人"，将其训示之词"缮录八份，分送诸贝勒家各一份"。抄录八份，人手一份，受训示的贝勒正好八人。太祖朝卷（册）72，天命十一年闰六月十九日，第702页。记努尔哈赤命"八固山贝勒各赏以著甲男丁一户、役使男丁一户，共赏十六户"。共赏十六户，"八固山贝勒"每人赏二户（即著甲男丁一户、役使男丁一户），所说的固山贝勒正好八人，这段史料已明确说明所谓"八固山贝勒"是八个固山贝勒。而固山贝勒正是旗主，此处固山贝勒的满文，也正与《满文老档》其他处称旗主——固山贝勒的满文一样，都是 gūsai beile，（《满文老档》，日本东京东洋文库本，太祖朝第3册1082页9行、1106页3行，太宗朝第1册128页11行）又进一步说明当时的"八固山贝勒"是八个旗主。这一时期的其他记录如"八贝勒之马八匹"为"八贝勒……缮写八册档子"，（《满文老档》，太祖朝天命八年四月、五月，上册459、480页）也都应指的是八个旗主贝勒。《满洲实录》还特别说明这八个旗主——八固山王是 duin amba beile、duin ajige beile，（《满洲实录》卷8，天命十一年六月二十四日，第1册415页）汉意为四个大贝勒、四个小贝勒，努尔哈赤的幼子在四个小贝勒之中。

后，[①]而天命八年六月及以后至努尔哈赤死以前，则都是镶黄旗在前，正黄旗在后。[②]按当时八旗的一般排列顺序，如果一人领同色两旗，习惯上是正在前，镶在后。[③]天命七年四月正黄在前镶黄在后的记载，表明努尔哈赤仍在领两黄旗。而天命八年六月已改为镶黄在前、正黄在后（实际上在天命八年正月或更早就已如此，见前述，只不过没作或没留下这方面的记载），是因为正黄旗已分与阿济格、多尔衮兄弟二人，以阿济格为旗主，但由于当时一国之主的汗努尔哈赤还与幼子多铎同在镶黄旗，努尔哈赤实际还掌领着镶黄旗，必然要将其放在八旗中的首位，置于正黄旗之前，而不能让其子阿济格的正黄旗置于父汗之前而居首位。这一旗序变化，表明多尔衮与其兄阿济格已封入正黄旗。而且说明入封的时间，在天命七年四月以后。

再从领旗即分封之旗的旗色变动与属人状况证明。据白新良《论皇太极继位初的一次改旗》[④]一文的专门考察，在皇太极继位初，曾进行过一次两白、两黄旗互换旗纛的改旗，努尔哈赤时期的两黄旗，在皇太极继位后改为两白旗。具体情况是，正黄旗改为镶白旗，镶黄旗改为正白旗，而旗下属人不变，领主仍领原牛录属人。由此证明，皇太极天聪朝在多尔衮镶白旗下任旗鼓牛录章京的曹振彦，在努尔哈赤时期分封多尔衮后，是隶属于多尔衮所入封的正黄旗。改旗只是互易旗纛，旗下牛录属人不变，仍隶原主，所以曹家仍隶多尔衮。

这次改旗，皇太极原领的正白旗改为了正黄旗，附属于他的镶白旗（天命末年，努尔哈赤将镶白旗旗主由杜度改为皇太极之子豪格，故附属于皇太极）改为镶黄旗。这是因为皇太极已被推举为汗，应与前汗努尔哈赤一样，领最尊贵的黄色旗，这是国家礼制的需要。由此也可判断，此次改旗，是在皇太极被推举为汗

---

① 《满文老档》太祖朝上册，第378—380页。
② 《满文老档》太祖朝卷（册）45，天命八年二月初七日；卷（册）55，天命八年六月十八日；卷（册）67—70，天命十年之事。
③ 《满文老档》太祖朝上册，第518页、651—657页。
④ 载《南开史学》1981年第2期。

的天命十一年八月十二日至此月底这段时间，因为皇太极继位仪式，是择定的吉日九月初一，①继位礼仪上，皇太极所领之旗就应该是黄色旗，列于八旗之首了。

根据以上分析，作出如下判断：

曹家若于天命六年隶旗，则天命六年至八年正月（或更早些）以前是隶正黄旗，主子是努尔哈赤，天命八年正月（或更早些）后至天命十一年八月仍隶正黄旗，但主子是多尔衮。

二、天命十一年八月至崇德八年十月，曹家隶镶白旗之多尔衮

上一节已述，天命十一年八月，多尔衮所入封的正黄旗改为镶白旗，曹家的旗籍也随之改为镶白旗，主子仍是多尔衮。当时，多尔衮是镶白旗下领有半旗牛录的领主，而非旗主——固山贝勒，旗主是多尔衮之兄阿济格，这是努尔哈赤的安排，是根据满洲宗法兄弟之间长幼为序的原则，兄弟二人同封一旗，以兄长为旗主，哪个旗都是如此。天聪二年（1628）三月发生变化，阿济格因违反后金政令，擅自为弟弟多铎订婚，而被免去旗主职任，代之以多尔衮，②从此，曹家的主子多尔衮成为镶白旗旗主。

多尔衮这一阶段在镶白旗，史籍中崇德八年（1643）十月以前的内容，也有多次记载，是在镶白旗，而不是在正白旗。如《天聪九年档》所记，天聪九年"镶白旗和硕墨尔根贝勒"，③墨尔根贝勒即多尔衮。《清太宗实录》所记，"镶白旗梅勒章京谭拜"为"多尔衮属下"。④曹家也当然地随主子多尔衮隶镶白旗，因而有"镶白旗下长史曹金颜"的记载，⑤曹金颜即曹寅祖父曹振彦，是今人对满文名字之音的异译。长史，是王府事务总管之官名，满文 baitai da（摆塔大），清入关后定为

---

① 《清太宗实录》卷1，天命十一年九月朔。
② 《清太宗实录》卷4，崇谟阁本，天聪二年三月庚寅，第10页。
③ 《天聪九年档》第133页，天津古籍出版社，1987。
④ 《清太宗实录》卷57，崇德六年八月甲子，第24页。卷61，崇德七年七月乙酉，第33页。
⑤ 《满文老档》太宗朝，崇德元年六月，第1516页。该书译为曹金颜，实即曹振彦。

正三品。所以，崇德年间，曹振彦是睿亲王多尔衮王府的大管家。

曹家在这一阶段一直隶镶白旗，主子是多尔衮。至崇德八年十月，多尔衮之领旗旗色再次发生变化，成为正白旗，曹家也随主子隶正白旗。

三、崇德八年十月至顺治七年（1650）十二月，曹家隶正白旗之摄政王多尔衮

崇德八年十月，时任辅政王的多尔衮，导演了一次两白旗互改的政治事件，多尔衮因此而领正白旗，笔者《清初两白旗主多尔衮与多铎换旗问题的考察》[①]一文，对这一事件的原委作了探讨，结论如下：皇太极死后，其子福临继位两个月时，辅政睿亲王多尔衮，借故剥夺弟弟多铎正白旗的15个牛录，划入自己的镶白旗中，又将镶白旗下阿济格的十几个牛录调入正白旗，同时将两白旗互易旗纛，旗下牛录不变，多尔衮因此而由掌半旗牛录的镶白旗旗主，成为掌正白旗全旗牛录的旗主，其所领之旗在八旗中的排位，也由原来镶白旗的第五位，上升到仅次于皇帝两黄旗的正白旗的第三位。随之成为摄政王，总揽清廷大政。由于旧旗下属人隶属关系不变，曹家虽改隶正白旗，但因为是随旗主而改，主子仍是多尔衮。

这段时间共七年多，入关前不到一年时间，其余为入关后。这段时间，摄政王多尔衮权势烜赫，而且扩大其正白旗势力，重用本旗属人，曹家也应是受益者。

四、顺治八年（1651）二月以后曹家改隶皇室

顺治七年十二月，多尔衮去世，同月，尊其为成宗义皇帝，八年正月，以多尔衮嗣子多尔博袭睿亲王爵，并继承多尔衮的正白旗，所以，曹家的主子此时为多尔博，不过时间很短，次月，多尔衮便被追论，尊谥之号及王爵均被削去，其

---

① 载《清史研究》1998年第3期。

正白旗也被收归皇室，曹家也从此世代成为皇室奴才，不过因主子是皇帝，曹家的身份地位比以前提高。

曹家的隶旗仍是正白旗，主子是顺治皇帝，此后为康熙帝，历代固定隶属于皇室、皇帝，也不再变化。

(原载《红楼梦学刊》2011年第3期)

清代内务府旗人复杂的旗籍及其多种身份

——兼谈曹雪芹家族的旗籍及其身份

内务府是清代特有的管理宫廷、皇室事务的庞大机构，下设分支机构五六十个、官缺五千余个，其职官大部分由皇帝所统上三旗包衣旗人充任；宫廷、皇室服侍性杂务，也主要是上三旗包衣旗人中的管领下人承担。上三旗包衣旗人又称内务府旗人，分为包衣佐领下人、管领下人，均为皇室包衣奴仆，其原属民族有满洲[①]、蒙古、汉、维吾尔、朝鲜等，《红楼梦》作者曹雪芹家族就是其中的一员。史籍中，对内务府旗人的旗籍、民族性属籍、身份等的记载混乱、复杂，给今人带来很大麻烦。鉴于这一问题关系到清代八旗旗人的民族性属籍、相关政治的理解，以及八旗制度、内务府和红学的相关研究，因作专文探讨。

一、内务府旗人旗籍的复杂称谓

史籍中多处出现内务府旗人有"内务府旗籍"的记载，如知县"麟书系内务府旗人"，因罪被"销去内务府旗籍"；[②] 散处近京各州县的鹰户人等"隶内务府旗籍"；[③] 西宁办事大臣豫师为"内务府旗籍"[④]；湖广总督官文抬旗，原"隶内务府旗籍"。[⑤] 这里的"内务府旗籍"，当然是指内务府本系统的包衣三旗，表明内务府三旗包衣人有独立的旗籍，有别于外八旗。但标有"内务府旗籍"者，又有

---

① 清朝文献、皇帝上谕，"满洲"一词既做民族之称，又做满族人的称呼概念使用，这里用的是后者。
② 《清高宗实录》卷1190，乾隆四十八年十月。
③ 《清高宗实录》卷874，乾隆三十五年十二月。
④ 崇彝：《道咸以来朝野杂记》，北京古籍出版社，1982，第81页。
⑤ 《清穆宗实录》卷111，同治三年八月丙子。

隶"满洲旗分"之称者，如金氏新达理一家"隶内务府旗籍"，[①]而《八旗满洲氏族通谱》卷72又记其属于满洲旗分内，这种籍隶内务府而又属满洲旗分的包衣旗人相当多。

在《八旗满洲氏族通谱》中，很多汉姓包衣旗人称为"满洲旗分内尼堪姓氏"，尼堪，即汉人，在他们的传记中，还称其为"满洲某某旗人"或"满洲某某旗包衣人"（均见后述），而内务府包衣三旗并无满洲旗（固山），只有包衣三旗参领的最高旗人组织，外八旗中才有满洲旗。这究竟是怎么回事？

另外，在官方国史馆所修的包衣汉人的传记及某些私人著述中，汉人包衣组织——旗鼓佐领下的汉包衣旗人，以及管领下汉包衣旗人，还有"内务府汉军人"或"汉军人"之称，这与外八旗中的汉军旗及汉军旗人之称"汉军"又相同。

以上各种复杂称谓，令今人对内务府包衣旗人的旗籍迷惑不解，莫衷一是，判断不一。对上述复杂的旗籍问题，红学界因为要判别曹雪芹及其家族的旗籍问题，曾有学者进行过专门考察。[②]以下结合前人的研究，谈一些自己的不成熟看法。

还应说明的是，内务府包衣旗人虽然原属民族属性复杂，但主体是满洲、汉人。内务府包衣旗人组织主要有三种：包衣满洲佐领、旗鼓佐领即包衣汉人佐领、内管领。包衣满洲佐领共15个，其下为满洲、蒙古人，应该说满洲包衣较多，或者说是主体，因而称满洲佐领；旗鼓佐领即包衣汉人佐领共18个，其下主要是汉人包衣；内管领共30个，其下不分原民族，满、蒙、汉混编，还有朝鲜人[③]，其汉人比例不清，估计在一半左右。以上三种组织之外，还有朝鲜佐领2个，维吾尔人所编的回人佐领1个。因而说其主体是满人、汉人，可能汉人还要

---

① 李岳瑞：《春冰室野乘·卷上·金简》，金简为新达理后裔。
② 张书才：《曹雪芹旗籍考辨》，《红楼梦学刊》1982年第3辑。认为曹家"隶正白旗包衣汉军籍"。
③ 陈国栋：《清代内务府包衣三旗人员的分类及其旗下组织》，《食货月刊》（复刊）1982年12卷第9期。

多于满人，因为仅18个旗鼓佐领就多于满、蒙合编的15个满洲佐领。不过因为每个佐领下的人数无法作准确统计，只能说是可能。还有，目前学界尤其是红学界感到困惑的，主要是内务府包衣汉人的属籍问题，因而本文主要围绕内务府包衣汉人的属籍、称谓进行讨论。另外，包衣旗人中的佐领下人、管领下人身份也不同，本文最后作附带说明。

二、内务府包衣旗人有属于满洲旗分与不属满洲旗分的区分

在乾隆初年编纂的《八旗满洲氏族通谱》（下简称《通谱》）中，八旗包衣旗人包括内务府包衣旗人，又有属满洲旗分内者与不属满洲旗分者的区别。

《通谱》编纂时，对何种旗人属于满洲旗分，何种旗人不属满洲旗分，作过如下说明：

> 乾隆五年十二月初八日奏定：蒙古、高丽、尼堪、台尼堪、抚顺尼堪等人员，从前入于满洲旗分内，历年久远者，注名伊等情由，附于满洲姓氏之后。其间有不能划一之处，爰列条例于左（现横排版，为下）：
>
> 一、包衣佐领及管领下人员内，有北京尼堪、三藩尼堪、阿哈尼堪，若一概载入，与原奏三项尼堪不符，应裁。
>
> 一、满洲旗分内蒙古、尼堪、台尼堪、抚顺尼堪姓氏，照满洲例，有名位者，载；无名位者，删。[①]

上文所述尼堪、台尼堪、抚顺尼堪这三项尼堪（汉人），是"从前入于满洲旗分内历年久远者"。从成书后的《通谱》所记来看，这三项尼堪，都是关外辽阳、沈阳、铁岭、抚顺、锦州一带的汉人，而归附满洲隶旗的时间，或作"国初来归"，或作"来归年份无考"，为"历年久远者"。这些汉人旗人，其共同特点，是归附满

---

① 《八旗满洲氏族通谱·凡例》。

族政权较早，对满族开国、立基作过贡献，且当时就已"入于满洲旗分"。其"从前入于满洲旗分内历年久远者"的蒙古、高丽人，也属这种情况。

前述划分，与内务府设立有关。本来，包衣人组织——佐领、管领就在外八旗的满洲旗分中，内务府设立后，其包衣旗人独立为旗，遂有内务府旗籍。此后又编入内务府包衣组织者，也就未入满洲旗分［究竟是在内务府设立伊始，还是此后不久（入关前），具体时间待考］。迨至编《通谱》时，从前在满洲旗分的汉人包衣，便确认为是"满洲旗分内之尼堪姓氏"，是满洲旗分之人，或者也可视为属满洲旗籍。内务府设立后编入的汉人包衣，便不能与原满洲旗分内尼堪姓氏"概载入"而"应裁"。而下五旗包衣因不隶内务府，也不独立编旗，所以始终附隶在满洲旗分中，而何时入包衣，归入早晚，还是有区别的。

《通谱》中，有247个汉姓家族，记载其是属于较早"入于满洲旗分"的，其中尼堪157姓、台尼堪40姓、抚顺尼堪50姓。尼堪、抚顺尼堪，绝大部分是包衣旗人，台尼堪中少部分是包衣旗人，入关前基本上也都是包衣旗人。[①]尼堪157姓中，就有曹雪芹家族，在卷74"满洲旗分内之尼堪姓氏"的第16个汉姓"曹氏·曹锡远"，曹锡远是曹雪芹的祖上。

以上这些汉姓包衣家族，凡在内务府者，应是具有内务府旗籍、满洲旗分双重旗籍。比如《通谱》中"满洲旗分内之尼堪姓氏"的内务府包衣高氏高名选一家，高名选之曾孙名高斌，其传记作"初隶内务府"。[②]高斌之女为乾隆帝贵妃，乾隆刚刚继位一月，将高氏出包衣抬入满洲旗，《通谱》如此记述：

高名选，镶黄旗人，世居辽阳地方，国初来归，原隶包衣，于雍正十三

[①] 刘小萌、定宜庄：《台尼堪考》，《清史研究通讯》1988年第3期。该文考证，台尼堪在入关前基本被编入满洲旗下各包衣牛录，入关时起直至康熙朝中叶，已被陆续抬入满洲八旗。

[②] 《清史列传》卷16《高斌传》。

年九月奉旨："贵妃之外戚，著出包衣，入于原隶满洲旗分。钦此。"①

这道皇帝谕旨表明，身为内务府包衣汉人的高家，以前是满洲镶黄旗分下包衣，雍正十三年（1735）九月抬旗出包衣后"入于原隶满洲旗分"，抬旗后所属旗分，仍是在内务府时原隶的满洲旗分，只不过由包衣佐领改入原满洲旗的旗分佐领（非包衣人所编佐领之谓），而所属旗籍未变。

属于同类情况的还有康熙帝之子果亲王允礼②的外祖父家陈氏，原为内务府包衣，镶黄满洲旗分，雍正十三年抬旗。《通谱》作："出包衣，入于本旗。"③这也是抬旗前后都在镶黄满洲旗本旗，所以称为"入于本旗"，只是由包衣佐领改为旗分佐领。

上述看似矛盾的说法，正反映了他们的双重旗籍。说其矛盾，是原来即在满洲旗，何来再入？实际正是因为原来既属满洲旗，又属内务府旗籍，而内务府旗籍之包衣身份，低于单纯的无内务府包衣旗籍隶属的外八旗满洲旗旗人，所以抬旗而抬出内务府旗籍，要再入于单纯的外八旗满洲旗，此后，他们的旗籍只有外八旗中的满洲旗，不再有包衣身份的内务府旗籍，双重旗籍变为单旗籍。

曹雪芹祖上曹氏，与上述高氏、陈氏，在《通谱》中的同卷，都是"从前入于满洲旗分内"，是满洲旗分内的包衣汉人，因而仍列为"满洲旗分内之尼堪姓氏"，也应是内务府旗籍、满洲旗籍的双重旗籍。

《通谱》中属于满洲旗分内的内务府包衣汉人，其传记中还称其为"满洲旗人"。如韩大任、尚志立，《通谱》中与曹雪芹祖上同在卷74的"满洲旗分内"。《八旗通志》初集卷220《忠烈传一·韩大任》，记韩大任为镶黄旗满洲包衣人。尚志

---

① 《八旗满洲氏族通谱》卷74《高氏》，第805页下。
② 康熙帝诸皇子，取名排"胤"字，雍正继位后，皆改为"允"字。
③ 《八旗满洲氏族通谱》卷74《陈氏》，第806页上。

立①,《八旗通志》初集卷 222 其传记,记载他是满洲正白旗的包衣人。在嘉庆初修成的《钦定八旗通志》中,仍如此标其旗籍,且明确列入"满洲八旗"的"忠义传"。尚志立,传记记载其为包衣,满洲正白旗人,韩大任为满洲镶黄旗包衣人。②其他同类情况的还有于跃龙、董重民等汉人包衣,均记其是满洲旗人。③

同属内务府旗籍的内务府包衣旗人,还有不隶于满洲旗分内的。这些包衣旗人,《通谱》记其为北京尼堪、三藩尼堪、阿哈尼堪。这部分人,满族当政者不把他们划入满洲旗分内。

北京尼堪,有畿辅地区北京附近州县的牲丁,如鹰户、网户、庄头等。中国第一历史档案馆公布的一件档案,对"北京汉人"即"北京尼堪"有所涉及,康熙二十九年(1690)四月初四日《总管内务府为曹顺等人捐纳监生事咨户部文》载:

> 总管内务府咨行户部,案据本府奏称:
>
> 三格佐领下苏州织造郎中曹寅之子曹顺,情愿捐纳监生,十三岁……
>
> 都虞司所属住玉田县镶黄旗鹰户刘勋之子刘成章,情愿捐纳监生,六岁,北京汉人。
>
> 都虞司所属住玉田县镶黄旗鹰户张文芳之子张昙,情愿捐纳监生,十八岁,北京汉人。
>
> 鞑锡管领下住蔡村收豆人季秀之子兆儿,情愿捐纳监生,十七岁,北京

---

① 尚志立之堂兄尚志杰、尚志舜及堂侄尚琳,与曹雪芹祖父曹寅、曾叔祖曹尔正,均任过本旗鼓牛录的佐领,见《八旗通志》初集卷 5《旗分志五·正白旗包衣第五参领第三旗鼓佐领》、《钦定八旗通志》卷 7《旗分志七·正白旗包衣第五参领第一旗鼓佐领》)。因而曹、尚二家有可能在同一佐领。并见《八旗满洲氏族通谱》卷 74《尚氏》《曹氏》。
② 《钦定八旗通志》卷 216《忠义传八·满洲八旗八》;卷 217《忠义传九·满洲八旗九》。
③ 福格:《听雨丛谈》之《内旗旗鼓与八旗汉军不同》,中华书局,1984,第 17 页。下同,皆此版本,不另注。

汉人。①

这里的鹰户是内务府汉人牲丁，收豆人可能是庄头、催长之类。内务府纳银庄头之家，也称"北京汉人"，②均在北京附近之县。三藩尼堪，是平定三藩之乱后，其藩下人作为奴仆编入包衣组织。阿哈尼堪，不清楚为何种人。这三项尼堪，也是《通谱》所说的"包衣佐领及管领下人员内"的包衣旗人。这些包衣旗人有一个共同特点，是入旗较晚，对满族政权之开国、立基没作过什么贡献。上述资料中，曹寅家族共有五人"情愿捐纳监生"，为简洁，上引文字作"……"处略去四人，曹家之人列于前，也无以下诸人的"北京汉人"的特别标示，有可能是因其身份高于下边的"北京汉人"。但作为"北京汉人"的内务府包衣，与同为包衣的曹家人一样，都是法律上的良人，有捐纳监生入仕为官的政治权利，与不得入仕为官而属于贱民的旗下家奴，有等级良贱的性质区别。

综前所述，内务府包衣佐领、管领内汉姓旗人，可以分为两种人：第一，旗鼓佐领下及管领下尼堪、台尼堪、抚顺尼堪，这些基本在入关前就已归附满洲而入于满洲旗的汉姓人，属于满洲旗分；第二，入关后入内务府的北京尼堪、三藩尼堪、阿哈尼堪等，则不属满洲旗分，只有内务府旗籍。

将归附满族政权之人，按其归附时间早晚、贡献大小划分，区别对待，是满族统治者的一条重要原则。对待藩部蒙古如此，如最早归附满族的科尔沁部蒙古，政治、经济待遇优于其他蒙古部族，倚重程度上也异于其他部族。对待八旗人更是如此，满洲内部，最早投靠努尔哈赤的五大臣之家，尚主、选官优于他姓。后来陆续归附满族而隶旗者，按归附先后区别为旧满洲、新满洲。对归隶满族的汉人同样如此，按归隶先后，有天命时期占辽东时归隶者、天聪大凌河之战

---

① 《新发现的有关曹雪芹家世档案史料》，《历史档案》1984年第1期。
② 《清代内阁大库散佚档案选编》之《皇庄》（上），玛思喀题本，辽宁民族出版社，1989，第201页。

时归隶者、崇德松锦大战时归隶者、清入关后归隶者、平三藩后的藩下入旗者。较早的天命、天聪时归隶者优，也较受倚重。平三藩后藩下入旗的汉军旗人最差，甚至被"贱视之"。①而且有地域之分，原籍辽东之人较优。另外还区分其归隶是主动投靠，还是投降、被俘等情况。这些情况，是满族皇帝在官员任用、联姻、某些经济待遇上考虑的因素。这种不同对待，不见于、也不可能见于官方制度，但却是满族皇帝心目中掌握的潜性原则。前述在归隶满族的汉人包衣中，按归隶先后划分为属于满洲旗分、不属于满洲旗分。划分为满洲旗分的，主要是入关前归附的、辽东地区汉人，这些从龙入关者，满洲皇帝视其为近人。不属于满洲旗分的，主要是入关后编入包衣组织的汉人，而且有的名之为北京尼堪，与辽东汉人有区别，也当有区别对待的考虑。当时为内务府满洲旗分内汉姓人的福格，称"满洲旗分内汉姓人，其在内府仕途均与满洲同，荐升九卿，亦占满缺"②；被皇帝选取而担任盐政、织造、关差等肥缺者，也是满洲旗分内的包衣。而不属于满洲旗分的包衣汉人，则没有这类特权，其入仕，只有凭才学而科举、考职，凭财力而捐纳，以实力竞争。所以，此次编《通谱》，也是对内务府包衣汉人是否属满洲旗分的一次明确区分。内务府包衣属于"满洲旗分内汉姓人"者，虽然在行政上已不属外八旗中的上三旗之满洲旗，但官方仍用旧属旗籍称呼他们，这似是有用意的，表示这些人与皇室主人有较近的旧属关系，这与较早归附满洲者被称之为"旧满洲"，当有同样含义。

三、官方对内务府旗人原民族属籍之区分

同是内务府旗籍的包衣旗人，还有满洲、蒙古、汉军的身份区别，而且以这种区分作属籍性称谓。辨别这一问题，首先有必要谈一谈包衣汉人之称"汉军"

---

① 奕赓：《佳梦轩丛著》之一《东华录缀言》卷3。并见雍正《上谕内阁》卷64，雍正五年十二月十五日谕。
② 福格：《听雨丛谈》卷1《内旗旗鼓与八旗汉军不同》，第17页。《汉军回避刑部》，第53页。福格为内务府满洲旗分内汉姓人。

问题。

包衣汉人，也称"汉军"，但属于内务府汉军人，而非外八旗汉军旗汉军人。这一点，红学界研究曹雪芹家族旗籍的张书才先生已作过详细考辨，表达了上述观点，[①] 这是非常正确的。包衣汉人组织称"汉军佐领"（旗鼓佐领），也即这一组织之下的包衣汉人称汉军。不过这只是汉语的称呼，满语并不称汉军，而是称汉人，至少在乾隆初年以前是这样。据细谷良夫对乾隆初成书的满汉文《八旗通志》的对比研究，八旗汉军的汉军，满文是作 ujen cooha，汉意可释为汉军，而包衣汉人牛录的汉人，满文是作 nikan，汉意是汉人，并非汉军。[②]

包衣汉人，汉文称汉军，包衣汉人佐领，汉文称汉军佐领，出现得很早，有可能在顺治元年（1644）就有这种称呼，康熙汉文《大清会典》卷150《内务府二·会计司·三旗经管钱粮》记："顺治元年令：原给地亩之人，并带地投充人，归并于各汉军佐领下。"这是有关内务府庄屯经管者的编旗事，命令经管内务府旗地的汉人，编在内务府所属的汉军佐领下，这里所说的汉军佐领，就是汉人包衣的组织，所编包衣汉人，就称汉军。这一汉军佐领，有可能是顺治元年谕令的原称。[③] 康熙汉文《大清会典》卷153《内务府五·都虞司》所记："凡三旗护军，旧例，内务府，满洲，每佐领下，设护军十五名；汉军，每佐领下，设护军十名；管领下，各设护军十五名……顺治十八年定，满洲，每佐领下各添护军五名，设护军校二员；汉军佐领及管领下，各设护军十名、护军校一员。"这里是称包衣汉

[①] 张书才：《曹雪芹旗籍考辨》，《红楼梦学刊》1982年第3辑。前引陈国栋文也表述过类似观点。

[②] 〔日〕细谷良夫著《清代八旗制度之演变》，武永尚子译，《满族研究参考资料》1984年第2期。此文为何晓芳女士提供，特致谢意。

[③] 《清圣祖实录》卷58，康熙十四年十一月癸巳条。分封恭亲王常宁、纯亲王隆禧时拨给包衣佐领的上谕："和硕恭亲王，将……包衣正白旗满洲阿那代佐领、正黄旗汉军姚质义佐领、正黄旗噶布腊所属拨给。于和硕纯亲王……将包衣镶黄旗满洲萨毕汉佐领、汉军刘格佐领、正黄旗得希图所属拨给。"这里的"包衣""汉军"之称，也可能是康熙十四年汉文上谕的原话。

人佐领下包衣汉人为汉军。康熙《大清会典》记载的顺治元年的谕令，是目前所能见到的最早记载，也可能在顺治元年以前即清入关前就已经有这种汉文称呼，是否如此，待考。包衣管领下汉人，也称汉军，乾隆帝关于挑取兵丁上谕所说"将包衣佐领、管领下汉军内汉仗好者，一体挑取"[1]，便如此称呼。包衣佐领、管领下包衣汉人虽然也称汉军，但在旗籍所属上与外八旗中的汉军旗（又称八旗汉军）旗人是截然不同的。内务府包衣汉人，称内务府汉军，旗籍称内务府汉军籍；外八旗汉军人称八旗汉军人，旗籍称某色旗汉军（固山），或汉军某某旗。另外，旗鼓佐领只用于包衣汉军组织之称，不用于外八旗汉军组织之称，八旗汉军固山下也无旗鼓佐领。

正因为包衣汉人又称汉军，所以内务府汉姓包衣人还更具体地被归为"内务府汉军籍"，以此与同属包衣的满洲、蒙古旗人相区别。这种区分，在科举考试时，关系到政治权益上的不同，包衣满洲、蒙古旗人，是归入外八旗满洲、蒙古考试，包衣汉人，是归入外八旗汉军考试，二者所划给的录取名额不同，前者录取概率高，后者录取概率低。为确定这种不同权益，而将包衣旗人又定有满洲籍、蒙古籍、汉军籍，主要是防止包衣汉人即包衣汉军投机，冒充满洲籍，尤其是内管领下包衣汉人，因为内管领下包衣是满洲、蒙古、汉人混编，科举报名时都由满洲都统咨送，容易出包衣汉人冒充满洲籍之事。[2] 而包衣蒙古与包衣满洲旗人在科举录取权益上相同，也没有必要冒籍。这其中又有一个变化过程。康熙三十三年（1694）定，内务府内管领下所有包衣包括汉人包衣，都归外八旗满洲蒙古考试，只有汉佐领（旗鼓佐领）下汉人包衣归外八旗汉军考试。雍正十一年（1733），开始将所有包衣汉人与包衣满洲区别，乾隆三年（1738），强调包括管领下的所有包衣汉人，都严禁混入满洲籍考试。会典记载这一过程如下：

---

[1] 光绪《大清会典事例》卷714《兵部·兵籍·各省考拔营兵》，乾隆四十六年。
[2] 旗鼓佐领因为就是汉人包衣佐领，不大容易冒充满洲籍。

康熙三十三年题准，今将镶黄等三旗内府满洲佐领、管领，并五旗王府内满洲佐领，俱归并八旗满洲蒙古考试……今将镶黄等三旗内府汉佐领，并五旗王府内汉佐领，俱归并八旗汉军考试。①

乾隆三年又覆准，满洲、汉军考试，各有一定籍贯，不能混淆，惟内府及王公府属人员，有假充庄头子弟隶内府管辖编入上三旗者，又有旧汉人在内管领下及下五旗王公府属旗鼓佐领内者，此等人员原系汉人，并非满洲，因考试之时皆由满洲都统咨送，是以从前每有在满洲额内入学中试者，应行文内务府并八旗满洲都统，有内府及王公府属旧汉人误在满洲额内入学出贡，应归入汉军额内考试者，定限三月逐一清出，缘由取具该参佐领印结，造具清册，咨部存案。嗣后内府、王公府属人员考试之时，内务府及八旗满洲都统务严饬该管官，逐一稽察，其投充庄头子弟及内管领、旗鼓佐领之旧汉人，均别册送部，归入汉军额内考试，有将应归汉军考试之人造入满洲册内咨送者，察出参奏，将该管都统、佐领照朦混造册例议处。②

---

① 雍正《大清会典》卷76《礼部二十》。
② 乾隆《大清会典则例》卷70《礼部·仪制清吏司》。嘉庆《大清会典事例》卷309《礼部·学校·旗学事宜》。作如下记载："康熙三十三年题准，上三旗内府满洲佐领、内管领及五旗王公府属满洲佐领子弟，并归八旗满洲蒙古考试。上三旗内府旗鼓佐领及五旗王公府属旗鼓佐领子弟，归并八旗汉军考试……乾隆三年议准，满洲、汉军考试，各有一定籍贯，不容混淆。惟包衣人员，有投充庄头子弟隶内务府管辖，编入上三旗者。又有旧汉人在内管领下，以及下五旗王公所属包衣旗鼓佐领内者，此等原系汉人，并非满洲，因考试之时，俱由满洲都统咨送，是以从前每有在满洲额内入学中试者。自雍正十一年定例后，如仍有包衣旧汉人误在满洲额内入学出贡，应归入汉军额内考试者，定限三月查明，取具该参佐领印结，造册送部存案。嗣后包衣人员考试之时，务须严饬，该管官逐一查明，除实系满洲、蒙古人员，于本人名下注明满洲、蒙古字样册送外，其投充庄头子弟，以及内管领、旗鼓佐领之旧汉人，俱注明缘由，另册送部，归入汉军额内考试。其有将汉军造入满洲册内咨送者，察出即行参奏，将该管都统、佐领等分别议处。"

也正因为有这种权益区别,才以不同的原民族属性,定其属籍性身份,包衣汉人被冠以汉军籍贯。如道光四年(1824)的上谕,就反映了这种籍贯现象,"举人侯执璧,系包衣汉军,误由满洲籍贯考试取中……罚停会试一科。仍改归包衣汉军籍贯"①。咸丰十年(1860),内务府管领下包衣汉人翰林院侍讲恩吉,因更改为满洲籍贯事被人参奏,咸丰帝为此发布上谕:"翰林院侍讲恩吉更改籍贯,虽由伊父主持,难保不因满洲中额较宽,希图侥幸,实属取巧,著交部议处。所有松龄、恩吉,以及同时呈改籍贯之郎中惠龄等九员,著一并改归内务府汉军籍贯。前任内务府堂官,并内管领等,于松龄呈改籍贯时,并未详究原委,奏明办理,但据松龄一面之词,率行咨部更改,殊属草率,著查取职名,交部议处。"②

另外,在挑为甲兵的利益上,旗鼓佐领下汉军也低于包衣满洲佐领下人。如挑马甲,包衣满洲佐领,每佐领挑取89名,旗鼓佐领,每佐领挑取59名;挑护军,包衣满洲佐领,每佐领挑25名,旗鼓佐领,每佐领挑18名。③入关后八旗出现生计问题后,挑取甲兵实际上已成为一种经济待遇,旗鼓佐领下包衣汉人所挑兵额少于满洲佐领下人,是其经济利益低于满洲佐领下人的一种体现。

四、包衣佐领下人与管领下人的身份不同

包衣旗人又有包衣佐领下人、包衣管领下人之分,包衣佐领下人的身份地位高于包衣管领下人。在内务府中,主要体现在内管领下包衣奴仆(包括男、妇、幼丁),都要从事低贱性的杂役,乃至某些苦差,如侍奉皇室人员,在宫中、陵寝洒扫、清雪、除草、运水、担柴等,这是一般旗人不屑而为的,一般旗人犯罪罚入辛者库,也编入管领下,成为管领下包衣。

同时又应看到,管领下人与包衣佐领下人一样,又都是社会等级中的良人,

---

① 《清宣宗实录》卷65,道光四年二月。
② 《清文宗实录》卷310,咸丰十年三月壬午。上述汉军籍贯及其科举考试方面的待遇问题,前引张书才《曹雪芹旗籍考辨》一文也有引证。
③ 光绪《大清会典事例》卷1201《内务府·营制·内务府三旗官兵·雍正九年、十三年》。

与八旗旗分佐领下一般旗人具有基本同等的政治经济权益（少数因罪罚为辛者库人除外），身份地位大大高于旗人中旗下家奴（户下人），不属社会上的贱民奴仆。

以上包衣佐领下人与包衣管领下人身份地位的差别，以及他们与旗人户下家奴、社会上贱民奴仆的良贱区别，已作专门论述，此处不赘。①

五、小结与余论

至此，就可以把曹雪芹家族的旗籍及与其相关的身份，作如下归纳：

曹家为内务府旗籍。其内务府旗籍，表示曹家是内务府属的包衣奴仆。这种包衣奴仆身份，低于外八旗旗分佐领下的非包衣旗人，故而清代有将包衣旗人抬旗而抬入外八旗中的制度。② 抬旗是提高包衣旗人的身份，除去其包衣奴仆身份，同于外八旗旗分佐领下人。

满洲旗分，表示曹家是入关前便入于满洲旗分的旧汉人，不同于入关后归附内务府的非满洲旗分的汉人，与后者相比，满族皇帝对他们另眼看待，且视其为密近之人，并体现在某些政治权力、经济待遇的赋予上。如曹家等旧包衣汉人之充任内务府司官，皇帝简任其担任织造、盐政、关差等肥缺，利用他们打探情报信息，让他们安排皇帝南巡接驾等，这类职差虽不是所有满洲旗分内包衣都能得到的，但却是那些非满洲旗分内务府旗人不可奢望的。

汉军籍贯，表示该家族不是满洲人，是包衣旗人中的旗鼓佐领下汉军，或称包衣汉人，在科举考试、挑甲等待遇上，又低于满洲、蒙古包衣。

曹家又是内务府包衣佐领下汉姓奴仆，而不是包衣管领下人，比管领下包衣奴仆身份高。

这些籍属，标志着作为旗人的曹家复杂的多种身份。所以本人认为，如果完整地表述曹雪芹家族的复杂旗籍及由此体现的复杂身份，应是内务府正白旗、满

---

① 杜家骥：《八旗与清朝政治论稿》，人民出版社，2008，第 435—461 页。
② 杜家骥：《清代八旗制度中的"抬旗"》，《史学集刊》1991 年第 4 期。

洲旗分内、旗鼓佐领下包衣汉军（或包衣汉人）。而一般称呼，以及为这类人作传记，称其旗籍、身份，不会用这么多范围性、限定性概念，因而容易与外八旗旗人的旗籍、身份相混淆，造成今人的误解。

以上曹家情况，实际也就是清代包衣旗人尤其是汉姓包衣旗人异常复杂的属籍、身份等级关系的反映。

至于内务府汉姓包衣旗人是否属于满族，这是一个更为复杂的问题。因为，第一，"满族"是近现代的概念，清末宣统年间始有清朝官员称"满族"这一民族之称，清朝绝大部分时间没有这一称谓，但满族这一新的民族共同体，则确实是清朝期间客观存在的现实，与当时的汉族并称"满汉"，满族与历史上的汉族、蒙古族、契丹族等，都应是当时客观存在的民族。第二，界定满族成员范畴，是一个理论问题，而这一理论，以及对满族范畴的界定，又是至今未能取得一致意见的问题，理论上的认识，涉及的内容甚为复杂，就目前情况看，从理论上界定满族范畴，短时间内很难取得共识。在理论上未取得共识、相关史实未弄清的情况下，简单地说曹家等包衣汉人是满族人或是在旗汉族人，只能是各自的公婆之说。所以本文拟先在相关问题上作一些有关史实的考察，也许会对以后满族问题的讨论提供点可参考的史事内容。

（原载《民族研究》2011年第3期。进一步的探讨，见杜家骥：《清代满族与八旗的关系及民族融合问题》，载《社会科学战线》2016年第6期。此文内容摘要，见本文集之末所附）

清代蒙古女诗人那逊兰保的身世及相关问题考证

19世纪，蒙古族出了一位女诗人那逊兰保，姓博尔济吉特氏，字莲友，著有《莲友诗草》（未梓）、《芸香馆遗诗》。晚清文学家李慈铭为那逊兰保诗集《芸香馆遗诗》所作的序（下述此序简称"李序"）中，称她"惠性夙成，苕华绝出"，所作诗篇"清而弥韵，丽而不佻……洵足抗美遥代，传示后来"。能够称得上诗人的女性，在古代并不多见，而且又是一位塞外游牧民族的蒙古人，其诗作得汉族文人之激赏，足应引起学界重视。此前，已有学者对其诗作的思想性和艺术水平作了评述。[1] 其后，《那逊兰保诗集三种》也标点、注释出版。[2] 遗憾的是，由于古代对女性之生平记载的资料很少，这位女诗人的出身乃至生年等至今不明，以致后人据不确切的记述以讹传讹。笔者从事清朝满蒙联姻的课题研究时，从清朝皇家档案——《玉牒》等资料中了解到这位嫁与清皇家之蒙古才女相关的一些情况，现辅以其他零星辑得的资料，对其身世作简要钩稽，并对某些错误记述进行考辨。拙文只是初探，权作引玉之砖，希望人们能够对这位特殊身份的才女予以关注。

一、那逊兰保之出身

清代八旗蒙古人恩华所辑《八旗艺文编目》记载：

> 《芸香馆遗诗》，二卷，那逊兰保著。那逊兰保，字莲友，氏博尔济吉特，蒙古阿拉善王女，宗室恒恩室，祭酒盛昱母。[3]

---

[1] 赵相璧：《清代蒙古族女诗人那逊兰保》，《内蒙古社会科学》1982年第4期。
[2] 孙玉溱主编《那逊兰保诗集三种》，内蒙古大学出版社，1991。
[3] 恩华：《八旗艺文编目》集部"别集七"，1936年铅印本，下册第111页。

其称那逊兰保是阿拉善蒙古的王女，嫁与宗室恒恩为妻室，是国子监祭酒盛昱的生母。

而此前梓刻的《芸香馆遗诗》为作者所署之名，则作：

喀尔喀部落女史那逊兰保莲友著。[1]

今人论著，或近年所梓几种清人诗文集编目，在言及那逊兰保的出身时，便按上述记载而出现几种说法，一种称之为"蒙古阿拉善王女"，一种称之为"蒙古喀尔喀部人"，或将二者合之，称为"喀尔喀蒙古人，阿拉善王女"。

从前述记载作者的两书来看，《八旗艺文编目》乃旁人编集，记述作者所在的蒙古部落有可能出现错误。而《芸香馆遗诗》乃那逊兰保之子盛昱汇集、梓刻，所署作者为喀尔喀部落人，当无舛误。既然喀尔喀部与阿拉善旗是两个不同的蒙古部落，喀尔喀部中也没有称阿拉善王者，那么仅从编集者角度便可以初步断定，所谓那逊兰保为阿拉善王女是错误的。其实，盛昱家确实有人娶蒙古阿拉善王之女，但不是盛昱之父恒恩，而是盛昱的祖父敬敦。《玉牒》记："不入八分辅国公敬敦……嫡福晋阿拉善和硕亲王旺沁般巴尔女。"[2]

《芸香馆遗诗》署名那逊兰保为喀尔喀部落人，所述又太笼统，因漠北蒙古主要就是喀尔喀蒙古，其下又分为四大部——车臣汗部、土谢图汗部、赛因诺颜部、札萨克图汗部，每部之下还有若干旗，各旗由领主王公分掌，所以欲明了那逊兰保的身世，还应进一步作具体考证。

查宗室《玉牒》，在恒恩、盛昱父子条下记述：

---

[1] 《芸香馆遗诗》同治十三年盛昱刻本，第1页。
[2] 《列祖子孙直档玉牒》第206号，北京：中国第一历史档案馆藏。下引档案同此，不另注明收藏单位。

敬敦第三子恒恩，道光元年十月媵妾杨氏所出……嫡妻博尔济吉特氏二等台吉多尔济万楚克之女。①

恒恩第二子盛昱，道光三十年正月十三日嫡妻博尔济吉特氏多尔济万楚克之女所出……光绪十年补授（国子监）祭酒……②

《玉牒》所记表明，那逊兰保乃博尔济吉特氏二等台吉多尔济万楚克之女，嫁恒恩，生子盛昱。那么这位姓博尔济吉特氏的多尔济万楚克又是何许人？属于哪个蒙古部、旗？

《清宣宗实录》有以下一段记载：

道光八年三月戊辰，谕内阁："蕴端多尔济之子多尔济喇布丹等，前随伊父驻扎库伦多年，俱堪造就。多尔济喇布丹著加恩仍在乾清门行走；多尔济帕拉木著赏给头等侍卫，仍在乾清门行走；多尔济旺楚克著赏给二等侍卫，在大门上行走，伊等俱著留京当差。多尔济纳木凯著赏给头等侍卫，遣往库伦，交伦布多尔济，令其学习印房一切事务，用示朕追忆蒙古耆臣，特沛恩施至意。"③

这段史料，说的是道光七年（1827）在漠北蒙古之库伦任办事大臣的蕴端多尔济去世，因这位蒙古王原住北京，有故居，所以在京治丧，丧事毕，清宣宗道光皇帝为蕴端多尔济的四个儿子安置，三个儿子留京当差，另一个儿子派往库伦，学习印房事务，以示皇帝对蕴端多尔济这位长期担任库伦大臣的"蒙古耆臣"的"恩施至意"。四子当中的多尔济旺楚克，便是那逊兰保之父，与《玉牒》所记

---

① 《列祖子孙直档玉牒》第3号。
② 《列祖子孙直档玉牒》第4号。
③ 《清宣宗实录》卷134，道光八年三月戊辰条，第35—36页。

的多尔济万楚克乃是同一个人,"万"与"旺"字只是满文、蒙文音译为汉字的不同。这种情况在汉文史籍及汉文《玉牒》中经常见到,如上文中的多尔济喇布丹,在清国史馆所修的汉文《钦定续纂外藩蒙古回部王公表传》(再续传)中,便又作"多尔济喇布坦",其父蕴端多尔济,则又有"蕴敦多尔济""运敦多尔济""云丹多尔济"等多种不同译称。

盛昱为"阙特勤碑文"所作跋中的自序之文,进一步证实了《清宣宗实录》中所提到的多尔济旺楚克,就是《玉牒》中所说的多尔济万楚克,也即那逊兰保的生父、盛昱的外祖父。该文称:

> 余小时读四库全书提要,即省识之(指"特勤"二字,引者注),尝作诗送表兄鄂特萨尔巴咱尔郡王,即用"特勤"二字。①

盛昱所提到的他的这位表兄鄂特萨尔巴咱尔,乃《清宣宗实录》所说的多尔济旺楚克的侄孙,他们之间的亲缘关系如下图:

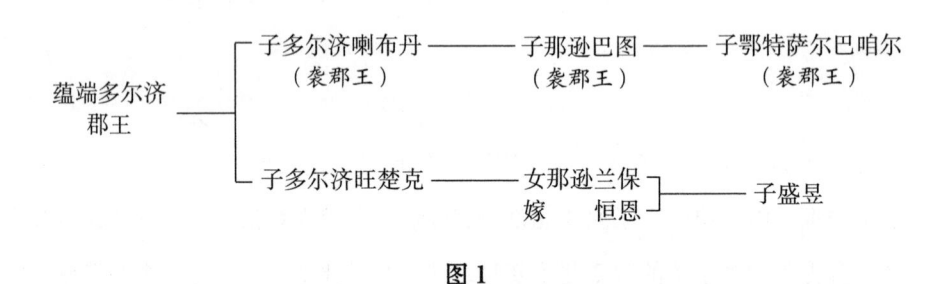

```
                  ┌─子多尔济喇布丹──子那逊巴图──子鄂特萨尔巴咱尔
                  │   (袭郡王)      (袭郡王)      (袭郡王)
蕴端多尔济────┤
   郡王           │
                  └─子多尔济旺楚克──女那逊兰保──子盛昱
                                      嫁  恒恩
```

图 1

《清实录》等史籍可证鄂特萨尔巴咱尔与多尔济旺楚克的血缘关系。

《清宣宗实录》记:

---

① 王崇焕编,成全辑补《盛意园先生年谱·咸丰九年》,天津市图书馆藏抄本。并见杨锺羲编《意园文略》之跋《意园事略》,宣统二年刊本。

道光八年三月乙丑，以故喀尔喀郡王蕴端多尔济子多尔济喇布丹袭爵。①

道光十九年五月庚戌，以故土谢图札萨克郡王多尔济喇布丹子那逊巴图袭爵。②

下一辈袭郡王的，是鄂特萨尔巴咱尔，《清史稿·藩部世表二》记：

喀尔喀土谢图汗部札萨克多罗郡王那逊巴图，道光三十年卒。鄂特萨尔巴咱尔，那逊巴图子，道光三十年袭（郡王）。③

鄂特萨尔巴咱尔之祖父多尔济喇布丹与多尔济旺楚克为同一父亲之亲兄弟，则鄂特萨尔巴咱尔为多尔济旺楚克之侄孙。而盛昱所以称鄂特萨尔巴咱尔为表兄，正是因为他的生母那逊兰保是鄂特萨尔巴咱尔的（堂）姑姑，他与鄂特萨尔巴咱尔为表兄弟，鄂特萨尔巴咱尔的生父那逊巴图、盛昱的生母那逊兰保，二人为堂兄妹，进一步说，那逊兰保是鄂特萨尔巴咱尔之叔祖多尔济旺楚克的女儿。

至此可以断定，那逊兰保的生父是多尔济旺楚克即多尔济万楚克，祖父是漠北喀尔喀蒙古名王、清皇家额驸蕴端多尔济。因蕴端多尔济札萨克郡王及其子孙承袭者世领之旗为土谢图汗部中右旗，④所以更具体确切地说，那逊兰保是漠北喀尔喀蒙古土谢图汗部中右旗人，出身于该旗札萨克郡王世家，乃成吉思汗黄金家族博尔济吉特氏血统。其本支家族又与清朝皇家世代结姻，后裔呈满蒙混血状态

---

① 《清宣宗实录》卷134，道光八年三月乙丑，第33页。
② 《清宣宗实录》卷322，道光十九年五月庚戌，第25页。
③ 《清史稿》卷210《藩部世表二·喀尔喀土谢图汗部札萨克多罗郡王》，第28册8463页。引文为摘录。
④ 张穆：《蒙古游牧记》卷7《土谢图汗部》，山西人民出版社，1991。下同，皆此版本，不另注。

（详见后述）。

二、那逊兰保的生年、年岁

那逊兰保的卒年已可确定，因其子盛昱在同治十三年（1874）为《芸香馆遗诗》所作跋中，称其母"于去年秋厌弃人间矣"，因而整理其遗诗梓刻以纪念，由此得知那逊兰保死于同治十二年（1873）。而她的生年，则没有记载，这样就无法得知其在世年岁，进而影响对其生平的探讨。有的学者把她的生年记为1801年，即嘉庆六年，[①] 根据笔者考察的结果，这是不准确的。

"李序"中，有这样一段文字，称遗诗作者那逊兰保：

> 竹柏之性，宜享大年。钟吕之音，吷徵极贵。乃艾岁方届，萱龄忽摧，门悦未惬，帝琴永撤。令子伯希孝廉，泣搜尘箧，捋香遗文，得诗百篇，厘为二卷，而属为之序。

这段话的意思是说，那逊兰保本应长寿，不想"艾岁方届，萱龄忽摧"。以下便叙其子伯希即盛昱（字伯希，或作伯羲、伯熙）孝廉（举人的别称，因盛昱那时中过举）泣而搜其遗诗，拟汇集付梓，请李慈铭为之作序。文中的"萱"字代指盛昱的母亲，"萱"字之代指母亲、与"椿"字之代指父亲，都是我国古代的礼俗性称谓，"椿萱"常用作代指父母。"萱龄"即其母亲的年龄、年寿，"萱龄忽摧"指盛昱母亲之年寿忽遭摧折而亡故，亡故之时为"艾岁方届"，也即刚到"艾岁"。我国古代，对年老人岁数之称，六十岁为耆，五十岁为艾，此源于《礼记·曲礼上》："五十曰艾，服官政；六十曰耆，指使。"所以"艾岁"是指五十岁，也即古人习惯所称的五十虚岁。那逊兰保卒于1873年，得年50虚岁（下述年龄皆为虚岁，不另注），则当生于1824年，即道光四年，与所谓生于1801年相差23岁。

[①] 见前引《清代蒙古族女诗人那逊兰保》一文。

以下三点也可说明那逊兰保不可能生于1801年，而应当生于1824年。

第一，如果那逊兰保生于1801年，则享寿73岁，已是年逾古稀，对于古人而言，属于长寿，李慈铭的序中就不会有"宜享大年……乃艾岁方届"便"萱龄忽摧"的叹惜了。

第二，据前引《玉牒》所记，那逊兰保的丈夫恒恩是生于道光元年即1821年，如果那逊兰保生于1801年，则比恒恩大了20岁，二人结为夫妻，年龄不匹。若生于1824年则小恒恩3岁，年龄相匹。且据盛昱记述，其生母那逊兰保是"十七归先府君"，[①] 即17岁那年嫁与他的父亲恒恩，若生于1801年，17岁出嫁那年为1817年，丈夫恒恩尚未出生。

第三，前引《玉牒》记，盛昱生于道光三十年即1850年，那逊兰保若生于1801年，1850年时已50岁，已过生育年龄，怎能生育盛昱？

确定了那逊兰保50岁时去世，生于1824年，便可对她人生历程中各大事件的时间作出判断，并据此对当时的相关史事进行阐述。

三、那逊兰保的身世

通过上两节对那逊兰保出身与生卒年的考述与确定，又可进一步得知某些史事、人物与她相关，并据此揭示她的家世。这对于清代边政、清廷与蒙古之民族关系的研究都是有参考意义的。

那逊兰保是蕴端多尔济的孙女，从《玉牒》中获知，蕴端多尔济一家与清皇家世代结姻，那逊兰保是清皇家嫁与该蒙古家族之和惠公主的第四代女孙，又回嫁清皇家肃王府家族。其家世与清皇家姻亲关系见下图，请读者结合此图阅读下文。

---

① 盛昱：《芸香馆遗诗·跋》，收《意园文略》卷1，宣统二年刊本，第12页。下同，皆此版本，不另注。

```
丹津多尔济 ──── 子多尔济色布腾 ──── 子桑斋多尔济 ──── 子蕴端多尔济
札萨克郡王        娶雍正帝养女和惠公主      娶乾隆帝堂妹        娶嘉庆帝堂侄女
                                    （慎郡王允禧女）    （和亲王永璧女）

                ┌ 子多尔济喇布丹 ──── 子那逊巴图 ──── 孙车林巴布
                │                    娶清宗室奕繁女    娶清肃亲王隆懃女
                ├（其他子略）
蕴端多尔济      │
札萨克郡王      ├ 子多尔济旺楚克 ──── 女那逊兰保
                │                    嫁清宗室恒恩（第四代肃亲王永锡之孙）
                ├ 女嫁镇国将军春定
                └ 女嫁辅国将军徵寿
```

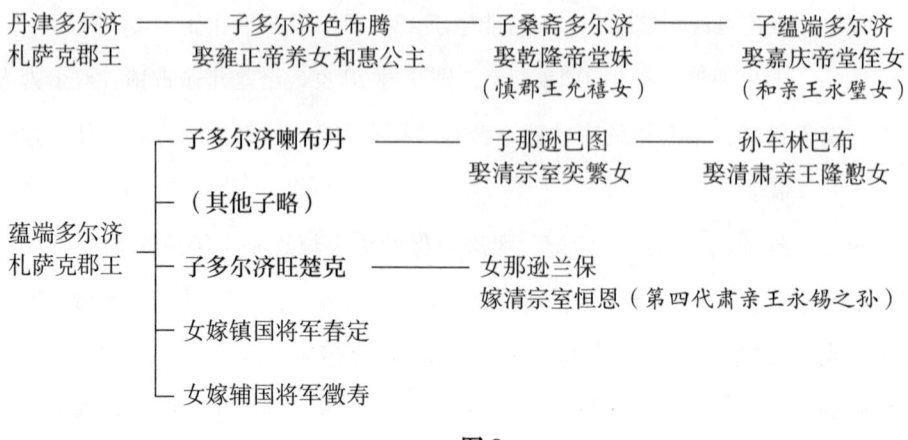

图 2

　　蕴端多尔济的祖父多尔济色布腾，是漠北喀尔喀蒙古土谢图汗部中右旗札萨克郡王丹津多尔济之子，娶雍正帝之和惠公主（雍正之弟怡亲王允祥女，养于皇宫中，封公主），《玉牒》作："和惠公主，雍正七年十一月，选喀尔喀博尔济吉特氏世子多尔济色布腾为额驸，本年十二月下嫁。"① 和惠公主生子名桑斋多尔济，幼小即由乾隆帝教育宫中，② 长大后，乾隆帝又将其堂妹指嫁与他。《玉牒》记述："慎靖郡王允禧第三女，县主，乾隆九年十二月，选喀尔喀札萨克多罗郡王桑斋多尔济为额驸。"③ 允禧为乾隆帝叔父，故此女是乾隆帝堂妹。桑斋多尔济之子便是蕴端多尔济。蕴端多尔济于乾隆三十一年（1766）生于北京，也由乾隆帝教养于内廷，乾隆四十六年（1781）娶和亲王永璧女，此女是永琰即后来之嘉庆帝的堂侄女。《玉牒》作："和亲王永璧第七女，选运（蕴）端多尔济为婿，乾隆四十六年十月成婚。"④ 他家的驻京府第在东四牌楼大街三条胡同东口，蕴端多尔

---

① 《列祖女孙直档玉牒》（满文），第 290 号。
② 乾隆《大清会典则例》卷 143《柔远清吏司·教养》作："喀尔喀郡王桑宰多尔济……均系公主、郡主之子，因其少孤，来京教育。"
③ 《列祖女孙直档玉牒》（满文），第 290 号。
④ 《列祖女孙直档玉牒》，第 017 号。

济成亲便在这一府第。① 成婚两年后，蕴端多尔济被乾隆帝派往漠北库伦（在土谢图汗部，今乌兰巴托）任职，一直到道光七年（1827）死于任所。② 蕴端多尔济的两个女儿也即那逊兰保的两个姑姑，则出嫁清皇族王公之家，蕴端多尔济长女嫁入顺承郡王府，其丈夫是顺承郡王伦柱之子镇国将军春定，③ 次女嫁睿亲王淳颖之孙辅国将军徵寿。④ 从以上史实可以看出，那逊兰保的祖上是与清朝皇家关系十分密近的显贵姻亲，而且受到清帝的重用，其祖父蕴端多尔济在库伦大臣这一要职（掌理漠北土谢图汗部、车臣汗部及中俄边境事务等）上任职四十多年，可见清帝对他的倚重。那逊兰保就是出生在这样一个与清皇家有特殊亲缘关系的蒙古王公家族。

从前述血缘关系看，那逊兰保的曾祖桑斋多尔济乃满族皇家和惠公主之子，"李序"称那逊兰保的外祖母英太夫人为满洲旗人侍卫费莫氏英志妻，则那逊兰保是其父多尔济旺楚克娶满洲旗人英志之女所生，她也是蒙满混血。

道光七年，蕴端多尔济死于任所，那逊兰保之父多尔济旺楚克扶柩至京。丧事毕，被任为侍卫留于京城，这就是前引《清宣宗实录》所说的"多尔济旺楚克著赏给二等侍卫，在大门上行走，伊等俱著留京当差"。大门，是指紫禁城中的太和门，清代蒙古人入值禁廷，有大门上行走、乾清门行走、御前行走等名目，主要职任是侍卫，还担任其他职差，"李序"中称那逊兰保的父亲"涉帑紫庭，依光丹阙……视宋世阁门之职，充蒙古奏事官，遂定居京师焉"，也是指的此事，所谓

---

① 《乾隆四十六年和勤亲王之女下嫁档》，日本东京东洋文库藏。该档详细地记述了这一府第的具体地址及当时娶亲情况。
② 杜家骥：《漠北喀尔喀蒙古与清皇家之联姻及重要人物与现象分析》，载《北方民族史研究》，内蒙古人民出版社，2001。
③ 《列祖女孙直档玉牒》，第021号。记"镇国将军春定第一女，嫡妻博尔济吉特氏库伦郡王蕴端多尔济之女所出"，由此得知。
④ 《爱新觉罗宗谱》（据《玉牒》编成），奉天爱新觉罗修谱处1938年刊，丙册第5876页。记"辅国将军徵寿，嫡妻喀尔喀札萨克郡王蕴端多尔济女"。

"涉帑紫庭，依光丹阙"，是指身处华丽的紫禁城皇宫中任侍卫之职，荣耀光彩。而"充蒙古奏事官"，据嘉庆道光时人曾为礼亲王的昭梿介绍，宫中"选六班蒙古侍卫中之熟谙蒙古语者，与奏事官同事，专奏外藩王公呈奏事件，国语谓之'卓亲辖'。盖以其语言习气与之相近，易通晓其意指，亦柔远人之一道也"①，卓亲辖，满文为 joocin hiya，即"奏蒙古事侍卫"之意。②"李序"中说，这一职务"视宋世阁门之职"，即与宋朝的"阁门祗候""阁门通事舍人"等掌宫中殿廷"传宣"之职类似。由此得知，那逊兰保的父亲多尔济旺楚克留京后，是在皇宫中充任皇家侍卫，并任皇帝与蒙古王公之间传奏事件的近御之职。

前文考证，那逊兰保生于1824年即道光四年，又道光七年，其祖父蕴端多尔济死于漠北库伦，蕴端多尔济诸子此年入京办丧，次年安置，由此得知那逊兰保是在道光七年她4岁时，随其父亲多尔济旺楚克由库伦至京，从此定居北京，进一步说，她是从小在北京接受满汉文化教育。那逊兰保随父"定居京师"后，应是生活于该家族驻京的蒙古王府，即前述蕴端多尔济成婚之处。这是一个受汉满文化影响较深的蒙古王公家族，那逊兰保祖父蕴端多尔济，幼年及青年居京时，曾按当时蒙古王公子弟"留内教养""内廷读书"③之制，被"教养内廷"④，也即在皇宫内与皇子皇孙们在上书房一起读书，接受汉满文化教育。他还雅好丹青《八旗画录》收录其名。他仿汉族文人习俗，取字朴斋，其好友郑亲王乌尔恭额称"蒙古王蕴朴斋能诗、画"⑤，蕴朴斋即蕴端多尔济。其在京蒙古王府设有家塾，以教育其在京居住的子弟。那逊兰保住京后也受教于该王府家塾，据盛昱述，他的"先

---

① 昭梿：《啸亭杂录·续录》卷1《奏蒙古事侍卫》，第388—389页。
② 《御制增订清文鉴》卷4《设官部二·臣宰类第七》。
③ 乾隆《大清会典则例》卷141《理藩院·王会清吏司·教养》；卷143《理藩院·柔远清吏司·教养》。
④ 《钦定外藩蒙古回部王公表传》卷49《札萨克贝勒西第什里列传·今袭多罗郡王云丹多尔济》。
⑤ 杨锺羲：《雪桥诗话续集》卷7，南林刘氏求恕斋1917年刻本，第7页。

母七岁入家塾,十二能诗,十五通五经"①,其老师是正黄汉军旗人陈廷芳之女,即《冰雪堂诗稿》的作者陈氏,号归真道人。②"李序"还称那逊兰保"幼受诗于外祖母英太夫人",这英太夫人即前述满洲旗人英志之妻,完颜氏,为满族女诗人,作品有《绿芸轩诗集》,那逊兰保在这部诗集的序中,称"余家世塞北……余以随侍京师,生长外家,外祖母完颜太夫人教之读书"③,可见那逊兰保幼年还得益于八旗旗人外祖母的汉文化教养。

道光二十年(1840)那逊兰保17岁那年嫁与恒恩。夫家也是个汉化较深的满族宗室官宦家族。恒恩的祖父永锡,袭爵肃亲王,乃清太宗皇太极的五世孙。

恒恩的生父名敬敦,封不入八分辅国公,因其兄敬徵无子,将恒恩过继为嗣子。敬徵在嘉道两朝长期任职中央,官至户部尚书、协办大学士,此前曾多年担任诸如内阁学士及管理钦天监、国子监、算学西洋堂、咸安宫官学等文化、教育机构的专职,是个有才学的官员,且重视家庭文化教育,嗣子恒恩因之考中举人。④其官邸名"意园",有"诗园"之称,⑤建有郁华阁,乃他家庋藏书画及金石文之所。那逊兰保青年时又嫁入这样一个书香门第,这无疑为她以后延续其文学爱好、继续进行诗词创作提供了良好环境。丈夫恒恩与她都有一定文学修养,且关系融洽,吟诗作文,成为夫妻生活中的高雅内容,因而"李序"称其夫妻二人"闺房唱和,觚翰无虚"。其子盛昱也记述,其母亲嫁入该家族后,"上事姑嫜,下和娣姒,家务之暇,不废吟咏,所作诗已裒成巨帙。中岁喜读有用之书,终年矻矻经史"⑥。

---

① 盛昱:《芸香馆遗诗·跋》。
② 那逊兰保《芸香馆遗诗》中的《题〈冰雪堂诗稿〉》及《祝归真师八十寿》。
③ 完颜金墀韵湘:《绿芸轩诗集》之"那逊兰保序",光绪乙亥刊本。
④ 《清史列传》卷41《宗室敬征传》所附恒恩事,中华书局,1987年标点本,第11册3222页。
⑤ 恒慕义主编《清代名人传略·盛昱》,青海人民出版社,1990,下册第498页。
⑥ 盛昱:《芸香馆遗诗·跋》。

那逊兰保对儿子的文化教育也倾注了一定心血,盛昱"自谓诗学得之母教为多"①。盛昱自幼聪慧,更兼得到良好教育,21岁中庚午科顺天乡试第一名举人,六年后的光绪三年,又在丁丑科宗室会试中第一名进士,②以后入翰林院为翰林,并任国子监长官祭酒等职。在清末文坛颇负盛名,后人称他"文誉满海内……其考订经史及中外地舆,皆精核过人……若撮其言录为一书,三百年来宏博之君子未有能及者也"③,或赞誉他为"三百年来八旗文望所宗,端推盛意园(盛昱)先生为巨擘"④。清皇家肃亲王一支在清后期出现这样一位才子,与他的生母那逊兰保的早期教养是分不开的。盛昱10岁时即对漠北地区的历史感兴趣,早因订正旧史之误而"籁是显名"⑤,此后又酷嗜蒙古史,大概也是受其母亲的影响。

有清一代,满蒙联姻频繁、人次众多,形成两民族中很多你中有我、我中有你的混血家族,⑥那逊兰保及其子盛昱,都是这种混血的典型成员,是民族交融中的重要体现内容。

在满蒙结姻的贵族家庭中,有不少清皇家的蒙古王公额驸、姻亲被委以重任,或派往蒙古地区出任要职,或留京担任清中央官职,著名者如科尔沁蒙古亲王色布腾巴勒珠尔(乾隆帝和敬公主额驸)家族、僧格林沁亲王(僧格林沁及其子孙世代与清皇家结亲)家族、漠北赛因诺颜部蒙古那彦图亲王(俗称那王,庆亲王奕劻女婿,康熙帝女婿策凌亲王后裔)家族等,⑦那逊兰保祖父蕴端多尔济家

---

① 杨锺羲:《雪桥诗话初集》卷12,南林刘氏求恕斋,1913年刻本,第59页。
② 法式善等:《清秘述闻三种》中册补卷1,中华书局,1982,第941页、943页。
③ 缪荃孙:《续碑传集》卷17《盛昱传》。
④ 《盛意园先生年谱·成全序》。
⑤ 《清史稿》卷444《宗室盛昱传》,第41册12454页。
⑥ 杜家骥:《清朝满蒙联姻研究》第二十三章《满蒙通婚与满蒙汉民族血分融合》,人民出版社,2003。已有专门论述,不赘。
⑦ 杜家骥:《清入关后与科尔沁蒙古联姻述论》,载《明清论丛》第2辑,紫禁城出版社,2001。《蒙古亲王僧格林沁家族与清皇家的世代政治联姻考述》,《历史档案》2003年第1期。《清皇室勋戚策凌家族与清王朝的边疆治理》,《北方民族》1992年第3期。

族也是其中之一。这些家族均有驻京府第，多长期居京，继续与满族王公官宦之家互相嫁娶，密切相处交往。子女后代也在京接受教育，长期受京师满汉文化熏陶，有些人在汉文化上还有相当造诣。不过像那逊兰保这样的女性诗人，尚不多见，而且，她的才学对其子满族著名文士盛昱的成名也有一定影响，洵为难能可贵。凡此，又都是满蒙民族关系、民族融合问题中值得注意的现象，这也是撰此专文的主旨之一。

（原载《民族研究》2006年第3期）

清代东北锡伯族的编旗及其变迁

  清代东北边区的诸少数民族中，锡伯（又称席北、席帛、锡卜、锡保、西北等）族的变迁最为曲折，曾经过几次组编、几次迁徙的复杂变化过程，以至分布关内外诸地乃至新疆伊犁，散处各地。康熙三十一年（1692），锡伯族的主体由科尔沁蒙古诸部中抽出，安置于齐齐哈尔、伯都纳、乌拉三地驻防，以后又南迁盛京地区及北京；乾隆二十九年（1764），盛京地区的锡伯人又有一部分被西迁新疆。关于锡伯人的南迁盛京、西迁新疆，已有学者作过专门考述，[①] 其编入八旗，日本学者考察了齐齐哈尔处锡伯人的编旗、隶属与任官等问题。[②] 锡伯人的每次迁徙，都经过不同形式的变化性编旗，进而影响到其民族属性的变化，本文主要考察锡伯族从安置上述三处驻防地到以后几次迁移的过程中，其不同的编旗形式及相关诸问题，以期对清代锡伯族的复杂变迁能有比较深入的理解，对于了解今天锡伯族的分布存在及其由来也有意义。

一、锡伯族的归附清廷及初次编旗

  锡伯族的主体是康熙三十一年始由科尔沁蒙古王公等"献出"、康熙帝以银赎出的，这已是研究者共知的史实，但这并不等于锡伯族都是这一次归属清廷的，在此以前，就有部分锡伯人已归属。如康熙十九年（1680）、康熙二十九年（1690），科尔沁蒙古宾图郡王属下的台吉噶巴拉和阿玉西，就先后献给清廷一些锡伯人丁，清廷将他们从纳尔浑即伯都纳迁至吉林乌拉，于康熙二十九年编为一个锡伯

---

① 赵志强、吴元丰：《锡伯族南迁概述》，《历史档案》1981年第4期。吴元丰、赵志强：《锡伯族西迁概述》，《民族研究》1981年第2期。
② 〔日〕楠木贤道：《齐齐哈尔驻防锡伯佐领的编建过程》，载《清代中国之诸问题》，东京：山川出版社，1995。〔日〕楠木贤道：《锡伯编入八旗再考》，收庆祝王钟翰教授九十华诞《清史论集》，紫禁城出版社，2003。前文未经寓目，是据后文介绍得知。

佐领。① 又据同治九年（1870）《吉林将军衙门兵司为郭尔罗斯旗、伯都纳二处锡伯人归属事呈将军文稿》述："查伯都纳之达呼哩等四村，均有居住之锡伯人等……系住京王公交纳鱼租之阿勒巴图，早年移来居住，将及二百余年……（共）一百余户。"② 所谓"系住京王公交纳鱼租之阿勒巴图"，是指这一百余户锡伯人，是为北京的宗室王公捕鱼交鱼租的隶属人——奴仆，即阿勒巴图。道光初曾在吉林将军衙门任职的萨英额，在其《吉林外纪》中所记"今伯都纳所居锡伯，乃京王公包衣人，有包衣达管之"③，就是指这部分锡伯人。他们"早年移住"伯都纳，距同治九年"将及二百余年"，应是在1660年至1670年左右，即顺治末康熙初年这段时间内，其归属时间应更早，是否是清入关前九部联军之役或清太宗时期征服边族时掳来的锡伯人，编入旗主贝勒的包衣佐领中的锡伯奴仆？待考。总之，这部分锡伯人归属清廷是早在康熙三十一年之前，而且不属科尔沁蒙古王公"献出"者，因为他们是下五旗宗室王公的包衣奴仆，与康熙三十一年以银从科尔沁蒙古中赎出而隶属皇帝上三旗的那部分锡伯人不是同一部分人。还有，《沈阳城北岳士屯安氏宗谱》载："溯我安氏，族系锡伯，原籍营城，自大清定鼎，附属满洲，于顺治八年移驻盛京，编入满洲正黄旗第一佐领下。"④ 此谱所记安氏家族的锡伯人，又是在顺治朝归附清廷的，谱中所记早年归附的时间是否准确，有待进一步考证，附记于此以作参考。上述情况还使我们得出这样一种认识，即归属清廷的锡伯人，并不完全是科尔沁蒙古王公"献出"的。

关于科尔沁蒙古王公"献出"的锡伯人也即锡伯族的主体，于康熙三十一年移驻齐齐哈尔、伯都纳、乌拉而编旗一事，目前，一般的看法是"编入满洲八旗"，本文认为，应该是"编为八旗"，而不是编入八旗的八个满洲旗，因为八旗是

---

① 赵志强、吴元丰：《吉林乌拉锡伯世管佐领源流考》，《历史档案》1983年第4期。
② 《锡伯族档案史料》，辽宁民族出版社，1989，上册第206页。下同，皆此版本，不另注。
③ 萨英额：《吉林外纪》卷3。并见《钦定盛京通志·兵制志》。
④ 贺灵、佟克力辑注《锡伯族古籍资料辑注》，新疆人民出版社，2004，第372页。下同，皆此版本，不另注。

个大的编旗形式,以八旗形式组编的有多种旗,如满洲八旗、蒙古八旗、汉军八旗,以及少数民族的察哈尔蒙古八旗、布特哈八旗、呼伦贝尔八旗等。此次科尔沁蒙古王公"献出"的,大部分是锡伯人,还有一小部分是卦尔察人、达斡尔人,如果笼统地以主要部分锡伯人称之,其编旗后应称锡伯八旗。那么是否编在了这三个地方的满洲八旗当中呢?似乎也不大可能,如伯都纳,康熙三十一年时始建城,设驻防兵,此后至康熙三十八年(1699)锡伯人又调移盛京这八年中,根本没有满洲八旗兵的组织,所以他们应是独自编为八旗组织。齐齐哈尔地方,康熙二十三年(1684)设有火器营,有满洲佐领六个。但无论是档案还是文献中,也都没有这一时期齐齐哈尔锡伯人编入满洲八旗的记述,只是记编为八旗,以某某几个锡伯牛录为八旗中的某色旗。[①] 当时这些锡伯人都是编为锡伯牛录,在《八旗通志》的满洲八旗《旗分志》中,也没有锡伯牛录,也可证明当时他们并未编入满洲八旗中。还有一点需要说明的是,这些锡伯人隶属皇帝的上三旗,并不等于是入满洲旗,因为皇帝之上三旗不仅有满洲旗,还有蒙古旗、汉军旗……皇帝之上三旗是个大的领属范围,有些情况又只是名义上的。这里所以要强调这些锡伯人不是编入满洲八旗,而是编为八旗,主要在于说明,这时的锡伯人,还是独立成组织的,如果编入满洲八旗,他们将失去这种独立性,而融入满洲族之中,其民族属性也将发生变化,而这种变化,是在康熙三十八年以后迁入盛京、北京以后之事了。

---

① 《锡伯族档案史料》,上册第57页、59页、65页、75页、81—88页。当时归入清廷的锡伯人等,共编八十牛录,开始是计划"皆归上三旗,镶黄、正黄二旗各为二十七牛录,正白旗二十六牛录"。后来实际是编为八旗,隶属上是上三旗,而将其中一部分拨入其余五旗,是"附于"这五个旗,以使八旗的牛录数大致平均,上引书第57—58页中对此有记述。楠木贤道先生对此作过论述,见前《锡伯编入八旗再考》一文。

二、再迁盛京、北京时的锡伯人编入满洲八旗、蒙古八旗

康熙三十八年至康熙四十一年（1702）期间，前述三处锡伯人再迁盛京、北京，此时发生了两个值得注意的变化：一是本锡伯族整体的民族性八旗组织不复存在，而散编入满洲八旗、蒙古八旗之中，而且，原来民族性的锡伯牛录（佐领）也被拆散，而散编入满洲八旗下的满洲佐领及蒙古八旗下的蒙古佐领之中；二是由集中驻防变为分散驻防，这在迁入盛京地区的锡伯人中表现得比较明显，因而其居处地也带有分散性特点。

迁入盛京地区的，是齐齐哈尔、伯都纳两处的锡伯人，其后裔所修的家谱，反映了他们被编入满洲八旗的状况。如盛京《城北吴扎拉氏宗谱》记述："我乌扎拉氏，原系伯都纳磋草沟锡伯人……蒙圣祖皇帝之殊恩，将我宗族由伯都纳移沈阳，即以乌扎拉译为吴姓，拨归盛京镶红旗满洲第三佐领下，今十有余世矣。"[①]《沈阳吴氏宗谱》也记："我乌扎拉氏，原系伯都纳磋草沟锡伯人也……南迁移于沈阳，即以乌扎拉氏译为吴姓，拨归盛京镶黄旗满洲第四佐领下当差。"[②]《沈阳城北岳士屯安氏宗谱》记该"安氏族系锡伯"是"编入满洲正黄旗第一佐领下"。[③]以上族谱所记的镶红旗满洲、镶黄旗满洲、满洲正黄旗，都指的是满洲八旗中的旗分，这些锡伯族人是编入了满洲八旗中某旗的某佐领下。其中乌扎拉氏家族又被分解，而被分编入不同满洲旗分中，因谱中记，该家族都"原系伯都纳磋草沟锡伯人"，迁盛京后，一支编入镶红满洲旗，一支编入镶黄满洲旗。

不仅同家族人被分开编入不同旗，而且在伯都纳、齐齐哈尔时的原锡伯佐领也不复存在，在《钦定八旗通志》（二集）所记的盛京地区驻防八旗中，有满洲旗的满洲佐领、蒙古旗的蒙古佐领、汉军旗的汉军佐领。还有少数民族人独立编成的佐领，如伊彻（伊彻，满语音，汉意为新）满洲佐领，即新满洲佐领，主要是

---

① 贺灵、佟克力辑注《锡伯族古籍资料辑注》，第 373 页。
② 贺灵、佟克力辑注《锡伯族古籍资料辑注》，第 376 页。
③ 贺灵、佟克力辑注《锡伯族古籍资料辑注》，第 372 页。

赫哲族人编成的佐领（库雅喇人编成的佐领称库雅喇新满洲佐领，有时也简称新满洲佐领）。再如巴尔呼佐领（或称巴尔虎佐领），是巴尔呼蒙古人编成的佐领。唯独见不到锡伯佐领。① 所见到的，都是锡伯人在某色满洲旗第几佐领下，或某"佐领下锡伯甲"某"佐领下锡伯"的记述。② 比较合理的解释，应是原来的锡伯佐领已被拆散，史料表明，他们是被编入了满洲八旗的满洲佐领下及蒙古八旗的蒙古佐领下。

《八旗通志》初集，据康熙年间奉天府的驻防册，记席北人即锡伯人康熙年间移驻盛京，是作如下记述："（康熙）三十八年，增八旗满洲、蒙古佐领下席北兵，各二十五名。"以下叙康熙三十九年（1700）、康熙四十一年的两次增驻，均记作增入"满洲、蒙古佐领下席北兵"，③ 如果原整佐领锡伯人编入，应该写作"增八旗满洲、蒙古旗下锡佐佐领"或"增八旗满洲、蒙古旗下锡伯兵"。现在记为是增入"满洲、蒙古佐领下"，表明是编入八旗中的满洲八旗、蒙古八旗的满洲佐领下、蒙古佐领下。康熙三十九年，内务府向康熙请示应遍查锡伯人出嫁之女一事所上的题本中也提到，锡伯人虽由皇上出银赎出，但并不效力，"故将锡伯人等迁至盛京、锦州等处及京师诸城，均摊入八旗披甲"④，这"均摊入八旗"，应是指拆散原锡伯佐领，以平均户数摊入满洲八旗、蒙古八旗，迁入北京的乌拉锡伯人就是如此均摊的（详见后述）。不拆散原佐领，也不容易均摊，上引题本也叙述，迁入盛京地区与迁入京师是同样的均分入八旗的编组形式。由伯都纳迁入盛京而被编入"奉天镶黄旗满洲第二佐领下"的图克色里氏即称，他们锡伯人迁盛京后

---

① 《钦定八旗通志》卷35《兵制四·八旗驻防·盛京》。此志所记盛京及下属凤凰城、开原城、广宁、熊岳、复州、金州、岫岩、锦州等地凡有伊彻满洲（新满洲）、巴尔呼驻防兵的地方，都设有伊彻满洲佐领官、巴尔呼佐领官，证明各处伊彻满洲、巴尔呼兵都是独自编佐领，其佐领官也称伊彻满洲佐领、巴尔呼佐领。
② 《锡伯族档案史料》，上册162页、159页。
③ 《八旗通志》初集，东北师范大学出版社，1986年标点本，第1册519页。
④ 《锡伯族档案史料》，上册第142页。

"所以不单设牛录，而分隶各旗者，实因彼时当道之忌"，[①]他们认为这样做是满族统治者出于对锡伯人的猜忌，因而拆散他们，而所述"不单设牛录，而分隶各旗"，则反映了已不再设锡伯牛录，而分散编入各旗的事实。当然，也不排除有个别锡伯人户编为独立牛录的可能。

未迁盛京时，他们的驻防点集中在齐齐哈尔、伯都纳两处，迁盛京后，则已分拨为二十多处。

康熙三十八年至康熙四十一年，伯都纳、齐齐哈尔两地的锡伯人陆续迁入盛京及下属的各城镇驻防，以替换各驻防点所裁撤的八旗弱甲、奴甲。根据当时的"驻防册"所记，具体分布如下：

表1

地名	裁撤八旗汉军数	增锡伯兵数
盛京奉天府	裁撤八旗汉军1414名	增锡伯兵1408名
开原	裁八旗兵274名	增锡伯兵325名
铁岭	裁八旗兵20名	增锡伯兵20名
兴京		增锡伯兵53名
辽阳城	裁八旗兵195名	增锡伯兵292名
牛庄城	裁八旗兵20名	增锡伯兵20名
盖州城		增锡伯兵24名
熊岳城	裁八旗兵126名	增锡伯兵131名
复州城	裁八旗兵201名	增锡伯兵178名
金州城	裁八旗兵209名	增锡伯兵159名
岫岩城	裁八旗兵132名	增锡伯兵82名
凤凰城	裁八旗兵105名	增锡伯兵205名
广宁城	裁八旗兵40名	增锡伯兵40名
巨流河、白旗堡、小黑山、闾阳驿四路	裁八旗汉军80名	增锡伯兵各80名
易州城	裁八旗兵108名	增锡伯兵108名
锦州城	裁八旗兵40名	增锡伯兵43名
小凌河、宁远、中后所、中前所四处	每处裁八旗汉军20名	各增锡伯兵20名，共80名

---

① 《图克色里氏族谱·溯源》，收贺灵、佟克力辑注《锡伯族古籍资料辑注》，第366页。

以上锡伯兵的驻防点，多达二十三处，人数多的地方有一千多名，为盛京，少的地方只有二十名，如铁岭及巨流河、白旗堡、小凌河、宁远等八处。即使兵员集中之地，也散居，居处也不固定，拨驻盛京的锡伯人所留下的家谱提供了这方面的情况。如图克色里氏，是由伯都纳迁至盛京，"尚有一支居于城北荒岗，又有一支，居于中后所北鞑子营"[①]。大孤家子关氏，迁至沈阳即盛京后，初居"沈城以西三家子湾处，迨至三世祖后迁沈北大孤家子"[②]。何叶尔氏，康熙四十年（1701）"迁入盛京，驻四十洼地方，于康熙四十六年（1707）又移住前孤家台村"[③]。吴扎拉氏，是"来沈之初，防居城西哈达堡子等处，计有数世，后于乾隆十一年（1746），迁于城西南北营子村"[④]。驻于沈阳城北的安氏也是"户大丁多，居处不一"[⑤]。以上情况，反映了迁至辽宁地区锡伯族的分散特点，有的家族已被分析，如图克色里氏，就三支分居三处，其中居于中后所的一支已是锦州府地界。而旗人的迁居，又扩大了他们的散居性。

这些编入满洲旗或蒙古旗佐领下，散居在盛京及下属各驻防城镇的锡伯人，后来逐渐融于满族，乾隆以后，他们已被称为"新满洲锡伯"[⑥]，表明他们的民族属性已发生某种变化。另外，还有些锡伯人居住的村屯，因人户较多，又经繁衍，而成为锡伯屯。

以上是迁入盛京地区的齐齐哈尔、伯都纳两地的锡伯人。乌拉一地的锡伯人，不是迁盛京，而是迁北京。乌拉地区的锡伯人，康熙二十九年（1690）编设的那个佐领，并未迁京，而是留在了乌拉，此后作为世管佐领，完整保留下来，

[①] 《图克色里氏族谱·溯源》，载贺灵、佟克力辑注《锡伯族古籍资料辑注》，第366页。
[②] 《大孤家子关家谱书·序》，载贺灵、佟克力辑注《锡伯族古籍资料辑注》，第372页。
[③] 《城北何叶尔氏宗谱·序言》，载贺灵、佟克力辑注《锡伯族古籍资料辑注》，第373页。
[④] 《沈阳吴氏宗谱·序言》，载贺灵、佟克力辑注《锡伯族古籍资料辑注》，第376页。
[⑤] 《沈阳城北岳士屯安氏宗谱·序》，载贺灵、佟克力辑注《锡伯族古籍资料辑注》，第372页。
[⑥] 《锡伯族档案史料》，上册第163—173页。

并编入八旗蒙古旗中，一直到清末。迁入北京的，是康熙三十一年安置在乌拉驻防的锡伯佐领，共十六个，《盛京通鉴》记此次迁往京城的锡伯壮丁为三千名。[1] 这十六个佐领的三千名锡伯壮丁及他们的家属入京后，并未保持原佐领组织，而是被拆散，分编入京旗八旗满洲、八旗蒙古这十六个旗的旗分佐领下。今中国第一历史档案馆内阁全宗满文杂档，保留有雍正年间的两件档案：一为《镶黄旗满洲第二参领查新满洲索伦达斡尔罗刹锡伯等人姓名牛录册》，二为《镶红旗蒙古旗都统喀尔萨等为造送所属锡伯人名册事咨内阁修志馆文》。[2] 其反映出康熙三十八年将吉林乌拉迁来的锡伯人编入京旗佐领下的状况。据上述第一件档案记述，这些锡伯人是"由吉林乌拉来至京城"，"于康熙三十八年四月初四日到京"。第二件档案记述，"康熙三十八年，由科尔沁地方移来之锡伯……附于××佐领下"。实与第一件档案所述是同一事件，所谓"由科尔沁地方移来之锡伯"是叙其所由出，指康熙三十一年由科尔沁"赎出"之事。这两件档案所记锡伯人所在的佐领，经与《八旗通志》初集《旗分志》对照，在卷3《旗分志三·镶黄旗满洲第二参领》、卷12《旗分志十二·镶红旗蒙古头参领、二参领》中，都可以找到这些锡伯人所编入的满洲佐领或蒙古佐领，而且其还反映出，这些原为整佐领的锡伯人，是拆散后以各几户的形式分编在满洲佐领或蒙古佐领下。具体情况见下表。

表2 编入满洲旗之满洲佐领下的锡伯人

档案所记镶黄满洲旗第二参领各佐领的佐领官及其下锡伯人	锡伯人来源	《八旗通志》所记镶黄满洲旗第二参领下锡伯人所在之满洲佐领及该佐领之佐领官		
^	^	佐领次序	佐领官	佐领官之民族、身份
扎勒杭阿佐领下：锡伯护军校班第、前锋硕色、养育兵阿什图等	康熙三十八年由吉林乌拉迁移到京，分在本佐领下	第一佐领	扎勒杭阿	满洲人，江宁将军来文之侄

---

[1] 《盛京通鉴》卷3《工司应办事宜》。
[2] 《锡伯族档案史料》，上册第213—218页。

表 2 （续表）

档案所记镶黄满洲旗第二参领各佐领的佐领官及其下锡伯人	锡伯人来源	《八旗通志》所记镶黄满洲旗第二参领下锡伯人所在之满洲佐领及该佐领之佐领官		
		佐领次序	佐领官	佐领官之民族、身份
公富尔丹佐领下： 锡伯马甲朱兰泰及其祖、父， 锡伯牧人舒木努及其祖、父	康熙三十八年由吉林乌拉迁移到京，分在本佐领下	第二佐领	公爵傅尔丹	满洲人，领侍卫内大臣公爵倭赫之子
沙嘉保（应译为释迦保）佐领下： 锡伯护军参领绰奋、三等侍卫对沁等六人	康熙三十八年由吉林乌拉迁移到京，分在本佐领下	第三佐领	释迦保	满洲人，扎尔固齐雅希禅后裔
成泰佐领下： 锡保多和	康熙三十八年由吉林乌拉迁移到京，分在本佐领下	第四佐领	陈岱	满洲人
戴浩佐领下： 锡伯格玫、子齐克齐	康熙三十八年由吉林乌拉迁移到京，分在本佐领下	第六佐领	戴豪	满洲人，副都统
多进佐领下： 锡伯三等侍卫札木素、锡伯披甲济兰泰、锡伯披甲察珲	康熙三十八年由吉林乌拉迁移到京，分在本佐领下	第七佐领	多进	满洲人，一等阿达哈哈番，瓜尔佳氏费英东家族
福定佐领下： 锡伯领催图古素、披甲阿必达、闲散福保	康熙三十八年由吉林乌拉迁移到京，分在本佐领下	第八佐领	傅定	满洲人，瓜尔佳氏费英东家族
赵岱佐领下： 锡伯额黑及其子孙、披甲沙克西、闲散达什	康熙三十八年由吉林乌拉迁移到京，分在本佐领下	第九佐领	兆岱	满洲人，二等阿达哈哈番，瓜尔佳氏费英东家族
唐喀佐领下： 锡伯护军必里克图及其子、锡伯护军额尔德木图、锡伯披甲阿达玛及其弟	康熙三十八年由吉林乌拉迁移到京，分在本佐领下	第十一佐领	唐喀	满洲人，瓜尔佳氏费英东家族
喀杜哩佐领下： 锡保披甲瓦克善及其祖、父	康熙三十八年由吉林乌拉迁移到京，分在本佐领下	第十五佐领	喀都礼	满洲人，二等阿达哈哈番
普庆佐领下： 锡伯闲散巴图及其祖、父	康熙三十八年由吉林乌拉迁移到京，分在本佐领下	第十七佐领	普庆	满洲人，二等侍卫

表 3 编入蒙古旗之蒙古佐领下的锡伯人

档案所记北京镶红蒙古旗下各佐领之佐领官及其下锡伯人	锡伯人来源	《八旗通志》所记镶红蒙古旗各蒙古佐领下锡伯人之佐领及该佐领之佐领官		
		佐领次序	佐领官	佐领官之民族、身份
萧格佐领下：锡伯讷尔特依、哈济噶尔、沙礼	康熙三十八年移京（原科尔沁赎出）	第一佐领	萧格	蒙古旗人，员外郎
雍寿佐领下：锡伯额尔格图、波谛、达尔玛	康熙三十八年移京（原科尔沁赎出）	第二佐领	永宁	蒙古旗人
关保佐领下：锡伯披甲傅达礼、额勒德布、尚图	康熙三十八年移京（原科尔沁赎出）	第三佐领	关保	蒙古旗人，头等阿达哈哈番
僧格特佐领下：锡伯波济滚、哈萨、平盖	康熙三十八年移京（原科尔沁赎出）	第四佐领	僧额忒	蒙古旗人，步军尉
萨克萨哈佐领下：锡伯和泰、纳马尔肯、纳泰	康熙三十八年移京（原科尔沁赎出）	第五佐领	萨克萨哈	蒙古旗人
鄂齐尔佐领下：锡伯田木保、纳木库、阿尔泰	康熙三十八年移京（原科尔沁赎出）	第六佐领	鄂齐礼	蒙古旗人
纳泰（秦）佐领下：锡伯额尔德尼、南精、赛拉穆	康熙三十八年移京（原科尔沁赎出）	头参领第七佐领	纳青（或作纳亲）	蒙古旗人
乌尔图那斯图佐领下：锡伯古尼、赛费图、西尔敏	康熙三十八年移京（原科尔沁赎出）	头参领第八佐领	武尔图纳斯图	蒙古旗人，三等精奇尼哈番
佛保佐领下：锡伯济图、散木保、扎施	康熙三十八年移京（原科尔沁赎出）	头参领第九佐领	佛保	蒙古旗人
班弟佐领下：锡伯纳逊、绰勒托、额勒木齐	康熙三十八年移京（原科尔沁赎出）	第二参领第一佐领	班第	蒙古旗人，拖沙喇哈番
赫达色佐领下：锡伯特佐忒、特古思、海青阿	康熙三十八年移京（原科尔沁赎出）	第二参领第二佐领	黑达色	蒙古旗人，亲军

表3（续表）

档案所记北京镶红蒙古旗下各佐领之佐领官及其下锡伯人	锡伯人来源	《八旗通志》所记镶红蒙古旗各蒙古佐领下锡伯人之佐领及该佐领之佐领官		
		佐领次序	佐领官	佐领官之民族、身份
济兰泰佐领下：锡伯莫奇塔特、乌济、富克善	康熙三十八年移京（原科尔沁赎出）	第二参领第三佐领	季兰泰	蒙古旗人，护军校
诺米岱佐领下：锡伯伯勒贺、布尔逊、孟克	康熙三十八年移京（原科尔沁赎出）	第二参领第四佐领	诺米岱	蒙古旗人，散骑郎
西喽佐领下：锡伯诺木图礼、波罗莎、图尔马	康熙三十八年移京（原科尔沁赎出）	?	?	?
贺图佐领下：锡伯根特、乌塔哈、泰音布	康熙三十八年移京（原科尔沁赎出）	第二参领第六佐领	黑图	蒙古旗人，拖沙喇哈番
八十五佐领下：锡保阿礼山、外勒海、必雅尔	康熙三十八年移京（原科尔沁赎出）	第二参领第七佐领	八十五	蒙古旗人，参领
双当佐领下：锡伯克都、博施吞、察木布岱	康熙三十八年移京（原科尔沁赎出）	第二参领第九佐领	双鼎	蒙古旗人
马赫图佐领下：锡伯喀喇、杜喇、和色礼、勒谛、巴尼	康熙三十八年移京（原科尔沁赎出）	头参领第十佐领	马河图	蒙古旗人，阿达哈哈番
色克图佐领下：锡伯阿木呼朗、健达赉、额赫讷讷	康熙三十八年移京（原科尔沁赎出）	第二参领第十佐领	色克图	蒙古旗人，拖沙喇哈番
岱通佐领下：锡伯阿噶讷、孟可、阿玉施	康熙三十八年移京（原科尔沁赎出）	头参领第十一佐领	戴通	蒙古旗人
阿尔善佐领下：锡伯顺济达、济伯根、爱逊	康熙三十八年移京（原科尔沁赎出）	第二参领第十一佐领	阿尔善	蒙古旗人，郎中

以上两表所记佐领官，名字在档案与《八旗通志》中有互异者，如戴浩、戴豪，福定、傅定，成泰、陈岱，鄂齐尔、鄂齐礼等，这是音译的不同，因档案为

满文，表中所用为译为汉文的出版物，《八旗通志》也是译为汉文的名字，汉字不同而音同或音近似，也表明是同一个人。而镶红蒙古旗中，档案所记的"雍寿"佐领，《八旗通志》中作"永宁"，当系某一方有误，笔者未查阅它们各自的满文本，不过仅此一例，并不影响对整个问题的认识。另外，两表中每个佐领之下所记锡伯人，每个人都是户主，其祖或父或子披甲、任职者，均在该人名下附记之，作"其祖某某""其父某某""其子某某"，表明是一户，其他不属这类情况者，每一人就是一户，所以表中每佐领下三个名字者居多，应是三户，其他一个名字或四、五、六个名字，应是一户或四、五、六户。因而，由上两表可以看出，当时分拨，多是以三户锡伯人编在满洲旗的某满洲佐领下，或蒙古旗的某蒙古佐领下，个别的为一户或四、五、六户编入。以上两件档案，只是分在满洲镶黄旗一个参领、蒙古镶红旗两个参领下共三个参领三十三个佐领下的约一百户锡伯人，分在其他满洲旗、蒙古旗的锡伯人也当如此，如档案中的乾隆二十九年《前往泰陵锡伯甲名册》、乾隆三十四年（1769）《前往盘山锡伯甲名册》、乾隆三十六年（1771）《前往木兰锡伯甲名册》、乾隆五十九年（1794）《前往天津锡伯甲名册》，以及嘉庆、道光、咸丰年间的共十份锡伯甲名册，在镶黄、正黄、正白、镶白、正红、镶红、正蓝、镶蓝这八旗之下。每色旗下又都列有满洲旗锡伯甲多少名，每名锡伯披甲人各在该色满洲旗的某满洲人任佐领官的满洲佐领之下。其次列蒙古旗锡伯甲多少名，也列每名锡伯甲所在该色蒙古旗的某蒙古佐领下。[①] 其中乾隆朝锡伯甲名册所列锡伯人所在的佐领，在《钦定八旗通志》（即二集）中，可以找到所在满洲旗的该满洲佐领，或所在蒙古旗的该蒙古佐领。其中编入镶黄满洲旗下的，还有入该旗俄罗斯佐领下的，为仅有之特例。以上，无论是档案，还是《八旗通志》，都只有满洲旗或蒙古旗下的锡伯甲而没有锡伯佐领了。所以这些由吉林乌拉地方迁京的锡伯人，不仅编入满洲旗、蒙古旗的满洲佐领、蒙古佐领之

---

① 《锡伯族档案史料》，上册第 223—277 页。

中，而且远离东北故土，融入京师八旗之中，其属于满族的民族性属性就更明显些了。此外，还有少部分锡伯人被分拨到京城附近一些县城，如顺义、良乡、三河、沧州，①乃至山东德州等地方驻防。②

三、西迁伊犁之锡伯人的再组编

由齐齐哈尔、伯都纳迁往盛京地区驻防的锡伯人，又有一部分在乾隆二十九年调入新疆的伊犁，这些人从盛京地区的盛京、辽阳、锦州等驻防点抽调，共有锡伯兵一千名，连同家口，仍是从各佐领中零散迁出。到伊犁后，重新组编佐领，共组成八个牛录即佐领，且分别以八旗旗色做标志，以八旗的排序称呼这八个佐领次序，镶黄旗的称一牛录（佐领），正黄旗的称二牛录……镶蓝旗的称八牛录。此次组编的八个牛录，每个牛录都是锡伯人，因而八个牛录共组成锡伯营。从他们的家谱所追溯的情况可以看出，他们多是从盛京的家族中抽出的，并不是整家族调往。因而同一家族中，有"留居盛京"者，又有"移驻伊犁"者。如锡伯营八牛录即镶蓝旗牛录下果尔吉氏，原为"盛京所属复州正蓝旗苏尔格纳牛录"下人，其"留居盛京的始祖：阿达顺、果诺霍图。移驻伊犁的高祖：佐领阿哈里、披甲多霍"。富察氏，"原系盛京所属金州正红旗吉灵阿牛录人"，其"留居东北的始祖：披甲恩杜里。移驻伊犁的高祖：色尔吉纳"。石家氏，原为"兴京城正红旗明太牛录之骁骑校吴达那一户调驻伊犁"，有明确说明是其一户从牛录中调出。而瓜尔佳氏，"原系辽宁岫岩城正白旗关保牛录"下人，其"留居岫岩的祖先：永琐（西林保之父）。移驻伊犁的高祖：西林保"，又是父子分离，儿子西林保调伊犁，父亲永琐留在盛京地区的岫岩。再如锡伯营一牛录即镶黄旗牛录下的永妥里氏，"原系沈阳镶白旗第六佐领锡伯营伍达里牛录之锡伯人，留居沈阳的始祖：陶吉那。其子特格移驻伊犁"，也是父子分离。还有锡伯营五牛录即镶白旗牛录

---

① 吴元丰：《新近发现的锡伯族档案史料及其研究价值》，《民族古籍》1995 年第 3 期。
② 《清朝文献通考》卷 184《兵考六》。

下的安佳氏，原在盛京所属的义州城正红旗张俊作牛录下，是"连户移驻伊犁"，至光绪年间，安佳氏的这"连户"即多户移驻者又发展六十多户，这种原一佐领下多户移迁者，当属个别情况，所见伊犁锡伯营人的十余份家谱中，只此一例。[①] 为何不整户调走，而是每户中抽调部分人至伊犁，原因值得深入考察。

西迁的锡伯人虽然是由各家族中抽出，又背井离乡远徙西陲，但到伊犁后，为了便于管理，他们集中重编牛录，这八个牛录都是锡伯人，由此共组锡伯营，这锡伯营又成了他们独自的民族群体，一直延续到今天，仍以锡伯族的民族群体形式存在。

（原载《求是学刊》2006 年第 3 期）

[①] 以上诸家谱，见《锡伯族古籍资料辑注》，第 374—391 页。

影响晚清政局变动的皇室人口生育问题

古代帝王专制时代,皇帝及其相关之事对国家政治影响甚大。由于皇帝只能从皇家主要是皇室一支选择,因而皇室人口繁衍、兴旺与否,也成为影响王朝政局的一种重要因素。东汉时期,多次出现故去皇帝无中青年皇子或无子,而立娃娃皇帝或以旁支之人为帝的情况,太后及外戚、宦官走马灯式地轮番控制皇帝,造成朝政混乱。中国古代,幼帝继位的情况在其他王朝也不鲜见,或多或少都会对朝政产生影响。若皇帝本支人口繁育不旺,甚至绝嗣,也会造成朝政变动。皇帝之皇子少,继位者又必须从中选择,优选概率极小,以致可能出现智商低下、行为有缺陷者继位的情况。另外,皇家子女又多娇生惯养,骄奢任性,优良者本来就相对较少,皇室人口不旺,优良者更少,再加上皇太后等掌握人选者对某人的偏爱,而所偏爱者又不一定是其中的最佳人选。凡此种种,都会使继位者的人选在智商、政治素质、性格、爱好等方面存在问题,选这样人当了皇帝,对朝政的影响也就可想而知。如北宋,哲宗无子,其死后出现皇太后与朝臣立谁为嗣皇帝的争端,皇太后坚持立端王赵佶,是为徽宗。徽宗虽有文艺才华,而治国方面实为昏庸之君,史家评论其"疏斥正士,狎近奸谀",宠信奸佞蔡京、童贯,蔡京"济其骄奢淫佚之志,溺信虚无,崇饰游观,困竭民力。君臣逸豫,相为诞谩,怠弃国政,日行无稽。及童贯用事,又佳兵勤远,稔祸速乱,他日国破身辱",导致北宋败亡。①

明朝武宗朱厚照是个独生子,其父孝宗死后,别无选择,朱厚照当然继位,这位玩闹的正德皇帝不仅宠信太监刘瑾、流氓式人物江彬,而且荒怠朝政,四处

---

① 《宋史》卷19《本纪·徽宗一》;卷22《本纪·徽宗四·赞曰》,中华书局,1985年标点本,第2册357页、417—418页。

野游，骚扰百姓，其父孝宗时的弘治中兴，也在其继位后而中断消失。明武宗无子，其死后以旁支继帝位，是为嘉靖帝，嘉靖坚持把本生父作为皇考，造成影响朝政甚大众所周知的"大礼议"事件。最后，迎合帝意者成为宠臣，不服从帝意的群臣惨遭廷杖，致死十余人，一百三十多人下狱或谪戍。

中国古代，除去一二代便亡国者，几乎每一王朝都会因皇室人口问题产生这样那样的影响，情况复杂各异。前述娃娃皇帝和皇帝本支少子、绝嗣的情况，在清朝都曾发生过。晚清皇帝生育能力严重颓萎以致绝嗣，咸丰死而以独子幼童为帝，是为同治帝，此后帝室绝嗣而立旁支的幼帝光绪、溥仪，都实行皇室太后垂帘或宗室亲王摄政，以代行皇权。慈禧垂帘听政，操纵帝位传承，与宗室亲王奕䜣等龃龉，与光绪有矛盾又欲立溥儁以废光绪，此事甚至影响中外关系，对朝政影响尤为突出。如果清皇室像清中期以前尤其是康熙、乾隆二帝那样子孙成群，有多个中青年男子可供选择，不致立幼帝，更不必从旁支选择，就不必垂帘，这一切也可能不会发生。另外，清朝自雍正以后实行秘密立储，不拘嫡长，于众皇子中择优选立储君，而晚清之皇帝少子或无子，也就谈不上优选皇位继承人了，秘密立储制也自然结束。因而，皇室人口生育情况，不仅仅是人口学问题，还与王朝政治关联，是古代王朝不同于近现代国家的特色性问题，值得研究。

本文主要探讨清朝皇室人口生育变化的情况，对学界流行的某些误解进行辨析，并对清后期皇室人口萎缩的原因作分析，希望把问题的研究引向深入。所述史事依据的资料主要是皇家宗谱——《玉牒》（北京：中国第一历史档案馆藏），以及根据《玉牒》编辑的《清皇室四谱》（唐邦治编，上海聚珍仿宋印书局，民国十二年排印本）、《爱新觉罗宗谱》（奉天爱新觉罗修谱处，1938年印本），正文中不再一一注明。

一

有清一代，康熙皇帝的子女最多，曾生育55人（计殇者，下同），成育者也达32人（24男、8女）。其孙乾隆帝所生子女也不少，共27个。此后的嘉庆帝生育14个，道光帝生育19个，比康乾二帝减少，但还不能说生育情况不正常。此后则锐减乃至绝嗣，见下表所列。晚清时期，自咸丰皇帝于咸丰八年（1858）生皇次子后至清亡，几代皇帝的50多年期间，紫禁城中再无婴儿啼声，这与以前尤其清前期皇帝子孙绕膝的情况，形成显著反差。若前后通贯审视，给人的印象又似清皇室的生育能力逐渐萎缩，直至绝嗣无出（详见下表。后文所引数据，均据下表）。

表1 清诸帝（入关后）与后妃生育情况表

皇帝	皇后妃嫔等	是否近亲结婚	所生子女、子女生年	子女后来情况	合计
顺治帝，享年二十四	庶妃巴氏	否	长子钮钮，顺治八年	殇	3
			三女，顺治十年	殇	
			五女，顺治十一年	殇	
	庶妃陈氏	否	长女，顺治九年	殇	2
			5子常宁，顺治十四年	恭亲王	
	庶妃董鄂氏	否	次子福全，顺治十年	裕亲王	1
	庶妃杨氏	否	次女，顺治十年	出嫁	1
	庶妃佟氏	否	3子玄烨，顺治十一年	继帝位	1
	庶妃乌苏氏	否	四女，顺治十一年	殇	1
	庶妃纳喇氏	否	六女，顺治十四年	殇	1
	皇贵妃董鄂氏	否	4子，顺治十四年	殇	1
	庶妃唐氏	否	6子奇授，顺治十六年	殇	1
	庶妃钮氏	否	7子隆禧，顺治十七年	纯亲王	1
	庶妃穆克图氏	否	8子永幹，顺治十七年	殇	1
	废后博尔济吉特氏 孝惠皇后博尔济吉特氏 淑惠妃博尔济吉特氏 悼妃博尔济吉特氏	是	均无出		0
	恭靖妃博尔济吉特氏（浩齐特部），端顺妃博尔济吉特氏（阿霸垓部），恪妃石氏，贞妃（追赠）董鄂氏	否	均无出		0
合计	19人		14人（成年5、殇9）		14

表1（续表）

皇帝	皇后妃嫔等	是否近亲结婚	所生子女、子女生年	子女后来情况	合计
康熙帝，享年六十九	荣妃马佳氏	否	长子承瑞，康熙六年	4岁殇	6
			4子赛音察浑，康熙十年	4岁殇	
			三女，康熙十二年	出嫁	
			7子长华，康熙十三年	殇	
			8子长生，康熙十四年	3岁殇	
			10子胤祉，康熙十六年	诚亲王	
	张氏	否	长女，康熙七年	4岁殇	2
			四女，康熙十三年	5岁殇	
	孝诚皇后赫舍里氏	否	2子承祜，康熙八年	4岁殇	2
			6子胤礽，康熙十三年	皇太子	
	惠妃纳喇氏	否	3子承庆，康熙九年	2岁殇	2
			5子胤禔，康熙十一年	直郡王	
	端嫔董氏		次女，康熙十年	殇	1
	贵人兆佳氏	否	五女，康熙十三年	出嫁	1
	温僖贵妃钮祜禄氏	是	19子胤䄉，康熙二十二年	敦郡王	2
			十一女，康熙二十四年	2岁殇	
	孝懿皇后佟佳氏	是	八女，康熙二十二年	1岁殇	1
	孝昭皇后钮祜禄氏，悫惠贵妃佟佳氏，宣妃博尔济吉特氏	是	均无出		0
	慧妃博尔济吉特氏	否	无出		0
	通嫔纳喇氏	否	9子万黼，康熙十四年	5岁殇	3
			12子胤禶，康熙十八年	2岁殇	
			十女，康熙二十四年	出嫁	
	德妃乌雅氏	否	11子胤禛，康熙十七年	继帝位	6
			14子胤祚，康熙十九年	6岁殇	
			23子胤禵，康熙二十七年	恂郡王	
			七女，康熙二十一年	1岁殇	
			九女，康熙二十二年	出嫁	
			十二女，康熙二十五年	12岁殇	

表1（续表）

皇帝	皇后妃嫔等	是否近亲结婚	所生子女、子女生年	子女后来情况	合计
康熙帝，享年六十九	宜妃郭络罗氏	否	13子胤祺，康熙十八年	恒亲王	3
			18子胤禟，康熙二十二年	贝子	
			20子胤祎，康熙二十四年	12岁殇	
	贵人郭络罗氏	否	六女，康熙十八年	出嫁	2
			17子胤䄔，康熙二十二年	2岁殇	
	成妃戴佳氏	否	15子胤祐，康熙十九年	淳郡王	1
	良妃卫氏	否	16子胤禩，康熙二十年	廉亲王	1
	密嫔王氏	否	25子胤禑，康熙三十二年	愉郡王	3
			26子胤禄，康熙三十四年	庄亲王	
			28子胤祄，康熙四十年	8岁殇	
	定妃万琉哈氏	否	21子胤祹，康熙二十四年	履亲王	1
	敏妃章佳氏	否	22子胤祥，康熙二十五年	怡亲王	3
			十三女，康熙二十六年	出嫁	
			十五女，康熙三十年	出嫁	
	平妃赫舍里氏	否	24子胤禨，康熙三十年	2月殇	1
	贵人袁氏	否	十四女，康熙二十八年	出嫁	1
	王氏	否	十六女，康熙三十四年	13岁殇	1
	勤嫔陈氏	否	27子胤礼，康熙三十六年	果亲王	1
	刘氏	否	十七女，康熙三十七年	3岁殇	1
	和妃瓜尔佳氏	否	十八女，康熙四十年	寻殇	1
	贵人高氏	否	29子胤禝，康熙四十一年	3岁殇	3
			十九女，康熙四十二年	3岁殇	
			30子胤祎，康熙四十五年	贝勒	
	庶妃钮祜禄氏	否	二十女，康熙四十七年	逾月殇	1
	熙嫔陈氏	否	31子胤禧，康熙五十年	慎郡王	1
	贵人色赫图氏	否	32子胤祜，康熙五十年	贝勒	1
	贵人石氏	否	33子胤祁，康熙五十二年	贝勒	1
	贵人陈氏	否	34子胤祕，康熙五十五年	諴亲王	1
	陈氏	否	35子胤禐，康熙五十七年	旋殇	1
	安嫔李氏，敬嫔王佳氏，端嫔董氏，僖嫔赫舍里氏，贵人纳喇氏（那丹珠女），贵人纳喇氏（昭格女），贵人易氏	否	均无出		0
合计	41人		55（成年32人、殇23人）		55

表1（续表）

皇帝	皇后妃嫔等	是否近亲结婚	所生子女、子女生年	子女后来情况	合计
雍正帝，享年五十八	懋嫔宋氏	否	长女，康熙三十三年	殇	2
			三女，康熙四十五年	殇	
	齐妃李氏	否	次女，康熙三十四年	出嫁	4
			次子弘盼 康熙三十六年	殇	
			3子弘昀，康熙三十九年	殇	
			4子弘时，康熙四十三年	成年	
	孝敬皇后纳喇氏	否	长子弘晖，康熙三十六年	8岁殇	1
	熹妃钮祜禄氏	否	5子弘历，康熙五十年	继帝位	1
	裕嫔耿氏	否	6子弘昼，康熙五十年	和亲王	1
	贵妃年氏	否	四女，康熙五十四年	3岁殇	4
			7子福宜，康熙五十九年	2岁殇	
			8子福慧，康熙六十年	8岁殇	
			9子福沛，雍正元年五月	旋殇	
	谦嫔刘氏	否	10子弘瞻，雍正十一年	果郡王	1
	宁妃武氏，贵人李氏	否	均无出		0
合计	9人		14人（成人5、殇9）		14
乾隆帝，享年八十九	庶妃富察氏	否	长子永璜 雍正六年	定亲王	2
			次女，雍正九年	1岁殇	
	孝贤皇后富察氏	否	长女，雍正六年	2岁殇	4
			次子永琏，雍正八年	9岁殇	
			三女，雍正九年	出嫁	
			7子永琮，乾隆十一年	2岁殇	
	庶妃苏氏	否	3子永璋，雍正十三年	循郡王	3
			6子永瑢，乾隆八年	质亲王	
			四女，乾隆十年	出嫁	
	嘉贵妃金氏	否	4子永珹，乾隆四年	履郡王	4
			8子永璇，乾隆十一年	仪亲王	
			9子，乾隆十三年	2岁殇	
			11子永瑆，乾隆十七年	成亲王	
	愉妃珂里叶特氏	否	5子永琪，乾隆六年	荣亲王	1
	舒妃叶赫纳喇氏	否	10子，乾隆十六年	3岁殇	1

表1（续表）

皇帝	皇后妃嫔等	是否近亲结婚	所生子女、子女生年	子女后来情况	合计
乾隆帝，享年八十九	皇后乌拉纳喇氏	否	12子永璂，乾隆十七年	贝勒	3
			五女，乾隆十八年	3岁殇	
			13子永璟，乾隆二十年	3岁殇	
	忻嫔戴佳氏	否	六女，乾隆二十年	4岁殇	2
			八女，乾隆二十二年	11岁殇	
	令皇贵妃魏氏	否	七女，乾隆二十一年	出嫁	6
			14子永璐，乾隆二十二年	4岁殇	
			九女，乾隆二十三年	出嫁	
			15子永琰，乾隆二十五年	继帝位	
			16子，乾隆二十七年	4岁殇	
			17子永璘，乾隆三十一年	庆亲王	
	惇嫔汪氏	否	十女，乾隆四十年	出嫁	1
	贵妃高氏，贵妃陆氏，颖妃巴林氏，婉妃陈氏，循嫔伊尔根觉罗氏，豫妃博尔济吉特氏，容妃和卓氏，芳妃陈氏，顺妃钮祜禄氏，晋妃富察氏，怡嫔柏氏，慎嫔拜尔噶斯氏，恭嫔林氏，仪嫔黄氏，恂嫔霍卓特氏，贵人索绰罗氏，贵人西林觉罗氏，寿贵人柏氏	否	均无出		0
合计	28		27人（成年15、殇12）		27
嘉庆帝，享年六十一	和裕皇贵妃刘氏	否	长子，乾隆四十四年	2岁殇	2
			三女，乾隆四十六年	出嫁	
	简嫔关氏	否	长女，乾隆四十五年	4岁殇	1
	孝淑皇后喜塔腊氏	否	次女，乾隆四十五年	4岁殇	3
			次子绵宁，乾隆四十七年	继帝位	
			四女，乾隆四十九年	出嫁	
	逊嫔沈氏	否	五女，乾隆五十一年	10岁殇	1
	华妃侯氏	否	六女，乾隆五十四年	2岁殇	1
	孝和皇后钮祜禄氏	否	七女，乾隆五十八年	3岁殇	3
			3子绵恺，乾隆六十年	惇亲王	
			4子绵忻，嘉庆十年	瑞亲王	
	如妃钮祜禄氏	否	八女，嘉庆十年	1岁殇	3
			九女，嘉庆十六年	5岁殇	
			5子绵愉，嘉庆十九年	惠亲王	
	庄妃王氏，信妃刘氏，恕妃完颜氏，淳嫔董氏，恩嫔乌雅氏，荣嫔梁氏，安嫔瓜尔佳氏，芸贵人	否	均无出		0
合计	15		14人（成年6、殇8）		14

表1（续表）

皇帝	皇后妃嫔等	是否近亲结婚	所生子女、子女生年	子女后来情况	合计
道光帝，享年六十九	和妃纳喇氏	否	长子奕纬，嘉庆十三年	成年	1
	孝慎皇后佟佳氏	否	长女，嘉庆十八年	7岁殇	1
	祥嫔钮祜禄氏	否	次女，道光五年	1岁殇	3
			五女，道光九年	出嫁	
			5子奕誴，道光十一年	惇亲王	
	孝全皇后钮祜禄氏	否	三女，道光五年	11岁殇	3
			四女，道光六年	出嫁	
			4子奕詝，道光十一年	继帝位	
	孝静皇后博尔济吉特氏	否	次子奕纲，道光六年	2岁殇	4
			3子奕继，道光九年	1岁殇	
			六女，道光十年	出嫁	
			6子奕訢，道光十二年	恭亲王	
	彤贵妃舒穆禄氏	否	七女，道光二十年	5岁殇	3
			八女，道光二十一年	出嫁	
			十女，道光二十四年	2岁殇	
	琳贵妃乌雅氏	否	7子奕譞，道光二十年	醇亲王	4
			九女，道光二十二年	出嫁	
			8子奕詥，道光二十四年	锺郡王	
			9子奕譓，道光二十五年	孚郡王	
	孝穆皇后钮祜禄氏，成嫔钮祜禄氏，佳嫔郭氏，珍嫔赫舍里氏，常妃赫舍里氏，顺嫔，恬嫔富察氏，常在蔡氏、尚氏、李氏、那氏，平贵人，定贵人	否	均无出		0
合计	20		19人（成年12、殇7）		19
咸丰帝，享年三十一	丽妃他他拉氏	否	长女，咸丰五年	出嫁	1
	贵人叶赫纳喇氏	否	长子载淳，咸丰六年	继帝位	1
	玫嫔徐佳氏	否	次子，咸丰八年	殇	1
	孝德皇后（追封）萨克达氏，孝贞皇后钮祜禄氏，祺嫔佟佳氏，婉嫔索绰罗氏，云嫔武佳氏，英嫔伊尔根觉罗氏，璷贵人、吉贵人、禧贵人、庆贵人、容贵人、璹贵人、玉贵人	否	均无出		0
合计	16人		3人（成年2、殇1）		3

表 1（续表）

皇帝	皇后妃嫔等	是否近亲结婚	所生子女、子女生年	子女后来情况	合计
同治帝，享年十九	孝哲皇后阿鲁特氏，皇贵妃富察氏，珣妃阿鲁特氏，瑜妃赫舍里氏，瑨嫔西林觉罗氏	否	均无出		0
合计	5人		0		0
光绪帝，享年三十八	孝定皇后叶赫纳喇氏	是	无出		0
	瑾妃他他拉氏，珍妃他他拉氏	否	均无出		0
合计	3人		0		0

注：① 生第一个子女之后妃列首位。以下也大致按生育时间排列。

② 身份甚低而与皇帝有过夫妻之事但未生子女者，史籍无载，只得阙如。

③ 子女排行，以计殇统排。为区别，皇女排行用中文数字，皇子排行用阿拉伯数字，以省字幅。

④ 表中年龄皆虚岁。

⑤ 所据资料：《列祖女孙直档玉牒》第28号，《列祖女孙直档玉牒》第29号，唐邦治：《清皇室四谱》《爱新觉罗宗谱》。

晚清皇室的生育能力严重萎缩，其原因究竟是什么？一种流行的说法是，清皇室存在近亲结婚现象，因满洲贵族在婚姻上有讲求门第及贵族间世代通婚的习俗，结姻范围狭窄，所以是近亲结婚导致晚清皇室生育能力的下降。清皇家结姻范围窄、有近亲结婚现象，确属事实。

清皇家结姻范围有"八大家"①之说，八大家中最著名者有钮祜禄氏、瓜尔佳氏、佟佳氏、富察氏、纳喇氏、赫舍里氏等。宗室亲王昭梿的《啸亭杂录》曾说："凡尚主、选婚，以及赏赐功臣奴仆，皆以八族为最云。"②即清皇室与这八个左右勋贵大家族结姻较多，通婚范围有局限性。清入关后9个皇帝（不计幼年便退位的宣统）的后妃，也是这几大家族最多，其中最多的钮祜禄氏，有13人，以下，来自赫舍里氏、佟佳氏、富察氏、叶赫纳喇氏家族者，也各有4—6人不等。另外，清皇族还世代与蒙古王公贵族博尔济吉特氏家族联姻，③结姻范围同样局限。通婚范围窄，又有世婚习俗，难免近亲结姻而影响生育繁衍，这是自然而然产生的因果关系联想。

这一因果关系符合清朝每个皇帝全部生育的情况吗？实际上，这种联想所作的判断太简单化了，因为皇帝都是一夫多妻，或者说是妻妾成群，即使有一两个或几个妻妾属于近亲结姻，那么皇帝与其他大多数后妃都不属于近亲结姻，不照样正常生育吗？再者，男女结合，不少看似近亲，其实并非遗传学上那种影响生育的有共同血缘的近亲结姻，比如，兄弟娶姐妹，姐妹同嫁一夫，父、子分别与女方的姑姑、侄女结婚，虽然亲缘很近，但都不属于血缘近的近亲（上辈就有婚姻缔结而属于中表婚的特殊情况除外）。还有，在一夫多妻的皇室、贵族家庭，不仅存在不少上述看似近亲而不属遗传学上的近亲结姻现象，而且即使是亲缘上的中表婚，也不一定是血缘上的近亲结合，这在一夫多妻的皇室、贵族、官员家庭又是常见现象。比如康熙帝某妃嫔所生之皇子，娶了康熙帝皇后佟佳氏的娘家侄女为妻，在亲缘上属于中表姑舅亲，因为康熙的皇子应称此女的父亲为舅舅，此

---

① 这"八大家"只是个概数，具体哪八家，清人说法也不一，全部记之有十余家。除以下所举，还有舒穆禄氏、董鄂氏、伊尔根觉罗氏、马佳氏、章佳氏、辉发氏等家族。
② 昭梿：《啸亭杂录》卷10《八大家》，第316页。
③ 与清皇族另一世代结姻的蒙古贵族为乌梁海氏家族，主要是与清皇族中的皇室以外的宗室王公之家结亲，皇帝之后妃中没有藩部蒙古的乌梁海氏贵族。

女应称康熙帝为姑夫，这对青年男女在亲缘上是表哥（或弟）表妹（或姐）关系，但二人并无同一血缘，二人之结婚不属遗传学上的近亲结婚。只有皇子娶其生母娘家侄女为妻，才属于遗传学上的近亲结婚，因为此皇子与此女有共同血缘——此皇子的外祖父与此女的祖父是同一人即同血缘，比如佟佳氏皇后所生康熙帝的皇子，娶了佟佳氏皇后娘家兄弟（比如隆科多）之女，才是近亲结婚，他们都有佟佳氏皇后生父的血缘。还有，如果康熙的皇子娶康熙之姐妹的女儿，也属近亲结婚，因为此结婚的二人都有顺治皇帝的血分，顺治帝是此皇子的祖父，又是所娶女之外祖父。这两类及两姨子女结婚的中表婚，属于遗传学上的三代以内旁系血亲结合之近亲结婚。再远一辈，与祖父之姐妹、祖母之兄弟姐妹有血缘关系之子女结婚，也属中表婚，为四代以内旁系血亲之近亲结婚。而与皇室结亲较多的满洲大家族、蒙古博尔济吉特氏贵族，大多一夫多妻，所以，一夫多妻的清皇室与这些贵戚家族通婚，有不少看似近亲而并非遗传学意义上的近亲结婚，亲缘近，不等于血缘近。

　　遗传学上的近亲结婚，习惯上是以男女双方是否来自共同的曾祖作为判断标准，[①] 排除因属乱伦而不可能结婚为夫妻的诸种情况，当主要指三代、四代以内旁系血亲结合的婚姻。下面我们就以这一概念，考察清朝皇室皇帝本支之婚姻在血缘结合及生育方面的具体情况。

　　通过考察得知，清朝皇帝虽有近亲结婚现象，但只有两个皇帝，是清入关后

[①] 《中国大百科全书·生物学分册·近亲结婚》，北京：中国大百科全书出版社，1991。其中以"男女双方是否来自共同的曾祖作为判断是否近亲的标准……如果共同祖先有两个，而且都是祖父一辈，则称为表（堂）亲结婚；如果共同祖先只有一个，而且是曾祖一辈，则称为隔山从表（堂）亲结婚"。实际上，二代、三代、四代以内的直系亲属，如父女、祖父与孙女、外祖父与外孙女等的结婚而为夫妻，被视为乱伦，并不存在，所以主要是禁止三代、四代以内的旁系亲属结婚，而其中的本父姓家族中的兄妹、堂兄妹等的婚姻，一般也不存在，所以主要是表兄妹、堂表兄妹等的中表亲，中国古代，这种中表亲是经常存在的婚姻形式。

的前两位——顺治、康熙。

顺治帝，是孝庄太后蒙古博尔济吉特氏所生，这是众所周知之事。顺治帝及龄后，孝庄太后又把她娘家的两个亲侄女（或称内侄女）、两个侄孙女（或称内侄孙女）作配其子顺治帝。两个亲侄女：一个是其兄吴克善之女，即顺治帝舅舅的女儿，此女曾册立为皇后，因为与顺治帝感情不和，被废为静妃，改居侧宫；另一个是孝庄太后娘家哥哥满珠习礼之女，幼育北京皇宫之中，以待年而聘，顺治十五年（1658）卒，追封为悼妃。这两桩婚事都属近亲结婚的姑舅婚。两个侄孙女，都是孝庄太后娘家侄子绰尔济之女，姊为顺治帝孝惠皇后，是继废后以后册立，妹为淑惠妃。这两起婚姻也属近亲结婚，只是血缘稍远，为四代以内旁系血亲结姻。而前者的姑舅婚是三代以内旁系血亲之结合。

康熙帝是顺治帝之孝康皇后所生，孝康皇后为佟图赖之女。康熙又娶佟图赖之子佟国维（康熙舅舅）的两个女儿，姐妹同嫁一夫康熙，姐姐为康熙帝的孝懿皇后，妹妹为悫惠皇贵妃，都是姑舅婚之近亲结婚。此外，康熙帝与钮祜禄氏也有近亲结婚，康熙帝的孝昭皇后、温僖贵妃也是姐妹俩，都是钮祜禄氏，同为辅政大臣遏必隆之女，而遏必隆是康熙帝姑祖母（努尔哈赤之女）所生。就是说，这两姐妹的曾外祖父是努尔哈赤，而努尔哈赤又是康熙帝的曾祖父，夫妻同有努尔哈赤的血分，这是四代以内旁系血亲之结姻。

再着重看清入关后清皇室与蒙古博尔济吉特氏家族结亲的总体情况。清朝入关后之皇帝，只有顺治、康熙、乾隆这3位皇帝与藩部蒙古通婚，共娶蒙古后妃7人。顺治皇帝与藩部蒙古王公之女的结姻情况，已见前述。康熙帝，其後宫中有两位女性来自蒙古博尔济吉特氏家族：一位是科尔沁蒙古三等台吉阿郁锡之女，幼入皇宫，待年而嫁，类似于民间的童养媳，但此女还未正式成为康熙的妻子，便于康熙九年（1670）病卒，追封为慧妃，二人也不是遗传学上的血缘近亲；另一位是顺治皇帝之悼妃的娘家侄女，也即康熙的祖母孝庄后的娘家侄孙女，科尔沁蒙古左翼中旗达尔汗亲王和塔之女，后册为宣妃，与康熙帝为五代以内旁系血亲结合。乾隆帝的後宫，只有一位蒙古博尔济吉特氏之女，系寨桑根敦之女，后封豫妃，与乾隆帝也不属近亲结婚，此女于乾隆二十三年（1758）左右入宫，此后，清皇室再没有藩部蒙古女子被选充後宫妃嫔，当然也不存在与其近亲结婚之事了。此后清皇族与蒙古的频繁联姻，只在宗室王公之家（包括皇子皇孙封王公者）与藩部蒙古王公家族之间。

近亲结婚，血缘越近，对生育造成的影响越大，血缘最近的近亲结婚，是三代以内旁系血亲间的男女结合，[①]即姑舅亲、姨表亲（两姨子女间结婚），其次是四代以内旁系血亲间结姻，如姑舅下一辈的子女间结婚，以下递减。

上述顺治、康熙二帝之近亲结婚，都属于三代、四代、五代以内旁系血亲间的结姻，其中三代内旁系血亲间的结姻，是对生育影响最大的婚姻行为。那么上述近亲结婚后的繁衍子女情况如何？这两位皇帝与其他非近亲结婚之后妃生育情况又如何？一并于以下简要列举，并作综合分析。

顺治帝近亲结婚的几位女性，即前述孝庄后的两个亲侄女、两个侄孙女，这4位女性中，静妃（即废后）、孝惠皇后、淑惠妃，3位皆未生育，悼妃属待年宫中，顺治十五年卒，其妃的位号是追封，生前是否已有夫妻关系，不清，也未生子女。

顺治帝一生共生有14个子女，皇子8个、皇女6个（均见前表所列，下同）。顺治因患天花而英年早逝，仅24岁（虚岁，以下所述年龄皆虚岁），其第一个孩子长子钮钮生于顺治八年（1651）十一月初一，当时顺治帝14岁。顺治帝死于顺治十八年（1661）正月初七日，一生的生育期只有10年——顺治八年正月至顺治十八年正月，而生有子女14人，平均每年生1.4人，这在前列表中清朝所有皇帝中的生育率及由此体现的生育能力，是最高的。其次生育最多的是康熙帝，共55个子女，从第一个子女的出生年康熙六年（1667）九月到最后一个子女出生的康

[①] 这里是排除父女、胞兄妹、堂兄妹、舅舅与外甥女等之间的结姻的，因为其不可能结婚而成为夫妻。

熙五十七年（1718）二月，生育期共51年，每年平均1.08个。所以顺治帝如果不是早亡，子女还会增加不少，尽管这只是假设推测，但如果用上述数据说明顺治皇帝与他的嫔妃们生育能力强，应可成立。这些数据还说明，虽然顺治帝与其后妃们有近亲结婚者，但这位青年皇帝与其他非近亲结婚的妃嫔们，即使在较短的10年内，仍生育了数量可观的子女，达14人，而且有大约一半期间也即前5年的14—19岁，还不是其生育的旺盛高峰期。

康熙帝与其孝懿皇后、悫惠皇贵妃（均为佟佳氏）为近亲结婚之姑舅婚。与孝昭皇后、温僖贵妃（均为钮祜禄氏）也属近亲结婚，其血缘稍远，是四代以内旁系血亲之结姻。康熙的这4位后妃，孝懿皇后与康熙婚后6年始生一女，且夭折，此后再未生育。悫惠皇贵妃则无出。钮祜禄氏的孝昭皇后无出，温僖贵妃生有一男一女，男为皇十子胤䄉，女为皇十一女，夭殇。康熙帝与科尔沁蒙古女子近亲结婚的宣妃，共同生活了40多年，也未生育。清代皇帝的后宫中，近亲结婚的后妃以康熙皇帝最多，她们也恰恰子女少。而康熙皇帝与非近亲结婚的妃嫔仍生有众多子女，是清代子女最多的皇帝。

男女结合，不生育的原因很多，也非常复杂，但上述数例近亲结婚者多未生育，曾生育者，其子女也多夭殇，就有可能与他们的近亲结婚有关。但这两位皇帝有更多的非近亲结婚妻妾，近亲结婚并没有对其繁育子女的数量造成多大影响，其中康熙甚至是清朝子女最多的皇帝。

以后的雍正、乾隆、嘉庆、道光、咸丰、同治、光绪等皇帝，其后妃中属于近亲结婚者，只有一例，是光绪帝与其皇后，其他皇帝与其后妃都无近亲结婚者。光绪皇帝与其皇后叶赫纳喇氏，为姑舅亲，光绪帝皇后叶赫纳喇氏，是光绪帝的舅舅桂祥之女，即光绪生母叶赫纳喇氏的娘家侄女，二人未生育子女。但光绪的另两个妻子——瑾妃、珍妃，为他他拉氏，与光绪帝并非近亲结婚，也未生育。可见光绪帝的未生育子女，并不是因为近亲结婚，当另有原因。

以上事实，与想象中的近亲结婚导致的清皇室生育逐渐萎缩看法，正好相反，清前期有近亲结婚的皇帝，却子女较多，因为有更多的非近亲结婚之妻妾与皇帝生育子女。晚清时期，早已没有近亲结婚之事的皇室，反而少子甚至无出。光绪皇帝虽与皇后是近亲结婚，但他与非近亲结婚的其他妃嫔也无子女。这说明，晚清三位皇帝——咸丰、同治、光绪帝生育能力的严重萎缩，并非近亲结婚导致。当另有原因。

二

以下考察咸丰帝以后的晚清几位皇帝的少子甚至绝嗣情况及原因。

咸丰皇帝有妻妾16位，但只诞育3个孩子，这说明咸丰帝男性的生育能力弱。以下，同治、光绪两位皇帝皆无子女，夫妻无出，或男女某一方有问题，或双方都有问题，同治、光绪都并非一个妻子，同治帝后妃共5位，光绪帝后妃共3位，而所有妻子都从未生育子女，无疑是这两位皇帝的男性生育能力有问题。究竟什么原因致使晚清几位皇帝生育能力严重颓萎甚至丧失？

男子的生育能力，取决于身体健康状况、生殖机能正常与否，另外，与其精神状态也有很大关系。

顾真先生认为，晚清几位皇帝身体虚弱，与国势衰微一致，"国力不充，也使皇帝忧虑，心劳力绌，健康恶劣。在此情况下，像咸丰帝、同治帝那样不节制性欲本身只有早亡，遗下弱嗣，甚至没有血胤"[1]。

确实如此，晚清这三位皇帝的身体素质，都不如以前诸帝。以前的清朝皇帝，大都在青少年时期甚至在老年时期，还经常进行骑、射、围猎等武事锻炼。这三位皇帝基本上没有经过这方面的锻炼，只有咸丰帝参加过次数很少的南苑射猎。

精神、情绪所导致的生育机能的病态，是另一重要原因。晚清时期，国势衰微，内忧外患，对皇帝的日常精神状态不可能没有影响。生育机能的病态，是上

---

[1] 顾真：《清代帝王的生育》，《紫禁城》1988年第6期。

述诸种不良因素综合导致的结果。而具体到每位皇帝，还另有其他原因，应对每人作具体分析。

首先说咸丰帝。应与其工作压力大、精神紧张、情绪恶劣有关，在这一原因上也有先例，就是雍正皇帝，咸丰帝与其有相似处。

现代医学证明，男子工作压力大、精神高度紧张、情绪恶劣，对决定生育的睾丸酮的产生、精子的数量与质量，以及性生活质量，都有很大影响。皇帝又不同于一般人，不可能像一般百姓那样清静、悠闲，尤其是勤政、专制的皇帝，需要处理全国事务，与众多的、各种工于心计的官员打交道，整日的思维中，充斥需要办理的要务，而又难以从思绪中排除。这些情况，对照雍正帝、咸丰帝，完全符合。

雍正继位后生育能力便严重低下，应当与此有很大关系。这位有9个[①]妻妾的皇帝，自雍正元年（1723）五月其第九子福沛出生后，直至雍正十一年（1733）六月第十子弘瞻诞生，10年中竟然连一个子女都未生育，说明自继位的康熙六十一年（1722）十一月及之前的一两个月，至雍正十年九月这10年时间，[②]其生育能力受到严重影响。这段时间，是他45—55岁的人生阶段，应该是生育能力还比较旺盛的时期，比如他的父亲康熙，这一年龄段——康熙三十七年（1689，45岁）至四十七年（1708，55岁），曾有6个子女孕育〔以康熙三十八年（1699）至四十八年（1709）间出生者计〕，他的儿子乾隆帝，这一年龄段——乾隆二十年（1755，45岁）至三十年（1765，55岁），有7个子女孕育〔以乾隆二十一年（1756）至三十一年（1766）间出生者计〕。而雍正帝，则一无所出。那么究竟什么原因致使雍正生育能力严重下降？

这段时间，尽管雍正帝的身体还比较健康，能够夜以继日地处理政务，但健

---

① 这9个是有明确记载者，实际还可能更多。
② 以上两个时间，分别是福沛、弘瞻始孕的时间，此始孕时间，又是据福沛、弘瞻的出生时间推算，他们的出生时间，见前表。

康并不一定是生育机能处在正常状态。这一阶段,雍正不仅被刻不容缓的事务所缠身,而且对以前几乎所有事务都作改革,事无巨细,皆亲自为之,夜以继日,整天处在紧张的事务堆中,心力交瘁。更有甚者,令其愤懑、烦恼之事接连发生,不少人与其暗中作对,造谣中伤,政务掣肘,雍正痛斥政敌和官员的上谕、朱批时见其办理的公文之中,其情绪之糟糕、心绪之不佳可以想见。这种身体状况,也影响到以后的健康,雍正七年(1729)冬至九年夏,还大病一场。雍正十年(1732)其谦嫔刘氏怀孕生弘瞻以后,雍正帝56岁至其58岁去世的3年内,也未再生育。而56岁以后的康熙、乾隆,都还在生育子女。

咸丰帝的情况与此多有类似,甚至在某些方面更严重、更糟糕。

咸丰帝继位伊始,面对的便是战乱迭生的社会,太平天国大军正从南向北大规模进军,大半个中国反乱,终咸丰一朝也没有平息。其在位期间,又发生英法联军之战,火烧圆明园,咸丰帝被逼得与家眷、朝廷官员逃至塞外,不敢回京,最后死于避难的承德。可以说,咸丰帝在位的11年,内忧外患,几无一天安宁,惊恐紧张,忧心忡忡,反而以女色排解忧愁,健康状况更糟,虚弱不起,31岁而亡,谈何生育机能。

此后的同治、光绪二帝时期,仍是内忧外患、社稷多难、国势益衰。而且,他们的体质,更不如以前诸帝壮健,有的更属先天不足,如光绪帝。对于同治、光绪二帝来说,还有一个特殊原因,就是与太后慈禧的关系不融洽,从小就在其严厉的控制之下,情绪受到压抑。此外,还另有特殊原因。

同治帝16岁结婚,死时19岁,仅有3年生育时间,再加上母后的压抑。有一种说法,同治帝在宫中的私生活不自由,而到宫外寻花问柳,若果如此,对生育也不无影响。是否如此,有待学界的进一步考察。

光绪帝的另外特殊原因,是直接影响其生育的遗精肾虚等病症。

曾专门研究过光绪病情的医疗史专家周文泉分析:"光绪患病殊多,其中反复发作、缠绵不已、颇以为苦者,遗精滑泄并居其一。"据光绪三十三年(1907)"起居注册"(皇帝每日言行活动的记录)所载,光绪帝自述他"遗精之病将二十余年,前数年每月必发十数次,近数年每月不过二三次,且有无梦不举即自泄之时,冬天较甚"。由此得知"其十六七岁即患此症,至十九岁其大婚之时,病仍如故,已成宿疾。其症状表现为:于昼间一闻锣声即觉心动而自泄,夜间梦寐亦然。病势沉重,治疗颇为棘手。究遗精病之成因,多由心劳过度,纵欲伤肾,或醇酒厚味,蕴湿生热,扰动精室所引起。至于光绪帝遗精病之病因,先天不足,肾亏于前,情志不遂,心劳日拙,心肝两损于后"[①]。朱金甫、周文泉《从清宫医案论光绪帝载湉之死》一文也说:"从光绪帝早年的脉案及其自述之病原得知,他自幼多病,且有长期遗精病史,身体素质甚差……(光绪后期)肾精亏损太甚,无力发泄。"该文还认为与光绪帝心志不遂,与"自幼在西太后淫威之下,失于调养照料有关",并引恽毓鼎《崇陵传信录》追述:"缅怀先帝(指光绪帝)御宇不为不久,幼而提携,长而禁制,终阏损其天年。无母子之亲,无夫妇昆季之爱,无臣下侍从宴游暇豫之乐。"朱金甫、周文泉之文还认为,光绪帝人生后十年的病情则与被西太后囚禁有关:"究光绪帝病情自光绪二十四年(1898)渐次加剧,终至不起之缘由,实与西太后之淫威与凌辱有关。自光绪帝被囚禁后,西太后曾欲废之而另立他人。光绪亦知其用心,故日夕惊扰。后来此举虽未如愿,然光绪帝亦难脱囚禁之牢笼,明知岌岌可危,亦惟坐以待毙。"[②]所以光绪帝未能生育,其主要当是由于兼具上述诸如身体素质甚差、心绪压抑,以及长期严重的遗精肾虚等影响生育机能的多种病态因素。

本文以事实证明晚清皇室人口生育严重萎缩,并非流行的由于近亲结婚这一简单错误的看法,以免继续误传,希望有兴趣研究这一问题者,少走弯路。对咸丰、同治、光绪帝生育能力严重颓萎的原因,只是初步分析,且吸取专家学者的

[①] 周文泉:《光绪遗精病治法分析》,载陈可冀主编《清宫医案研究》,北京:中医古籍出版社,2003,第 4 册 2196—2201 页。

[②] 朱金甫、周文泉:《从清宫医案论光绪帝载湉之死》,《故宫博物院院刊》1982 年第 3 期。

看法。文中所述若有不确切之处,敬请指正。

(原载《历史教学》2017 年第 8 期)

清代太医院等机构与宫廷医疗制度、诊治状况及特点

一、清代宫廷医疗机构、制度简介

清代的宫廷医疗，主要由两个机构负责，一个是太医院，一个是内务府，具体说是内务府下属的药房。太医院医官主要负责诊治，内务府药房及药库所设人员做配合性工作。

太医院的医官。院使，一名，正五品，为太医院长官。左院判、右院判，正六品，各一人，为副长官。以上官员又称为"堂官"。其下属医官：御医，正七品［雍正七年（1729）以前为正八品］，六品冠带，初增减不一，后定为十五名；吏目，三十名，实授吏目（八品）、预授吏目（九品），各十五名。另外有：医士，无品级，予从九品冠带，可算作准医官，有时也与御医、吏目等泛称为"医官"，四十名；医生，是在太医院学习的学生，并实习医药杂务，不属医官，三十名。雍正八年（1730），又增食粮医生三十名，或称"恩粮生"。道光二十三年（1843），裁御医二名、吏目四名、食粮医员二十名。[①] 此外，设置书吏四人，称为"经承"，管院中的行政公文杂务。

太医院所设医官官缺为汉缺，主要由汉人充任，其八旗旗人充任者，亦补汉

---

① 光绪《大清会典事例》卷1105《太医院·官制·设官》。

缺，但仅见个别旗人曾在太医院任职。① 乾隆前期，曾命满洲侍郎兼管太医院事务，② 五十八年（1793），设管理院务满洲大臣，1 名。③

清太医院的设科，比明代有增有减。明朝太医院曾设十三科，清朝取消其金镞、按摩、祝由三科，而增痘疹科。因满人入关，极畏天花，乃增痘疹科，为十一科：大方脉科、小方脉科、伤寒科、妇人科、疮疡科、针灸科、眼科、口齿科、咽喉科、正骨科、痘疹科。此后又有归并、减少。康熙朝，痘疹科归入小方脉科，咽喉、口齿并为口齿科，为九科。疮疡科又称外科。④ 嘉庆后期以后，又先

---

① 光绪《大清会典事例》卷 1115《八旗都统》。记"谕：前因乌鲁木齐都统平瑞在迪化州全家殉难，当经谕令该旗查明，该故员是否另有子嗣在京？奏明请旨。兹据正黄旗满洲都统恭亲王等奏称：'该故员京中别无子嗣，本族公议，愿将该故员之胞侄桂明继与平瑞承祧，经户部核与定例相符，准其承继，查明请旨等语。太医院学习医生护军桂明，既经继与平瑞为嗣，着俟百日孝满后，由该旗带领引见'"。这个在"太医院学习医生护军桂明"，他的护军身份，以及是乌鲁木齐都统平瑞的胞侄，都证明他是八旗满洲或八旗蒙古旗人。另外，光绪年间太医院的"御医全顺、医士忠勋"（《宣统政纪》卷 1，光绪三十四年十月），也应是旗人。
② 《清高宗实录》卷 283，乾隆十二年正月以后曾命户部右侍郎雅尔图兼管太医院事务。并见卷 361，乾隆十五年三月，雅尔图任兵部侍郎后又命其兼管太医院事。
③ 光绪《大清会典事例》卷 22《吏部·官制·太医院》。
④ 康熙《大清会典》卷 161《太医院》。陈可冀主编《清宫医案研究》，北京：中医古籍出版社，2003，第 9 页、12 页。记"康熙五十年、四十九年医治疮症的祁嘉钊、段世臣，皆称为'外科大夫'"。

后停正骨科、针灸科，伤寒、妇人二科归入大方脉，为五科，^①针灸科是道光二年（1822）取消的。^②

太医院太医除为宫廷中长期生活的皇家人员、太监、宫女，以及在宫廷中任职的官员、侍卫等治病外，还奉旨为宫外宗室王公、少数民族贵族、姻亲、官员，以及他们的家属诊治。再有，北京城如果发生了流行病，皇帝也派太医院太医为老百姓诊治。^③另外，是随军任军医及服务于科举考场，为会试、顺天乡试考试中的生病者医治，以及供职监狱等。康雍乾时期，皇帝还经常派太医院痘疹科御医到蒙古地区，为蒙古人种痘、医痘。^④

为皇家人员诊病，是太医院日常性的主要职责，御医们轮班每日到宫中值班，地点在宫中的药房。

宫廷所设药房有多处。最大且最重要的是御药房，设于乾清宫大院的东南部，日精门之南的配殿。乾隆《国朝宫史》记："日精门，门之南为御药房，圣祖仁皇帝御书扁曰'药房'曰'寿世'。"^⑤御药房负责皇帝及其后妃、子女的医疗

---

① 内容截止至嘉庆十七年以前的嘉庆《大清会典》卷64《太医院》，尚记载当时太医院设九科，"（太医院）凡九科：一曰大方脉科、二曰小方脉科、三曰伤寒科、四曰妇人科、五曰疮疡科、六曰针灸科、七曰眼科、八曰口齿科、九曰正骨科"。而任锡庚《太医院志》之《职掌》，记"（嘉庆）六年奉旨：以正骨科划归上驷院蒙古医生长兼充"，不知何所据，录此以作参考。内容截止至光绪二十二年的光绪《大清会典事例》卷1105《太医院·习业·设科》，记"谨案现设五科，曰大方脉、小方脉、外科、眼科、口齿科。其伤寒、妇人归大方脉，痘疹归小方脉，疮疡归外科，咽喉归口齿。针灸、正骨，久经停止"。而同时修成的光绪《大清会典》卷81《太医院》的设科，完全照抄嘉庆《大清会典》卷64《太医院》的设九科的文字，是错误的。与同时所修光绪《大清会典事例》卷1105《太医院·习业·设科》所记的当时仅设五科，也自相矛盾。
② 任锡庚《太医院志》之《职掌》，记"道光二年奉旨：针灸一法由来已久，然以针刺火灸，究非奉君之所宜，太医院针灸一科著永远停止"。
③ 光绪《大清会典事例》卷1105《太医院·职掌》。
④ 杜家骥：《清初天花对行政的影响及清王朝的相应措施》，《求是学刊》2004年第6期。
⑤ 乾隆《国朝宫史》卷12《宫殿二·内廷上》，上册第210页。

之事，并管宫中太监、宫女、侍卫、官员等的医疗。此外，皇太后宫专设药房，太妃、太嫔所居之宫也设有药房。药房的主要职能是作为太医院医官入值待诊之所，并负责煎制药饵。另外，是制造成药，即所谓"和合丸散"。以下作具体介绍。

御药房，又称"内药房"，也简称"药房"，始设于顺治十年（1653），[①]同年并设药库，附属于御药房，称为"御药库"，在东华门内（详见后述）。

御药房的设置、任职人员、隶属关系，在清初曾有一个变化过程。顺治十年初设时，是由太监任职，"属总管首领内监经理，设翻译笔帖式八名，书吏四名，领催四名，听事、碾药服役人三十名，太医院合药医生二十名"[②]，而隶属于太医院。顺治十八年（1661）裁御药房。康熙六年（1667）复设，仍隶太医院。康熙十年（1671）后御药房一度不隶属太医院，而设总管太监等，连同所属御药库，完全由太监任职，且有由太监充任的医生。四年后裁减管理太监及太监医生等。康熙三十年（1691）七月，御药房改归内务府，[③]其制药主要由内务府担当。仍设太监，但太监主要负责传唤、引领侍值医官，并烹煎汤药，且太监属于内务府管辖，所以，太监之服务于御药房，也属总管宫廷事务的内务府系统。

御药房的上述变化过程，雍正《大清会典》有较详细记录，移录如下：

顺治十年，置药房，属太医院。十八年，裁。康熙六年，复设，仍属

[①] 《清世祖实录》卷78，顺治十年九月辛丑。记"礼部祠祭司郎中郭一鹗奏言：'臣办事衙门屡奉上谕取用药品，且见设立御药房，制造诸药'"。乾隆《大清会典则例》卷163《内务府·药房》，又称之为"内药房"，"顺治十年，置内药房"。乾隆《大清会典则例》卷158《太医院》，则称"内府设东西御药房二所，院使、院判、御医、吏目、医士各分班轮直"。

[②] 乾隆《大清会典则例》卷163《内务府·药房》。

[③] 乾隆《历代职官表·国朝官制·内务府上·御药房》，记"御药房……顺治十年设，以总管首领太监管理。康熙三十年，改归府（内务府）属"。王庆云：《石渠余纪》卷3，清光绪十六年龙璋刻本，记"曰御药房，掌合丸散。明御药房太监，有医官。国初属首领太监，康熙三十年裁改"。

太医院。十年定，药房不属太医院，设总管太监医生二名、管库首领二员、管库首领太监一名、笔帖式十六员、领催四名、首领太监六名、太监医生十名、太监十九名、夫役三十四名。十四年，裁首领太监六名、太监医生十名、领催四名。三十年定，添设内管领、内副管领各一员，裁总管太监医生二名、管库首领二名、管库首领太监一名。①

自康熙三十年后，御药房及所属御药库固定隶属于内务府，设内务府职官管理，并于雍正七年九月铸给图记（印信），以作对外公文钤用。

归属内务府后的御药房，其功能有两种：一是前述的作为医官侍值、太监煎制汤药之所；一是负责切造、合制成药，也即《大清会典·内务府·御药房》所记御药房的职掌："掌合和丸散。"所用生药材，存放于宫中的御药库。御药库在东华门内，据《内务府册》所记，也是"顺治十年设，在东华门内东三所之左，东向，堂西有药王殿，前后三重，共房三十有六楹"②。而切造炮制生药、合和丸散膏丹成药之所，似应也在此处，③ 具体场所，或在御药库内的别设房间，或与御药库相连、相邻的房间，称为"外药房"，应是与乾清宫东庑日精门南的御药房也即"内

---

① 雍正《大清会典》卷232《内务府七·药房》。
② 乾隆《钦定日下旧闻考》卷71《内务府·御药库》，据《内务府册》，北京古籍出版社，2001，第2册1193页。
③ 恽丽梅：《清宫医药与医事研究》第二章之三《医药设施的考证》，文物出版社，2010年8月，第30页。认为"御药房地处乾清宫东庑，乾清宫是皇帝办公之所，不可能有制药的喧杂和污染。可是中药制造过程非常复杂，需要分选、洁净、软化、切制和炮制的过程，只能选择在宫内一远离内廷且宽敞的地方进行，而东华门内御药库正是制药的理想场所"，此说有一定道理。但乾隆《大清会典则例》卷159《内务府》下，与药库并列的内药房，则记"生药交进，由内药房医生切造炮制"，这内药房就是乾清宫东庑的御药房，乾清宫的内药房是否也曾负责制药？或者乾隆中期以前是这样？看来有必要进一步探讨。

药房"相对而言,这外药房与其药库即御药库,也属于御药房。①

御药房之制药,其设官屡有增减,基本固定之制如下:

设主事一人,委署主事一人,兼管司员二人,兼管内管领一人,副内管领二人,库掌二人,笔帖式十四人。此外,设非医官的制药、承应差务人员,有催长一名、拜唐阿三名、内务府管领下包衣充任的苏拉医生四十四名、召募入宫的民医生十七名,具体负责碾药、合制药品。②

御药房设置的另一部分人员,是太监,共二十二名,其中"首领二名,俱八品侍监……太监二十名"。这里提到的首领,是太监的职任名称之一,太监职任名称,有总管、副总管、首领、副首领等。侍监则是太监的一种职官衔,太监的职官衔有:宫殿监督领侍(四品),宫殿监正侍(五品)、副侍(五品),宫殿监执事侍(六品)、执守事(七品),侍监(八品)。侍监是太监官衔中的最低者。御药房太监的职掌是"专司带领御医各官请脉、煎制药饵、坐更等事"③。若为皇帝、太后诊治,还有内务府大臣带领御医的情况。

御药房后来又设管理大臣,(始设时间不清)由皇帝特选满洲王公、大臣充任。如乾隆二十四年(1759),果亲王允礼曾管御药房。④乾隆五十八年(1793),

---

① 关于外药房,乾隆《国朝宫史》卷2《训谕二》,康熙十三年六月初三日上谕:"设立内药房,原以防急用药饵,乃严肃之地,今视脉、煎药,肆慢不前,并容匿闲杂之人,甚非设立初意。即著移出外药房去。外药房相去原亦不远,待用药之际,临时再传。著总首领传宣。"而御药房煎制药品,应有两个药房,咸丰《钦定总管内务府现行则例·御药房·行取帐房马匹等项》,记"乾清宫内药房……寿康宫内药房……本药房……以上三处,公用帐房三架",这里的乾清宫内药房当时指的是御药房存放成药、煎制汤药的房间,而本药房似就是指东华门内制药的药房,与乾清宫内药房相对,而称外药房。

② 咸丰《钦定总管内务府现行则例·御药房·建设公所添裁员役》,第4册376—378页。故宫博物院编《故宫珍本丛刊·清代则例》,海南出版社,2000年。嘉庆《大清会典》卷80《内务府·御药房》。

③ 乾隆《国朝宫史》卷21《官制二·御药房》。

④ 《乾隆帝起居注》,广西师范大学出版社,2002,第1075页。下同,皆此版本,不另注。

以和珅管理太医院及御药房事务。①嘉庆二十五年（1820），命英和管理御药房、太医院事务。②

皇宫外的西苑、圆明园、颐和园、热河避暑山庄等处，也是皇帝及其家属生活之处，也设有药房，如西苑，就有寿药房。"光绪十三年议定，西苑寿药房，本院（太医院）官每日二员直宿。药库库掌、笔帖式、切造生等，遇差传唤。乾清宫御药房本院官大小方脉，每日二员直宿进御"③。

皇帝或后妃、皇子皇女有病，就是由前述药房所设太监带领值班之太医，到各宫诊治。所诊视之病情、号脉之脉象、病理之诊断，开具之药方及用药说明，均应写明，并注明诊治时间、负责诊治的医官名字、值班的御药房太监名字，具本题报，还要登簿，以备查考。汤药的烹煎熬制，由药房负责太监与御医共同监视，煎成，御医、太监品尝后确实安全，再送与皇帝服用。《大清会典·太医院》记：

> 本院官诊视，会内监就内局合药，将药帖连名封记、具本，开载本方药性、治症之法，于日、月之下，医官、内监书名以进。凡进药奏本既具，随即登簿，年月下书名，内监收掌，以凭稽考。
>
> 煎调御药，本院官与内监监视，二服合为一服，俟熟，分为二器：其一器御医先尝，次院判，次内监；其一器进御。若将药方奏明交内药房按方煎

---

① 《乾隆帝起居注》，第698页。
② 英和：《恩福堂笔记诗抄年谱》，北京古籍出版社，1991，第386页。
③ 刘锦藻：《皇朝续文献通考》卷128《职官考十四·京文职·太医院》。并见光绪《大清会典事例》卷1105《太医院》。

调者，内药房办理。其和合误、不依本方，或封题错误者，均以大不敬论。①

以上制度，均源自明代。②

对失误者之惩治，《大清律例》定有专条："凡合和御药，误、不依（对症）本方及封题错误，（经手）医人杖一百。料理拣择误、不精者，杖六十……御药不品尝者，笞五十。"③

据说军机大臣也参与帝后疾病的医治。有笔记记载："向例帝后疾，传御医，先诏军机悉其事，医方药剂悉由军机检视。"④

後宫中皇帝的家属，当以女性为多。太医院设有妇人科，类似于今天的妇科，且有专精妇人科的医官，存留下来的宫中医疗档案，也留下了大量的诊治宫中女性的记录。皇帝在这方面也有某些专门指示，如雍正七年十二月初十日上谕："尔等严谕御药房首领知悉，药物关系重大，嗣后凡与妃嫔等送药，银瓶上必须牌子标记。至所用汤头，亦须开清，交与本宫首领太监，即将伊名字记明，庶不至于舛错。"⑤还有专门针对怀孕后妃的护理制度："内庭等位遇娠，每日食用，

---

① 嘉庆《大清会典》卷64《太医院》。早在雍正《大清会典》卷248《太医院》，便记"凡烹调御药，本院官请脉后，开方具本奏明，同内臣监视，每二服合为一服，候熟，分贮二器，本院官先尝之，次内臣尝之，其一器进御前。若将方奏明，交与内药房，按方烹调者，内药房办理"。可见雍正时就有两种煎药形式，一种是太医院医官与内臣即太监共同监视烹煎，然后医官与太监先后尝一份，另一份进御。另一种，是方子奏明后，由内药房烹煎，医官不参与。又，任锡庚：《太医院志》之《制药》，记"乾隆五年以后，凡药均由内臣烹调，自是医官不复制药"，不知出自何典。事实是，嘉庆朝所修《大清会典》卷64《太医院》，尚记嘉庆时仍有医官与太监共同监视煎药、尝药的做法。再有，乾隆三十三年所修《大清律例》，也有对烹制御药违制惩处的律文、条例。
② 孙承泽：《春明梦余录》卷57《太医院》。《大明律》卷1《名例律·十恶·大不敬》。
③ 乾隆三十三年《大清律例》卷17《礼律·仪制·合和御药》。
④ 王无生：《述庵秘录》之《孝贞后之暴薨》。
⑤ 乾隆《国朝宫史》卷3《训谕三》。

照常额加半。有生母者，许进内照看。本宫首领太监照常上夜外，宫殿监奏派总管太监一员，率敬事房太监及御药房首领太监等上夜。"① 即增加看护怀孕后妃的太监。御医也要夜值，对怀孕后妃重点护视，《国朝宫史续编》载："内庭等位遇娠，于御医上夜月分为始，每日食用照额加半，诞、弥后，例有恩赐。"② 由此可知，皇后妃嫔等在怀孕一定月份之后，御医要夜值，即文中的"御医上夜月分"。至于接生，则有所谓姥姥，是清代后宫专门侍奉孕妇并负责接生的老年女性。她们都是过来人，经历过生儿育女，经验丰富。负责为怀孕的后妃把脉，检查胎儿发育正常不正常，为临产的后妃接生、念吉歌，还为新生的皇子、皇女洗三，举行洗三礼。③ 古代卫生意识、接生技术较现代差，较多婴儿死于破伤风，从清皇家宗谱《玉牒》的记载来看，皇室幼婴的死亡率很高，其中死于破伤风者，当也与此有关。中国古代这方面的伦理道德，如不用男医接生，以及与此有关的接生技术、卫生观念的落后对人口生育、产妇安全与健康的影响等，是值得深入研究的课题。

若皇帝或皇帝带家属出宫、巡行，驻跸苑园、行宫等处，则太医随从。会典于"太医院"下记："皇帝驻跸圆明园，侍直亦如之，圆明园宫直，于圆明园药房，六直，于圆明园外直房。行在扈从亦如之。巡幸，本院官随驾，有奉旨特派者，有按班轮委者。"④ 巡幸时，御医的值班处与皇帝的住所邻近，以便随时视疾，途中皇帝的行幄，就附设随行太医的御药房。《大清会典图》对此有反映："皇帝驻跸，御幄周建黄幔城……中建圆幄……后为圆幄六，东设佛堂，余为尚乘轿、御药房……各庀其事。"⑤

为宫廷人员诊病者，无论皇帝、后妃、皇子皇女，乃至太监、宫女等，御医

---

① 乾隆《国朝宫史》卷8《典礼四》。
② 嘉庆《国朝宫史续编》卷45《宫中遇喜》。
③ 杨永占：《清宫里的姥姥》，收冯伯群、屈春海主编《清宫档案秘闻》，华文出版社，2008。
④ 嘉庆《钦定大清会典》卷64《太医院》。
⑤ 光绪《大清会典图》卷104《武备十四·皇帝驻跸御幄图》，光绪石印本。

都须作记录，记载病人名称、病情、用药、日期，签署诊病之医的职任、名字，以备查考，合为簿册，名为"某某进药底簿""某某用药底簿""脉案"等，类似于现在的病历本。不仅备日后查核，也是对御医诊病各负其责的绑定性制度。

为宫廷人员治病者，除了太医院太医外，还征召院外精于医术的医人，这主要是为皇帝、太后治病。另外，遇到棘手病症，也会请西洋大夫诊治。早在清初，顺治帝大婚前夕，已选定的皇后科尔沁蒙古博尔济吉特氏患病，孝庄皇太后便请供职清廷的传教士医治。博尔济吉特氏痊愈后，孝庄皇太后特派宫人送礼致谢。① 康熙四十六年（1707），康熙帝在朱批奏折中曾言及："朕每年逢大寒季节仍有咳嗽症，今又复发，用西洋大夫裕吴实之冰糖达摩方。"因这一方剂效果不大，又命人询问西洋大夫是否还有更好的药剂。传教士张诚曾提供一种由中药与西药合剂制成的有效药丸。② 众所周知的康熙帝患疟疾，就是服用传教士提供的奎宁（金鸡纳霜）后治愈的。康熙帝还向外国征用过大夫。康熙五十六年（1717），俄罗斯的察罕汗就曾遵康熙帝的谕旨，派来大夫噶尔芬。噶尔芬在宫中内外药房供职，因"医术甚好"，康熙帝曾想把他留在御药房，因噶尔芬不同意而作罢。为表示感谢他在中国的效力，康熙帝特命"赏赐西洋大夫噶尔芬御用锦十匹、金二十两、银百两"。③

二、宫中人员的诊病状况

上一节，是根据常见的政书等资料，对清代宫廷医疗制度的前提性介绍。那么，这些制度又是如何具体履行的？也即皇宫中生活之人尤其是皇太后、皇帝与其后妃及子女、太监宫女等，是如何诊病的？除了《清实录》中有个别透露外，

---

① 〔德〕魏特：《汤若望传》第九章，商务印书馆，1949，第262—266页。郭松义、杨珍：《康熙帝本传》之五十六《苏玛喇姑》，辽宁古籍出版社，1996。
② 陈可冀主编，周文泉、江幼李等编著《清宫医案研究》，北京：中医古籍出版社，2003年横排简体字本，第1册3—4页。下同，皆此版本，不另注。
③ 《康熙朝满文朱批奏折全译》，第1185页。

其主要情况，需要依据宫中医疗档案，以及亲历其事之人的记录，才能作具体揭示。因为宫闱之事，神秘莫测，包括皇帝及皇室人员的病情、病因、诊治、死因，与朝政相关，历朝历代莫不如此，尤其皇帝的病痛、罹受病灾折磨之事，官方也有意隐讳。好在清代留下了大量宫中医疗档案，另外，某些曾为帝后治病的名医，也以日记等形式，翔实记录了当时的细情，其他官私文献也有个别透露。凡此，为我们揭开其神秘面纱之一角，提供了较为难得的内容。[①]

宫廷中生活的，有皇帝及其家属后妃、皇子、皇女、皇孙、皇孙女，以及皇太后、太妃等，还有长期日夜生活在宫中的太监、宫女等，这是御医所诊治的主要对象，也是本文考察的主要内容。至于宫中值班的侍卫、官员等由太医院诊治的情况，暂不作介绍。以下分别叙述。

1. 皇太后之医病情况——以孝庄太后、慈禧太后为例。

皇太后之得病及为其诊治之事，不仅档案，实录等文献也有某些记载，多因表彰诊愈之御医、有关官员，以及宣扬皇帝之侍疾孝行，因而有所披露。

顺治十年（1653）六月之前，因"皇太后违和，太医院拜他喇布勒哈番雷鸣德进药有效。至是，特加雷鸣德三等阿达哈哈番"[②]。

顺治十四年（1657）十二月，"谕吏部：皇太后圣体违和，朕晨昏省侍。鳌拜等近侍卫护昼夜勤劳，食息不暇，朕所亲见。今皇太后圣体康宁，中外欢庆，鳌拜等同朕省侍，勤劳罔懈，深可嘉悦，宜分别加升，以示鼓劝。鳌拜、遏必隆、

[①] 医疗史专家们，利用这种档案，作了很多研究，主要偏重于医学方面，见《清宫医案研究》最后所附诸论文，如陈可冀、周文泉、江幼李《清代宫廷医疗经验之特色》，江幼李《略论清宫温病治法》，周文泉《清宫医案中有关活血化瘀疗法的运用》，陈可冀《清宫医案中人参之应用》等。以清宫医案作史实考证研究的有：陈可冀《西洋人服用中药治病案例数则》，徐艺圃《清宫医案与清史研究探微》《同治帝之死》，朱金甫、周文泉《从清宫医案看光绪帝载湉之死》。此外，恽丽梅《清宫医药与医事研究》一书也利用这种医案，介绍不少清代宫廷医疗之事。

[②] 《清世祖实录》卷76，顺治十年六月辛酉。

巴哈、费扬古，俱加少傅兼太子太傅。苏克萨哈加太子太保。通义加一级。一等侍卫他达、阿舒、贾布家、喇哈达、博罗忒、墨尔格申、阿木护朗，甲喇章京吴沙、科岳尔图，二等侍卫拜思哈、富尔虎、班第、杭奇、费业伦、莫尔浑、诺莫、察库，俱各加一级。祝师辛塔石，授拜他喇布勒哈番，世袭。医官雷鸣德、方文英、刘国栋、张希皋，俱各加一级。祝世遇加太常寺卿，仍管太医院吏目事。武超众授拖沙喇哈番。护军校吴喀、达素、达都祜，司膳阿素巴、祁尔萨、桑格，司茶白尔腾、鄂诺，蓝翎官吴大禅、禅布、商占、巴代、喀代、噶达浑，驼长库德，矢匠绰克陀，弓匠朱尔哈达，俱各加一级。克尔忒及膳房人役萨尔吉纳、马喇萨尔扒、恩奇、达布纳，茶房人役萨木哈、他莽阿、蒙安、厄黑里、鄂齐里、德喜图、西忒库，牧马人渥内、费言达里、王明、厄参、宋果陀，镶黄旗护军穆赫林、英爱、吉都、萨尔祜纳、叶古德、萨纳祜，正黄旗护军格本、舒木布鲁、新台、洪科、三塔哈、文多顺，正白旗护军殷德里、穆里库、喀齐纳、马尔汉、济海，俱授护军校品级。尔部即遵谕行"①。

以上两条所提到的皇太后，都是顺治帝的生母孝庄太后。从后一条资料还可知，孝庄太后病时，不仅有御医雷鸣德、方文英、刘国栋、张希皋、祝世遇、武超众等多人，还有祝师，名辛塔石，可见当时还有巫祝参与医治。从上文此人的排名在众医官之前，以及赏封的世袭拜他喇布勒哈番（后称骑都尉）高于太医所封的拖沙喇哈番（后称云骑尉）来看，此祝师的地位是在医官之上。再有，为帝后诊病的医者，并非一人，而是多人，常常是以会诊的形式，后述之事也说明了这一点。另外，被奖赏的如许多人，都应与孝庄太后生病之时的护理有关，如护卫，饭食、饮品等的制作侍奉等，文中所记的领侍卫内大臣鳌拜、遏必隆、侍卫贾布家（或作贾卜嘉）等，以及诸多护军与护军校，司膳、司茶、膳房、茶房人役，等等，多达七八十人。值得注意的是，文中述及宫中满族护卫人员是"近侍

---

① 《清世祖实录》卷113，顺治十四年十二月丁酉。

卫护，昼夜勤劳"，可见这些男性护卫官兵是夜宿宫中，接近太后而护、侍，这又是满族宫廷中的男女之防不若汉族那样极端严厉的一种体现。[①]

清代帝后诊病，还有坐汤疗法，即泡温泉。康熙皇帝就多次陪他的祖母孝庄太皇太后赴汤泉坐汤疗疾。

以下重点介绍慈禧太后的医疗情况。

今存清代后妃的医疗档案，以慈禧太后的较多，计有光绪六年（1880）、八年（1882）、九年（1883）、二十一年（1895），以及慈禧生命最后七年的光绪二十八年（1902）至三十四年（1908）的，共十一年的档案，未见同治朝及光绪元年（1875）至五年（1879）的部分。（咸丰朝慈禧并非太后，不计）从这十一年的档案可以看出，[②] 光绪年间这位执掌大清最高权力、身份最尊贵的女性，在疾病的治疗方面也与众不同，这也是宫廷帝后治病的共同特点。[③]

光绪六年（1880），慈禧太后得了一场多发性顽疾，整整诊治了一年多，不但月月诊治，而且几乎是每天都诊脉、开方，医治旷日持久，总不见起色，其间还曾广招太医院以外的全国名医入京诊治，先后有薛福辰、汪守正、赵天向、马文植、薛宝田、仲学辂、连自华、程春藻等应招，加上太医院的李德立、庄守和、李德昌等御医，共十余人为慈禧诊治。慈禧这次所患之疾，据今人研究其医案判断，是"慢性大便溏泄为主症。由于气血不足，脾阳积弱，火不生脾土，长期食少身倦，胸脘不舒……其临床兼症颇多，脊背凉热，间或便血、咳血，经行不

[①] 杜家骥：《明清两代宫廷差异初探》，《北京社会科学》2013年第3期。

[②] 以下所述，特别标注者之外，均据陈可冀主编，周文泉、江幼李等编著《清宫医案研究》之"光绪朝慈禧太后医案辑录""临终前之护理记录"，第2册747—1098页，第3册1099—1104页。

[③] 此前，张哲嘉博士学位论文《治疗的激烈争夺：慈禧太后时代的宫廷医病关系（1874—1908年）》（1998），曾利用这些医案，围绕同治帝、慈禧太后、光绪帝三个人物的医疗，对宫廷医疗活动中医家与病家、医家之间、政治权力与医病关系等诸多内容作了深入的考察。本人未见到此文，此处是据南开大学张田生博士学位论文《清代医病关系研究》（2014）介绍。

适"①。另外，与垂帘听政的慈禧由于政务缠身而烦心也有一定关系，为慈禧诊脉的薛宝田与她的对话，反映了这一情况。光绪六年八月初六日，薛宝田入京后第一天为慈禧把脉，记录如下：

> 余（薛宝田自称）先请右部，次请左部。约两刻许，奏："圣躬脉息，左寸数，左关弦；右寸平，右关弱；两尺不旺。由于郁怒伤肝，思虑伤脾，五志化火，不能荣养冲任，以致胸中嘈杂，少寐，乏食，短精神，间或痰中带血，更衣（大便）或溏或结。"皇太后问："此病要紧否？"奏："皇太后万安，总求节劳省心，不日大安。"内务府大臣广奏："节劳省心，薛宝田所奏尚有理。"皇太后曰："我岂不知，无奈不能！"皇太后问："果成劳病否？"奏："脉无数象，必无此虑。"退下，仍跪右边。②

薛宝田的这番诊断奏语，慈禧认为"尚妥"即贴切。③

慈禧太后的这场病，虽然不是特别危险的重症，但总不正常，前后诊治并用药调理保养，达一年多，直到光绪七年七月才痊愈。

光绪八年，慈禧太后又食欲不佳、倒饱嘈杂、夜寐欠实、头晕身痛，从正月初七至八月初四，整整七个多月，每个月都有十五天左右的诊病记录，有时连续五六天诊治，如正月初七至十二日、二十二日至二十七日，每天都有薛福辰、汪守正、庄守和、李德昌及佟文斌等四五名医生为其诊脉、开方，每天根据病情发展，在原方上加减药味。

慈禧太后生命的最后七年——光绪二十八年至三十四年，其中光绪二十八年至三十三年（1907）这六年，医案记录的脉象及用药显示，慈禧并无大病，但

---

① 陈可冀主编，周文泉、江幼李等编著《清宫医案研究》之"参考"，第 2 册 851 页。
② 薛宝田：《北行日记》，河南人民出版社，1985，第 67 页。下同，皆此版本，不另注。
③ 薛宝田：《北行日记》，初七日癸卯，第 68 页。

因属年老体虚，脏腑机能已趋衰弱，一些微症也会引起身体不适，再兼当时内忧外患，心情不佳，甚至焦虑，也会影响脏腑功能，引起诸种不适之感，因而这几年几乎不离医药，而以消除各种不适、调理保健为主，所以与其说是治病，还不如说是调理身心之保健。光绪二十八年，仅三月、十月两个月无脉案记录，光绪二十九年（1903），无正月、四月、八月的脉案记录，这两年，每年都有九个月或十个月是在医疗之中。光绪三十年（1904）的情况稍好，有半年的医治记录，是正月至四月，十一月和十二月，共六个月，其余五月至十月这半年状况较好。但此后的状况便一直不佳，光绪三十一年（1905），仅十月份没有脉案，此后的光绪三十二年（1906）至三十四年（1908），则是长年不离医生，每月都有医案，且时间加密，最后半年多，甚至连日不间断，每天都有医生诊视。

光绪二十八年至三十三年，是慈禧太后68—73岁（虚岁）的年龄段，在当时已属高寿老人，人到了这一老龄，体内免疫力、抵抗外感能力减弱，难免有这样那样的身体不适，青壮年时落下的一些顽症，也有可能有所反应，这种常见的杂症小病，一般人不会轻易就请医生诊治。但大清国最尊贵的女性慈禧，与一般人就不同了，从这几年脉案记录看，慈禧的不适恶状主要是脾胃失调、肝经有火、胃气壅滞、头目不爽及面部神经痉挛等症。所用药多属养阴调中、补中益气、清热除湿、抑火化滞、疏肝理气、祛风通络之类，脉案的经常用词就是"用……之法调理"，而且常用代茶饮，即以菊、参、茯苓、桑叶、柿叶等加其他药味做成饮品服用，可见是以护理保健为主。即使是常年未间断诊视的光绪三十二年、三十三年这两年，当今专家研究其脉案、药方，也认为"光绪三十二年，西太后病状较平稳，脾气健运较有力，无严重溏泄，气道亦较畅，神力亦较好，血脉已日充，长期治疗，药效可见"[1]，"光绪三十三年，西太后并无重大疾病，在宫中御医悉心调治下，尚属平稳"[2]。正因为主要是作保健性护理，所以即使身体状况没有

---

[1] 陈可冀主编，周文泉、江幼李等编著《清宫医案研究》之"参考"，第2册980页。
[2] 陈可冀主编，周文泉、江幼李等编著《清宫医案研究》之"参考"，第2册1018页。

多少变化，也要诊视，如光绪三十年三月二十九日"庄守和、姚宝生谨拟老佛爷清热养肝活络膏"，此后至四月十二日，所记总是"老佛爷照原方"，另外是增加午时茶、三仙饮等药茶饮品。光绪三十三年五月初五至初八日，也用同一方，次日用清肠代茶饮。还有多次如此，不备举。还有一种有意思的奇怪现象，是每月的十五日这一天，一般无诊病记录，除非症重之时。不少记载说慈禧"迷信"性的忌讳甚多，是她对十五日的诊病忌讳，还是纯属巧合？我们不得而知。但由此也可看出，这些年的诊治，实际并无大病，否则就不会总是固定某天停诊了。就是这种本无大病的诊视，因是最尊贵的太后，也经年累月，诊视御医，一两人时居多，稍有异常症象，就增加御医，其重点保护之况显而易见。虽然如此精心护理，但慈禧毕竟已入暮年，生老病死的自然规律，并不在高等级之人的身上体现特权，这位最尊贵的老佛爷，也终于在光绪三十四年，步入了人生的最后途程。这一年的上半年，她还并无大的疾患，以致她自我感觉良好，对未来生活抱有兴趣与向往。五月二十二日医案，竟还有为她染发的方子："黑大豆，醋煮、去豆，煎稠染发。"这年老白发本不是病，此方似应是慈禧主动要御医提供的。六月初二日，又有治脱发的"治发落不生方"，以"合欢木灰二合、墙衣五合、铁精一合、水萍末二合，研匀，用桂花油调，涂，一夜一次"。六月二十九日又有润发方："治发槁不泽方：桑根白皮、柏叶各一斤，煎汁，沐之即润。"可见这一年慈禧的养发爱美之心不减。但令她没有想到的是，她的大限已不到半年了。自六月中旬起，医案显示便几次增换医官。此前，大致自光绪二十九年以后，一直是庄守和、张仲元、姚宝生几人，或一人，或二人、三人，轮值侍疾，间有陆润庠、力钧，不过时间很短。自二月中旬后，不再见庄、姚二人。三月中旬，增戴家瑜，此后主要是张仲元、戴家瑜，六月初，增陈秉钧，旋增李德源，七月中旬，增施焕，十月中，又增王福祯、吕用宾。现今专家研究认为"西太后晚年无大痼疾，从临终一月的脉案看来，也仅属胃肠道之疾病经用平胃散、参苓白术散、益胃汤类方剂调理，病即渐安"①。临终这一年的前半年，宫中对西太后之医疗仍侧重调肝理脾和胃治法。六月起，西太后头晕、耳响症状较重……临终前十天中，固有身肢力软老衰征象，体质日趋不健，但观有"恶寒发热""心悸烦热""时作咳嗽""咳多涎痰""两胁痛""头项痛""口燥舌干""口渴引饮"等症，终以"气短痰壅"而"脱败"。②慈禧之临终并无大病，也有其他佐证，据当时应召入宫治病的杜钟骏说，慈禧死前十二天的十月初十日，是慈禧太后的寿诞之日，这一天杜钟骏"赴海子祝嘏，皇太后于仪銮殿受贺，以菊花扎就'万寿无疆'四字"。十一日，皇太后也曾对张之洞说："予因日来受贺听戏劳倦，亦颇不适。"③可见，死前十二天，她还能在朝仪上接受祝嘏朝贺，并与祝贺者一起看戏。死前两天，她也仍神志清醒，打听光绪皇帝的病情，当得知光绪帝已属病危之时，尚能作出以后帝位继承人的安排。④临终最后几天的护理记录，也表明慈禧并无重症，只是"夜寐时睡时醒"，"时作咳嗽，顿引胁下作疼"，"小关防（小便）勤"。每日所食，是粥半碗、熬白菜半碗，有时加煮饽饽二个，或豆汁半碗、绿豆汤少许。⑤至十月二十二日下午死亡。今人研究专家推断，殆因老年性支气管肺炎"呼吸循环衰竭致死"⑥。慈禧死前几年虽无大病，主要是保养保健，但为其服务的医官也是院使（院长）、院判（副院长）的庄守和、张仲元、姚宝生，这几人都是太医院中医术较高而升为院使、院判者。

2.清代皇帝诊病情况——以光绪帝为例。

---

① 陈可冀主编，周文泉、江幼李等编著《清宫医案研究》之"参考"，第 2 册 1086 页。
② 陈可冀主编，周文泉、江幼李等编著《清宫医案研究》之"参考"，第 3 册 1102 页。
③ 杜钟骏：《德宗请脉记》之"十月初十日""十一日"，收于《落日残照紫禁城》，四川人民出版社，1999，第 377 页。下同，皆此版本，不另注。
④ 刘体智：《异辞录》卷 4《两宫病重议立宣统》，中华书局，1988，第 216—217 页。
⑤ 陈可冀主编，周文泉、江幼李等编著《清宫医案研究》之"临终前之护理记录"，第 3 册 1103 页。
⑥ 陈可冀主编，周文泉、江幼李等编著《清宫医案研究》之"参考"，第 3 册 1102 页。

清代皇帝的医疗档案，只有光绪帝保存下来的比较多，以下根据这些档案，辅以官私文献，对光绪帝的身体状况、病情及诊治的情况，作一简要介绍。①

现存光绪帝的医疗档案，有确定年份的，是光绪四年（1878）、五年（1879）、十年（1884）、十二年（1886）、十四年（1888）、二十一年（1895）、二十三年（1897）、二十四年（1898）、二十五年（1899）、二十六年（1900）、三十三年（1907）、三十四年（1908）这十二年的，另有20余份，只知是光绪朝的，均不知是哪一年。在这有确定年份的诸年中，光绪四年、五年、十年、十二年、十四年、二十一年、二十三年这七年的，又恰是光绪几年、十几年、二十几年这三个时间段，而这些年中，每年只是一次医病记录，只有光绪五年是两次，以上每次都只是四五天的诊治，就基本痊愈了，最少的只有一天。这种情况是否表明，虽然光绪帝自幼身体较弱，但在光绪二十三年他二十七岁以前，尚无大病、重病，至少在上述七年中是这样。但自光绪二十四年以后，这位体质素弱的皇帝，由于政务繁多，且行政颇不顺利，不幸之事踵至，身心屡遭打击，免疫力极差，以致诸多病痛长期缠身。光绪二十四年（1898）五、六月这两个月，几乎是天天不离医生。其病情，有腰腿疼痛，不耐寒热、咳嗽、目赤、遗精、疲倦等症，御医诊断有"总缘气虚阴亏，脾肾不足，肝经易旺，致生浮火使然"之语，今之专家也认为"光绪帝之病情颇为复杂，气阴不足，心肾两虚，而致诸症迭起，治疗也甚棘手"，"脏腑失调，气血两亏，治疗多费周折"，其"上焦虚火不清，当是心经之火上冲所致"②。而这两个月，正是百日维新期间，对维新抱有莫大希望的光绪帝，其维新措施的推行却很不顺利，屡遭阻力，尤其是太后的掣肘，其心情可想而知，病症中的所谓"上焦虚火不清""心经之火上冲"等，当时由此所致。八月，光绪帝被囚瀛台，这对他更是异常沉重的打击，此后的岁月中，一直是杂症作祟，有时较

---

① 以下所述，均据陈可冀主编，周文泉、江幼李等编著《清宫医案研究》之"光绪帝的医案"，第3册1334—1662页。
② 陈可冀主编，周文泉、江幼李等编著《清宫医案研究》之"参考"，第3册1348、1355页。

重，甚至神经失常，出现诸如"言语少""梦魇惊怖""心神迷惑，心中无因自觉发笑，夜卧少眠""有时言语自不知觉"等症状。光绪二十四年九月，因病情较重，表现为"咳嗽少痰，喘促气怯，口渴咽干，小便数频、色白，下部潮湿寒凉。中焦运化失职，升降不能如常。面色晄白，眼皮色青，左颧青暗而滞，右颧淡白。气馁懒言，偶语稍多则牵引少腹小便作抽。时或牙疼口疮，手指作胀，胸满嘈杂作呕，不能久立久坐，睡卧难于转侧。久有夜梦金声则遗精或滑精，有时似滑未滑"，以及失眠、腰腿作痛等症状。医官们分析是由于"心肾两亏，肝经气郁不舒，脾胃两受其克，是以上火下寒所致"。当时还请来了法国驻北京使馆的医生多德福诊治，并未见效果。太医院御医及外部征召的名医共有卢秉政、朱焜、陈秉钧、庄守和、李德昌、范绍相、忠勋、门定鳌等，先后为其医治，也并无起色。光绪二十五年正月，症状较重，大年初一，便"恶寒身痛""面色青黄而滞"，鼻中"时或涕见黑丝"，咳嗽"时或见血丝"，目赤耳聋，喉痒牙痛，大便燥结，小便数频时或艰涩不利，气短懒言。仍有"夜寐少眠"，滑精及"心神迷惑，心中无因自觉发笑"等症状。殆因感冒，又引起旧疾加重。这一天及次日，每天有朱焜、庄守和、门定鳌、张仲元四人会诊。此后的初八日至十五日，这四人又连日诊治，感冒治愈。但旧疾杂症始终困扰缠身，诸位名医也束手无策，从此后的医案来看，医生们似乎不像是在治疗，而是"走形式"似的履行公差，自光绪二十五年的二月初一至次年的七月因八国联军进北京而出逃以前，虽然御医们几乎每月为其诊治，但一般是每月定期两次，大致是初一、十五左右入诊，只有出现某种新症状，才加诊。而且每次的诊断病情尽管长达五六百言，所叙病症繁杂，但几乎为同一措辞，不啻复制，所开药方，也大同小异，有时或作药味加减调剂，但服后症状仍旧同前。这种情况，说明他的病长期医治也没有什么起色，没有大变化，长期缠延。以下就请看这千篇一律的病情记述：

（某日，某某等）请得皇上脉息左寸关弦软稍微，右寸关滑软近数，两尺细弱，沉取尤甚。面色青黄而滞，左鼻孔内有时燥痛，觉有气味，或见涕有黑丝，头觉眩晕，坐久则疼。面上时或起有小疮，左边颊颐发木，耳后项筋酸痛，腭间偏左粟泡呛破漱口时或带血丝，喉咙觉挡，左边时或起池，右边微疼，咽物似觉不利，味仍发咸。舌苔中灰边黄。左牙疼痛，唇焦起皮，口角仍见色青。耳稍发黄，觉干，作渴思饮，喉痒呛咳，气不舒畅。心烦而悸。不耐事扰，时作太息。目中白睛又起红丝，视物眯朦，左眼尤甚，上下眼胞色青，时觉发胀。耳内觉聋，时作烘声。身肢愈觉见软。气短懒言，饮食减少。心虚血燥，见有发落。胸中发堵，不时打嗝，有生食味，嗳气嘈杂。呼吸言语丹田气觉不足，腹中狭窄，少腹时觉气厥，中州气怯，下部觉空，推揉按摩稍觉舒畅。两肩坠痛。心烦燥汗，夜寐不实，耳觉作响，梦魇惊怖，醒后筋惕肉瞤，肢体觉僵，难以转侧。梦闻金声偶或滑精，坐立稍久则腰膝酸痛，劳累稍多则心神迷惑，心中无因自觉发笑，有时言语自不知觉。进膳不香，食谷不化，肺燥气虚，时或偏右头疼。腹中发胀，牵引少腹抽痛。时常滑精，因而精神欠佳。肢体倦怠，夜间发热，动坐气喘，步履无力，手足发胀，两手愈形觉重甚，或执笔觉不得力。若加劳累，腰酸腿疼愈甚，腿筋作抽。下部潮湿寒凉，大便糟粕，时或燥结小水频数，有时艰涩不利。谨按诸症：总缘禀赋素弱，心脾久虚，肾水不足，虚火炎金，灼其津液，气血久亏，以致周身时觉不适。复因肝肺湿热熏蒸，头目受风，右边白睛，眼胞赤肿，坐久干涩、眯糊，牵扯头痛。口唇起有小泡。法宜以甘温之剂培补阴阳，惟水亏火旺，不受补剂，是以用药掣肘。今谨议用养心扶脾、滋养肝阴之剂，加以明目抑火之品。仍宜节劳静养调理。

这一脉案记录，从光绪二十五年二月至二十六年七月，同样词语连续重复出现，多次是五六百字的脉案仅有几字之差，如同前一次脉案的照抄，仅作几个字的改动。所记病症，则有二三十样之多。如此诸多病痛缠身，其痛苦可想而知。

而治疗，则仅每月例行公事的两次，这比起前述慈禧太后光绪二十八年以后的几年，本无大病，脉案不过是三四十字，四五样症状，主要为保健护理，却不断有御医等入内侍疾的情况，待遇差距太大，有厚此薄彼之感。皇家帝后之医疗条件虽然远迈常人，但事情又是复杂的，未能一概而论，身为九五之尊的光绪皇帝，比起慈禧太后便显得可怜。

光绪三十四年，是光绪皇帝临终之年，脉案显示，从这一年的三月七日起，其治疗之日加密，次数开始频繁。参与治疗的医生也渐次增多，六月上旬以前，主要是忠勋、陈秉钧、曹元恒三人轮值，或二人同入诊治，有时上下午各一次。此后增加医生，主要是各地征召者。六月中旬增张仲元、张彭年、吕用宾，此后经常是二三人或三四人同时入诊，甚至一日二三次。七月初，增施焕，中旬增周景涛、杜钟骏、郑敏书。九月中旬，又增屈永秋、关景贤参与诊治。参与诊治者人多，自七月十六日起，定诸医生每六天一轮值。九月下旬，病症似渐加重。九月二十四日光绪帝自述："近六七日间，腰疼分为两种，一曰本来之痛，一曰另外之痛。本来之痛虽极重，尚可勉强行动，稍俯腰尚能极力支持，至于另外之痛，一发则略一转动即痛甚似裂，气皆欲阻。"此后又有咳嗽气喘，夜不能寐等症。十月似更加重，临终前的四天，十八日，吕用宾诊断"皇上脉：两关弦、数，寸细、数，尺沉、数无力。乃久病中虚不运，肺不能降，肾不能纳……种种病状，皆元气大亏，阴阳失养"。杜钟骏诊断的脉案则记为"有虚不能补，实不能攻之难。何者？病经日久，虚虚实实，在在棘手"之语，这是上报御览的病情诊断文字，据杜钟骏自己说，他所拟的诊断文字，有"实实虚虚，恐有猝脱之语"。内务府大臣说："你此案如何这样写法，不怕皇上骇怕吗？"予（杜氏自称）曰："此病不出四日，必出危险，予此来未能尽技为皇上愈病，已属惭愧，到了病坏尚看不出，何以自解？公等不令写，原无不可，但此后变出非常，予不负责，不能不预言。"内务府大臣说："你言之有理，我辈也担当不起，应与军机大臣商议。"杜钟骏又将实情对醇亲王载沣等军机大臣们说明，并请示。载沣回顾其他军机大臣而言："我等知道就是，不必写。"①所以今天我们见到的清宫脉案，仅有"虚虚实实"，没有"恐有猝脱"之语。又据杜氏记述："至十九日夜，与同事诸君均被促起，但闻宫内电话传出，预备宾天仪式，疑为已经驾崩。宫门之外文武自军机以次守卫森严。"临终的二十一日，杜钟骏又被传去请脉，其记述："予与周景涛、施焕、吕用宾四人同入，予在前先入，皇上卧御床上……皇上瞑目，予方以手按脉，瞿然惊癇，口目鼻忽然俱动，盖肝风为之也。予恐甚，虑其一厥而绝，即退出。周、施、吕次第脉毕，同回至军机处。予对内务三公曰：'今晚必不能过，可无须开方。'内务三公曰：'总须开方，无论如何写法均可。'于是书：'危在眉睫，拟生脉散。药未进，至申刻而龙驭上宾矣。'②"清宫脉案的记载是："十月二十一日，子刻，张仲元、全顺、忠勋请得皇上脉息如丝欲绝。脉冷，气陷，二目上翻，神识已迷，牙关紧闭，势已将脱，谨勉拟生脉散，以进血忱。""光绪卅四年十月廿一日，回事庆恒奉旨，皇上六脉已绝，于本日酉正二刻三分，龙驭上宾。"

关于光绪皇帝的死因，非本章所述主旨问题，此处只是根据清宫医案及当时为光绪帝诊病之医生的记载，而作状况叙述，以此作为宫廷医疗制度的补充内容。现有专门研究光绪帝死因的文章，若想了解，可参考。③

3. 皇帝后妃医疗保健方面的某些情况。

皇帝后妃的医案，也有一些存留，这些残存的医案，以保健、孕妇护理这两方面较有特点。

宫中医疗档案中，有不少后妃服用人参的记录，这些记录，有些是并无病

---

① 杜钟骏：《德宗请脉记》，第 378 页。
② 杜钟骏：《德宗请脉记》，第 379 页。
③ 朱金甫、周文泉：《从清宫医案看光绪帝载湉之死》，《故宫博物院院刊》1982 年第 3 期。朱金甫：《再论光绪帝载湉之死》，《历史档案》2010 年第 4 期。此文分析甚为精到。《国家清史纂修工程重大学术问题研究专项课题成果：清光绪帝死因研究工作报告》，《清史研究》2008 年第 4 期。房德邻：《"光绪帝系砒霜中毒死亡"说难以成立》，载《明清论丛》第 10 辑，紫禁城出版社，2010。

情，或针对某种症状，只是食人参汤或含用。如："乾隆三十年十二月二十日起，至三十一年正月二十一日止，皇贵妃人参汤用过人参叁两壹钱，噙化人参用过人参叁两壹钱，汤药内用过人参捌钱。"这里所提到的皇贵妃是令贵妃，嘉庆皇帝的生母。① 她在乾隆三十年十二月二十日至三十一年正月二十一日这一个月内，即喝人参汤，平时也口含参片，即噙化。再看乾隆帝其他妃嫔。颖妃："乾隆三十年十二月二十日起，至三十一年正月二十一日，颖妃噙化用过人参叁两壹钱。"庆妃："乾隆三十年十二月二十日起，至三十一年正月二十一日，庆妃噙化用过人参叁两壹钱。"② 容妃，即俗称的香妃："乾隆五十三年三月十五日，容妃合人参珠子散一料，用过五等人参一钱。"此散也用于补益。③

老年后妃也有以人参保健的记录，如"乾隆三十年六月二十日起，至三十一年五月十三日，皇太后陆续噙化用过三等人参壹斤十五两捌钱"④。这里所说的皇太后，是指雍正皇帝的孝敬宪皇后，她在一年中，噙化的人参近两斤。

清宫医疗档案，对怀孕后妃之护理、诊治的记录较详。从后妃似有妊娠之象起，太医们就要时时关注，监视其变化情况，依症下药调理。如乾隆帝的惇妃，自乾隆四十二年（1777）四月，被诊为有"妊娠脉息"，太医陈世官、罗衡等便开出胎产金丹以保固胎元。此后至五月下旬，几乎天天诊脉检查，加减药方。但期间又出现有孕而又下血的"漏胎"之症，而请过精于此医道的刑部尚书余文仪诊视，最终诊为"有喜而漏……脉亦不见娠象，其无喜已经显著，竟可不服汤剂"⑤。虽然未能成孕，但这两个月中，却始终有医生诊视护理。道光帝的静嫔怀孕，是太医张永清、郝进喜等四五个人为其护理，直至生产及产后，不时检查，开方调

---

① 陈可冀主编，周文泉、江幼李等编著《清宫医案研究》之"参考"，第 1 册 55 页。
② 陈可冀主编，周文泉、江幼李等编著《清宫医案研究》，第 1 册 56、57 页。
③ 陈可冀主编，周文泉、江幼李等编著《清宫医案研究》之"参考"，第 1 册 57 页。
④ 陈可冀主编，周文泉、江幼李等编著《清宫医案研究》，第 1 册 40 页。
⑤ 陈可冀主编，周文泉、江幼李等编著《清宫医案研究》，第 1 册 57—63 页。

理,①静嫔所生为道光帝皇次子奕纲。下面再以道光皇帝的全妃（咸丰帝生母）为例，看一看御医们对皇家妊娠的后妃们从确定妊娠直到产后之全过程是如何精心诊断、护理的。道光三年（1823）三月，道光帝的全嫔"荣分（月经）两月未行，周身酸懒，有时恶心"，御医张永清、苏钰把脉后认为"似有妊娠之象"，此后便作"相应慎重调理"。若确诊为怀孕，便应作安胎、保胎的护理了，而此后的情况发展，证明并非怀孕。同年十一月，全嫔晋为全妃，御医们对道光帝宠幸的这位嫔妃不敢掉以轻心，同年十二月份的诊视，断定为确属怀孕，可偏偏孕育又不顺利，刚三个月，张永清等四位御医诊得"系居经三个月，因湿热伤于荣分，以致腰酸腹坠，有时疼痛，荣分微行"，而用除湿安荣汤调理。由于症势发展甚急，调理并未见效，次日即现流产之状，这一天，这四位御医从丑刻（凌晨两点左右）到亥刻（晚上十点左右），先后四次入其卧室诊治。丑刻，尚用胶艾四物汤调理。午前，便已呈"半产之症，以致腹胁疼痛，恶露渐行"，御医又开出生化汤的方剂，作小产去恶露的诊治与护理。未刻（下午两点左右）再诊，根据症情发展，服用加减药味的生化汤。晚上的亥刻，因又诊得"半产后恶露未畅，淤血停滞作痛"，而开活瘀定痛汤服用。次年也即道光四年（1824），八月二十五日，御医赵汝梅等几人诊得全妃"系荣分五个月未行……似有妊娠之象"，只因小腹微痛，诊断是"肝脾湿滞"所致，因而用"和肝养荣丸缓缓调理"。此后不再疼痛而停药。九月以后的几个月，张永清、赵汝梅等四位御医每次诊断，都情况良好，脉息安和，饮食、起居甚好，没有其他不正常症状;"系妊娠至佳之象"，因而也未开方服药，只是作"相宜慎重调理"。到次年即道光五年（1825）的二月二十日，终于瓜熟蒂落，平安脱胎。所生为道光帝第三女，此日寅时（晨四点左右）降生，母女均安。辰刻（早晨八点左右），崔良玉等五位御医入内诊视，因"产后恶露过多，以致头晕腹痛，议用生化汤一贴调理"。到了未刻即下午两点左右，御医们再次入内诊视，因症状

---

① 陈可冀主编，周文泉、江幼李等编著《清宫医案研究》，第 1 册 521—524 页。

减轻，又没有其他新症状，御医们以早晨已服生化汤，且"诸症俱好"，拟停止当日再服此药，而"相应谨慎调理"。此后便进入产期的护理。① 这位全妃，从似有妊娠之象的诊断、排除，到确诊为妊娠，以后调治护理，直至生产，如此精心诊视、调治，是一般人家见不到的。还有一点，也与一般人家不同，脉案记录："二十日起，至二十六日止，共享过回乳汤十二份。"并记："二十一日，苏钰、王泽溥、郝进喜、苏清泰连日数请全贵妃脉息安和，连服回乳汤，乳汁已消，饮食、起居俱好。相宜谨慎调理。"② 所谓回乳汤是为了制止乳汁的产生，直至乳汁全消，因为皇室子女从生下就由乳母乳育。

4. 皇家子女之医疗。

皇家幼婴，生下来便享受太医院御医的护视、调治，清宫是用福寿丹开口。脉案对此多有记载，如乾隆四十年（1775）正月初三，乾隆皇帝的幼女后来习称的十公主出生，御医"蔡世俊、李思聪、田丰年、张敬文看得公主脉纹、神色俱好，拟用福寿丹开口，谨此奏闻。福寿丹：朱砂一分，甘草一分，生，川大黄一分，生。水调匀作乳"③。乾隆三十三年（1768）三月十七日，乾隆帝的皇孙出生，脉案记"小方脉臣高存谨、盛明远看得八阿哥下宫女子玉英，于本日巳时育喜阿哥，经纹、气色俱好，今议用福寿丹开口。谨此奏闻"④。另计"嘉庆十年二月初九日，刘钟、段继善、吕廷珪、刘钲请得皇后于本日子时，育喜阿哥，脉纹、神色俱好，宜用福寿丹开口"⑤。可见这皇家之人自出生之日起，就作为重点保护对象，当日就有三四个御医照看，并以福寿丹开口。

作为金枝玉叶的皇子、皇女、皇孙、皇孙女等，其成长以后的医疗情况，医案中有更多的反映。

---

① 陈可冀主编，周文泉、江幼李等编著《清宫医案研究》，第 1 册 496—502 页。
② 陈可冀主编，周文泉、江幼李等编著《清宫医案研究》，第 1 册 502 页。
③ 陈可冀主编，周文泉、江幼李等编著《清宫医案研究》，第 1 册 258 页。
④ 陈可冀主编，周文泉、江幼李等编著《清宫医案研究》，第 1 册 263 页。
⑤ 陈可冀主编，周文泉、江幼李等编著《清宫医案研究》，第 1 册 392 页。

宫廷皇室中，皇帝的晚辈不仅有皇子、皇女，而且有皇孙、皇孙女等，这后者主要出现在皇帝年岁较大、在位时间较长的皇帝之宫廷中，如乾隆皇帝幼小时，就曾生活在其祖父康熙帝的宫中。乾隆帝之长寿、在位时间长，是中国历史上少有的，他又留恋于数代同堂、儿孙绕膝的天伦之乐，有的皇子三四十岁时仍未分府出宫，就在皇宫中生儿育女，因而乾隆在位的后期，宫中不仅有皇子、皇女，而且有皇孙、皇孙女等。医案中也留下了他们的医疗情况。乾隆皇十女，是乾隆帝最小的女儿，被乾隆帝视为掌上明珠，乾隆四十年（1775）正月出生的当月，御医们就不时诊视，格外精心。九月初八日，小方脉御医蔡世俊等发现其"周身出风湿红点"，不知是否是天花初症，便一直入侍观察，至十二日，确诊为不是天花，十四日症状消失，因看得"公主精神、饮食、玩笑、起居如常"，赶紧向乾隆皇帝奏报。此后，是用启脾肥儿丸调理。① 乾隆五十年（1785）三十四岁的皇十一子永瑆即十一阿哥患牙痛，李德宣、张肇基、陈世官等御医接连三天为其诊治，另外还有乾隆四十八年（1783）后永瑆多次服用御医所开藿香正气丸的记录。他的福晋（夫人）身体不太好，诊治记录较多，还曾患过"烦热喘促不眠，妄言哭笑"之症，御医用清心化痰汤，兼牛黄散为其治愈。十一阿哥之女，乾隆三十五年（1770）诞生于皇宫中，次年春天出麻疹，症状较重，御医陈增等四人曾接连五天视诊，以疏表透疹汤、清热化疹汤等治愈。② 皇十五子永琰即后来的嘉庆帝，当时是与妻妾子女生活在宫中撷芳殿，他的子女中，有三子七女共十个孩子都是他尚为皇子时在乾隆朝的宫廷中生下的。他的嫡福晋是喜塔腊氏，脉案显示她屡感风寒，御医多次为她治疗伤风感冒类的疾病。乾隆四十四年（1779）、四十六年（1781）、四十八年（1783）、五十年（1785）的四次怀孕，以及所生皇孙女、皇孙情况，皆有记录。乾隆四十五年（1780）二月十五日，御医罗衡、姜晟"看得

---

① 陈可冀主编，周文泉、江幼李等编著《清宫医案研究》，第 1 册 259 页。
② 陈可冀主编，周文泉、江幼李等编著《清宫医案研究》，第 1 册 204—212 页、268—270 页。

皇十五子福晋脉息和缓，妊娠已进七个月，饮食、起居俱好，相应敬谨调理"，并"谨此奏闻"乾隆皇帝。此后，稍有不适，便有御医诊视。四月三十日，顾兴祖等四位御医诊得十五福晋临产，上午巳时（十点左右）用催生芎归汤催生，午时（十二点左右）"育喜格格，母女均安，谨此奏闻"，向皇帝报喜。此后的十几天，都用回乳汤，可见宫中诞育的皇孙女，也不是生母喂养，生下来就有专门的奶母乳育。乾隆四十六年冬，这位皇子福晋又有妊娠之象，后确诊为怀孕，进入精心护理期，次年六月，陈世官等五位御医"看得皇十五子福晋脉息安和，妊娠已进八个月，饮食、起居、精神俱好"，照例向乾隆皇帝奏闻。八月初十日，仍是这五位御医"请得皇十五子福晋脉息和缓，于本日寅时育喜阿哥，母子均安"，向皇帝报喜，此次诞育的皇孙，就是日后的道光皇帝。但此次该福晋的产褥期却不顺利，多日恶露不净，御医接连为其开生化汤、四物利湿汤疗治，同时还服用回乳饮。乾隆四十八年冬又孕，至乾隆四十九年（1784）六月，已怀胎八个月，一切正常，九月初七日分娩，诞育格格，母女平安，此女就是后来出嫁蒙古的庄静固伦公主。乾隆五十年其怀孕十分不顺，七月中，刚刚妊娠三个多月便小产，且出血过多，此后长时间用御药房的养荣归脾汤、调荣定痛汤、滋荣育神汤等方剂调养，体质仍不如从前，这位福晋此后也再没有孕育。①

种痘、医痘，是清代宫廷皇家子女具有特色的医疗事件，因而医案中也有不少记录。

痘，又称天花，是一种危害极大的传染病，尤其是婴儿，没有出过天花未获得免疫力者，甚至视之为不算完全成活。清初，新入关的满族人畏痘如虎，但当时只是在天花流行的时节消极地躲避、隔离，皇家建有避痘所。顺治皇帝就曾几次在冬春之交时到北京城南郊的南苑避痘所避痘，康熙帝小时也曾被移到皇宫西门外的一座府第（后改称福佑寺）避痘。正在出天花的，则迁出紫禁城。康熙中

---

① 陈可冀主编，周文泉、江幼李等编著《清宫医案研究》，第 1 册 231—252 页。《玉牒》也记此福晋即后来的孝淑皇后，最后所生是乾隆四十九年诞育的皇四女庄静固伦公主。

期以后，宫中开始实行种痘以预防天花，这一重要事件起因于康熙帝的皇太子胤礽之治痘。康熙十七年（1678）十一月，五岁的胤礽出天花，经善治痘症的武昌府通判傅为格、陈天祥治愈。① 康熙帝也由此得知傅为格等南方医生有种痘以预防天花的医术，因而于康熙十九年（1680）十二月后，又先后把傅为格、朱纯嘏、陈天祥调入北京种痘。太医院有可能就在此后设置痘疹科。② 此后，宫中的康熙帝之子孙们都由这些痘医种痘，取得预防效果，康熙帝曾在对诸皇子的训话中提到："至朕得种痘方，诸子女及尔等子女皆以种痘得无恙。"③ 种痘实际上是人为地让幼儿出一次轻症天花，愈后以获得对天花的终身免疫力。宫中医案，也留下了皇家子女种痘的记录。乾隆帝的第九女即九公主，幼年种痘，提前须检查身体，有无病症，只有在身体一切正常的状态下才可施种。医案记，二月二十三日，总管太监潘凤"带领种痘科蔡世俊等，看得九公主脉息平和，起居、精神俱好，于本日巳时布种喜痘，谨此奏闻"。这里的痘所以加上喜字，是宫中的吉祥用语，意为出痘后一定痊愈而不再得天花，是喜事。几天后，九公主身上有出痘症象，御医又用透喜汤促其出痘。四天后御医向乾隆帝报告小公主出痘情况良好："种痘科臣刘芳远、张德福，小方脉陈增、邹之瑞谨奏：'种得九公主喜痘应期发热，于初四日从右手腕及左腰下见点，颗粒分明，红活光润，饮食、精神俱好，仰托皇上洪福，上顺大喜。本日遵例供圣。谨此奏闻。'"并用相应之药调理。数日后的三月十一日，"种痘科臣刘芳远、张德福，小方脉陈增、邹之瑞谨奏：'种得九公主喜痘八朝，陆续出齐，头面周身共十余粒，应期起长行浆，今浆满充足，次第收靥结痂，饮食、精神俱好，仰托皇上洪福，上顺大喜。于十五日乃十二朝之期，遵例送圣。谨此奏闻'"。至此，种痘本已成功，但随即又出现颈项、耳前红肿等症，

---

① 杜家骥：《清初天花对行政的影响及清王朝的相应措施》，《求是学刊》2004年第6期。此文将胤礽出天花的时间误为康熙十九年，应为康熙十七年，特说明。
② 也有可能是在此之前。现无有关资料证明何时设置痘疹科，待考。
③ 见前揭《清初天花对行政的影响及清王朝的相应措施》一文。

种痘科的刘芳远、小方脉的陈增等又诊治了半个多月才痊愈。①

前述医案中曾言及"供圣""送圣",指的是祭祀所供奉的痘疹娘娘、痘儿哥哥之类的痘神,种痘成功,还要送圣。内务府也有皇家子女种痘送神的制度性则例,②既然是遵例供圣,就有送圣送神的则例,即遵行的制度性规则,可见宫中种痘并祭神已形成制度。

当时的种痘医技是"人痘"术,比起后来的"牛痘"术,不仅复杂、技术要求高,而且成功率较低,有一定危险性。另外,因冬春接种时身体有其他症状不能施种,又有一些人错过种痘。因而,皇家子女虽有太医院太医为其种痘,仍有一些感染天花者,以下再看太医院痘医们为皇室子女之感染天花者治痘的情况。③

当时的治痘医技也不甚高,得天花者能否闯过这道鬼门关,很大程度上取决于具体病情,具体说是属于"顺症"还是"逆症",当时的医书称"顺症不药而愈,逆症服药无益"④,皇家同样如此,若遇险逆之症,即使名医也难有回天之力。

医案记载,十一阿哥永瑆之女即乾隆帝皇孙女,嘉庆皇帝的皇五子绵愉,道光帝的皇四子奕詝(即后来的咸丰皇帝)、皇七子奕譞,都曾在幼年得过天花,所喜均属顺症,不几日出痘较多,痘粒饱满浆足,进而结痂,身体也没有其他症状,这对当时的他们而言,确实是大喜之事。⑤而乾隆帝的十公主、皇孙绵志(皇八子永璇之子)则情况不太妙,虽然见痘,但"隐伏不透",或"颗粒细碎",当时

---

① 陈可冀主编,周文泉、江幼李等编著《清宫医案研究》,第1册252—258页。
② 咸丰《钦定总管内务府现行则例·掌仪司》卷3《种喜花送神事宜》,有"凡内廷阿哥、格格种喜花,送神所用纸扎冠、袍、带、履、香亭、船、伞、轿、马、宝幡、黄钱、阡张、元宝、香、烛、纸花及赏赐医官红缎、银两、金花、馒头等物……所用猪口、羊只、鼓手、校尉"等的记载。
③ 以下这部分内容,仅作简要介绍。更详细的阐述,见杜家骥:《从清宫医案看天花的防治》,载《中国社会历史评论》第8卷,天津古籍出版社,2007。
④ 董氏:《痘疹专门秘授·序》。
⑤ 陈可冀主编,周文泉、江幼李等编著《清宫医案研究》,第1册268—273页、416—421页,第2册678—680页、693—694页。

的中医认为这是内里痘毒不能全部发散出来的症状，因而患儿表现为"身热气粗、烦躁口渴"，甚至有"烦躁闷乱、目直口噤、神志不清"及"抽搐"之象，属"中险之症"，这种症状，就要看医生的医技、经验了，如何因势利导地用药促其尽快出痘，且痘颗充分灌浆饱满，进而结痂，是治疗的关键，多用清解透喜汤、活血助长汤、活血助浆汤，而又须根据该患儿的具体情况增减方剂。这两名染上天花的皇家子女，在太医的精心诊治下，幸好均度过险关。① 而道光帝的皇三女、皇七女，以及后来的同治皇帝，则未能逃脱天花厄运，他们感染天花后都呈逆险之症。两位小公主或呈"闷乱抽搐、痘形板实不起""气闭不语""毒枭火烈"之状，或痘颗"平扁干滞""形色紫滞""唇口焦干""喑哑作呛"，均属痘毒内陷不发的并发症，太医想尽办法，也未能救治。② 同治帝的症状更险烈。同治十三年（1874）十月三十日，御医发现同治帝有天花之象，此后一直为其用药促发，但因"瘟热毒滞过盛"，痘粒"板实顶陷，攒簇紫滞"，即使催而生发之痘也"停浆不靥"。此后多日，又有"余毒不清"之状。且第二十天后，又多处"发出痘痈肿痛"，破溃流出毒汁，且"牙龈黑臭"，延至十二月初五日不治而亡。③ 至于是否还有并发之梅毒？至今仍属疑案。

5. 宫中太监、宫女之医疗。

宫廷人员不仅有皇帝及皇室之人，人数更多的是服侍他们的太监、宫女等，这些人平日生活在宫廷之中，也是太医们诊治的对象。清代宫廷医案中这方面的记录也不少。

---

① 陈可冀主编，周文泉、江幼李等编著《清宫医案研究》，第 1 册 260—262 页、216—218 页。
② 陈可冀主编，周文泉、江幼李等编著《清宫医案研究》，第 2 册 705—706 页、730—736 页。
③ 陈可冀主编，周文泉、江幼李等编著《清宫医案研究》之"参考"，第 3 册 1212—1233 页。同治帝之死因，有死于梅毒之说。本文所述，是根据医案所记及《清宫医案研究》的编者的判断。

康熙某年冬，总管太监梁琪胸膈胀痛，饮食堵塞，呕吐痰水。有御医黄运、刘声芳、许士弘为其诊治，称其"年老气虚，不敢多用药，议用御制酒，以舒气化痰，缓缓调治"[①]，并向康熙帝奏报。

嘉庆十六年（1811）六月，御医张铎、舒岱等为乾清宫总管太监张进忠诊治痢疾，连治六天，每天把脉，根据病情变换方剂，如香连化滞汤、香连芍药汤、石莲败毒汤，[②]终至痊愈。可见清代宫廷为防止宦官乱政虽然对太监管束甚严，但在为其治病方面还是比较人道的。对一般小太监的治疗也是如此，咸丰三年（1853）正月，"内殿小太监金环"患痄腮（腮腺炎），御医孟佐清从正月初十至二十三日连续为其诊治，仅二十一日停一天，也是每天根据病情变换方剂，终至痊愈。[③]同年同月初六日至二十六日，李德立、魏焕、张廷瑗等六位御医，先后为"内殿小太监德瑞"诊治，其中十七日那天，御医佟钧两次诊视开方，分别为疏解清热饮、疏解泻肝汤。但这些地位较低的太监，其诊治记录都只有太医开的药方，而没有病情记录。[④]晚清太监李莲英颇得慈禧太后宠用，在医疗上也有特殊待遇，他的脉案立有专册，有较详细的病情记录，其现存医案从同治五年（1866）至宣统元年（1909）正月底。太医们对其疾病的诊治也比较重视，一般的太监诊治多是一个太医，两个的时候不多，而李莲英经常是两个人，有时甚至三四个，为其治病之医官的职位档次也较高，有院使、院判，为正副院长级医官，皇室帝后也不过如此。如光绪三十三年正月初三，有庄守和、张仲元、姚宝生三位医官为其诊治，以后或二人或一人，至二十三日，断续诊视十余天，其实并非大病，脉案诊断为"神力甚好，惟气道未疏，运化欠畅"，从开始诊断到痊愈，病情都大致如此，以益气调中、益气醒脾、调中化湿之法调理而已。光绪三十四年一整

---

① 陈可冀主编，周文泉、江幼李等编著《清宫医案研究》，第1册23页。
② 陈可冀主编，周文泉、江幼李等编著《清宫医案研究》，第1册427—428页。
③ 陈可冀主编，周文泉、江幼李等编著《清宫医案研究》，第3册1203—1205页。
④ 陈可冀主编，周文泉、江幼李等编著《清宫医案研究》，第3册1206—1208页。

年，李莲英仍没有大病重症，主要是"脾元运化不畅，食滞、痰湿"等症，但每月都有诊治记录，正月至十月这十个月间，每月都有二十三四天左右的诊疗，很多时候是十天半月御医连续诊视，诊治御医，先是庄守和、张仲元、姚宝生，二月中旬以后，主要是张仲元、李德源、戴家瑜，其中庄守和是院使，这一年的三月故去，继任院使是张仲元，姚宝生是院判，这一年中几乎每次诊视都有张仲元，或其一人，或与李德源、戴家瑜中的一人，与这两人共三人入诊的时候也很多。十月份有七天无诊治记录，这是十个月中缺诊最多的月份，是有特殊情况，十月初十是慈禧太后庆寿之日，初九、初十李莲英无受诊记录，二十二日是慈禧死去之日，二十二日、二十三日李莲英无受诊记录。值得注意的是，自十一月初至十二月底的两个月，李莲英仅有十七天的诊治，每月平均不到九天。现今专家认为慈禧死后，李莲英"于短期内神气复常，劳累尽除，可能与长年累月之医药调养保健有关"①。而次年的宣统元年（1909）正月的一个月，却又有半个月的诊疗，这是否与其失去靠山、宫廷矛盾对其精神的影响有关？②

宫女等的身份及其治病比较复杂。乾隆四十八年（1783）六、七两月，有太医张鼎、丁进忠为永寿宫女子圣妞、延禧宫女子德格、永寿宫女子秋兰、景仁宫女子八妞、钟粹宫女子如意，以及永寿宫妈妈里关氏诊治开方的记录。③清代的宫女是由皇帝亲领之上三旗内务府包衣家的姑娘充当，每年选一次，分配到皇帝家属居住的各宫服侍，25岁后放出宫婚嫁。妈妈里，是年岁比较大的妇女，取其有家庭生活经历尤其是有女性方面的生活经验，重点照顾皇室某些女性。清前期宫中还有一位特殊妇女，就是苏玛喇姑，她是入关前清太宗之妻孝庄皇后的陪嫁侍女，终身未嫁，侍奉皇室，直到康熙四十四年（1705）她年近九旬时故去，把一生献给了清皇室，先后协助孝庄后抚育过福临、玄烨两位幼帝，教过幼龄时玄烨

---

① 陈可冀主编，周文泉、江幼李等编著《清宫医案研究》之"参考"，第3册1323页。
② 陈可冀主编，周文泉、江幼李等编著《清宫医案研究》，第3册1245—1327页。
③ 陈可冀主编，周文泉、江幼李等编著《清宫医案研究》，第1册273—275页。

的满文。她是孝庄的知己与亲信，康熙二十六年（1687）孝庄皇太后故去后，她又照管康熙帝的皇子胤裪，皇室老少都把她当作自己的家里人。康熙帝对她颇有感情，亲切地称她为"额涅"（满语，母亲），皇子、公主们则叫她为"妈妈"（满语，奶奶）。康熙帝给予其晚年的待遇很高，让她独居宫内一所院落，有太监、宫女伺候，并予定期生活用品的份例。① 康熙四十四年八月底，苏玛喇姑患病，腹痛便血，当时康熙帝正在北巡，闻讯后送信给京城的皇子胤祉、胤禛，让他们同胤裪一起，找太医及西洋大夫悉心诊治，并送一种草药，让他们将此药熬鸡汤给苏玛喇姑服用，并商之大夫，若不适宜则不必服用。并命胤裪日夜守护，令墨尔根绰尔济诵经。但苏玛喇姑坚持不吃药，终于在九月初七日病故。②

同治年间的医案中，有御医范绍相、蔡钟彝、汪兆镛、韩知通、冯国治、薛天锡及庄守和、李德全等，为钟粹宫女子永顺、景仁宫女子玉娟、储秀宫女子素琴、宝琴、玉庆，以及储秀宫如意妈妈罗氏、妈妈杨氏等治病的记录。宫女及这些妈妈身份较低，所以只有太医所开药方，而没有病情记录。

6. 宫中其他女性的诊病。

晚清的宫廷中，还有皇室之外的一些特殊女性，其中有皇室旁支王公之女，还有非皇家的外姓之女，因与慈禧太后的关系密近，而居住宫中或经常在宫中。如庆亲王奕劻的女儿四格格，很受慈禧宠爱，不幸的是婚后不久丈夫去世，在家守寡，被慈禧召入宫中做伴。③ 光绪三十二年七月，这位四格格时作头晕口渴，饭后稍作恶心，太医院院使庄守和从七月十八日至二十八日，每天为其诊治，根据

---

① 以上苏玛喇姑的情况，见郭松义、杨珍：《康熙帝本传》之第五十六《苏玛喇姑》，辽宁古籍出版社，1996。
② 《康熙朝满文朱批奏折全译》，第481页、389页、463页。第481页、463页的两折，似将康熙四十四年误为康熙四十五年。
③ 〔美〕卡尔：《禁苑黄昏——一个美国女画师眼中的西太后》，上海：百家出版社，2001，第34—36页。

病情变化变换方剂。① 慈禧太后的侄女，宫中称其为"垣大奶奶"，也年轻守寡，曾与慈禧伴居，宫中对她自然也另眼相看。光绪二十九年至三十四年的几年生过几次病，为她诊病的医官不仅档次较高，而且每次生病时的几天、十几天乃至一两个月，都有医官连日诊视，也有较详的病情、药方记录。如光绪三十三年二月她患头、耳、咽部疼痛，憎寒发热，从二月初三日至十六日，太医院院使庄守和几乎天天为其诊治、开方。三月初四至二十一日患项颈、耳部肿痛，是院判姚宝生每天为其诊视。光绪三十四年十月慈禧去世，此后也没有了这位垣大奶奶的病例记录，② 大概是因为人走茶凉，她也不再待在宫中并享受医疗了。当时常在宫中的，还有裕庚之妻及其两个女儿德龄、容龄。裕庚曾是驻法国的钦差使节，其妻及两个女儿外语娴熟，在宫中充当慈禧太后与美国女画师及公使夫人们之间的翻译。太医也为她们治病。光绪二十九年九月，裕庚之妻头、胸作痛，有时呕吐，痰中带血。御医庄守和、李崇光为其治愈。③ 同年八月，容龄患病，庄守和以疏肝解郁安神之法调治。④

三、清代皇家医疗的特点

通过前边的介绍，再结合相关资料，可将清代皇家医疗情况归纳为以下几个特点：

1. 御医为皇家病人医疗是候诊。

民间百姓病家是请医生看病，医生只有被请才到病家。而宫廷，则是御医每日皆入宫中值班、视疾，随时准备着，为皇家患病者诊治。因而帝后等得病后，都是大夫们每日为其诊视，而且是定时的，这与寻常百姓之家不一样。不属太医院的外请医生也是如此。如薛宝田的《北行日记》，便逐日记载他与御医们为慈禧

---

① 陈可冀主编，周文泉、江幼李等编著《清宫医案研究》，第 4 册 1861—1862 页。
② 陈可冀主编，周文泉、江幼李等编著《清宫医案研究》，第 4 册 1831—1847 页。
③ 陈可冀主编，周文泉、江幼李等编著《清宫医案研究》，第 4 册 1854—1855 页。
④ 陈可冀主编，周文泉、江幼李等编著《清宫医案研究》，第 4 册 1855 页。

看病，每日都进宫的情况，是"黎明进内，辰初（或辰正）传进"，也即每天黎明时进皇宫，在某处等候，早晨七八点时，被传入诊视。

2. 多人会诊。

平常人治病，一般就请一个医生，而帝后治病，一人诊视的情况较少，一般每次都是几个医人，分为先后班次，多时可达七八个人，均应入值。也即几乎每次都是众医会诊，其中某几个人被指定诊脉，其他人候值，待诊脉者出来，共同斟酌，草拟药方，应是以诊脉者的意见为主。"清宫医疗档案"、薛宝田为慈禧太后看病的记录《北行日记》，较具体地反映了这种情况。如光绪六年"清宫医疗档案"记："八月初十日，师大人带进薛福辰、汪守正、马文植、赵天向、薛宝田、仲学辂、李德立、庄守和、李德昌，请得慈禧皇太后脉息，心部较起，右寸两关皆平……议用归脾汤加减一贴调理……是日，薛福辰、仲学辂未请脉。"次日的十一日，仍是这九人，由广大人带进"请得慈禧皇太后脉息……是日，赵天向、薛宝田、李德立未请脉"[①]。《北行日记》是记："（八月）初十日丙午，黎明进内，余与马培之、汪子常请脉。出，公议立方，仍以归脾汤为主，加香附，因圣躬左胁微痛也。十一日丁未，薛抚屏（即薛福辰，抚屏，是其字）、仲昴庭（即仲学辂，字昴庭）、马培之（即马文植，字培之）请脉，出，公议立方，去香附，加枣仁，因圣躬气痛愈，夜间少寐也。"[②]可见，这两天都是九个人为慈禧看病，有诊脉者，有不诊脉者，最后，进内侍疾的所有医生"公议立方"，确定方剂。

3. 随时根据诊视病情变化变换药方。

一般人看病，多是某天诊断、开方，服药一两天或几天一个疗程后，大夫再来看效果，根据病情变化而开药方，并非天天诊治。大夫诊治一两次、几次，病情大有好转后，便自家调养，不再请大夫。而皇家尤其是帝后等人并非如此。如为慈禧治病，无论急症、慢性病，常常是接连几天每天都有大夫诊断，几乎每天

---

① 陈可冀主编，周文泉、江幼李等编著《清宫医案研究》，第2册813—814页。
② 薛宝田：《北行日记》，第74—75页。

都开药方，在原方药味上有所加减，病情稍微有变就变化方子。如光绪八年正月初十日，因慈禧"早晚仍用半膳，不甚香甜，臂指筋脉强痛未减，背热如旧，今议用照原方加减一贴调理"，从这一天的药方与初九日的方子对比来看，是去炒谷芽三钱，而增益智子一钱五分。① 有时甚至是一天诊治两三次，即使同一天脉象稍有变化，也要加减药味，以精细入微地调理。如光绪三十二年五月十一日，上午，庄守和先为慈禧诊脉、开方，未时即下午一至三点之时，姚宝生又诊脉、开方，酉时，即下午五至七点时，又庄守和、姚宝生两人同为慈禧诊脉、开方。同月十八日，则是张仲元和姚宝生二人、力钧一人、姚宝生一人共三次诊脉、开方。光绪三十三年五月十六日至十八日，都是每天诊治两次，张仲元、庄守和各一次。其他每天诊治二三次的情况还有一些。皇室其他人员也有这种情况，从略。对帝后贵体诊治的高度重视，也使其一些疾病的诊治累月经年。光绪六年慈禧的那次疾患，整整诊治了一年多，不但月月诊治，而且几乎是每天都诊脉、开方，只有五月五日、九日，六月十四日，十月初一日、九日至十一日，十二月十五日至二十一日及元旦前后几天，未见诊病记录，其他正月至四月，七月至九月，十一月，都是整月地天天诊脉、拟药方。② 此后的光绪七年的脉案等档册未能保存下来，实际上不可能光绪六年十二月年终，其病患也正好痊愈。从其他资料来看，光绪七年自正月至六月以后，仍在诊治，当时充内廷行走、在南书房阅折件的翁同龢，每日皆阅帝后治病的药方，并在日记中逐日记载。据该日记所载，自光绪七年正月初六日至六月底，连日或断续记有为慈禧诊病的药方。正月初十日这天，为慈禧诊病的医生马培之（马文植）曾对翁同龢说："西圣（指慈禧）之体入春后大不如前，脾虚下陷，肝木益旺，脉无起色，大肉消瘦，极焦急也。"③

---

① 陈可冀主编，周文泉、江幼李等编著《清宫医案研究》，第2册851—884页。正月初九、初十日药方，见第852页。
② 陈可冀主编，周文泉、江幼李等编著《清宫医案研究》，第2册747—851页统计。正月、五月、九月的医案有残缺者，原档应是连续记录。
③ 陈义杰整理《翁同龢日记》，中华书局，1993，第3册1539页。下同，皆此版本，不另注。

其六月的日记载:"(六月)自廿五日起,不请安、看方,然太医仍日上,廿九、卅日,仍传薛、汪两医,仍令内府大臣带起也。"[1]大概也不会是正好光绪六年正月初七得的病。所以,慈禧这场病前后治了有一年半以上的时间,而且几乎天天诊脉、开方,这在一般人是不可想象的。即使疾病基本好了后,仍继续诊疗较长时间,以致在慈禧的医疗档案的记录中,其每次得病的诊治动辄二三十天,甚至累月经年。这种情况,在皇帝及其他后妃的诊治上也有类似体现,如前述光绪皇帝在光绪二十四年至二十六年的诊治情况。这与皇家之人属贵体,格外重视诊治,注意愈后的调养有关。在慈禧的医疗事历中,这种情况格外突出,这可能是因为她特别注意养生、保健,同时也与当时时局维艰、繁务缠身、权力欲又较强而造成的身心疲惫、劳瘁过度有关。以致在其脉案记录中,经常出现食不甘味、夜不能寐之类的记载,这种似病非病之症,加上她本来就有的脾胃不和、大便溏泄的顽疾,也造成了她这种特殊症状,以致形成动辄一两个月甚至累月经年的诊疗情况。

4. 御医对皇家人员之诊视,既治病,又兼具保健。

宫廷皇室人员衣食无虑、养尊处优,自然注意保健、补养,这应在情理之中,前述后妃们经常服用补品人参,就是一种体现。[2]清代皇帝对人参药用效能的认识有所不同,康熙帝就对人参有看法。而乾隆帝则信用人参,其晚年脏腑机能弱化,荣养不足,年迈体衰,便常服人参以补益,其临终之期,几乎天天不离此品,以维持生命。[3]也许是在他的影响下,其后妃也多以人参滋补保养。晚清光绪二十八年至三十三年这六年中,虽然慈禧太后并无大病,但仍不断有御医为其诊视,开方调理,实际也主要是为保健。

5. 对怀孕后妃的护理、诊治格外重视,其护理如同病人,这与一般人家也不

---

[1] 陈义杰整理《翁同龢日记》,第 3 册 1588 页。
[2] 见前揭陈可冀之《清宫医案中人参之应用》一文。
[3] 陈可冀主编,周文泉、江幼李等编著《清宫医案研究》,第 1 册 50—55 页。

一样。

　　繁衍后嗣，是家族大事，皇家尤为重视，因而对怀孕后妃的护理、诊治格外精心，也是情理之中之事。宫内规制中就有"内庭等位遇娠，每日食用，照常额加半。有生母者，许进内照看。本宫首领太监照常上夜外，宫殿监奏派总管太监一员，率敬事房太监及御药房首领太监等上夜"①等特别规定。御医也要夜值，是在某后妃怀孕后，于固定的第几月后，开始日夜值班，称为"内庭等位遇娠"的"御医上夜月分"②。实际上，在疑似怀孕之时起，就应格外注意，有类似症状，御医就须作是否怀孕的判断与相应诊治，以免误诊而耽误护理，或对孕育造成不良影响。怀孕期间、生产前后，御医都要全程陪护，小心翼翼。前述御医们对道光皇帝全妃怀孕、生产的诊视护理，就是典型的事例。

　　后妃之怀孕、育儿还有与民间百姓不同之处，就是孕妇自生产之日起就服回乳汤，以制止乳汁的生出，直至不再分泌。妇女在刚刚生下婴儿后，一般奶水较少或者没奶，需要一两天甚至更长时间才充足，所以这几天喂婴儿，需要辅以米汤、质细的粥糜之类（现代主要是奶粉），或吃其他产妇之乳，过几天如果还不充足，就要服药催乳了。但皇家却是从孕妇生产的当天起，就接连服回乳汤以制止乳汁的分泌，直至乳汁全消。这是因为皇室子女从生下就由乳母乳育，这乳母是提前就选好的，此后一直由她喂养，清代一般是上三旗包衣中的产妇。既然从生下起就由别人喂养，那么就必须把产妇之后妃等自身肌体分泌乳汁的生理反应止住，否则连续产乳而又无婴儿吮吸，会积储而造成臃肿，俗称"乳疮""奶疮"。这是一种较危险的病症，所以如果婴儿未吃乳或吃后乳汁分泌仍较多，需要挤出，以防止乳疮的发生。而皇家后妃等生子后便用回乳汤以制止奶水分泌，实际是违反正常生理机能的做法。另外，后妃等自分娩之日就与亲生骨肉分离，不能抚育自己的孩子，虽是为免去其育婴的辛劳，但这种做法却有违亲情，生母连动物的

---

① 乾隆《国朝宫史》卷8《典礼四》。
② 嘉庆《国朝宫史续编》卷45《宫中遇喜》。

舐犊之情都体会不到，孩子生下来就不由母亲喂养，不在母亲身边生活，不能享受母爱，影响了孩子对母亲的情感，这都是违反人性的做法。以上制止产妇生乳、婴儿诞生之后便令母子分离的做法，也可视为是皇家生育不同于一般人家的特点。从这一点也可看出，皇帝后妃虽是天下最尊贵的女性，身份地位尊崇，但也有为皇家延嗣而充当生育工具的性质。

6. 帝后与御医，是主子与仆人的关系。

一般人家治病是请大夫，对大夫敬重，遵从其诊治。而皇家帝后治病，御医则是帝后驱使的仆从，他们为帝后治病诊脉，其用语无论官方还是私人，都是以下奉上的请得帝后之脉息如何如何，而不是帝后请御医诊脉，且御医们都是跪着为帝后号脉的。医生们诊脉后，还要各自将诊断结果分别报告作为病人的帝后，帝后也述说他们的看法，然后众医人会商拟定方剂，奏报帝后。所拟药方，还要呈交帝后审查，由帝后裁决。为慈禧医治的马文植曾记录，他诊过慈禧的脉后，向慈禧叙述诊断结果，最后说："臣愚昧之见，是否有当，伏乞训示。"而他与另外两位外请之医所拟之方，是先交与内务府大臣及太医院御医审看，然后由太医院医士"用黄笺恭楷"抄录后"进呈皇太后御览，太医院将所用之药，在《本草从新》书上，用黄笺标记，由李总管（太监）递进"，须经慈禧审查。不同的药方用哪一方，也是慈禧裁决，"李太监传旨云：'马文植所拟方药甚佳，着大臣议奏应服何方。'大臣面奏，臣等不明医药，未敢擅定，恭请圣裁。少顷，内监传旨：'今日仍用太医院方，明日同议，着马文植主稿'"[①]。甚至有帝后叱责御医、指手画脚乃至改动药方，御医反而遵从之事。《北行日记》载："（八月）初七日癸卯，黎明进内，至内务府直庐坐，辰初传进。是日未请脉（指薛宝田本人），与子常（指汪守正，子常，是其字）、昂庭（仲学辂）至东配殿。俟薛抚屏、马培之、赵德舆（即赵天向，字德舆）请脉出，公议立方，进御。内务府大臣恩传慈禧皇太后懿

---

① 马文植：《纪恩录·七月二十六日》，光绪壬辰刻本。

旨：'浙江巡抚谭所荐医生，看脉、立方均尚妥。'"① 这里所记的"公议立方"后"进御"，就是所有医生商议后所拟的药方还要进呈病人慈禧太后。慈禧太后看完，结合前一天初六日医生诊断的情况而作评论，指出浙江巡抚谭锺麟所推荐的医生（指薛宝田、仲学辂，懿旨中称他们为医生）的诊脉、所开药方较贴切。次日，薛宝田的日记又记："初八日甲辰，黎明进内，辰初传进。余与薛抚屏、汪子常、马培之请脉。出，公议立方，进御。皇太后命去续断，改当归，遵旨更换。"② 这是慈禧见到医生们进呈的药方后，指示更改之事，命医生们将续断这味药改为当归，医生们也只好遵旨更换。帝后久治不愈，心中烦躁，还会发生痛斥医生无能之事。如光绪帝就曾斥责御医："所用诸药非但无效，且转增诸恙。似乎药与病总不相符。每次看脉，忽忽顷刻之间，岂能将病情详细推敲，不过敷衍了事而已。素号名医，何得如此草率！"③《异辞录》亦载："（光绪）帝沉疴已久，易生暴怒。医入请脉，不以详告，令自揣测。古法望、闻、问、切四者，缺问一门，无论何人，均为束手。及书脉案，稍不对症，即弗肯服。有时摘其未符病情之处，御笔批出，百端诘责。批陈莲舫（即陈秉钧）方云：'名医伎俩，不过如此，可恨！可恨！'"④

7. 皇室医疗服务的弊端——保守性及某种形式性。

太医院任职者皆医术高超的医官，在准确判断病人病情、并据此用药施治方面，属高水平的，这是没有疑问的，但施治上，又存在某种弊端，主要体现在太医施治的保守性、形式性上。而太医难当，则是其施治保守性、形式性的原因。这两点，也可算是皇家医疗的一个特点。

俗语说"太医难当"，又有"翰林院的文章，太医院的药方"之说，说的是翰

---

① 薛宝田：《北行日记》，第72页。
② 薛宝田：《北行日记》，第72页。
③ 朱金甫、周文泉：《从清宫医案看光绪帝载湉之死》所引光绪帝自书"病原"，《故宫博物院院刊》1982年第3期。
④ 刘体智：《异辞录》卷4《两宫病重议立宣统》，中华书局，1988，第216页。

林院为官方所撰之文,有官话、套话的华而不实的特征,太医院的药方与其有类似之处,属于官样文章式的形式性治病之方,话虽说得有些绝对,但也反映了某种实际。

太医难当,指为帝后等尊贵的皇家之人治病,既为难又困难,难保不获咎乃至遭到惩治。即使给有所谓仁慈之名的皇帝医治,也难保无虞。以康熙皇帝疟疾医治一事为例。康熙三十二年,康熙皇帝患疟疾,御医所开药方中有人参,康熙服后因甚感烦躁,乃归咎于御医,御医因此遭到杖责、革职的惩罚,事见《康熙起居注》所载:"三法司题:太医孙斯百等误用人参,以致皇上烦躁甚病,又妄言当用附子、肉桂等语。查律,合和御药误、不依对症本方,将医人杖一百,今孙斯百等罪甚重大,难以此律拟罪,应将孙斯百、孙徽百、郑起鹍、罗性涵俱拟斩。上曰:'孙斯百等误诊朕病,强用人参,致朕烦躁甚病,又将他人所立之方伊等阻隔,不使前进。其后,朕决意不用人参,病遂得痊愈。今朕体痊愈,孙徽百后复进内调治,著从宽免死。孙斯百、郑起鹍、罗性涵俱从宽免死,各责二十板,永不许行医。'"[①] 按人情常理,孙斯百等四人以御医为职业,且有身家老小,都应是尽职尽责为皇帝诊治的,唯恐有失而致惩罚,他们所进之药方,应是几人合议,斟酌而定的他们所认为的较好方案。将其他太医所拟药方摒斥不用,可能是他们认为不如他们所拟之方,这本是多名医人会诊的正常医疗程序,虽然医人之间的同行相轻在所难免,但在关乎皇帝生命安全的重大事情上,他们是不敢感情用事以招祸端的。至于因用人参而致皇帝病情加重,那是对药性认识不同或用药不对症的医术问题,从情理上讲,他们也是出于治病而选用的。但就是因为未能对症,没有为皇帝治好病症,便遭惩处。其实即使用了这几名御医所摒弃的药方,也不一定就能治好。康熙还说"朕决意不用人参,病遂得痊愈",把他的病初未治好归罪于这几名御医用了人参,没用人参遂得痊愈,也不免有昧良心。他的

---

① 《康熙朝起居注册》,中国台北:联经出版公司,2009,第 4 册 1984—1985 页。

病所以治好，绝不是因为"朕决意不用人参"，而是他服用了西洋药奎宁（金鸡纳霜）的结果。可见只要没有把皇帝的病治好，就左也不是右也不是，乃至有罪，究竟让人如何是好，岂不为难？

　　御医刘声芳是康雍年间太医院的名医，任太医院院使（相当于今院长），曾被雍正帝奖赏，赠户部侍郎，子赏为荫生、举人。但只因雍正九年（1731）的一次诊治，皇帝对其态度不满，立即又遭惩处，上谕内阁："刘声芳在太医院效力有年，屡加特恩，用至户部侍郎……上年夏秋间，朕体偶尔违和，伊并不用心调治，推诿轻忽，居心巧诈，深负朕恩，著革去户部侍郎，仍在太医院效力赎罪行走，其从前所赏伊子荫生及举人，俱著革退。"① 另一位御医吴谦，则遭到的惩罚比刘声芳要严厉。吴谦本来在雍正帝的心目中印象就不太好，雍正帝曾指责他"钻营生事、不安本分"而将其治罪，因其脉理方面的医术较突出，令其在太医院"效力赎罪"。雍正六年（1728）四月二十三日，雍正说："昨因皇后偶感风寒，命伊（指吴谦）用药调理。伊用药数日并未见效，及降旨询问，伊全无愧惧之色，是其光棍行为总不悛改，甚属可恶。著内务府总管将吴谦上九条锁拿，交刑部定拟具奏，其所有家产赀财，皆平日招摇撞骗所得，著交与九门提督阿齐图抄没，赏给太医院人等。钦此。"② 御医吴谦其他方面的行为也影响了皇帝对他医治态度的看法，只因未能为皇后治愈偶感风寒之症，且被皇帝看似没有愧疚惶恐的表情，便受到锁拿、抄家的惩治。

　　如果皇帝病故，无论御医们曾经多么精心治疗，也是有罪的，照例惩罚，尽管只是走个形式，"带罪"而仍继续当差，但毕竟与其他官职之失职、渎职被惩罚相比有些冤枉。③ 同治十三年（1874）十二月初，同治皇帝病故，两宫皇太后降

---

① 《清世宗实录》卷102，雍正九年正月癸未。
② 《雍正朝汉文谕旨汇编》，广西师范大学出版社，1999，第1册325—326页。下同，皆此版本，不另注。
③ 有关太医难当之事，吕英凡之《清代太医院》一文也有论述，文收《近代京华史迹》，中国人民大学出版社，1985。

旨：“上月，大行皇帝天花，李德立等未能力图保护，厥咎甚重，太医院左院判李德立、右院判庄守和，均著即行革职，带罪当差。”[①] 光绪三十四年十月，光绪皇帝、慈禧太后先后死亡，曾参与诊治的"太医院院使张仲元，御医全顺，医士忠勋、恩粮、戴家瑜，均著革职，带罪效力"[②]。

太医既然如此难当，其所开药方被讥为官样文章也就容易理解了。现存清宫医案可见，太医们为帝后诊治，每次的脉案，都记有脉象及其所反映的病情，用药之医理，诊治下药，皆说明根据，所记头头是道，无懈可击，即使治不好病，也不会因在医理上受到指责而获罪。但所记都是一般性的原理，而实际情况是异常复杂的，每个人病时的身体、病情都有具体情况，高明的大夫就是根据每个人的具体情况而施治。医治一般人的某些病症，医生们往往针对病人的具体病情，用些药性猛、大剂量的药方而奏效，但这种医法，太医们是绝不敢在皇帝身上试用的。所以他们为皇帝所开的药方，皆有医典根据，中规中矩，所用药味，不敢用药性过猛之药，也不敢用过大剂量，以免万一出现偏差，担当不起，甚至搭上身家性命。这种中规中矩、平和的药剂虽然可能效果不突出，但从医人明哲保身的角度考虑，却是保险的。所以"太医院的药方"成为官样文章的代名词，也就毫不稀奇了。

为帝后医治的医官、名医虽多，但往往也会因此而出现弊端。光绪三十四年为光绪帝医治的外召医生就有六名之多，遵旨六日一轮。其中之一的杜钟骏深感疑惑，便对内务府大臣说：“六日轮流一诊，各抒己见，前后不相闻问，如何能愈病？此系治病，不比当差，公等何不一言？"内务府大臣说："内廷章程向来如此，予不敢言。"杜钟骏又对医道世家的陆润庠尚书说："公家世代名医，老大人（指陆润庠之父，名医陆懋修）《世补斋》一书海内传颂，公于医道三折肱矣！六日一开方，彼此不相闻问，有此办法否？我辈此来满拟治好皇上之病，以博微名，及今

---

① 《清德宗实录》卷1，同治十三年十二月丁丑。
② 《宣统政纪》卷1，光绪三十四年十月。

看来徒劳无益,希望全无,不求有功,先求无过。似此医治必不见功,将来谁执其咎,请公便中一言。"陆润庠劝道:"君不必多虑,内廷之事向来如此,既不任功,也不任过。不便进言。"也即不求有功、但求无过。杜钟骏只好默默无言而遵从。光绪帝因久病医治不效,烦躁焦急,对太医院太医甚不满意,命这六位外来医生商议一个对症且能常服之方。这"六人退后聚议,群推陈君秉钧主稿"。陈秉钧直接指出以前太医所开方子前后矛盾之处,其他人都不赞成。杜钟骏说,如此一来"徒使太医获咎,贻将来报复之祸",他建议用个折中办法,仍以陈秉钧之稿为主,而略为变通,以前太医之悖谬矛盾之处,暗点而不名言,所开之药,热、寒、攻、补诸味"应有尽有,可谓无法不备。无如圣躬病久药多,胃气重困,此病之所以缠绵不愈也"。众人赞成,一个"无法不备"但对于光绪帝"病久药多、胃气重困"之病情不一定有多大效果的方子,就这样形成了。据说"进后,皇上无所问"[①],光绪帝他还能有什么可说的?民国年间,也有人追述前清太医院众太医们的诊治情况:"向例太医院恭请圣脉,皆隔别分拟,而又不得大相歧异。医官患得罪,皆推一资格稍长为首,凡用药之温、凉、攻、补,皆此人手持钮珠某粒为记,各医生皆视为趋向。又所开必须精求出处,故诸医拟方,必用《医宗金鉴》,取不能批驳也。至次日复诊,照例不能复用旧方,又不得多改,惟酌改三两味,方为合格。故复诊数次,即与初方宗旨,迥不同矣。"[②] 揆其实际,不过是万无一失的应付之方。

从清宫医案看,有时为帝后每天都诊治、开方,甚至一天视诊两三次,每次都把脉,根据病情变化再开药方,以表示自己尽责,且诊治下药皆有根据。见到这种记录,不免令人产生怀疑,这一天一两次乃至三次的汤药,皇帝真的每次都喝下去吗?本文推测,每次都开方子,从御医方面而言是在履行责任,被医治的帝后可能也会觉察、体会到这点,而自有主见与做法,尤其是对那些懂得一点医

---

① 杜钟骏:《德宗请脉记》,第373—375页。
② 《清代之竹头木屑》之"太医院"。

道而自己又长期患有顽症的帝后而言，更是如此。杜钟骏的《德宗诊脉记》为我们透露出一些信息，这位外省应召入宫的医生，记录某次在为光绪帝诊脉时"皇上交下太医院方二百余纸，并交下'病略'一纸云：'予病初起，不过头晕，服药无效，继而胸满矣，继而腹胀矣。无何，又见便溏、遗精、腰酸、脚弱。其间所服之药以大黄最为不对症。力钧（太医名）请吃葡萄酒、牛肉汁、鸡汁尤为不对。尔等细细考究，究为何药所误？'"几日后，有位太监对杜钟骏说："我听万岁爷说的，你的脉案开得好。我告诉你，太医开的药，万岁爷往往不吃。你的方子吃过三剂。"[1]可见光绪帝对太医们一次次所开的苦药汤子，并不一一喝下，其他人可能也有类似情况。

帝后生活难伺候，为其治病尤其有风险，这也难怪有些被举荐为帝后治病者要千方百计托故不去。光绪末，征召外省名医为光绪帝医病，浙江巡抚冯汝骙荐举杜钟骏，杜钟骏推脱说家贫，去京花费太大，无力赔累，且"内廷仪节素所未娴，恐失礼获咎"。冯汝骙说他已让布政使准备了三千两银子做盘缠，还有，京中的内务府大臣、尚书袁世凯等皆其旧友，以函相托，尽可放心。杜钟骏说容他回家再商量商量。次日，冯汝骙又携酒至杜钟骏家，告诉他一定要去，已电保，电报的保荐稿称杜钟骏脉理精细，人极谨慎，堪备请脉。杜钟骏无奈，只好启程，[2]但他的赴京为皇帝治病，却是极不情愿的。

（原载《明清论丛》第 16 辑，故宫出版社 2016 年）

---

[1] 杜钟骏：《德宗请脉记》，第 374—375 页。
[2] 杜钟骏：《德宗请脉记》，第 371—372 页。

清入关前汗家之尊称、爵名及相关诸问题考述

记述清入关前史事的典籍、档案中，努尔哈赤家族成员皆冠以贝勒、台吉、阿哥（或作阿格），以及和硕贝勒、固山贝勒、大贝勒等称呼，这些名称，尤其是经常使用的关键主词贝勒及台吉，究竟是怎样性质的称谓？进一步说这诸多称呼又分别是具有怎样内容的特指性称谓？由于各典籍、档案使用不统一，比较混乱，且有不确之处，造成今人研究或翻译上的困难。再者，努尔哈赤家族成员是入关前满族政权的核心，他们的这些称谓，关系到他们的身份、政治地位和权势，为此也有必要作深入考察。现仅将初步得出的几方面认识分述如下：

一、皇太极称帝前宗室成员无爵称

入关后清官方所修清人传记，有关皇家（汗家）成员于天聪朝及以前的史事，有所谓封贝勒、削贝勒爵之类的记述（详见后述）。本文认为，将当时的贝勒作为爵位或爵称是不确切的，清宗室成员有爵位和爵称，是在皇太极崇德元年（1636）四月称帝并制定封爵制度大封宗室以后，以前的贝勒、和硕贝勒、大贝勒等，都不是爵。理由如下：

所谓"爵"，应是指国家或政权封授的有一定政治经济权利的资格性称谓，有经过行政程序颁发的印、册文等法定凭证，而且有袭次规定。如果用这些条件、内容来衡量天聪及以前皇室成员的贝勒诸称，可以说无一具备，入关前形成的档案、实录中，也找不到这类内容的记载。下面再以具体史事作进一步分析。

努尔哈赤家族中，贝勒这一称号最早用于努尔哈赤之六祖，《满洲实录》卷1的满文称他们为 ninggutai beise，译成汉文是"宁古塔贝勒"，[①]beise 是 beile 即

---

① 王文郁先生：《"宁古塔贝勒"辨》一文，认为所谓"宁古塔贝勒"，似应释为"六台子寨主"，载《文史》第13辑。附此以作参考。

贝勒的复数，说六祖六人都是贝勒。此后，努尔哈赤号淑勒贝勒，①努尔哈赤之弟舒尔哈齐、巴雅喇及努尔哈赤之子褚英、代善等也称贝勒。《满文老档》太祖朝卷（册）1，头一条记万历三十五年（丁未年1607年）征乌拉部，便称舒尔哈齐为"弟贝勒"，与褚英、代善合称"三贝勒"，代善还被明确称为"代善贝勒""古英巴图鲁贝勒"。努尔哈赤之幼弟巴雅喇，则在同一卷的万历三十五年五月条中称"卓里克图贝勒"。②这些人所称的贝勒都是在天命建元以前，未建后金政权之时，此时何来封爵之事？所以他们所称的贝勒不可能是爵名。至于努尔哈赤之六祖，就更不可能被册封而有贝勒之爵了。

建元天命以后汗家成员所称的贝勒，同样仍不是爵名。《满文老档》卷16，天命五年（1620）九月初八日，记努尔哈赤另一个弟弟穆尔哈齐为"青巴图鲁贝勒"；卷9，天命四年（1619）三月，记努尔哈赤同族之弟任固山额真的多璧（或作铎弼）是"汗之族弟多璧贝勒"。按多璧属于清皇族之疏属觉罗，作为爵的贝勒（多罗贝勒）是根本不封与觉罗的。③穆尔哈齐虽是皇族近属宗室，但他从未被封过爵，只是在死后三十多年的顺治十年（1653）才被追封为贝勒爵，《清世祖实录》记为"追封……青巴图鲁贝勒穆尔哈齐为多罗贝勒"④，如果以前所称的贝勒已属于爵的话，就没有必要再追封后来的贝勒爵（多罗贝勒）了。

既然以上诸人所称的贝勒在当时不是作为爵名使用的，则可以进一步认为，制定封爵制度以前的天命、天聪两朝，诸如代善、阿敏、莽古尔泰、皇太极，以及济尔哈朗、阿巴泰、阿济格、德格类、费扬古、斋桑古、多尔衮、多铎、杜度、岳托、硕托、萨哈廉等人所称的"贝勒"，或加上"和硕""大"等词而成的"和

---

① 《满洲实录》卷1—3。
② 《满文老档》太祖朝卷（册）1，丁未年，上册第1—4页。
③ 努尔哈赤时，其家族尚未区分为宗室、觉罗，但六祖之后裔中的疏属，待遇不同于塔克世本支，则从那时就开始了。皇族封爵，多罗贝勒之爵只封宗室，觉罗中只有其先世在入关后顺治朝有被追封为多罗贝勒的，如塔察篇古。
④ 《清世祖实录》卷76，顺治十年六月乙未，第1页。

硕贝勒""大贝勒"等,也不是爵名。

那么,这些人所冠的贝勒诸称,究竟是怎样性质的称谓,或者说是被赋予怎样的内容而使用?据清官方所修《满洲源流考》解释:"贝勒,管理众人之称。"①按照这一解释,再结合当时称贝勒的一些人的情况,则贝勒应是对领有部众之人的一种尊贵性称呼。因而当时女真、蒙古各部落的首领,都被称为贝勒。如女真叶赫部的清佳努、杨吉努分据西、东二城,各领部众,便都称为贝勒,他们的儿子布斋、纳林布禄、金台石,也都称为贝勒。蒙古科尔沁部首领之家族,满族人也称他们为贝勒,如明安贝勒、莽古思贝勒、孔果尔贝勒,(以上为弟兄三人)他们的儿子桑噶尔寨、栋果尔、寨桑等人也被称为贝勒。所以,所谓"贝勒",实际就是领有部众属人的部落长、酋长、头人。同样,建州部的"二酋"——努尔哈赤、舒尔哈齐,也号称贝勒。此后他们的子、侄,如建元天命前的褚英、代善,各分给"国人五千户",努尔哈赤其他"爱妻所生诸子,所赐国人、敕书……从减"②,其都有部众属人也即诸申,因而都称贝勒。到了天命时期,四大旗主代善、阿敏、莽古尔泰、皇太极不用说,其他人如济尔哈朗、德格类、岳托等人,都有拥有牛录诸申的记录。《满文老档》太祖朝卷(册)54,天命八年(1623)六月记载判处济尔哈朗等诸贝勒之罪,便有"罚取德格类一牛录之诸申、济尔哈朗二牛录之诸申、岳托一牛录之诸申……德格类阿哥之额克兴额牛录赏与多铎阿哥;收济尔哈朗阿哥之胡希吞牛录赏与费扬古,索索里牛录赏与阿敏贝勒"③的记载,此时他们所领辖的牛录部众已不在少数,如比他们身份低的阿巴泰,在天命、天聪之际也领有六个牛录。④以上诸人也因此在天命朝有贝勒之称。至于努尔哈赤之弟穆尔哈齐、巴雅喇在天命朝或天命以前被称贝勒,也是因为他们有属人,后来他们

---

① 《满洲源流考·国俗·官制》卷18,四库全书本,第23页。
② 《满文老档》太祖朝卷(册)3,癸丑年,上册第21页。
③ 《满文老档》太祖朝卷(册)54,天命八年六月初八日,上册第508页。
④ 《满文老档》太宗天聪朝卷(册)8,天聪元年十二月初八日,下册第871页。

的儿子如穆尔哈齐之子汉岱、吴达海所专管的一个半牛录，巴雅喇之子拜尹图所专管的三个半牛录，[①] 就分别是继承他们的父亲的诸申，专管牛录下属人也是专管者的诸申。

通过以上史事，还可以得出如下认识：当时被称为贝勒者，是先有部众属人才得以称贝勒，而不是像定封爵制度以后皇子封爵那样，先封王、贝勒之类的爵，然后按爵级拨给他们旗下牛录属人。这种相反的因果关系，也说明以前所称贝勒诸称谓不是爵。他们所称的贝勒，也和女真其他部落酋长被称为贝勒一样，没有更高的政权机构去册封他们，有的是属于当时赋予他们的尊称，有的是后人追记的尊称。

在《满文老档》及入关前成书的实录中，努尔哈赤家族成员另一个经常冠之的称呼是台吉。台吉当是借用蒙古成吉思汗后裔贵族子弟的称谓，用来称呼努尔哈赤汗家族之子弟。台吉也不是爵称，当时皇室成员只要有尊贵的子弟身份，便可称为台吉。贝勒与台吉都是尊称，不同点似为：第一，台吉之称偏重于出身也即身份之尊贵，不一定有属人，所以领有部众之家族子弟可称台吉，尚未分与属人者也可称台吉。而贝勒之称的前提是有属人部众，所以即使出身低，非酋长世家子弟，只要领有了一定部众而成酋长，也可称贝勒。在那"强凌弱、众暴寡"的年代，这种崛起者并不鲜见。家道已经衰落、仅以十三副遗甲起兵的努尔哈赤兄弟，后来壮大而被称为贝勒就是一个明显事例。第二，努尔哈赤、舒尔哈齐身为汗家高身份之家长，未见称台吉，台吉是作为他们的幼弟巴雅喇，子侄如阿敏、莽古尔泰、德格类、济尔哈朗等人的称呼，也没有父子同称台吉的记载。贝勒之称则没有这种局限性。

---

① 《天聪九年档》，关嘉禄、佟永功、关照宏译，天津古籍出版社，1987，正月二十三日，正黄旗、正白旗下，第20—21页。

二、宗室成员诸称谓之等级差别

根据入关前史料对各种称谓之使用，以及其相关史事的分析，前述宗室成员诸称谓具有等级性，按照由高至低的次序，可大致排列如下：大贝勒——和硕贝勒——（一般）贝勒、台吉——阿哥。

大贝勒，是汗之下身份地位最高的贝勒，有过这种尊称的，是众所熟知的代善、阿敏、莽古尔泰、皇太极，天命年间，他们是四大旗主。因最初称和硕贝勒的只有他们四人，所以又称之为和硕大贝勒。这四人所以被称为大贝勒，是因为他们都是嫡出，且年长，是最初的八旗受封者，部众多，领旗势力大，是其他子弟贝勒们的父兄，地位高。天命初，代善领两红旗，阿敏领镶蓝旗，莽古尔泰领正蓝旗，皇太极领正白旗，杜度之镶白旗也未完全脱离领属关系，因而天命末年努尔哈赤才把镶白旗划归皇太极之子豪格。[①] 所以，天命朝，尤其是努尔哈赤制定八和硕贝勒共治国政制以前，汗努尔哈赤两黄旗以外六旗的诸小贝勒们，绝大多数是依附在四大贝勒旗主领旗之下。大贝勒由于部众多、领旗势力大而在后金中具有较高的等级地位，这在当时的礼制上也有表现。天命四年五月初五日举行大宴，席间入座方式便是"八旗诸贝勒、大臣分坐八处，让大贝勒（代善）、阿敏贝勒、莽古尔泰贝勒、四贝勒（皇太极）及朝鲜二大官员等六人，坐在凳上……此前，诸贝勒进宴不坐凳，皆席地而坐"[②]。以前诸贝勒皆席地而坐，此后在坐制上区别为有座凳与否及坐式上的高下之分，实际是等级高低的反映，坐凳的四大贝勒高于席地而坐的一般贝勒。天命七年（1622）正月又制定出行仪仗之制："第一等的诸和硕大贝勒，齐备小旗各八对、伞各一及鼓、喇叭、琐呐、箫。第二等

[①] 杜家骥：《天命后期八旗旗主考析》，《史学集刊》1997年第2期。该文已作考述，不赘。

[②] 《满文老档》太祖朝卷（册）9，天命四年五月初五日，上册第88—89页。

的诸贝勒,齐备小旗各七对、伞各一及鼓、喇叭、琐呐、萧。"① 这一规制,也是为区别第一等的大贝勒与第二等的诸一般贝勒在等级地位上的差别。这种等级差别,在皇太极继位以后仍保持着,这从大贝勒与汗并坐而接受诸小贝勒及大臣们的朝拜,以及大贝勒阿敏出征朝鲜凯旋,德格类、豪格等贝勒要"诣阿敏前,叩首抱见"② 行礼等情况也可以看出。

大贝勒之称高于和硕贝勒之称,从下面的史事中可得到证明。天聪五年（1631）,大贝勒莽古尔泰因在大凌河之役与皇太极争执且露刃,众议其罪,结果是革去兄长贝勒号,降为和硕贝勒,满文是 ahun beile sere be nakabufi, hosoi beile obuha③。将莽古尔泰由以前贝勒中最高的兄长大贝勒,降为和硕贝勒,说明这两个贝勒称号有等级上的高低之分。自此,莽古尔泰不再有大贝勒之称,也说明这里的 ahun beile——兄长贝勒,指的是莽古尔泰的大贝勒。又,天聪七年六月,清太宗宴请归附后金的明降将孔有德元帅、耿仲明总兵官及其属下官员,此宴结束后,"大贝勒设宴,元帅、总兵官及各官拜见,大贝勒亦下床曲膝还礼,命坐于左侧小床宴之。次,和硕诸贝勒设宴,贝勒亲临大门迎入,元帅坐于左侧,总兵官坐于右侧宴之"④。在这一筵宴礼节中,大贝勒（代善）与诸和硕贝勒（济尔哈朗、多尔衮、豪格、德格类、岳托等）设宴之先后、不出迎与出迎之区分,也是等级高下的反映。

和硕贝勒高于一般贝勒。一般贝勒,只有拥有较多的部众属人也即旗下牛

---

① 《满文老档》太祖朝卷（册）33,天命七年正月十四日。此据满文原文而译,中华书局译本未译出大贝勒之"大"字,又多译出"大臣"一词,似是将 ambasa（诸大）误为 ambansa（诸大臣）所致,故未采用。此句满文 uju jergi hosoi ambasa beise 中的 ambasa 只能是"和硕大贝勒"的复数,而不是"大臣"的复数。否则从史实上也讲不通,大臣们没有这种与和硕贝勒们同等的等级地位。
② 《满文老档》太宗天聪朝卷（册）5,天聪元年四月十八日,下册第842页。
③ 《满文老档》太宗天聪朝卷（册）42,天聪五年十月二十三日。
④ 中国第一历史档案馆译《清初内国史院满文档案译编》（上）,天聪七年六月初五日,第20页。

录，而且在后金行政中发挥较大作用、政治地位较高者，才能称为和硕贝勒。一般贝勒上升为和硕贝勒，标志其政治地位的提高。天聪六年（1632）六月，豪格被明确由一般贝勒升为和硕贝勒，《满文老档》作 han i jui hooge beile be wesibufi hosoi beile obuha①，汉文之义是"升汗之子豪格贝勒为和硕贝勒"，文中的 wesibufi（wesibumbi 的中顿），是"使晋升提升"之意，表明豪格由一般贝勒升级为和硕贝勒是等次提高。

在《满文老档》《清初内国史院满文档案译编》（上）（下简称《内国史院档》）两种资料的天聪朝以前（包括天聪朝）部分，一般贝勒还常常以台吉称之，而某人一旦升为和硕贝勒，则一般不再称台吉，或称其为和硕贝勒，或简称其为贝勒。始终为一般贝勒者，如阿巴泰、阿济格、杜度，则贝勒、台吉互用，称台吉的时候较多。这种称用方式在《清太宗实录》中作了划一，一般贝勒不以台吉称之，始终称贝勒。以上情况说明，宗室子弟中身为一般贝勒所称用的贝勒，与台吉是大致同等的等级称谓。也可以说，台吉与子弟中一般贝勒所称用的贝勒是大致相同的等级称谓。台吉，是从尊贵出身而称之。

宗室子弟常用的另一称谓是阿哥。从《满文老档》《满洲实录》所记天命年间情况看，诸如阿巴泰、阿济格、德格类、济尔哈朗、多尔衮、多铎、杜度、岳托、硕托、萨哈廉、斋桑古、费扬古等宗室子弟，在称谓上是贝勒、台吉、阿哥混用。努尔哈赤的庶出诸子如阿拜、汤古岱、塔拜、巴布海、巴布泰等人也称阿哥。至天聪朝，济尔哈朗、德格类、多尔衮、萨哈廉等诸小贝勒地位提高，除了互相称呼用阿哥外，文字记述中一般不再称阿哥，而主要用台吉或贝勒。阿拜、汤古岱等庶出者则仍称阿哥，而且他们无论是在天命朝，还是天聪朝，始终未称过台吉。这种情况又表明，宗室子弟中，只有身份地位较高者（一般是嫡出者）才能被称为台吉。庶妾所出者，虽然他们是汗之子，也没有资格被尊称为台吉，

---

① 《满文老档》太宗天聪朝卷（册）56，天聪六年六月二十九日。

反映了他们在皇家内部身份地位的低下，以及当时皇子（汗子）嫡出与庶出等级差别的悬殊。以上称用情况也说明，阿哥是作为子弟的一般性称谓。

附带说明，阿哥也并非只用来称呼皇子（汗子），如天命朝努尔哈赤之孙杜度、岳托，天聪朝皇太极之兄弟阿拜、汤古岱、巴布海、巴布泰，汗之旁支子弟费扬古（篇古）、斋桑古、汉岱、务达海，皇族疏属觉罗中的色勒、布尔吉、达尔扎，以及非皇族的巴都里等，①也都称阿哥。

三、所谓"和硕贝勒"

努尔哈赤于天命七年三月宣布实行八和硕贝勒共治国政制，由于这里所说的八和硕贝勒是指八旗旗主，也可以理解为是八旗的八个旗主，所以往往容易把以后有和硕贝勒之称者便视为旗主。就某一个人而言，这种判断可能是正确的，但就一般情况而言，把和硕贝勒与旗主等同起来，并据此进行判断，则并不确切，因为称和硕贝勒者并不一定就是旗主。如萨哈廉，至晚在天聪八年（1634）以后至天聪十年（1636）他死以前，一直称和硕贝勒，这在《内国史院档》天聪朝部分、《天聪九年档》、《清太宗实录》天聪朝部分有多处记叙，但萨哈廉从未充任过旗主，他所在的正红旗，旗主是乃父代善。另外，任旗主者也不一定全有和硕贝勒之称，如杜度，天命时期曾为镶白旗旗主，但从未见过他被称为和硕贝勒。同样，阿济格在天命后期至天聪二年（1628）三月以前为旗主，②也未有过和硕贝勒之称。天命后期天聪初年的旗主岳托、多铎、豪格也同样是这种情况，无和硕贝勒之称。努尔哈赤所说的八和硕贝勒共治国政，是以八和硕贝勒笼统地指代八旗

---

① 《满文老档》太祖朝卷（册）60，天命九年正月元旦；太祖朝卷（册）46，天命八年二月二十七日；太祖朝卷（册）29，天命六年十一月二十三日；太祖朝卷（册）30，天命六年十二月初七日；太宗天聪朝卷（册）1，天聪元年正月二十日；太宗天聪朝卷（册）25，天聪四年三月初一日等。
② 杜家骥：《天命后期八旗旗主考析》，《史学集刊》1997年第2期。该文已作考述，不赘。

八个旗主,并不表示当时的旗主已全部有和硕贝勒之称,四小贝勒旗主尚未具有和硕贝勒的政治地位。诸小贝勒旗主之称和硕贝勒,是天聪初年以后之事。[①] 只有固山贝勒才是旗主之称,旗主是职,主掌一旗事务。某人为旗主,称和硕贝勒,也可将其和硕贝勒作职的称谓。

再有,八和硕贝勒也不一定是确指八个人。"八和硕贝勒"一词在《满文老档》及《内国史院档》的天聪朝部分经常出现,其当是代指或泛指八旗旗主。皇太极先为正黄旗一旗之主,作为汗的他不可能再称和硕贝勒,天聪九年(1635)十二月他又为两黄旗旗主,因而八和硕贝勒不可能恰好八个,而且总是八个人。

四、清史传记所载宗室入关前封爵之错误

崇德元年四月,清廷才制定宗室封爵制度。第一等为和硕亲王,第二等为多罗郡王,第三等为多罗贝勒,以下为固山贝子、镇国公、辅国公、镇国将军等。当时所封的亲王,全部是旗主,此前,他们又都有和硕贝勒之称。一般贝勒,或封郡王,如阿济格,或封多罗贝勒,如阿巴泰、杜度。

实行封爵,与以前称大贝勒、和硕贝勒、贝勒、台吉等相比,明显不同,它体现了作为爵制的正规性。首先,按照一定仪式发与受封者册文、印,注明其受

---

① 现在所能见到诸小贝勒称和硕贝勒最早者是天聪五年济尔哈朗、多尔衮,见《满文老档》太宗天聪朝卷(册)43,天聪五年闰十一月二十八日。《八旗通志》初集卷130《郑亲王济尔哈朗传》记"济尔哈朗幼育于太祖宫中,号和硕贝勒",这是把此后称和硕贝勒之事前置叙述,并非幼时即号和硕贝勒。其他诸小贝勒称和硕贝勒之记载,见《清初内国史院满文档案译编》(上),第61页、210页(以上多铎),第76页、79页(以上岳托),第76页、79页、99页、118页、123页(以上萨哈廉),第79页、155页(以上德格类)。《清史稿》卷217《德格类传》记其天聪三年"叙功进和硕贝勒",似根据《宗室王公功绩表传》卷2,页33表德格类下"天聪三年九月,以功封和硕贝勒"。查《满文老档》《清太宗实录》皆无此事,不知何所本,录此备考。

封原因、规定爵之袭次、犯何罪削爵,[①] 即使册封低等的奉国将军等,也发与诰命、上书皇帝的制词。[②] 其次,由于爵号正规,各爵称之间有明确的等级差别,所以,以后再称呼某人,便固定地以其爵称冠之,而不是像以前那样,称大贝勒者,有时又以和硕贝勒、贝勒称之,称贝勒者,又称其为台吉、阿哥等等。另外,还规定各级之爵在礼制待遇上的不同规格,如丧礼方面,亲王以下至辅国章京(辅国将军)死后,各辍朝几日、何人临丧、所用祭品的不同数目,[③] 途遇时的礼节、仪制等等。[④]

根据以上情况,再结合前几节尤其是第一节所述,可以认为,诸如《八旗通志》《宗室王公功绩表传》《国朝耆献类征初编》《清史列传》《清史稿》等传记中的宗室王公传所记,清初天聪及以前王公之封贝勒、封台吉,以及免去这种称号称为削爵,[⑤] 都是不确切的。其错误有二:一是以这些称号为爵;二是所谓封贝勒的史事及时间皆误。如《宗室王公功绩表传》记阿济格、阿巴泰、岳托、德格类、硕托,都作"初授台吉",皇太极继位后的天命十一年九月或十月记事下,作"封贝勒",或"有功,授贝勒"[⑥]。传记作者所以如此记述,大约是没有参阅《满文老档》,而主要根据太祖、太宗两朝的实录。因为在太祖实录《清太祖武皇帝实录》《清太祖高皇帝实录》的这些人在太祖天命年间的记事中,具体到每个人的称

---

① 《满文老档》太宗崇德朝卷(册)17,崇德元年六月十一日封阿达礼为郡王。并见罗振玉:《史料丛刊初编》所收《豫通亲王事实册》中崇德元年四月二十三日清太宗册封多铎为豫亲王之"勅"。
② 《清太宗实录》卷48,崇德四年八月己丑,第2页。
③ 《清太宗实录稿本》卷14,辽宁大学历史系1978年刊本,第3—4页。
④ 《满文老档》太宗崇德朝卷(册)17,崇德元年六月十一日,下册第1506—1507页。
⑤ 《清史列传》卷2《阿巴泰传》。
⑥ 《宗室王公功绩表传》卷2《阿济格传》,卷8《阿巴泰传》,卷8《岳托传》,卷12《德格类传》《硕托传》。此传记作者将贝勒误为爵,似曾参照实录之说法,因《阿巴泰传》记其"应削爵"。《清太宗实录》卷5,天聪三年十一月辛丑,第42页,记为"应削贝勒爵",实录的这种说法就不确切。

谓，都是以台吉称之，而到了《清太宗实录》记事时，自皇太极继位之始，这些人便划一地以贝勒称之了。实际上这是因为两朝实录的作者在称谓上各有标准而不统一，在《满文老档》的天命朝至天聪初，这些人都是既称贝勒，又称台吉，并非太祖时称台吉或所谓"授台吉"，到了皇太极继位后全部称贝勒或因功而"封贝勒"。这些人在太祖时就已称贝勒，在《满文老档》中有多处记载，如天命六年（1621）十一月初一日条记"济尔哈朗阿哥、斋桑古阿哥、岳托阿哥、硕托阿哥等四贝勒"，称他们四人都是贝勒。天命七年四月初一日条记"阿巴泰贝勒之亲家为莽噶泰之子布当"。天命八年四月二十六日条记"命阿巴泰阿哥、德格类、斋桑古、岳托四贝勒"。同年六月初一日条记"召前往筑城台之四贝勒（皇太极）、阿巴泰贝勒、济尔哈朗贝勒、岳托贝勒、硕托贝勒、萨哈廉阿哥等归"。天命十一年（1626）闰六月十九日条记"阿济格阿哥贝勒等六人"。以上诸人及杜度、豪格、多尔衮、多铎等诸小贝勒，在天聪初既称台吉，又称贝勒之史事，在《满文老档》天聪朝部分有不少记述，不作赘举。另外，在《满文老档》和实录两种资料的天命、天聪朝部分，也没有宗室诸子弟封授台吉或贝勒的记载。《宗室王公功绩表传》卷12《德格类传》记德格类于天命十一年"封多罗贝勒"，更是明显的错误，因为多罗贝勒是爵，而这一爵位是在德格类死后的崇德元年四月才制定出的，以前只有贝勒之尊称而无多罗贝勒之爵，两者是性质上根本不同的称谓。同书卷2之表所记褚英"以功封贝勒……岁乙卯闰八月以罪削，爵除"，记硕托于"天命十一年封多罗贝勒"，都属于同一错误。从这些记述也可以看出，这些传记的作者并不清楚贝勒与多罗贝勒各自的性质内容与区别，因而混淆、等同而致误。此后的宗室王公传记，如《国朝耆献类征初编》的宗室王公表传、《清史列传》的宗室王公传，都是《宗室王公功绩表传》的翻录，内容相同。《清史稿》的诸王传则参阅摘用了这同出一源的资料，因而都有上述同一错误。而《宗室王公功绩表传》的纂修，似又参照过《八旗通志》初集的宗室王公列传，因为有的错误叙述，语句与后者相同，又不见其他资料有载，所以《八旗通志》初集的宗室王公列传所记上述内容也是错误的。

（原载《王锺翰、韦庆远先生祝寿论文集》，黄山书社 1999 年）

清代 "铁帽子王"的册封原因及相关问题

清代宗室王爵中有所谓"铁帽子王",是对诸王中某些可以世袭罔替王爵的俗称,意为该王冠是铁定世袭不变的,在爵位者即使有罪罢免其爵,该王爵的爵位也不削除,而改由亲属中的其他人承袭。铁帽子王主要是指清初有开国军功的八个王,称之为"功封王"。功封王之外的王爵则称之为"恩封王",恩封王降袭。这种将王爵区分为功封、恩封而实行不同的袭爵制度,是逐渐形成的,乾隆三十九年(1774)最终确定。①

那么清初开国的八个功封王,其封王是否凭军功?这方面内容还关系到对古代帝制王朝的特性、清代的铁帽子王是否比往代特别等问题的认识。鉴于目前尚未见到对此问题作专门探讨的文章,爰以此文作简要分析。

一

官方典籍称,世袭罔替之功封王,是因其清初有军功勋绩而封。嘉庆《大清会典》对这些世袭罔替之王的列举及其封爵原因是这样记载的:

---

① 这一过程,简要归纳如下。顺治六年定,宗室所封之爵,亲王、郡王皆世袭,贝勒以下降袭。但初封王爵者之身份高低,对其后裔袭爵是有影响的。乾隆三十二年,乾隆帝将王爵分为功封、恩封(只凭皇子身份而封之王)。并规定因军功所封王,仍世袭罔替。皇子之恩封王,不能与军功王比,承袭时须酌量定夺,能否世袭,须请旨决定。这实际是将功封者世袭罔替、恩封者降袭的规制,从原则上进行确定。至乾隆三十九年增定补充性细则,而最终确定。明确规定,除凡因军功所封王及特别允许的允祥之怡亲王可世袭罔替外,其余"恩封诸王,袭爵时例应以次递降"。至此,功封之王世袭而为铁帽子王、恩封王降袭的制度确定。但当时功封铁帽子王只有七个,若加上允祥所封怡亲王,为八个。至乾隆四十三年为多尔衮平反,又增加一个睿亲王,共九个世袭罔替王爵。而清初所谓功封铁帽子王,则为八个(包括多尔衮)。详见杜家骥:《清皇族与国政关系研究》第九章中的"实行降袭制度"。

> 凡封爵，有功封，宗室王公有勋绩受封者，为功封……
>
> 左翼：和硕睿亲王一人，始封多尔衮，后削，乾隆四十三年，高宗纯皇帝命以淳颖仍续原封。和硕豫亲王一人，始封多铎，后降改信郡王，乾隆四十三年，仍晋原封。和硕肃亲王一人，始封豪格，后改显亲王，乾隆四十三年，仍改原封……
>
> 右翼：和硕礼亲王一人，始封岱善，后改巽亲王，又改康亲王，乾隆四十三年，仍改原封。和硕郑亲王一人，始封济尔哈朗，后改简亲王，乾隆四十三年，仍改原封。和硕庄亲王一人，始封和硕承泽亲王硕塞，后改今封。多罗克勤郡王一人，始封岳托，后改平郡王，乾隆四十三年，仍改原封。多罗顺承郡王一人，始封颖亲王萨哈璘子勒克德浑，今仍袭……
>
> 均系功封，其爵皆世袭罔替。
>
> 左翼和硕怡亲王一人，始封允祥，本系恩封，乾隆三十九年，诏以怡贤亲王公忠体国，其爵亦应世袭罔替。[①]

此后光绪年间所修《大清会典》，在非功封而又特许世袭罔替的怡亲王允祥之下，又续记恭亲王奕䜣、醇亲王奕譞。光绪会典修竣以后，又增有庆亲王奕劻。皆特恩许世袭罔替。

以上世袭罔替之所谓功封八王——礼亲王代善（岱善）、睿亲王多尔衮、郑亲王济尔哈朗、豫亲王多铎、肃亲王豪格、承泽亲王硕塞（后袭者改号庄亲王）、克勤郡王岳托（初封成亲王，后降袭郡王，号克勤）、顺承郡王勒克德浑，都是因功而封的吗？

严格地说，清初的宗室封王，既有战功因素，也有受封者的身份因素，而身份性因素更重要，甚至是前提性资格条件，清入关前尤其如此。

---

① 嘉庆《大清会典》卷1《宗人府·凡封爵有功封有恩封》。

前述八王，只有硕塞、勒克德浑这两位王是入关后所封，其余六个王都是清入关前的崇德元年（1636）同一次所封，这一封爵之事记载文献较多，也为学界所熟知，为论述完整，还是引证如下：

> 崇德元年四月二十三日，奉宽温仁圣汗之颁谕，分叙诸兄弟子侄功，册封大贝勒为和硕礼亲王，济尔哈朗贝勒为和硕郑亲王，墨乐根戴青贝勒为和硕睿亲王，额尔克楚虎尔贝勒为和硕豫亲王，豪格贝勒为和硕肃亲王，岳托贝勒为和硕成亲王……①

上文所称墨乐根（墨尔根）戴青贝勒是多尔衮，额尔克楚虎尔贝勒是多铎。

值得注意的是，入关前所封的这六个王，都是嫡出，他们的嫡出身份，据清皇家宗谱《玉牒》《清实录》等记载，代善是努尔哈赤元妃佟佳氏（或称"先娶之后"）所出，多尔衮、多铎是努尔哈赤大妃（或称"继立之后"）乌拉纳喇氏所出。这里所称的"元妃""大妃"都是嫡妻，因而后来又称其为"后"即"皇后"，所以代善、多尔衮、多铎都是嫡子。济尔哈朗是舒尔哈齐（努尔哈赤同母弟）的嫡六子，豪格是太宗皇太极继妃乌拉纳喇氏所出之嫡长子，继妃是继元妃之后的妃，也是嫡妻，岳托是代善的嫡长子。

以上六人正因为是嫡出的高身份，才分封为领旗的旗主，②因为是旗主，才得

---

① 《满文老档》太宗朝第 7 册，崇德元年四月二十三日。
② 以上代善、多尔衮、多铎、济尔哈朗、豪格、岳托的嫡出身份及生母身份，见《玉牒》111 号、118 号，以及《爱新觉罗宗谱》（奉天爱新觉罗修谱处，1938）。代善、多尔衮、多铎的嫡出身份及生母身份，还可见《清太祖武皇帝实录》卷 4 之末。凡旗主，皆因有嫡出身份。详见杜家骥：《清朝满族的皇家宗法与其皇位继承制度》，《清史研究》2005 年第 1 期。

以封为和硕亲王。① 情况如下：代善，努尔哈赤嫡次子，封为正红旗旗主，得以封和硕礼亲王；多尔衮，努尔哈赤嫡子（大排行为第十四子），封为镶白旗旗主（皇太极死后，多尔衮改为正白旗旗主），② 得以封和硕睿亲王；济尔哈朗，因是努尔哈赤弟舒尔哈齐嫡六子，封为镶蓝旗旗主，得以封和硕郑亲王；多铎，努尔哈赤嫡幼子（大排行为第十五子），封为正白旗旗主（皇太极死后，多铎改为镶白旗旗主），得以封和硕豫亲王；豪格，太宗皇太极嫡长子，封为正蓝旗旗主，得以封和硕肃亲王；岳托，代善嫡长子，封为镶红旗旗主，得以封和硕成亲王。这六个封和硕亲王者，全部是旗主。非旗主者，没有封和硕亲王者，最高只能封多罗郡王，前提是嫡出，如阿济格。

附带说明，皇太极也是嫡出，而并非庶出。也正因为是嫡出，才得以在努尔哈赤时期封为正白旗旗主，并与代善、阿敏③、莽古尔泰一起被封为汗之下地位最高的大贝勒。以后皇太极被推举为汗，也当然是因为有嫡子身份，这与满族之重嫡、严嫡庶之分的宗法也是一致的。④

如果是庶出者，即使功劳再大，且辈分高、年龄大，也不封旗主，因而也不能封亲王。最明显的例子就是努尔哈赤庶出的第七子阿巴泰，年龄超过多尔衮、多铎，辈分高于豪格、岳托，战功也大于这四人，但仅封低亲王二等的多罗贝勒，这还是庶出者中封爵最高者，其他庶出者所封还要低得多（详见后述）。

宗室封爵等次，按高低排序为：第一等和硕亲王、第二等多罗郡王、第三等多罗贝勒、第四等固山贝子、第五等镇国公、第六等辅国公、第七等镇国将军、

---

① 刘文鹏：《铁帽子王：清代宗室王爵世袭罔替制度》，《中国社会科学报》2015 年 6 月 10 日第 A05 版。该文认为"宗室王爵脱胎于旗主政治"，其也带有这种意思。
② 在努尔哈赤时，多尔衮封入正黄旗，多铎封入镶黄旗。皇太极继位后，多尔衮的正黄旗改为镶黄旗，多铎的镶黄旗改为正白旗。这一过程，见白新良：《论皇太极继位初的一次改旗》，《南开史学》1981 年第 2 期。
③ 阿敏也是嫡子，为舒尔哈齐（努尔哈赤弟）的嫡室富察氏所出。
④ 杜家骥：《清太宗出身考》，《史学月刊》1998 年第 5 期。

第八等辅国将军、第九等奉国将军、第十等奉恩将军。努尔哈赤的庶出儿子们，因身份低，最高者只能封第三等的多罗贝勒爵，多数封第七等的镇国将军，身份最低的甚至不封。情况如下：努尔哈赤庶妃兆佳氏所生之子阿拜（大排行为第三子），庶妃钮祜禄氏所生汤古岱（大排行为第四子）、塔拜（大排行为第六子），都是皇太极的长兄，年龄更在多尔衮、多铎之上，其中阿拜比多铎大29岁，但这三人因是庶出，所以只封为镇国将军，低嫡出子所封和硕亲王六等。这几位庶出子封为第七等的镇国将军，也是当时的制度所规定的："崇德元年……定庶子受封制，凡皇子系庶妃所生者，封镇国将军。"①最低者封第十级的奉恩将军，如努尔哈赤第十三子赖慕布，因生母是连庶妃的身份都没有的努尔哈赤的侍婢，所以勉强封最低等的奉恩将军。甚至还有未受封者，如努尔哈赤第十六子费扬古（又作费扬果），其生母是连姓氏都不见记载的女奴，因而所生之子费扬古未封爵。赖慕布、费扬古这二人，甚至在最早所修《清太祖武皇帝实录》中，都不把他们列入努尔哈赤的儿子们之中。②努尔哈赤庶出子中，最高的是侧室（汉族民间称偏房之妾）所出子，这就是上文所说的阿巴泰，他是努尔哈赤侧室伊尔根觉罗氏所生，崇德元年封第三等的多罗贝勒，比其他媵妾庶出子所封的镇国将军高四等。

所以，清初宗室的封爵凭的是出身，嫡出子，年龄再小，也可封为第一等的和硕亲王。庶出子，年龄再大，所封之爵也低得多。嫡出，是封王的前提条件，即使没有战功，也可封为旗主，进而封和硕亲王，上述六王中的多铎、多尔衮就是最好的说明。

多铎被封为旗主，在努尔哈赤生前就确定了，是在努尔哈赤制定身后实行八和硕贝勒共治国政制的天命七年（1622）三月以后，当时努尔哈赤已经把他统领的两个旗，一旗分给阿济格、多尔衮，一旗分给嫡幼子多铎。这三个嫡子为一母

---

① 《清朝文献通考》卷246《封建考一》。
② 以上宗室内部嫡庶身份、封爵的悬殊差距，详见杜家骥：《清朝满族的皇家宗法与其皇位继承制度》，《清史研究》2005年第1期。

所出，生母为努尔哈赤最后一个嫡妻大妃（后称为皇后）。当时努尔哈赤自己暂领多铎之旗，死后自然而然地传与多铎（这也是满蒙等民族父家产传与嫡幼子的习俗），而当时多铎仅9岁（虚岁，下述各人年岁皆虚岁）。四年后的天命十一年（1626）八月努尔哈赤死，皇太极继位，多铎继而为一旗之主，当时也仅13岁。也就是说，多铎之被分封为旗主，完全是因为他是汗努尔哈赤的嫡出之子，9岁的孩童根本没有上阵打过仗，更不要说立功了。换言之，多铎被封为旗主，是凭借后金汗之嫡子的身份，进而凭旗主才封为和硕亲王，从根本上说不是凭军功。皇太极继位后的天聪二年（1628），15岁的多铎与同母兄17岁的多尔衮，才第一次随从后金大军出征。据《清太宗实录》载，天聪二年三月，后金汗皇太极"上谕曰：蒙天眷佑，初次令两幼弟随征远国，克著勤劳，克期奏凯，宜锡美号，以示褒嘉。于是赐贝勒多尔衮号为墨尔根戴青、多铎为额尔克楚虎尔"[①]。这段记载也说明，多尔衮在努尔哈赤在世时也没打过仗，他被分封入旗为领主，进而成旗主，也不是凭军功，而是凭嫡子的身份，又进一步因旗主而封和硕睿亲王。在努尔哈赤在世时的天命七年（1622）三月至天命八年（1623）正月之间，多尔衮已与他的同母兄阿济格（努尔哈赤第十子，嫡出）共领正黄旗，每人一半牛录属人，[②]当时因阿济格是兄长，按照长幼为序的宗法原则，以兄阿济格为旗主。当时阿济格为旗主，也是因为其嫡子身份。天聪二年三月，阿济格因违反政令被罢免旗主，改以同旗嫡子多尔衮为旗主。

如果身份低，即使有战功，也不被封为和硕贝勒旗主，也就不可能封和硕亲王。阿巴泰的情况就明确地说明了这一点。阿巴泰是努尔哈赤的第七子，皇太极之兄，更是多铎、多尔衮等幼弟的兄长，早在后金建立前的1611年（明万历三十九年），就与五大臣出征建功，[③]当时多铎、多尔衮都还没有出生。以后，阿

---

① 《清太宗实录》卷4，天聪二年三月戊辰。
② 杜家骥：《曹雪芹祖上之隶旗与领主的多次变化》，《红楼梦学刊》2011年第3辑。
③ 《清太祖实录》卷3，辛亥年七月戊戌朔。

巴泰又曾与众宗室贝勒领兵征蒙古扎鲁特部，大胜凯旋，后金汗努尔哈赤亲自出都城迎接。① 阿巴泰虽然军功甚高，但就是因为他是庶出，乃努尔哈赤侧妃伊尔根觉罗氏所生，所以分封待遇明显低于嫡出子，分封仅得六牛录，与领全旗数十个牛录或半旗牛录的嫡出者如多铎、多尔衮等人比较，相差甚大。其汗父在世时不敢明言。皇太极继位后，他的身份是汗之兄（类似皇兄），由于仍让他与比他小的弟、侄们同列，比如筵宴、接见外人的座次就按如此等次安排，而发牢骚："战则我披甲胄而行，猎则我佩弓矢而往，赴宴而坐于子弟之列，我觉可耻。"并表示，以后不出席这样的礼仪了。皇太极及诸大贝勒闻知，立即对他进行严厉批评："台吉德格类、台吉济尔哈朗、台吉杜度、台吉岳托及台吉硕托，早已随班议政。因尔阿巴泰在诸弟之列，幸得六牛录诸申，方入诸贝勒之列。今尔欲欺谁乎？阿哥阿济格、阿哥多尔衮、阿哥多铎，皆父汗分给全旗之子。诸贝勒又先尔入八分之列。尔今为贝勒，心犹不足，欲与三大贝勒并列，以乱朝政。尔若为大贝勒，岂不更生称汗之念耶？如此紊乱纲纪，尔如若领罪，则治以应得之罪。若不领罪，则必治以重罪矣。"② 阿巴泰尽管有战功，又是德格类、阿济格、多尔衮、多铎等人的兄长，乃至是杜度、岳托、硕托等侄子们的长辈，就是因为庶出的低身份，而与这些嫡出弟弟、嫡出侄子的贝勒们同列。代善等大贝勒们甚至还指出，其"幸得六牛录诸申，方入诸贝勒之列"，已经是对其高待遇了，怎么能够与领全旗牛录的旗主多铎等人相比？此后的天聪一朝九年间，阿巴泰又多次与诸贝勒统兵征战，多有战绩，③ 但崇德元年（1636）大封宗室时，仍仅封多罗贝勒。而前述旗主诸人，因是嫡出而封旗主，进而得以封和硕亲王，身份地位的档次都在阿巴泰之上。

再以另外一个所谓功封的世袭罔替之王——清太宗之子硕塞为例。

---

① 《清太祖实录》卷8，天命八年四月癸酉、五月乙未。
② 《满文老档》天聪朝第8册，天聪元年十二月初八日。
③ 《清史列传》卷2《宗室王公传·阿巴泰》。

清入关后的顺治朝，由于受汉制影响，皇子之庶出者身份提高，庶出者也可封王，但仍只限于庶妻中的高身份者——侧室所生子，如太宗庶出皇子硕塞。而在侧室之下的庶妻媵妾所出子，仍封得很低，如太宗皇太极之子叶布舒、高塞、常舒、韬塞，仅封公爵，低亲王四等。

硕塞，太宗侧妃叶赫纳喇氏所出，于顺治元年（1644）十月，封多罗承泽郡王。这一年硕塞16岁，此前硕塞也没参加过征战，无军功可言，其封王完全是因为他乃太宗皇子、当朝皇帝顺治帝的皇兄。而册封的顺治元年十月，是顺治帝由关外迁入北京，再次举行定鼎中原的登基仪式，举行庆贺典礼并延展至懿亲而封宗室之时。册封硕塞的册文称："我太祖武皇帝肇基立业，垂裕后昆。太宗文皇帝绍缵洪绪，奄有蒙古诸国，平定朝鲜。朕今嗣服，定鼎中原，景命维新，诞登大宝。尔硕塞，乃太宗之子、朕之庶兄，当兹国庆，宜笃懿亲，特授以册印，封尔为多罗承泽郡王，本支百世，与国咸休。"[①] 顺治八年（1651）闰二月，硕塞晋封和硕亲王，才与其军功有关。封其为和硕亲王的增注军功金册曰："我军破流贼、灭明福王、平定河南江南时，尔同多罗豫郡王于潼关破流贼李自成兵二十万，遂入潼关，得西安府，平定秦地。又定河南。克扬州府。渡扬子江，取江宁府。又追苏尼特部落腾机思时，闻腾机思在滚噶鲁台地方，尔同多罗豫郡王凡两夜三日追及之，俘获腾机思部落及其牲畜。喀尔喀部土谢图汗兵迎战于查济布喇克地方，尔率众列阵，大败彼兵。次日，硕雷汗兵迎战，复率众列阵，大败之。围困大同时，坚守汛地，贼兵有至者，辄同众挥兵杀败之。又贼众万余入据代州关，尔与和硕端重亲王树梯攻克。又得胜路、助马路贼兵七千，去我兵三里许立为两营，尔亲督战败之。尔原系多罗郡王，加恩封为和硕承泽亲王。"[②] 硕塞如果没有以前的郡王爵，没有当朝皇帝皇兄的身份，仅凭如上军功，是不可能骤封最高之爵和硕亲王的。

---

① 《清世祖实录》卷10，顺治元年十月丁卯。
② 《清世祖实录》卷54，顺治八年闰二月乙卯。

上述豫亲王多铎、承泽亲王硕塞之外的其他功封世袭王——礼亲王代善、睿亲王多尔衮、郑亲王济尔哈朗、肃亲王豪格，克勤郡王岳托，封王以前之最初册封的原因，其实也都是缘于其高身份，因嫡出而为旗主——和硕贝勒（管旗务的职务称为固山贝勒），进而封和硕亲王。

至于铁帽子王中的最后一个王勒克德浑，也是嫡出，为代善嫡三子萨哈廉（或作萨哈璘）的嫡次子，他所封顺承郡王，既有嫡出、战功因素，还有特殊原因，这就是他的父亲萨哈廉与皇太极极为密切的关系，皇太极的继汗位，与萨哈廉与岳托的首先推举有关。此后的天聪一朝，萨哈廉是汗皇太极行政最得力的助手，因而皇太极给予他甚高的待遇，封他只有旗主才达到的贵族等级——和硕贝勒，萨哈廉也是非旗主而唯一有和硕贝勒之称的汗家之人。可惜在皇太极称帝而大封宗室的前三个月病亡，皇太极亲临其丧痛哭四次，乃于称帝后追封其为颖亲王。前述《大清会典》在叙述勒克德浑的郡王爵时，称其为"多罗顺承郡王一人，始封颖亲王萨哈廉子勒克德浑"，此处还要称勒克德浑是"始封颖亲王萨哈廉子"，说明其封郡王，与其父萨哈廉所封亲王有关。

清初，努尔哈赤家族之子孙都参与战事，其身份高为领主者，又多充当领兵统帅。因而清初封高爵者，如后世所谓的铁帽子八王都是如此，代善、多尔衮、济尔哈朗、多铎、豪格、岳托、硕塞等，其封爵，都是既凭其高身份，又曾在清朝开国时期参战，有军功。但是若深入考察，便可知其最初的分封主要凭身份，其次才视其军功。其年纪小者便封旗主或高爵，都是在立军功以前，如多铎、硕塞。另外，个别人如勒克德浑之封王爵，还与其父与皇帝的私人关系有关。

二

入关后统一中原期间，由于汉化，宗室中的低身份者地位提高，更由于他们在定鼎中原的过程中参战，多立战功，朝廷为奖酬军功，也封他们以亲王、郡王的高爵。如阿巴泰之子博洛，入关前的天聪年间便随军出征，崇德元年封固山贝子。此后曾多次参加征明朝之战役。入关初,参加消灭李自成军、江南福王南明政权的战争。后来两次担任统兵主帅:顺治三年(1646)为征南大将军,率师平定福建、浙江;顺治六年(1649)为定西大将军,平定山西。因而以军功晋爵,初晋多罗贝勒,顺治四年(1647)晋多罗郡王,六年晋亲王,但因身份低于前述旗主封和硕亲王者,而"不得与大藩等",即不能与嫡出的封和硕亲王的大藩等同,令他们所封只称亲王,不带和硕之号。① 顺治八年才晋封为和硕端重亲王。再如褚英之子尼堪,立军功、封爵的过程与博洛类似,也曾在入关前后多次参战,担任过统兵主帅,后在任定远大将军征西南李定国军时阵亡。崇德元年封固山贝子,入关后的顺治元年(1644)晋多罗贝勒,顺治五年(1648)、六年先后因功晋多罗郡王、亲王,亲王不带和硕号。顺治八年,晋封和硕敬谨亲王。②

博洛、尼堪二人的封王,确实是因军功。他们封亲王,与前述硕塞是同时。但比较起来,硕塞封郡王是凭皇帝本支的太宗皇子、顺治帝皇兄的身份。而博洛、尼堪,由于不属皇帝本支,顺治元年所封却是低硕塞之郡王一等的多罗贝勒。后来因又立军功,才晋封郡王,再晋亲王。再从军功上看,博洛、尼堪都曾

---

① 正因为不是嫡出,所以他们初封亲王时"不得与大藩等"(《清世祖实录》卷43,顺治六年三月辛未),即不能与嫡出的封和硕亲王的大藩等同,令他们所封只称亲王,不带和硕之号。
② 《清世祖实录》卷57,顺治八年五月庚子。记"复封多罗敬谨郡王尼堪、端重郡王博洛为和硕亲王。增注敬谨亲王军功于册曰:'后当定鼎燕京时,进山海关破流贼二十万,尔领兵击败对阵敌兵,追至庆都县,复将对阵贼兵击败。又破流贼,灭福王,平定河南江南时,于潼关击败流贼三次,于芜湖河中擒福王,招抚兵马,用红衣炮攻克江阴县。征四川时,击败贺珍贼兵三次,安定汉中府地方人民。征山西时,统兵击败贼兵八次,围困大同时,贼势窘迫,不得已斩贼首姜瓖献级出降,遂复其城。尔系多罗郡王,加恩,封为和硕敬谨亲王。后因罪革去和硕亲王,降为多罗郡王。今复加恩,仍封为和硕敬谨亲王。'增注端重亲王军功于册曰:'后征大同时,败贼兵二十五次。又以红衣炮攻克汾州府。又以火药攻破孝义县及徐堡。又招服汾州府、平阳府、代州等四州二十县,忻口等四城,故加恩,由多罗郡王进封为和硕端重亲王。后因得罪,降和硕亲王为多罗郡王。今仍加恩,封尔为和硕端重亲王'"。

担任统兵主帅的大将军。而硕塞从未担任主帅大将军,其参战都是随主帅从征,其军功与担任统兵主帅的大将军所立战功不能相比,但硕塞因功晋封之爵与博洛、尼堪相等,都是亲王爵,仍表明硕塞较高的身份在封爵中所起的前提性重要作用。更能说明问题的是,清太宗的嫡幼子博穆博果尔,他是硕塞及顺治帝的幼弟,在顺治十二年(1655)15岁(虚岁)时,虽然毫无战功,便封和硕亲王,号襄,称襄亲王。原因是他是清太宗的嫡子,生母是太宗五宫后妃之一的西麟趾宫妃,这五宫后妃均属嫡的阶层,在庶阶层的侧妃之上,所以博穆博果尔生母的身份比硕塞的生母高,顺治九年(1652)又尊封为懿靖大贵妃,因而其所生子博穆博果尔始封爵便是和硕亲王。其封亲王的册文也明确说,册封的原因是先帝的皇子、当朝皇帝的皇弟:"尔博穆博果尔,乃太宗文皇帝之子,朕之弟也,锡以金册、金印,封为和硕襄亲王。"① 而博洛、尼堪,虽然是功封之王,但因身份低,即使因军功而封亲王,开始也不加和硕之号,不得与和硕亲王的大藩平等。而毫无军功的幼皇子博穆博果尔,初封便是和硕亲王。

再看博洛、尼堪的和硕亲王爵后来的情况。博洛、尼堪死后,他们的儿子第一次承袭之爵,都是和硕亲王。② 但以后,则因诸种原因,袭爵的子孙却一再降袭,降至公爵甚至以下,博洛之父阿巴泰的其他儿子如安亲王岳乐及其子孙,也都是如此。③ 与前述身份高又有军功的世袭罔替王爵的后裔之承袭爵级等次,有明显差异,这说明初封王爵者身份的高低,对其后裔袭爵是有影响的。尼堪及阿巴泰之子博洛、岳乐等,其封爵虽凭军功,甚至为国捐躯,但因为身份较低,

---

① 《清世祖实录》卷89,顺治十二年二月丙子。
② 这也是当时的袭爵制度,王爵——和硕亲王、多罗郡王可世袭,见本文首注。
③ 《清史列传》卷2《宗室王公传二·阿巴泰、尼堪、博洛》。《皇朝文献通考》卷246《封建考一》,乾隆四十三年三月初二日,上谕:"饶余亲王阿巴泰及其子安亲王岳乐,俱屡著功绩,其子孙内止有奉恩将军一人,不足以酬劳阀,著加恩赏封辅国公一人。又,敬谨亲王尼堪,功勋颇显,且以力战捐躯,其子孙内现在止有一辅国公,亦著加恩晋封镇国公。"

子孙们对其王爵不能世袭罔替。而以高身份为主要因素而封的铁帽子王爵却是袭爵者，即使犯罪甚至是犯了死罪，也只是其犯罪者本身罢黜王爵，该王爵并不除爵，而是改由其他子孙继续世袭，该王爵仍是铁帽子王。如礼亲王代善的第一次承袭者满达海，顺治六年袭和硕亲王，后与博洛、尼堪同为当时的"理政三王"，后因罪削爵，仍以其子常阿岱承袭和硕亲王（巽亲王），顺治十六年（1659），因父满达海罪降为贝勒，而以代善另一个孙子杰书承袭和硕亲王（康亲王）。以后，代善的后裔子孙们一直世袭和硕亲王，[①] 而不降其王爵。这与尼堪及阿巴泰之子博洛、岳乐子孙们之袭爵大不相同。再如咸丰帝死后的辛酉政变，郑亲王端华被处死，其铁帽子王爵并不削除，郑亲王爵由济尔哈朗后嗣族人承志继续承袭。光绪朝，庄亲王载勋，因义和团事件被赐死、夺爵，庄亲王爵也不除爵，而由其弟载功承袭。这也说明，铁帽子王之"铁"，是指该王爵之铁定的世袭不变，而不是指该王冠戴在某人头上铁定不会摘掉，因为无论是犯罪、故世还是其他什么原因，世袭罔替之王爵桂冠不可能总戴在一人头上。

三

由前述内容，又引申出一个更大的问题，就是中国古代的封爵，究竟以什么为前提因素？是功，还是人的身份？进一步说，赋予优渥特权的爵位之分封，首先考虑的是哪些人？

封爵，赋予得爵者优渥的政治、经济等特权。以军功封爵，是古代王朝国家以奖酬军功的手段，激励人们拼死战斗以建立与巩固王朝统治，因而长期实行。如果把全部得爵者的情况作综合考察，就会得知，封爵又不完全是凭功绩，还有更重要的因素，就是身份因素，皇家成员的封爵及其特权是最优渥的，甚至带有一定垄断性。因为古代王朝具有一定的皇帝家族私有性，爵又不能无度烂封，因而作为王朝掌权者的皇帝，首先考虑的是将最高爵位及其特权给予本皇家之人。

---

① 《清史列传》卷1《宗室王公传一·代善》。

这些皇家人不一定有功,也可封爵,而且封最高之爵,位在异姓功臣之上。最高之王爵,主要封与皇家同姓成员。由于每一朝代的各朝皇子,一般皆封王,[①]因而,其封王数量也远较异姓为多。如西汉,诸朝皇帝之皇子,除继皇位、殇折未封者外,共封王34个,加上皇帝旁支所封者则更多。[②]明朝各帝皇子,除继皇位、殇折未封者外,共封63王(其中郡王1人)。[③]由于亲王之子除一人袭亲王外,皆封郡王,因而郡王数量大得多,隆庆万历之际,仅当时在世的郡王就有251位,[④]若加上明初以降所封故去的郡王,其数量之大可想而知。

而异姓,仅个别功绩特别高、贡献特别大者封王,而且主要在非常时期:王朝开国立基之时,王朝中、后期挽救王朝危急之时。前者如西汉建立之初,曾封八个异姓王(下述异姓封王、郡王者,皆生前所封,死后追封不为实封者不计),后来将七王先后诛灭,只封同姓,其"非刘氏而王,天下共伐之"[⑤];后者如唐中期平安史之乱的主要功臣郭子仪、李光弼,宋朝抵抗金兵、中兴赵宋建南宋的有功者韩世忠、张俊、吴璘等诸人,[⑥]等等。[⑦]另外,唐宋及以后,异姓封王,多封下一等的郡王,如北宋的王景,生封太原郡王。至明代,则异姓功臣已无生前封王者,诸如徐达封中山王、常遇春封开平王等,都是对死者的追封,非实封,即

---

① 个别王朝,如宋朝,有皇子先封公爵、再晋王爵者。见《宋史》卷246《列传第五·宗室三》。
② 据《汉书》卷14《诸侯王表第二》统计。
③ 据《明史》卷100—104的《诸王世表》,以及《明史》卷10《本纪第十·英宗前纪》统计。
④ 王世贞:《皇明盛事述》卷1《宗室之盛》。
⑤ 《晋书》卷86《列传第五六·张轨 附重华》,御史俞归语:"王者之制,异姓不得称王,九州岛之内,重爵不得过公。汉高一时王异姓,寻皆诛灭,盖权时之宜,非旧体也。故王陵曰:'非刘氏而王,天下共伐之。'至于戎狄,不从此例。"
⑥ 赵翼:《廿二史札记》卷25《宋封王之制》,中华书局,1984。
⑦ 中国古代王朝中,封异姓王较多的是南北朝时期的北魏、北齐,再有就是宋朝,主要是南宋。纵观整个中国古代王朝的长时段历史时期,这两个时段的异姓王之封,应属特例。

明末给事中金堡所说，本朝"异姓不王，而徐、常、汤、李皆王矣，乃彼以赠死"①。

异姓所以封爵乃至封以较高的王爵，归根结底，是因为他们为皇家王朝的建立或统治的巩固，立了功，作出贡献甚至捐躯，皇家因而分其一杯羹以作酬答奖励。掌握封爵的皇帝，是不可能在本家皇朝特权的分配上，亏待本姓而优待异姓的，更不能容忍异姓王凌驾皇家诸王之上。

此外，异姓中的皇家亲戚，如历代外戚，虽无功绩，也可封爵，而且有封王者。②这种有皇家私性关系之人凭外戚身份封爵，也是古代王朝之皇家私性的一种体现，是皇帝之私恩赐予。

具体到清代，其异姓封王，也仅实行于清初，曾对异姓中的汉人封王，但这不过是当时的政治需要，待时过境迁，就会改变。如孔有德、耿仲明、尚可喜、吴三桂，为了利用他们而封其为亲王，后来便完全除爵，其除爵并非完全因为藩乱，其王爵降袭是早晚之事。如顺治朝抗清的孙可望降清后，封为义王，但子孙便降袭，至乾隆年间爵除。即使满族内部，封王者也都是皇家宗室，旗人异姓功臣，战功再大，也没有实封为王爵者。③汉人更低，消灭太平军的功臣曾国藩，不过封得个侯爵，比公爵还低。至于蒙古贵族，则另当别论，因为满族皇帝为笼络利用他们，保持其对旧有部众、领地的领有，将其作为藩部，封皇家宗室同样爵

---

① 王夫之：《永历实录》卷21《金堡列传》，船山遗书民国本。
② 赵翼：《廿二史札记》卷25《宋封王之制》，中华书局，1984。
③ 满族其他异姓，入关前的扬古利，死后追封武勋王，其子并不因此王爵袭封，所以这一王号不具实爵意义。乾隆年间的福康安，因战功卓著封贝子，死后加郡王衔，子德麟袭贝勒，子孙降袭至不入八分公。昭梿：《啸亭杂录》卷10《异姓王》，对满汉封王者及后来爵位变化情况的记述，可作参考："本朝罕有以异姓封王者，国初孔有德、尚可喜、耿仲明以泛海来归，封孔为定南王，耿为靖南王，尚为平南王。吴三桂以请兵功封平西王。扬古利以世臣故追赠武勋王。孙可望来归封义王。黄芳度以殉节赠忠勇王。然皆不世其爵。惟福康安以征苗蠢于军，特赠嘉勇郡王，其子德麟现袭贝勒，盖旷典也。"

等之爵——和硕亲王、多罗郡王以下，公爵以上，而其爵禄，则显著少于皇家王公之爵，大约相当于宗室王公爵禄的四分之一，有银无禄米，而代之以绸缎。因为他们有私性领地收入，不交国家赋税。清代外戚所封，谓之"承恩公"，是封公爵。异姓功臣功劳最高者一般也就封公爵。所以外戚仅凭皇家之亲戚的身份，就封得公爵而享受特权，也算是相当优渥了。

因此可以说，古代王朝国家，以爵赋予的优渥特权这块大蛋糕，皇家占有最大份额，也可以说，古代帝制王朝具有封爵最优特权者是皇家成员，这是古代家天下王朝之皇家私属性这一特殊性质决定的。

官方典籍所谓清初世袭罔替之王是因功封，容易导致今人对清朝皇家分封制度之实质与缘由错解，进而导致对相关史事认识的不确切。古代的王朝带有皇家的私属性，因而皇族即使无军功，仅凭身份，其封爵特权、经济特权也优于异姓功臣。

三

宗室王爵分为降袭、不降袭者，是清代对往代王朝皇家封爵制度的重要改革。往代一般王朝，宗室所封王爵并不降袭，只有个别王朝降袭，如宋朝。马端临《文献通考》谓：

> 诸侯王与列侯，皆以其嫡子嫡孙世袭。其所受之封爵，自非有罪者与无后者，则爵不夺而国不除，此法汉以来未之有改也。至唐，则臣下之封公侯者，始止其身而无以子袭封者，然亲王则子孙袭封如故。

以上说的是汉唐时期宗室王爵世袭不降的情况。其所述宋代情况如下：

> 至宋，则皇子之为王者，封爵仅止其身……必须历任年深，齿德稍尊，

方特封以王爵，而其祖父所受之爵则不袭也……又按蔡元道《祖宗官制旧典》称：皇子生……两遇大礼移镇，再遇封国公，出合拜使相、封郡王、纳夫人、建外第，方除两镇封王。然则皇子虽在所必王，然其迁转亦有次第，不遽封也。①

明代情况是：

明制，皇子封亲王……亲王嫡长子，年及十岁，则授金册、金宝，立为王世子……诸子年十岁，则授涂金银册、银宝，封为郡王。嫡长子为郡王世子。②

这里所说明代宗室的亲王嫡长子10岁立为亲王世子，就是立其为亲王继承人，如同预立的皇位继承人太子。亲王的其他儿子"诸子年十岁"是"封为郡王"。郡王"嫡长子为郡王世子"，是立其为将来郡王的承袭人。简单总结其王爵袭封情况就是：亲王一子（嫡长子，立为世子）袭亲王，余子都封郡王；郡王一子（嫡长子，立为世子）袭郡王。

清初，凡亲王、郡王皆世袭，正是对往代一般王朝宗室王爵世袭罔替之制的沿袭，而直接承袭的是明代制度。也可以说，往代一般王朝的宗室封王，皆世袭罔替，都是铁帽子王。清代因为后来分为恩封者降袭、功封者不降袭，才有所谓"铁帽子王"之说，并不因此而表明清代铁帽子王在古代王爵中有什么特别之处，反而是清代皇子所封的恩封王由于爵位的降袭及其特权的不断降低，已不如往代王朝皇子所封的世袭王爵。而清代所以将一部分王爵降袭，是为了减少因皇族人口繁衍而

---

① 马端临：《文献通考》卷277《封建考十八·宋诸王、王子侯》之"按语"。
② 《明史》卷116《列传第四·诸王》。具体承袭情况，见《明史》卷100—104的《诸王世表》。并见《钦定续文献通考》卷205《帝系考·皇族》。

不断增多的高爵阶层的爵位数量，降低宗禄对国家财政造成的负担，这是清朝皇帝汲取明代教训而作的对传统封爵制度的改革，这一问题已作专论，不作赘述。

（原载《经济社会史评论》2019 年第 2 期）

清代皇族内部复杂的等级等第关系及其特征

清代皇族成员，除具有王朝最高等家族之天潢贵胄的贵族身份外，其宗室王公还具有特殊的领主身份，与所属旗人存在一定程度的主奴关系，与往代宗藩相比，他们又高居于民爵百官之上。即使无爵的闲散宗室，也曾确定为四品官的政治地位。[①] 清代皇族的特殊性，还表现在内部复杂的等级等第关系上，高低相差悬殊，又区分为若干严格的等第。皇族内占统治地位的，是森严的政治等级。揭示这些现象，使我们看出古代等级结构的复杂性，对于了解清王朝统治上层的政治斗争也不无裨益。另外，皇族属于古代宗族的一种特殊类型，为贵胄官宦大家族，揭示其内部族人关系及其特征，对全面认识古代宗族也有意义。

清皇族内部，可分为两种人际关系，一是宗法性亲疏远近关系，一是身份地位高低的等级关系。以下分别叙述。

一、宗法性亲疏远近关系

清朝入关前，即将清太祖努尔哈赤之六祖——德世库、刘阐、索长阿、觉昌安、包朗阿、宝实的后裔，划为皇族。其中又分为宗室、觉罗：努尔哈赤之父塔克什（六祖中之四祖觉昌安的第四子）被追封为"显祖宣皇帝"，这一支所谓显祖宣皇帝的后裔为宗室，即努尔哈赤、穆尔哈齐、舒尔哈齐、雅尔哈齐、巴雅喇这兄弟五人及其子孙为宗室，六祖子孙的其他人为觉罗。这是按照与显祖宣皇帝血缘远近而划分的族人等次。后来制定细则，宗室身份地位及待遇均高于觉罗，二者系带以别之：宗室束金黄带，觉罗束红带。乾隆年间，在宗室中又作划分，凡康熙皇帝本支子孙后裔，为"近支宗室"，其余为"远支宗室"。乾隆三十六年（1771）

---

① 拙文《清代皇族身份地位的特殊性及其影响》表述了这一观点，该文收于天津人民出版社1994年出版的《清王朝的建立、阶层及其他》一书。

曾规定,顺治皇帝本支之子孙所生之女,当然也包括了康熙皇帝之下近支宗室的子孙之女,待遇高于其他宗女。上谕:"世祖章皇帝位下子孙所生女,照例视该王公之职封授格格、额驸,给予俸禄等项,其余王公之女,仅给格格、额驸虚衔。"后来由于皇族宗人繁衍,于同治二年(1863)又将这一范围缩小到乾隆皇帝本支子孙所生之女,规定:"嗣后,各王公之女授封格格、额驸,著自高宗纯皇帝之子孙以下各王公所生女,均作为近支,照例视爵封授格格、额驸,给予俸禄等项,其余均作为远派,仅依王公之职封授格格、额驸虚衔。其下嫁外藩蒙古格格、额驸,并著一律办理。"①

男性之妻妾,宗法上有嫡庶之分。皇帝嫡妻为皇后,以下为皇贵妃等多级别的妻妾。宗室王公世职将军等妻妾,按身份高低分为嫡妻、侧室、别室所居妾媵、妾婢。她们的嫡庶身份等次,又决定了所生之子的身份地位高低。王公世职将军之嫡子,一人袭父爵,其余嫡子封低爵。庶出者,侧室及以下之庶妾所生子、亲王以下至入八分公的侧室所生子、亲王以下至贝子的别室所居妾媵所生子,封更低等爵(镇国将军以下)。其余妾所生子,以及所有王公等之妾婢所生子,皆不封,为闲散宗室。

此外,还有削除宗籍的革除宗室红带子、革除觉罗紫带子,虽在宗法之外,但他们也是有着皇族血缘之人,身份甚低,没有一般宗室、觉罗的身份地位及特权(详见后述)。

二、身份地位高低的等级关系

清代皇族成员,由于与皇帝亲疏关系的不同,各分支内部的嫡庶出身,封爵与否,以及矛盾斗争的打压,其身份等级地位高低呈现明显的四个等次:有爵有位宗室、闲散宗室和觉罗、革除宗室红带子及革除觉罗紫带子、包衣奴仆。某些层次内部比如有爵者内部,又表现为多级别的等第关系,甚为复杂。详情如下:

---

① 《清穆宗实录》卷72,同治二年七月戊申。

1. 有爵有位宗室内部的复杂等第关系及其特征。

清皇族中的受封者，全部是宗室成员，觉罗由于与皇帝的血缘关系较远，属"天潢远派"，不予授封，他们的爵位，或属追赠，或属低等民爵。

男性宗室封爵有功封与恩封之分。所谓功封，实际主要因嫡出身份而封，指清初的礼亲王、睿亲王、郑亲王、肃亲王、豫亲王、庄亲王、克勤郡王、顺承郡王这八个铁帽子王，其子孙世袭罔替，代代承袭王爵。其始封者，除郑亲王济尔哈朗（努尔哈赤之侄，嫡出）外，又都是清太祖努尔哈赤的嫡出子孙。恩封，主要是指皇帝之子即皇子到一定年龄后所封爵。男性宗室封爵共十二等，第一等是和硕亲王，以下依次是多罗郡王、多罗贝勒、固山贝子、入八分镇国公、入八分辅国公、不入八分镇国公、不入八分辅国公、镇国将军、辅国将军、奉国将军、奉恩将军[①]（公爵各作一等，则为十等）。另外，宫内的皇子即内廷阿哥，虽未分府封爵，而有实际上的等级地位，也应归入此类。上述爵等，在冠服、仪卫、府宅规制、府内使役人员额数、门前下马桩的高度尺寸、行马的块数、拥有的旗下佐领数、分封甲数、准封侧室人数、应分庄园及壮丁数、俸银俸米、上朝班次、随带人员、何处下轿、何处乘马、何处齐集、平日相见礼节，以及婚丧仪式、园茔（坟墓）、祭祀用物等方面，各等第都有不同的细微烦琐的规定，这些规定是各爵等之间等第差别的具体体现，清廷对这些差别规定执行得也非常严格，比如王、贝勒府第前下马桩的高度、行马块数，依爵级递减，为防越制，皇帝还要派人至府前检查，王、贝勒之子降袭爵位后，就要更换或撤去。由于清代有爵宗室的十二等爵级等次，比往代王朝历代都多，所以高爵与低爵的差别较大，呈现显

---

① 宗室爵等，崇德元年定为列爵九等。顺治十年增为十等。后又增为十二等。还有十四等之说，是在亲王之下加世子、郡王之下加长子两个级别。世子，是亲王嫡长子至应袭亲王年龄而父王尚在，仍为亲王，未能承袭时所封爵级（也有个别在未及龄时赐予世子）；长子是郡王嫡长子，情况与世子同。此制在清后期已不实行。十二等则自顺治后一直沿用至清末，故本文采用十二等。其中第九等以后的将军（奉恩将军除外），每等又各分三等，此处从略。

著的不平等。以经济待遇为例：亲王年俸银是1万两，米5千石；奉恩将军不过银110两，米55石，相差约百倍。① 再如礼节上，贝子、镇国公途遇亲王、郡王，要勒马鞠躬侧立道旁、候过，辅国公、镇国将军等则要下马让道，恭候其过，若路过其府门，不见亲王、郡王本人，也要下马走过。②

亲王、郡王虽然爵高位崇，但比起皇子来，却要屈居其下。平时"王公大臣见皇子，皆双膝跪""俱行三跪见请安之礼"③。这种请安礼，是有清一代定制，只是嘉庆时作过一点更改，即近支且辈分高于皇子的宗室王公，免去跪见，行站立请安礼。④ 而远支宗室王公，无论辈分多高、岁数多大，也要向小辈的、幼小的皇子下跪请安。朝中班位，皇子与诸王不但有上、下之别，而且有坐、立之分。康熙三十五年（1696）八月，清圣祖召见提督孙思克，皇子、诸王大臣陪侍皇帝的状况就是"皇太子坐左侧，皇长子、诸皇子坐居下，诸王、内大臣侍立"。⑤ 可见，皇子虽不在十二等爵之列，但其身份地位在第一等的和硕亲王之上，为皇帝之下男性宗室中身份地位最高者。

在男性十二等爵中，又明显分为两大等，即大五等和小五等。大五等指亲王、郡王、贝勒、贝子、入八分公（即入八分镇国公、入八分辅国公），以下不入八分公（即不入八分镇国公、不入八分辅国公）、镇国将军、辅国将军、奉国将军、奉恩将军为小五等。大小五等在地位、待遇上差距较大，大五等高居于小五等及民公侯伯和一品大臣之上。以朝会班位为例，凡大朝、常朝，亲王以下入八分公以上，俱在太和殿等宫殿的丹陛上序立，行礼后入殿内坐；不入八分公以下则于丹墀内排列，行礼后于原立位序坐。⑥ 服用上，常服冠顶上的红宝石顶、朝

---

① 《宗人府则例》卷20《优恤》。
② 光绪《大清会典事例》卷409《礼部·相见礼》。光绪《大清会典》卷30《礼部》。
③ 《清高宗实录》卷4，雍正十三年十月丙子。吴振棫：《养吉斋丛录》卷4。
④ 光绪《大清会典事例》卷9《宗人府·职制·禁令》。
⑤ 《史料丛刊初编·孙思克行述》。
⑥ 光绪《大清会典事例》卷7《宗人府·职制·上朝》；卷296《礼部·朝会·赐坐》。

马、紫缰、使役人员中的太监、护军等荣耀配饰、享用特权，都是入八分公以上可用，不入八分公以下不得僭用。另外，不入八分公以下无侧室之封，其女也不授郡主、县君等位号，只称宗女，也不给俸。有位号、有俸的乡君以上的格格，都是入八分公以上爵等者之女。① 大五等与小五等还表现为入八分与不入八分的区别，大五等入八分，小五等不入八分，正是在这一区别上体现出小五等对大五等的私属性。入八分与不入八分是清入关前宗室内部在财产、权力分配上的一个原则，所涉及的内容很复杂，如入八分者可参与议政、领有佐领等。② 入关后，仍有这一旧制的遗留，主要表现为是否分封佐领，统辖旗人。入关前，努尔哈赤、皇太极是以分家产的形式，把八旗旗下佐领分与本家族中入八分的宗室贵族，这些领有佐领者被称为旗主、管主，为领主，与所领佐领下人有主属关系，入八分者领有佐领的旧制始终存在，康熙、雍正、道光诸朝都对他们领有佐领的数额作过规定。而那些不入八分的不入八分公以下至奉恩将军这五等低爵成员，则与无爵的闲散宗室、觉罗及普通满洲旗人一样，被分编于八旗满洲之中，他们对于领旗、领佐领的入八分者而言，就是属下，从属于入八分者。如努尔哈赤第三子镇国将军阿拜，为不入八分者，③ 皇太极即令其依附于努尔哈赤第十五子正白旗旗主多铎，为豫亲王多铎属下，④ 阿拜比多铎大29岁，兄长从属于幼弟，是因为他们有入八分与否的悬殊身份差别。清人所谓"亲王以下八分公以上，皆所以统辖乎下五旗者也；未入八分公以下奉恩将军以上，则皆八旗之所统辖者也"⑤，正是对宗室中大五等与小五等之间统辖与隶属关系的概括。隶属者对统辖者本管王具有

---

① 光绪《大清会典事例》卷3《宗人府·仪制》。嘉庆《大清会典》卷1《宗人府》。奕赓：《佳梦轩丛著》之一《东华录缀言》卷6。福格：《听雨丛谈》卷1《八分公》。
② 入关前入八分的爵等范围比入关后小，至贝子。
③ 档案《宗人府全宗》，《玉牒》111号序，北京：中国第一历史档案馆藏。下引档案同此档案，不另注明收藏单位。
④ 《上谕旗务议覆》，雍正二年十二月二十一日。
⑤ 李绂：《穆堂别稿》卷27《八旗封爵表序》。

私属性，那些"未入八分公、将军等，俱奉旨跟随所属本王"，不上朝行走，听从王等任用、使令。① 雍正二年，清世宗针对诸王任用属下镇国将军等为其所领佐领供职一事指出："宗室为镇国将军等职，乃伊等分内之事……惟朕可以役使，若在王等门下以供使令，王等既难自安，且多掣肘之处，理应置之公中，令在上三旗行走。"② 可见，至雍正朝时，小五等中的低爵宗室贵族，还为诸王所驱使。这种隶属性，在无爵的闲散宗室、觉罗身上表现得更充分。

女性所封称位，③ 其中又分为：（以下按大致的层级及等次排列）

已故皇帝的遗孀：太皇太后、皇太后、皇贵太妃、贵太妃、太妃、太嫔等。

皇帝的妻妾：皇后，以下为皇贵妃、贵妃、妃、嫔、贵人、常在、答应。

有爵男性宗室的妻妾：嫡妻为正室。皇子、亲王、郡王之正室封为福晋，又称妃；贝勒以下至辅国将军正室所封位号为夫人；奉国将军正室所封为淑人；奉恩将军正室位号为恭人。

正室之下为侧室。皇子、亲王、郡王之侧室，为侧福晋，又称侧妃，亲王可封四人，郡王可封三人；贝勒以下入八分公以上侧室封号是侧夫人，贝勒准封二人，贝子、入八分公准封一人；不入八分公以下之侧室，无封号。

侧室以下为别室所居妾媵，再以下最低者是妾婢，皆无封号。

皇女：固伦公主，中宫皇后出者所封，和硕公主也有晋封为固伦公主者。和硕公主，妃嫔等所出及中宫所抚育王公之女（主要为王之女）所封。王公之女——格格，由高到低封为：和硕格格，又称郡主，为亲王福晋所出；多罗格格，包括县主、郡君，县主为郡王嫡福晋所出女封授的位号，郡君是贝勒嫡夫人、亲王侧福晋所出女封授的位号；固山格格，又称县君，封贝子嫡夫人、郡王侧福晋所出女；入八分公嫡夫人、贝勒侧夫人所出女封乡君。[乾隆二十七年（1762）后，贝

---

① 档案《宗人府全宗》，《簿册·经历司》0104号。
② 光绪《大清会典事例》卷5《宗人府·授官·补授佐领》。
③ 乾隆三十八年后，封夫人以下者不称位，本文为行文方便，统称位。

勒以下止封嫡出一女,其余照庶出例]①

宫中后妃,以太皇太后、皇太后、皇后的位分最高,她们也是全社会女性中地位最高者。太皇太后在清代仅有一位,②即孝庄文皇后,顺治帝生母,康熙即位后,尊为太皇太后。皇太后,则自顺治朝起至宣统,除嘉庆、咸丰两朝外,③历朝都有。至于那些太妃太嫔们,有子者随子居王、贝勒府;无子者,不过是深锁宫中,供其衣食,以终余年,她们"与嗣皇帝,年皆逾五十,乃始得相见"④,不得抛头露面,不啻软禁。

皇后有国母之称,她在後宫中的地位也远在其他妃嫔之上,皇后居中宫主内治,统率内庭十二宫,若皇后驾临某宫,某宫居住之妃嫔要和皇帝驾临一样,迎于本宫门外,恭立等候,驾至,随行进宫,驾回,送于本宫门外。"等威莫大于舆服",车、轿与冠服是享用者最显眼的标志,其不同规制,最能反映享用者的等级,皇后与太皇太后、皇太后的冠服、舆车规制基本相同,皇贵妃以下与之相比则相差较大。如舆(轿),皇后、皇太后称凤舆,赤金顶,十六人抬;皇贵妃以下称翟舆,顶子只能用素金、铜质涂金等,八人抬。⑤宫中器用摆设,岁时所供应的金银缎纱皮物,每日食品等,皇后也较妃嫔们优厚得多。诞生皇子、皇女弥月赏银,皇后为千两,第二等的皇贵妃仅有五百两,以下递减,贵人只能得百两,相差九倍。皇贵妃、贵妃、妃、嫔之间,在仪卫、服用、使令人数上各依等次有差,但相差不太明显。以下的贵人、常在、答应与她们相比,则又有明显差异,这三种人不属十二宫主位,而是"随居十二宫",而且无仪仗、采仗,没有朝冠、

---

① 光绪《大清会典》卷1《宗人府》。光绪《大清会典事例》卷2《宗人府·封爵》。奕赓:《佳梦轩丛著》之一《东华录缀言》卷6。阮葵生:《茶余客话》卷1。
② 慈禧太后在溥仪被立为皇帝之日,也被尊为太皇太后,但翌日死去,略去不计。
③ 咸丰朝,恭亲王奕䜣之母因抚育咸丰帝有恩,病笃时被尊康慈皇太后,九日后死去,不计。
④ 《清史稿》,第30册8898页。
⑤ 《清史稿》,第11册3023—3026页,3038—3042页。乾隆《国朝宫史》卷10。

朝服，她们是皇帝妻妾中的最低下者，其待遇地位甚至低于皇子福晋。皇子福晋有朝冠、朝服，其制与妃略同，诞生皇孙，赏银二百两，与嫔同，而贵人、常在生子女赏一百两，答应只给五十两。① 皇子福晋大致介于皇帝之妃、嫔之间的等第地位上。

　　皇帝之后妃与男性王公相比，其身份地位也较高。朝冠冠顶东珠的数量，一般可显示等第的高低，亲王至镇国公、辅国公，东珠数按等依次是：亲王十颗、郡王八颗、贝勒七颗、贝子六颗、镇国公五颗、辅国公四颗；妃嫔们是：皇贵妃、贵妃十二颗，妃十一颗、嫔十颗。② 再以册封的宝、印之等级规格为例，皇贵妃、贵妃是金宝，蹲龙纽，平台方四寸，厚一寸二分；妃与亲王同为金印金宝，龟纽，平台方三寸六分，厚一寸；郡王则为镀金银印，麒麟纽，平台方三寸四分，厚一寸。③ 宝印尺寸的大小，尤其是纽的区别，是依等级而定的，从以上制度中可看出，皇贵妃、贵妃的身份地位当在亲王之上，妃大致与亲王同，而在郡王之上，贝勒贝子公等就更不能与其相比了。这在礼制的其他方面也有体现。以丧礼为例，亲王丧，亲王以下奉恩将军以上，以及女性的固伦公主，亲王福晋以下县君、奉恩将军恭人以上，都要齐集会丧，而妃嫔不会丧。妃嫔丧，则亲王、郡王等不但要齐集会丧，而且还要步行送暂安处，初祭读祭文时，王以下官员都要跪伏。④ 康熙五十二年（1713）十一月，康熙帝的淑惠妃丧，丧礼发引时，贝子苏努、公普照、公星海因乘马送，未步行，普照、星海即被革爵圈禁，苏努因年老才从宽免议。⑤ 皇后就更高高在上了，嘉庆四年（1799），清仁宗皇后仪驾出神武门，克

---

① 《国朝宫史》卷17《经费一·年例日用》；卷19《经费三·恩赐》。
② 光绪《大清会典事例》卷326《礼部·冠服》。
③ 《清史稿》，第11册3071页。
④ 光绪《大清会典事例》卷497《礼部·丧礼·亲王以下丧礼》；卷495《礼部·丧礼·妃丧仪》。
⑤ 《清圣祖实录》卷257，康熙五十二年十一月己未。

勤郡王恒谨因未避道，就被削爵，遣守西陵。① 克勤郡王是清代铁帽子王之一，世袭罔替，地位甚高，公侯伯及一品官遇之，要下马立道旁候过，即使贝勒，无论辈分如何，其仪卫也要引避，让道旁行，可是遇到这位国母皇后仪驾出行，没有引避，即处以削爵的重罚，可见他们之间的等级差别。

皇子、王公的妻室福晋、夫人等，以及皇帝之女公主、王公之女格格，这两部分人的等第层次，已如前所列，其各自的等第标志、享用特权在会典及其事例等政书中也都有具体细致的记载，不赘述。需要指出的是，这两部分人也可比较而看出差别。其中公主要高于亲王、郡王的妻室之嫡福晋、侧福晋，她们的品秩等于亲王、郡王。乾隆五十一年（1786）上谕："固伦公主、和硕公主，均为皇女，敌体藩封，一切礼仪护卫，会典内并未定有等级，遂至体例不一，互有增损，嗣后固伦公主品秩著视亲王，和硕公主品秩著视郡王。"② 公主若与亲王、郡王路遇，也无让道的规定，而是互让，尊长在先，分路两行。③ 公主既与亲王、郡王平等，那么自然在亲王、郡王的妻室福晋等人之上了。如皇太后三大节庆贺仪、皇后躬桑仪等，女眷的排列位置次序，公主也正在亲王、郡王的福晋之上。④ 这样，那些身为伯母、婶母的亲王、郡王妻室们，就只能列于侄女公主之下。至于贝勒、贝子、公，不仅其妻室，即使他们本人，不论辈分多高，也要屈居公主之下。王公之女格格中，和硕格格的品级与郡王福晋同，高于贝勒夫人，当然也高于她们的庶母——亲王的妾媵、妾婢们；县主（多罗格格）的品级高于贝子夫人及其庶母——郡王的妾媵、妾婢。以下递减类推。⑤ 也会出现庶母、伯母、婶母屈居小辈之下的情况。

从以上有爵有位宗室的等第关系及其差别可以看出：

---

① 《国朝耆献类征初编》卷首8《岳托传》。
② 光绪《大清会典事例》卷3《宗人府·仪制》。
③ 光绪《大清会典事例》卷409《礼部·相见礼》。
④ 乾隆《国朝宫史》卷5《礼仪上》；卷6《礼仪中》。
⑤ 光绪《大清会典》卷1《宗人府》。

第一，皇权及皇帝的至尊身份地位起着统治和主导作用。这个家族中，身份地位的最高者都是皇帝的家属，女性中，以皇帝的母、后最高，男性中，皇帝之下，皇子居首。他们所以占据最崇高的地位，正是皇权及皇帝至尊身份地位的派生，皇太后是母以子贵，母后垂帘，其煊赫的权势，是其子皇权的分割。皇后是因夫而尊，她与皇贵妃等也因此而在亲王、郡王之上。皇子是子以父贵，老皇帝死后，新皇帝继位，新皇帝的儿子们的身份地位就立即提高，由一般皇孙上升为皇子，超过亲王。而原来老皇帝的皇子也即新皇帝的皇兄、皇弟反而有所降低，不得不让位于皇侄，他们当皇子时的特殊待遇特权也被取消。如乾隆第十七子永璘，他哥哥皇十五子当了皇帝（嘉庆帝）后，永璘还照当皇子时那样游弋行宫、拥有谙达（这里当指的是私人教师），遭到嘉庆的严厉申斥，命交宗人府议处，并撤去其谙达。①

第二，政治上的等级关系冲淡，排斥平民家族中的那种长幼尊卑、男尊女卑的伦理关系，而以等级居支配统治地位。长辈王公要为小辈皇子下跪请安；公主出行，贝勒贝子相遇，无论辈分高低，也要让道旁行或勒马候过；皇子福晋、郡主、县主高于她们的庶母。皇女、王女出阁称屈尊"下"嫁，娶者称"尚"皇女、王女，这些男夫额驸，其品级要"各视其公主、格格之等以为差"，依妻子而定，而且要低其妻三等。尚固伦公主而封为固伦额附者，等同于固山贝子品级，因固伦公主等级同于亲王，亲王高固山贝子三等，所以固伦额驸比其妻固伦公主低三等。其次的和硕额驸等类同。尚和硕公主为和硕额驸者，等同于公品级，以下递减。②公主、格格故后，额驸不另娶者，保留品级，另娶者削除。额驸所生之子也受封，品级等于其父，他们受封，不是袭父之爵，而是凭借母亲是皇族成员，他们具有皇族血统的成分，因此便父、子同等。在这样的家庭中，存在着夫卑而妻

---

① 光绪《大清会典事例》卷9《宗人府·职制·禁令》。《宗人府则例》卷27《藩封府第不应有外旗谙达》。
② 光绪《大清会典》卷1《宗人府》。

尊、公婆卑而儿媳尊的现象，如"额附及其父母见公主，俱屈膝叩安，有赉赐必叩首"，直至道光二十一年（1841），才改为"正立致敬"。^①不以行辈而以等级高低决定地位的原则，在有爵男性宗室中也有充分表现，各等爵者相见礼节中的谁屈谁尊，完全依爵之高低而定，不论辈分长幼。在这个大家族中，虽然也讲究长幼尊卑，如乾嘉等朝，每年元旦、上元之日，普宴近支宗室时"行家人礼"，但这种场合毕竟很少。

第三，嫡庶之分，对身份地位的高低起重要的决定作用。由于皇帝与宗室王公的妻妾比一般贵族、官僚、平民要多得多，因而妻妾中嫡庶关系的划分，使他们本身及其子女形成多层次的等第。皇帝之妻室皇后、皇贵妃、贵妃、妃、嫔、贵人、常在、答应，王公之妻室嫡福晋、侧福晋、嫡夫人、侧夫人及不受封无位号之别室妾媵、妾婢，所以有位之高低、有位号无位号之分，基本取决于原来是嫡是庶。皇子皇女、王公之子女的爵、位，除去其父的因素，主要根据其母之嫡庶与否。王公之子袭父爵位者，须是嫡子，无嫡子，才考虑庶出子。王公其他子封爵时，分出几个等次：嫡妻余子、侧福晋子、别室妾媵子。这三个等次的妻妾所生子，减嫡子所袭之爵的爵级授封，最低的是妾婢所生之子，不授封，为闲散宗室。^②不少王公妾婢成群，这些妾婢，繁衍出众多的闲散宗室。闲散宗室，是宗室中人数最多的成员。

2.闲散宗室^③觉罗的身份地位及其变化。

入关前，宗室不过几十人，又多有爵职，闲散宗室寥寥无几。入关初，由于宗室参战，军功受封，且规定余子、侧室子皆袭高爵，闲散宗室也不多。康熙中、乾隆十三年（1748）厘定封爵制以后，大大压低了嫡长以外诸子袭封的爵等，

---

① 《清史稿》，第10册2642页。
② 光绪《大清会典事例》卷昌《宗人府·封爵·封爵等级》。
③ 史籍中常出现的宗室，有时即指闲散宗室，闲散宗室又简称宗室，闲散宗室××即称宗室××。

并规定降袭之制。这样，一方面原来的闲散宗室继续繁衍闲散宗室，另一方面，除少数世袭罔替的高爵者本支保持一爵不变，绝大部分的低爵世袭者及本未受封者的后裔，都已进入闲散宗室之列，宗室人口的繁衍，已主要表现为闲散宗室的增加，至光绪年间，大约占宗室总人口的98%。觉罗属皇族远支，在皇族成员中占有较大比重，尤其是清前期，雍正年间，大约占四分之三。觉罗无宗室的封爵特权，仅追赠塔克什（显祖宣皇帝）的兄弟四人，郡王三、贝勒一，但后世不袭。觉罗得爵与旗人一样须建功，有清一代，仅得民爵中的子、男二爵，至乾隆中，仅三人尚袭，所以觉罗绝大部分是闲散觉罗。

  闲散宗室、觉罗对于一般旗民百姓及非贵族官僚而言，具有着特殊的贵族身份，他们虽无爵，但毕竟是皇族，乾隆年间，闲散宗室还被明确赋予四品官的身份，称为"四品宗室"。闲散宗室、觉罗腰系他人不得僭用的皇族特殊标记——金黄腰带（宗室）、红腰带（觉罗），邀章服之荣。法律上的议亲特权规定，使他们得到特殊保护，所以身处市井，平人侧目，官场之中，官吏艳羡，路遇民公侯伯及一品大臣大学士、尚书等，都不下马，而是分路而行，（闲散宗室）[①]身份地位不谓不崇矣。但在本家族之中，他们却是低贱之辈，路遇辅国将军以上有爵宗室，要下马让道候过，[②]任佐领为四品官者，在王公面前奏事也须屈一足跪白。[③]清中叶以前，他们的处境甚至形同奴仆。雍正二年（1724），清世宗上谕中透露："今宗室、觉罗各在该王所属佐领下，其中辈数居长之人，该王有念系尊长，不便动色相诫至于掣肘者，又有不论辈数肆行辱詈者，又有挑取护卫官员成就教导以礼优待者，又有全不顾虑，挑为哈哈珠子、执事人，诋及祖父，折挫使役，以致太监等俱得恣行诟詈者，此皆朕所深知。如此无所底止，则宗室、觉罗竟等于奴仆，揆

[①] 光绪《大清会典》卷30《礼部》。
[②] 光绪《大清会典》卷30《礼部》。
[③] 《谕行旗务奏议》卷5，雍正五年六月二十九日。

诸礼制亦属不合。"① 皇族中的庄亲王绵课之子奕赓对此还有更具体的叙述:"凡下五旗宗室,俱隶本旗王公包衣下当差,护卫、典仪至披甲、护军不等,出则为之引导,处则为之守护,且有挑为哈哈珠塞②日供扫洒、侍巾栉者,无论叔伯兄弟,本王公俱奴视之,其挟嫌者,或有所谋不遂者,近以鞭挞从事,其苦万状,其贱无伦。"③觉罗也是"在本王府包衣佐领下食粮当差"④。这些史料都道出了闲散宗室、觉罗,不论其辈分高低,俱为王公所驱使奴役甚至遭受打骂的奴仆处境。奕赓更明确指出闲散宗室是隶于王公包衣下,这里的王公包衣下,与觉罗所在的包衣佐领下是同义语,都是指旗人奴仆编成的佐领,又称"府属佐领""府佐领"。之所以编于包衣佐领下,是因为王公们本来就视之为奴仆,甚至有将他们当作奴仆卖掉的。乾隆七年(1742),清高宗对此曾下过禁令:"王公之子孙闲散宗室,亦有分与府属佐领者,此等人原系正身,如不能赡养,交本旗都统备补马甲,或交上三旗内务府存于公中,不得鬻与旗下官员,以良为贱!"⑤雍正二年(1724),清世宗曾以汉人的伦理道德及宗族内部的亲亲之义,对各王公及宗室进行苦口婆心的说教,取得他们的同意后,令清查出王公包衣佐领下的宗室,或拨入上三旗,或置于该旗公中,随上三旗旗人一体行走当差,免其被王公奴役。⑥但被削爵而成的闲散宗室及新繁衍者,却仍被入于包衣佐领下。雍正五年(1727)十二月,随允禵西征的平逆将军贝勒延信(肃亲王豪格之孙),被削除宗室籍圈禁,其子初未革宗室籍,清世宗即以"凡闲散宗室原有在府属佐领兼辖之例",将延信子"入显亲王府佐领管辖驱使"⑦。这里的显亲王,是延信之侄衍潢,与延信之子同属豪格曾

---

① 《上谕旗务议覆》卷2,雍正二年十二月二十一日。
② 哈哈珠塞,即哈哈珠子,是满语 haha juse 的不同译法,哈哈珠子是皇子、诸王之侍从。
③ 奕赓:《佳梦轩丛著》之八《管见所及》。
④ 奕赓:《佳梦轩丛著》之十一《括谈》下。
⑤ 光绪《大清会典事例》卷1113《八旗都统·户口·分析户口》。
⑥ 《上谕旗务议覆》卷2,雍正二年十二月二十一日。
⑦ 《清世宗实录》卷64,雍正五年十二月丁亥。

孙，可算五服之内兄弟，延信之子隶于衍潢王府的府佐领即包衣佐领下，也就免不了被侄、孙辈役使了。至乾隆中期，又有不少宗室陆续被编入包衣佐领，清高宗也进行了一次清查，其谕旨曰："宗室人等，若令包衣佐领兼管，年久与包衣佐领下人无异。嗣后宗室等事务如何办理之处，著军机大臣等会同宗人府议奏。"最后决定："王公包衣佐领兼管之宗室人等，酌量族之远近，人之多少，添设宗室佐领数员，令其专管。"① 此后繁衍的闲散宗室，才不归入包衣佐领兼管，而编为宗室佐领专管。随着满族汉化程度的加深，文明的进步，王公们也逐渐地不再奴役闲散宗室，见到长辈，也行以卑幼对尊长之礼了。

闲散宗室、觉罗摆脱被奴役、买卖的惨境，解除与宗室王公的人身依附，是经过雍乾二帝的几次改革才得以实现的，此前一百多年的漫长岁月中，他们在皇族内部确处奴仆地位。

还应指出的是，觉罗与闲散宗室虽然在法律特权上所体现的身份地位基本同等，但在政治、经济的某些待遇上是有区别的。如在入仕方面，宗室入仕初不由乡试，而直接以举人的资格会试，嘉庆六年辛酉科后虽经乡试，也仅考一文一诗。另外各部院等处还专定有缺额可观的宗室缺，以保证其官职的取得，觉罗则没有这些特权，他们要与满洲旗人一样一体应试，各衙门也无觉罗专缺。养赡钱粮上，闲散宗室年10岁即月给银二两，至20岁，每月增至三两。而觉罗幼者不给，年至18岁（道光二十三年后改为20岁）月给银二两。② 所以，觉罗的地位低于闲散宗室，在礼制方面也有所体现，不赘举。

3.革除宗室红带子、革除觉罗紫带子的身份地位与待遇。

革除宗室红带子、革除觉罗紫带子，是宗室、觉罗被开除皇族宗籍为庶人而又给予红带、紫带为标记者，他们属于皇族血统中的一个阶层，是皇族内部矛盾斗争的产物。

---

① 光绪《大清会典事例》卷1130《八旗都统·授官》。
② 光绪《大清会典》卷1《宗人府》。

天命建元前，努尔哈赤与其胞弟舒尔哈齐发生权力之争，幽杀舒尔哈齐及其一子，第九子瑙岱等被废为庶人。天聪、崇德年间，皇太极之兄莽古尔泰、弟德格类、巴布海、费扬古，或因"谋逆"之罪追论坐诛，或"因罪正法"，四支子孙也都黜宗籍为庶人。崇德末顺治中，在争夺皇位等宗室内讧中，代善（努尔哈赤次子）之子硕托、孙阿达礼，努尔哈赤第十二子阿济格及子孙、从孙爱度礼，努尔哈赤幼弟巴雅喇之子拜音图、巩阿岱、锡翰等人，都成了这场斗争的牺牲品，子孙削除宗籍（仅阿济格一子傅勒赫一支复宗籍）。清制，只有显祖本支才算宗室，显祖五子中，雅尔哈齐绝后，其余四支，巴雅喇一支的后裔已全部除宗；努尔哈赤十六子已有五子（包括多尔衮）、一孙、二曾孙削籍；舒尔哈齐子、孙也有几支被革除宗籍。这些宗支至康熙末年已繁衍二百多人，约占宗室人数的五分之一至六分之一（以康熙末年宗室千人或千余人计）。康熙帝不忍这些宗人湮没于庶民之伍，并为避免在选秀女时混入一般旗人之中，造成宗室的同姓相婚，因而于康熙五十二年（1713）命全部清查出，"给以红带为记"，附入《玉牒》之末，以备稽察。[①]此后，这些宗支之后即称"革除宗室红带子""削籍宗室红带子"，或简称其为"红带子"。觉罗中，勒尔森、昂阿拉、吴丹等人子孙因罪削籍，康熙帝也命一并查出，给予紫带子，附入《玉牒》。[②]这些人称"革除觉罗紫带子"。雍正初，因皇位之争又引起宗室内的手足相残，并波及乾隆初，康熙帝第八子允禩、第九子允禟，肃亲王豪格孙延信，努尔哈赤长子褚英之后裔苏努、第七子阿巴泰之后武尔占，康熙帝废太子允礽之子弘皙等，或本人、或子孙也被削除宗籍。乾隆上台后，照康熙五十二年例，给以红带，附入《玉牒》，又有一批宗室加入了红带子行列。可见，红带子、紫带子在皇族血统中占有不太小的比重，足以构成皇族内部的一个阶层。嘉庆四年（1799）以前，有个别宗支又被赏黄带，恢复宗室籍。

---

① 《清圣祖实录》卷255，康熙五十二年七月壬子。
② 《清圣祖实录》卷255，康熙五十二年七月壬子。

革除宗室红带子虽佩红带子，但并不属于系红带子的觉罗。①系上红带子、紫带子的革除宗室、觉罗，与未系带以前相比，身份地位基本没有提高，仍然仅具备一般旗人的法律特权，而不像宗室、觉罗那样在议亲之列。清廷对他们有特殊规定。首先，"其治罪俱由刑部，照旗人例，不由宗人府"②。宗人府是管理皇族事务的专门机构，宗室、觉罗涉入旗民刑事，有关宗室者，宗人府主审，刑部陪审；事关觉罗者，刑部主审，宗人府陪审，皇族中不论宗室、觉罗，都可由宗人府从中袒护。而革除宗室、觉罗之红带子、紫带子的刑事不经宗人府，说明宗人府并不像对皇族宗亲那样对他们负应有的责任，他们也无从得到宗人府的袒护，在这方面，皇帝是屏其于宗亲之外，而划归于一般旗人之列的。量刑时，也是"凡已革宗室之红带，已革觉罗之紫带，犯事治罪与旗人无异，交刑部照旗人例"③。维护皇族成员尊贵身份的议亲规定与他们无关。实例如嘉庆十九年（1814），红带子巴图里、巴哈布因自称赵玉、赵景，而触法，按律以违制律杖一百，若系

---

① 二者虽皆系红带，民间也有称觉罗为红带子的，使人觉得革除宗室红带子即红带子同于觉罗，其实二者在称呼上是有区别的。在皇帝谕旨、官员奏疏及文献中，红带子仅指革除宗室又给予红带为记者，而不作为觉罗的称呼。红带子也不称觉罗。如道光年间与耆英签订《南京条约》的协办大学士两江总督伊里布，为努尔哈赤弟巴雅喇之子巩阿岱后裔，巩阿岱党附多尔衮被处死，子孙后来作为红带子，《清史稿》卷370《伊里布传》，记其出身即叙为"镶黄旗红带子"，不称镶黄旗觉罗。乾隆二十年的兵部尚书傅森，是代善子硕托之后，硕托拥立多尔衮坐死，此支废为庶人，后来归入红带子，傅森死，其墓碑之文即作"原任内大臣兼三等轻车都尉红带子傅森"（见《世界满文文献目录》第101页）。觉罗则称觉罗××，如实录及官修列传，郎球、吉庆、巴哈纳等称为觉罗郎球、觉罗吉庆、觉罗巴哈纳，以与宗室××、红带子××相区别，他们从不称红带子××。再如大内所藏皇册，注明为"宗室王公世职章京一本，觉罗并红带子、紫带子世职章京一本"（光绪《大清会典事例》卷1《宗人府·天潢宗派》），觉罗与红带子是作为各自独立、具有不同内涵的概念并列出现的。刑法上关于红带子的专条，也不适用于觉罗。二者不但名称有别，身份地位也不大相同，详见正文所述。
② 《宗室觉罗律例》卷上。
③ 光绪《大清会典事例》卷725《刑部·名律例·应议者犯罪》。

宗室、觉罗，其贵体即可免受杖责而折罚养赡银，此案则由刑部"照旗人例鞭一百"，再由刑部交该旗领回管束。①这些人犯"徒、流、军及绞、斩等罪名"，也是"向来刑部照办理旗人之例一体科断"②。他们被平民殴打，也不像宗室、觉罗被打，重处相殴者，得到特殊保护。嘉庆元年（1796），镶蓝旗满洲红带子长安，与宗室硕康家雇工吕四儿斗殴，据吕四儿供，是他将长安打伤，"主人并没喝令共殴"。长安因腰系红带子而事归宗人府，宗人府据供，查出长安是大贝勒阿敏第一子爱度礼之后，"系已革宗室之红带子"而非觉罗，故将此案咨刑部审理。审谳成，"以犯事治罪例与旗人无异，自应以凡斗定拟"结案，吕四儿并未因打伤红带子而加重判刑。③红带子、紫带子在法律上唯一点与旗人稍异，即一般旗人犯至应削除旗档编入民籍之罪者，即削旗档交州县编入民籍，"以后有犯，照民人科罪"。而红带子、紫带子犯至此罪，则"免其削档，令其仍系本身带子，其罪名轻重，仍由刑部照旗人科断"④。但这不过是对他们中间发生的特殊情况的一种开恩，而且虽然保留旗档，"但此后不准仍食养赡钱粮，以及该旗一切优恤旗人之处，俱终其身不准照旗人给予，庶使其不得与旗人同邀国恩"⑤，经济待遇则与削旗档改民籍者无异。

红带子、紫带子也不享有宗室、觉罗在受教育上的特权，其子弟和普通旗人子弟一样，在八旗官学中就读，而不入宗室的宗学、觉罗的觉罗学，无宗学、觉罗学学生月给银三两、米三斗及纸、笔、墨、炭、冰等较优厚的廪饩。在科举考试、入仕补官缺等方面，也与一般旗人相同，无宗室所具备的特权。

可见，革除宗室红带子、革除觉罗紫带子是在社会地位上基本等同于一般旗人，在皇族血统人员中低于闲散宗室、觉罗的阶层。

4. 包衣奴仆。

---

① 《宗人府则例》卷 31《律例》。
② 《宗人府则例》卷 31《律例》。
③ 《宗人府来文·刑罚·斗殴》556 号。
④ 《宗人府则例》卷 31《律例》。
⑤ 《宗人府则例》卷 31《律例》。

清初，有宗室王公犯罪，子孙降为奴仆的旧俗。康熙初年，努尔哈赤之孙辅国公大学士班布尔善，因与辅政大臣鳌拜结党乱政，经议政王大臣鞫审，按律拟立斩，因系宗室，"革职立绞，将伊亲生未分家子孙革去宗室，妻、子为奴"。康熙帝的批示是"依议"。① 在此以前，幽禁英亲王阿济格，其子降为庶人，给予巽亲王满达礼、承泽亲王硕塞等人。阿济格在空房获悉后，大发雷霆："闻将吾一子给巽王、一子给承泽王为奴。"② 阿济格的说法或者说是怀疑，正是基于当时的制度和历史实际的。再联系到前文所述，乾隆七年（1742），清高宗曾下过宗室王公不得将其子孙闲散宗室卖与旗人以良为贱的禁令，可知这种在汉人中视为不可理解的陋俗，在清代皇族中是不足为奇的。皇族中身为奴仆的虽然不多，但确实客观存在。由于其属于皇族血统之人，所以本文将其归入皇族一并论述。既为包衣奴仆，那么这些人被他们的宗亲宗室王公或一般旗人奴役驱使，甚至被买卖，也就是寻常之事了。他们应是皇族中的最低贱者，在社会中也处最低等级阶层之中。

三、小结

通过对皇族血统成员内部等级等第关系的粗略分析，大致可归纳如下特点：

等级相差的悬殊性、等第的复杂细微及其森严性。清代皇族，既有社会等第结构的顶端——皇帝，以及最高等级成员——皇太后、皇后、妃嫔、皇子、公主、亲王、郡王、贝勒、贝子、公等，又有相当于品官即缙绅等级的闲散宗室，（主要体现在嘉道以前）也有与一般旗人（旗分佐领下人）大致同等第的革除宗室红带子、革除觉罗紫带子，甚至还有属于社会最低等的贱民等级者——包衣奴仆。这些成员社会地位的多层次性，恰似整个满族等级结构的垂直式缩影，高低之间，天壤之别，也可见皇族血统者并非都是贵族，也有等同于一般旗人，乃至低于平民百姓的奴仆。还有，同属皇族贵族的宗室王公与闲散宗室、觉罗之间，在

---

① 《明清史料》丁编第 8 本 719 页，"鳌拜等罪案残件"。
② 《清世祖实录》卷 61，顺治八年十月庚申。

清中叶以前还存在奴役、压迫的不平等关系。以上状况，在往代汉族王朝皇族中是罕见的。

有爵男性宗室列爵十二等之多，在中国古代宗室贵族中也是少见的。以前宋代宗属爵等最多，仅九等；元代宗室所封别为六等。为方便起见，本文叙述清宗室封爵取十二等之说，其实还有十四等、十八等、二十等之制，①等次分得越多越细致，而且对每等的特权、待遇都有不同的严格规定，越体现出等第的森严性。在礼制的制约下，各等第对自己应得的特权待遇不能"稍涉僭妄"。以乘马为例，不但如前文所述，不同爵等府第门口的下马桩之高低，行马的块数，有不同规制，而且马的缰辔、挚手、鞍座的颜色，也有不同规定。乾隆就屡次说明，何等全用黄色，何等用紫挚手、红鞍，何等用蓝辔。②谕旨强调："体制攸关，断不可稍逾尺寸。""有逾越名分者，以违制论！"③这些礼制执行得严格，是等级森严的体现。

占统治地位的政治等级等第关系，破坏了皇族内的血缘亲情关系。与皇帝所强调的孝道和亲亲之义严重矛盾。这种现象不仅表现在有爵有位宗室内部，而且表现在他们与闲散宗室的关系上。中国古代特别重视和强调家庭中的长幼尊卑关系，并以严刑峻法予以维护，卑幼者责骂尊长，被称为不孝、不悌；卖缌麻以上亲为不睦，罪在"十恶"之列，刑法对这些人从重严惩，这种现象在伦理道德和刑法制约的双重作用下，也很少发生。可是在清代宗室中，有爵、高位的卑幼者责骂役使无爵的尊长，出卖子孙，不仅法不加诸其身，而且曾一度视为平常。无爵的尊长对幼小的有爵者有越分之举，则遭申斥。④

---

① 十四等即前文所说的加世子、长子两等；十八等、二十等是分别于十二等十四等加六等。这六等是世职将军中的镇国将军、辅国将军、奉国将军又各分三等，每等又多两等。
② 光绪《大清会典事例》卷3《宗人府·仪制·服用》。
③ 光绪《大清会典事例》卷9《宗人府·职制·禁令》。《宗人府则例》卷27《职制·王公毋许僭用越分之物》。
④ 《八旗通志》二集卷1《旗分志一》。

政治等级的支配地位，不但使这个家族家庭中缺少平民家庭中的天伦之乐及和谐关系，而且导致其内部为争夺权力、爵位名分而倾轧残害。顺治朝，因争夺皇位，睿亲王多尔衮幽杀其侄肃亲王豪格，纳其福晋。康熙朝，储位之争使康熙帝一家父子猜忌如仇，兄弟手足相残，延续至雍正朝。其他王公中，安亲王岳乐诸子"希图王爵，互相倾害，陷伊宗嗣于死地"①。允䄉长子弘春，其父削爵监禁，"伊反以为喜""弘璟亦以监禁伊兄为快"②，因为他们将承袭父、兄之爵，咸同之际，祺祥政变，同室操戈，惨杀亲王。母后垂帘，慈禧与同治少母子之情。西太后与同治皇后、光绪珍妃婆媳间结生死之恨。同治诸妃与光绪皇后为抢夺太后位号大打出手，一个个乌眼鸡似的，恨不得你吃了我，我吃了你。哪里还有家庭中的亲亲之义！一批又一批的革除宗室红带子，正是这种争夺倾轧的产物。

清皇族内的落后习俗，可以在汉化过程中，通过政令的强制推行而逐渐消失，家族内的地位权力之争，则是不容易改变的。尽管历朝清帝都喋喋不休地训谕"以孝治天下"，但皇族内部的不孝不悌之事却层出不穷，即使是皇帝也不恪守这一信条，为了皇位的巩固，也要不择手段地行不孝不悌的恶举。顺治帝处死叔父阿济格，追论"皇父摄政王"多尔衮，将其削爵除宗；雍正囚死皇兄皇弟。乾隆严惩其堂兄弘晳，打击叔王允禄……残酷甚至血淋淋的事实，是对他们自己的绝妙讽刺。

以上现象，在古代王朝皇族中是普遍现象，也是皇族内部人际关系的特征。

清代皇族内部还有人身依附性。有爵宗室与闲散宗室、觉罗之间，有爵宗室的大五等与小五等之间，不但存在着等级等第上的差别、身份地位上的不平等，而且，还具有一定程度的主奴关系，或带有领属关系，呈现不同程度的人身依附性。

爱新觉罗家族是甫经奴隶制脱胎的满族中的一员，落后习俗不可能在短时间

---

① 《清世宗实录》卷5，雍正元年三月壬辰。
② 光绪《大清会典事例》卷9《宗人府·职制·禁令》。

内消失。家长奴隶制下，大家长对妻子、子女有生杀买卖之权，努尔哈赤幽杀其子褚英，令妻殉葬，皇帝家族成员对皇帝自称奴才，宗室王公出卖庶出子孙，以及庶出者依附、隶属于嫡出者，被嫡出者奴役，都是早期奴隶制的遗留。这种残余的落后制度，正是清皇族内部不平等和身份地位相差悬殊的重要原因。

（原载《明清史论文集》第 2 辑，天津古籍出版社 1991 年）

清朝皇族的宗族制度与宗人管理

皇族即皇帝的家族，与官民家族一样，以血缘关系组成群体，以宗法原则分为宗支，并有一套管理宗族事务的制度。皇族又有很多的特殊性，在目前宗族制度的研究中，皇族作为一个特殊的类型，迄今较少专门考察。另外，由于古代王朝的家天下特征，皇族事务又与王朝朝政紧密相关，诸如皇族成员的赡养、皇族之婚姻、后妃外戚与朝政、宗室之分封等，都与当朝政治相关，可以说，皇族制度是王朝政治制度的一个方面。由于皇族事务属于皇家内部之事，很多事情是外朝官员无法介入的禁区，因而对有关这方面的国政进行深入研究，也有必要从皇族自身的管理制度着手。以上是本文选题的两点考虑。鉴于问题之庞杂，本文仅拟对清朝皇族宗族制度作初步考察，并对其特征、与国政的关系及清朝皇帝所采取的政策措施，作简单介绍。

一、清皇族的宗族组织、机构及宗族事务的管理事项[①]

清皇族与一般官民家族一样，按血缘宗法原则，分成支族、宗支组织，所不同的是，其宗族组织与八旗组织也结合在一起，皇族成员与满族其他旗人一样，被编置在八旗之中，宗室中的亲王以下至入八分公是领旗者，领辖旗下佐领，其本支族人中的不入八分公以下至一般无爵的宗人——闲散宗室及非本支的宗人觉罗，被编置在各自领有的佐领之中。八旗分为左右翼，皇族也因之划分为左右翼。嘉道以后，清皇族由入关前的数十人繁衍到几万人，形成多分支的大家族。其总的管理机构是宗人府。

[①] 以下内容主要根据《大清会典·宗人府》《大清会典事例·宗人府》及《宗人府则例》。不具体作注。

（一）综理皇族事务的总机构——宗人府

清宗人府于顺治九年（1652）设于北京。最高负责者为宗令，一人，由皇帝特简。其下设左右宗正、左右宗人，协助宗令处理具体事务。宗人府下设的机构有：

左司、右司，由左右宗正及左右宗人分管，分掌八旗左右翼皇族事务；

黄档房，为皇族人口档案处，负责人口的登录与册籍造报；

经历司，掌收发往来文件；

银库，掌银钱收储出纳，颁发族人养赡银、赏恤银等；

空房，圈禁犯罪族人的处所；

宗学、觉罗学，是专门教育皇族子弟的学校；

玉牒馆，掌皇族族谱——《玉牒》之纂修。纂修时临时设。

皇族宗族庞大、宗支众多，事务繁杂，不仅有综理机构，其下还分设众多的族长，以协助宗人府经理日常基层族务。

（二）皇族各支族长的设置

清皇族由于宗人众多，且各宗支远近亲疏分明，其族长的设置也呈现多层次、多样化的特征。按照与皇帝血缘关系的近、远，清皇族分为宗室和觉罗两大部分。觉罗各支设觉罗族长，下设子女首领。宗室分为近支宗室和远支宗室，乾隆朝，将康熙帝派衍下子孙划为近支宗室，其他宗室为远支宗室。近支宗室按照各宗支人数多寡，或一支或几支为一支族，由皇帝指定一名族长。远支宗室各分支除分设族长外，每几个支族还合设一名总族长。宗室各支族长之下设学长两名，协助族长经理事务。由于宗人繁衍，宗支枝蔓，至同治年间，已发展到：远支宗室 40 个支族，近支宗室 6 个支族，族长 46 名，总族长 16 名。觉罗也发展到 40 个支族，40 名族长。族长由宗人府选拟，奏请皇帝补用，总族长由皇帝钦派。

（三）宗族事务的管理

往代王朝皇族多采取分封地方的形式，清代是分封王公而不分到地方去，皇族成员全部聚居京城（后来将一小部分拨居旧都盛京），因而北京之宗人府所管清代皇族的宗族事务远较往代繁杂，其重要者大致有如下数项：

1. 族人户口。

这是各分支族长的主要职责。清皇族人口之生、死、过继等，实行严格的呈报制度。宗室中的低爵者镇国将军以下至闲散宗室，如生有子女，三日后须向本族族长报告，族长询问其子女属于嫡出庶出、第几男第几女、生母姓氏、所生子之名、出生年月日时、收生婆某人等，经查核属实，登记并加盖族长图记（印信）。各族每三个月向宗人府造册汇报一次。各王公之家，则由王公府第的管家呈报宗人府，宗人府委托该族长查核。皇族所以要实行如此严格的审查制度，重要目的之一是严防族人抱养异姓之子捏报己生，以保持尊贵的皇家血统的纯正性，以致还把家族之外助产的收生婆，作为连带责任的证明者，登记存档。各族长、学长还要随时注意该族人口的死亡情况，将死者的死亡时间、年岁及时呈报到宗人府。皇族出生、死亡人口，由宗人府黄档房根据各族所报，逐项登记入册，宗室入黄册、觉罗入红册。族人有过继承嗣之事，由族长查明符合过继条件，与该支宗人共同出具保结，报宗人府。王公中出现绝嗣需要过继袭爵者，由宗人府或该府第上奏皇帝，得旨批准后，由宗人府办理。从以上制度可以看出，清皇族对族人户口的管理要比一般官民家族严格得多，并形成该宗族特有的户口制度。宗人府的户口册籍及其所登录的各项情况，是颁发族人养赡钱粮、婚嫁（指婚）、袭爵封爵、选取学生及纂修《玉牒》的重要依据。

2. 族人的赡养与赏恤。

皇族人员由国家赡养，享受这种待遇的，在整个社会中只有皇家一族。清代，宗室王公、世职将军等有爵者，各按爵级给予银、米，最高爵等的亲王年俸银万两、米万斛（两斛为一石），最低的奉恩将军年俸银110两、米110斛。即使一般的闲散宗室、觉罗，凡到年龄者，也按月、季定期发与银米。宗人有嫁娶婚丧之事，均给赏恤银——红白银。皇族中的无父幼子、孤女、孀妇及特别贫穷者，由族长查明上报宗人府，给予养赡银、优恤银。

3. 族人婚嫁。

清皇族禁止族人与民人（主要指汉人）结亲，并严禁族人之女嫁与旗人中的低身份者，以维护皇族的尊贵性。凡宗女许婚，须将男方旗、族姓、出身、官职等情况报告族长，族长呈报宗人府，宗人府咨行八旗核对，确实不是开户人、奴仆等低贱者，方许结亲。属于指婚范围的近支宗室，则由宗人府将已到婚嫁年龄的王公子女列名上奏，由皇帝指配，宗人府得旨后下达该户。

4. 皇族教育。

清皇族教育分三种情况：上书房教育，皇子皇孙入皇宫中的上书房学习，近支王公子弟等也有在上书房学习者；王公府第多设有家塾，延师教育子弟；闲散宗室及觉罗子弟分别入宗学、觉罗学，有爵宗室子弟也可入宗学。每翼宗学和觉罗学均由宗人府派王公一人总理其事，另设总管、副管值日，督察学生学习。学习课程，除满汉文外，骑射也是一项重要内容。每年终，宗人府向皇帝汇报教学情况。

5. 族人日常行为的管束及犯罪族人之惩治。

管束族人，是各支族长的最主要职责。清代严禁皇族人员随便出京城，其目的，一是以备京城万一发生变故，可及时守卫；二是防止他们到民间惹是生非。如果因查办地亩及葬、祭等事必须出京，须由族长出具证明，报宗人府批准。清代的皇族聚居京城，大批的闲散宗室、觉罗整日无所事事，寻衅取闹之事屡见发生，清帝多次谕令宗人府王公及各族长"加意教导、随时稽察""严加管束"。嘉庆以后，不得不将一部分闲散宗室、觉罗移往盛京，令集中居住于"宗室营"，"在营内居住弹压"，设族长、总族长稽察出入。清中叶以后，几万皇族人口被划分86个支族，设置了86名族长及众多的学长，并在远支族长之上设16名总族长，进行分支、多级性的管理。

族人涉入旗、民刑事案件，由宗人府根据犯事人的身份地位，采取不同的受理方式。贝勒以下至一般宗人，由宗人府会同刑部或户部合审。被判刑者，不由刑部施刑，归宗人府惩处，犯笞杖之罪者，由宗人府折罚其养赡银了结。犯至徒、流、军等罪，一般不发遣，先在宗人府大堂杖责，然后圈禁宗人府空房。罪至死刑，是缓是免，或判处何等死刑，如何施刑，由皇帝裁决。亲王、郡王触犯刑律，由宗人府以行文方式讯问，必须传问者，上奏皇帝批准后传至宗人府大堂讯问。讯问结果及处理意见上奏，由皇帝定罪。

宗室王公中出现行政失职、结党擅政等影响朝政的政治性事件，则由皇帝命宗令、宗正及其他宗王议罪，议处意见上奏皇帝裁定，或由皇帝直接定罪。

6. 皇子及王公子弟爵职之封、袭、降、革。

皇子到了应封爵年龄，由宗人府奏请，所封爵级由皇帝钦定。王公子弟及岁应封爵或袭爵者，由宗人府奏请，康熙二十七年（1688）后增加"考封"程序，需要考验其骑射、满语，按成绩优劣，决定其是否应袭、应封及应封的爵级。王公因议处被降、革爵职者，也由宗人府奉旨办理。

7. 选派王公进班宫中。

嘉庆以后，紫禁城内每日有王公一人入值，负责守卫。皇帝出巡，也有王公随从。这些王公，都由宗人府开列名单，奏请钦派。

8. 祖宗祭祀。

皇族的祖宗祭祀分为多种形式，多处场所，比较重要的有太庙之祭、奉先殿祭祖及各王公府第的家祭。奉先殿设于皇宫内，是皇帝祭祀帝支列祖列圣的祠堂。太庙既供奉列朝帝后神位，又设有大功于皇家社稷的宗室王公、异姓功臣的牌位配享，其祭祀又带有国祭性质。太庙的每月朔、望之祭，由宗人府奏派亲王、郡王轮班承祀。各王公家庙，祭祀本支始封祖，其每月的荐新祭，必须将时鲜之物先祭献太庙，然后再在家庙之祖前祭献；另外，四孟月、岁暮之祭，各王公要先陪祭太庙，祭毕，再归本府第祭祖。这些规定，意在强调皇帝本支在全家族中的中心地位，另一重要目的，是使各分支族人经常缅怀以帝支为核心的祖先，起到加强族人凝聚力的作用，并使王公们经常想到，是本家族的先人们开创了爱新觉罗王朝的千秋帝业，泽被子孙，以增强这些后裔王公们巩固家天下长久统治的意识。

9. 纂修《玉牒》。

清皇族族谱基本是每十年必修一次。（顺、康、雍三朝隔九年修一次）届时，宗人府题请，皇帝钦点宗令、宗正及满汉大臣任总裁官，开馆纂修。

10. 皇族内部的礼制。

诸如宗人之婚丧仪制、住宅规格与装饰、相见礼节等等与等级身份地位相关者，由宗人府稽察实行情况，不符合规制者，"予以纠正"。族人符合旌表条件者，由宗人府题请旌表。

二、皇帝与皇族

皇帝是一国之主，同时又是整个皇族之长、皇室的家长，有些族人、皇室事务关乎国政，皇帝不能不亲自经手。另外，族中的重大事件、重要事务的处理，宗人府也须向他请示。所以皇帝在处理国家政务的同时，还要经理家族事务。清代皇帝处理皇族事务有以下形式：

1. 规定宗族事务、宗人管理的政策和法规，直接下达对族人的训谕。

诸如皇族中不同身份人员的刑罚规定，王公封爵制度中应封人员范围、爵级的规定及其变动，王公授予佐领、拥有护卫、妻妾额数的规定，王公、皇子的等级性服饰、相见礼节，宗人养赡银米之数量，宗学、觉罗学的设立与教学章则，族长的选用原则，指婚的范围、年龄及相关制度等。或由皇帝直接发布指示，作为宗人府执行的章则；或就某项事务令宗人府商议，皇帝修改而钦定，责令宗人府实行。族内出现某种带有普遍性的不良风气和倾向，或发生重大事件时，皇帝则下谕旨于宗人府，令宗人府"将此旨通行晓谕各王公""通谕各宗室知之"，或者令宗室王公各率所属总管族长等训谕各该管族人，予以制止。有些重要指示，皇帝不仅令宗人府传达，而且要求各族人之家抄录，悬挂家中。①

2. 亲自处理某些具体族务。

这些事务主要有：第一，指婚。清代，宗室王公子弟、格格的婚姻，要由皇帝钦定，这一制度称为指婚。乾隆三年（1738）以后，因宗人繁衍众多，指婚的范围缩小到近支宗室。凡属指婚的王公子弟，由皇帝从挑选出的八旗秀女中指配；王公格格、宗女选婿，宗人府将入选的应指配之人上报皇帝奏请钦指。第二，为近支宗室确定按辈取名的用字。其目的是区分族人的辈分和远近亲疏，维护皇族宗法制。众所周知的取名头一个字的胤、弘、永、绵、奕、载、溥、毓、恒、启等排辈之字，就是皇帝钦定的，皇帝还规定下一字所用的偏旁。第三，族人违法案件。这是嘉庆以后清帝经手最多的族务。嘉庆十三年（1808）规定，凡宗室犯法应判军、流以上者，都要由宗人府向皇帝具奏，钦定如何惩治，一般是超出旧例加重惩罚。第四，皇室事务。皇室人员的事务即皇帝家务，依据皇帝钦定的《宫中则例》，内务府及其下属的敬事房太监、宫女按照这些则例供奉服侍后妃、皇子皇女的日常生活。皇帝严格限制后妃干预政务。对皇子，清帝的教育颇严，经常检查他们的功课及骑射。为防止他们养成骄奢淫逸的习气，狩猎行围时，还要带领他们出塞，跋山涉水、驰骋射猎。出巡时，也令跟随，以增长其社会知识和阅历。

三、清朝皇族宗族制度的特点

清皇族宗族制有以下几点与平民家族不同。

1. 宗族事务的多级管理。

皇帝处于皇族的顶端，是全族无族长之名而有族长之实的全皇族总族长，

---

① 《清仁宗实录》卷202，嘉庆十三年十月戊午。

把握对全族事务的总体控制权。宗人府最高首领宗令及各总族长，由皇帝亲自任命；管理族人的政策、法规由其钦定；皇帝还亲自处理族中某些重要事务。

宗人府秉承皇帝旨意综理族务，其首领宗令、宗正、宗人办理各项具体事务，也类似族长，故乾隆说"宗人府即有族长之职"。

族人中又设置三级管理人员——总族长、族长、学长等。这里的族长对于其上的宗人府而言，实际是基层的分族长，直接与族人接触，协助宗人府办理本支族的日常事务，向宗人府汇报族务，呈府处理。

以上多级性的管理，体现了清皇族对宗族事务的重视与管理的严密。

2. 宗族事务管理的典制化与正规性。

宗人府具有国家衙署的规模和体制，它所经理的宗族事务，有正规的规章制度与执行则例。另外，无论是宗令、宗正、宗人，还是总族长、族长、学长，都是经过任命授职，有委任有责成，并实行奖惩、黜陟制度，从而使皇家的宗族事务的管理具有正规性、严格性和日常性，同时也保证了它的始终性。在古代社会中，也只有皇家能够做到这一点。这与一般百姓家族宗族管理的自发性及管理上的不一定完全、彻底大不相同。

3. 以等级统辖、约束族人。

从宗令到各级族长，其选任完全根据政治地位——爵等或官职。宗令必须是亲王、郡王，宗正一般是从贝勒、贝子等爵中选充，总族长、族长也必须是王公或官员。乾隆特别强调，"族长有管教族人之责，理宜拣选人去得能管辖者补放"，因而命令由"宗室内官衔大者拣选"[①]。近支族长，则全部于王、贝勒、贝子内钦点。总族长，嘉庆十年（1805）规定，由王公或现任一二品宗室大臣中钦派。这种选用原则，是由皇族内部严格的等级关系决定的，族人之间的服从关系主要取决于等级，所以必须选用具有较高等级身份的王公、官员来管束族人，且完全以

---

① 光绪《大清会典事例》卷5《宗人府·授官·补放族长教长》乾隆四十一年条。

此为选任原则。这与平民家族推举族长,把辈分尊、威望高、是否属于长门长支等作为重要原则的做法也不相同。

四、清皇族宗法制的特点

这里所说的宗法制,是指规定族人之间关系的法则,决定这种关系的主要因素是血缘亲疏、嫡庶、辈分、年龄、性别等。

清朝皇族宗法制最明显的特点是,无论族人怎样繁衍,宗族多么庞大,宗支怎样枝蔓,始终有一个决定全体族人远近亲疏的核心,这个核心就是皇帝本人、本支,而且,由这一核心所区别的族人远近亲疏关系,又决定着族人身份地位的高低、等级上的差别。而一般官民家族则不存在这样一个核心。清太祖努尔哈赤是爱新觉罗家族帝业的开创者,其父塔克世被追尊为显祖宣皇帝,所以清皇族中,凡塔克世本支子孙后裔,都属于宗室;塔克世之兄、弟及伯、叔之子孙,则划归觉罗。宗室是皇族中的近派,觉罗为远派疏属。宗室无论是在政治待遇的封爵、科举入仕方面,还是在经济待遇的养赡银、赏恤银数量上,都优于觉罗。宗室中,又根据与皇帝血缘关系的远近而分为近支宗室和远支宗室。远近支宗室在待遇上也有差别,如近支王公之女,在封为郡主、县主等位号后,可领取俸银、俸米、缎匹等;远支宗室王公之女,则仅封以位号虚名,而无物质上的配给。在近支宗室中,皇帝的家室即后妃、皇子皇女,又是宗室中身份地位最高的成员。其中皇子的等级高于亲王;皇女,封固伦公主者与亲王同级,封和硕公主者与郡王同级。而皇帝的妻妾——皇后、皇贵妃、贵妃,其等级都在亲王之上。以上等级差别,在礼仪、服用制度上有很多规定。[①] 皇帝的至尊性,决定了其家属在整个皇族中的最尊崇地位,所以,每当某皇子继位,其母亲、妻妾、子女便身价倍增。而老皇帝的其他皇子,便由皇子降为一般的近支宗室,即使身为亲王、郡王

[①] 杜家骥:《清代皇族内部复杂的等级、等第关系及其特征》,载《明清史论文集》第2辑,天津古籍出版社,1991。

者，也不得不屈居于原来的侄子——当朝皇帝的皇子之下。

嫡庶之分，对族人身份地位的高低起相当重要的作用。皇室与王公之家，是典型的一夫多妻大家庭，妻妾、子女数量之多，远远超过一般贵族官僚及平民之家。妻妾中嫡庶关系的划分，使这些妻妾及其子女们形成多级别的等第。皇帝的嫡妻为皇后，皇后统率后宫、内治，地位在其他妃嫔之上。以下按等第分为皇贵妃、贵妃、妃、嫔、贵人、常在、答应。王公之妻妾，嫡妻封王妃（嫡福晋）或嫡夫人，其他庶妻妾按等第高下次序为：侧福晋或侧室、别室妾媵、妾婢。子女们封为何等爵位，与其属于嫡出还是庶出也即生母的嫡庶身份有很大关系，具有决定性。皇子封爵，清初差别较大，嫡出者封亲王；庶出者中最低的仅封公爵、镇国将军，低嫡出者四、五等，甚至还有不授封者。皇女，皇后所出封固伦公主，其他妃嫔所出封和硕公主。王公之子封爵，分出几个等次，嫡出子中，一人袭封父爵，其余嫡子（称为余子或别子）降等封授。庶出子中，侧福晋或侧室所出，比嫡出余子降二等封授，别室妾媵所出，又比侧福晋或侧室所出子降一等或二等，"其余无位号妾婢所生之子为闲散宗室，不授封"。至于小五等的低爵宗室——不入八分公至奉恩将军，则仅封嫡子，庶出子全部不授封，为闲散宗室。宗室中，人数最多的是这些无爵的闲散宗室，这些人虽然在社会上属于尊贵的天潢贵胄，但在本家族中却是低贱之辈。

皇族宗法的另一特殊之处，是政治上的等级在宗人关系中占主导地位，这种特征的宗人关系与长幼尊卑、男尊女卑等伦理关系往往严重背离。在这种家庭中，长辈王公要为小辈皇子"行三跪见请安之礼"[①]，闲散宗室即使是长辈，也要称本王公为主子，受小辈驱使。高爵的幼弟与低爵的兄长有主属名分。尊贵的皇后出宫，男性王公途遇其仪驾，要恭恭敬敬地让道。公主的丈夫、公婆，要为公主请安行礼。

---

① 《清高宗实录》卷4，雍正十三年十月丙子。

皇族族人之间的等级关系，家庭中的嫡庶之分，导致家庭内部经常出现矛盾，为争夺权力、爵位、名分而出现互相倾轧、骨肉相残现象，这可以说是寻常之事。宗族、家庭矛盾是普遍存在的社会现象，但皇家的这种矛盾远比一般官民宗族、家庭尖锐激烈。这是皇族宗人关系的一个表现特征。[①]

五、清皇族的宗人管理与国政

皇族与官民家族最明显的不同是它的宗族事务及族人与朝政紧密相关。与往代相比，清代对皇族事务的管理及对族人的利用又有其独到之处。

1. 族人的赡养。

皇族由国家赡养，随着皇族人口的大量增殖，巨额的宗禄会给国家财政造成沉重的负担。比如明代，繁重的宗禄成为明后期财政走向困境的重要原因。[②] 朝臣惊呼："天下之事极弊而大可虑者，莫甚于宗藩禄廪。"有鉴于此，清帝在清中叶这一问题初露端倪时，即逐步采取如下预防措施。第一，限制高爵阶层的人数，压低受爵者的爵等，以减少高爵阶层的高额俸禄。往代王朝除宋朝外，皇子全部封王，且世袭王爵。清代皇子不封王者大有人在，而且即使封王，自乾隆朝以后也将一部分（恩封王）世代降袭，正因为如此，清代才有特许世袭罔替的所谓铁帽子王。清初，亲王、郡王嫡长子以外未袭王爵的余子分别封以郡王、贝勒，为降一级授封。康熙中叶以后，分别压至不入八分公、镇国将军，比以前降了五等。第二，严格限制王公封以位号的妻室的人数，以减少王公之子的封爵数量，无位号的王公妾婢所生之子不授爵。正因为采取如上措施，清代王公的数量大大少于往代。以明清两代相比，明正德年间，距开国一个半世纪，全国共有亲王、郡王

---

① 杜家骥：《清皇族内部复杂的等级、等第关系及其特征》，载《明清史论文集》第 2 辑，天津古籍出版社，1991。
② 顾诚：《明代的宗室》，载《明清史国际学术讨论会论文集》，天津人民出版社，1982。

及镇国将军至中尉诸爵等2945人。[①]而清道光年间，距入关之时已一百七八十年，亲王、郡王、贝勒、贝子、公几个爵等在世者合计才31人。[②]高爵中的王爵与明代的差别也很悬殊，有明一代封王多达1874人，[③]其中朱元璋第五子周王朱橚一个王府的王爵，累计至明末就有187人。而清一代封王爵总人数才182名，[④]仅及明代十分之一，与明周王府一府大致相等。由于封爵人数限制严格，且世代降等，所以清代皇族的主要成员在清中叶以后绝大部分为闲散宗室与觉罗。皇族人口迅速繁衍，也主要表现为这些人的增加，清后期约占皇族总人口的98%以上。这些无爵者每人的养赡银仅相当于一个八旗兵的饷银数，与王公相差数千倍、数百倍，所以清代的宗禄没有形成财政上的突出问题。恩养皇族的不合理实施，反而会削弱乃至破坏皇朝统治的经济基础，导致家天下的延祚不永，失去世袭经济特权，这是清代皇帝吸取明代宗室制度的深刻教训，而对本朝皇族制度所作的重要改革。

2. 宗王的管理。

历史上，宗藩分封往往引起宗王叛乱。清代宗室也实行分封制，而且王公参与朝政，但清代却没有发生地方宗王反乱及中央参政的王公乱政的现象，（顺治以后）主要原因是清皇族在管理宗王上有一套独特的家法：第一，只封爵而不分封地方，宗王被严格限制聚居于京城，即使参与朝政也不令去地方任职。王府只给极少量的护卫府第的兵额，统兵任大将军者事毕解职，无固定军权。所以清代的宗王不具备坐大地方反叛中央的条件。第二，严厉管束。清帝严禁王公与朝臣结交往来，平时屡加申禁，一经发觉即予严惩，这类事例在《清实录》中有不少记载。对于辅政的宗王也不许其专擅政务，必须"谨听圣裁"。所以清代王公只能

---

① 《古今图书集成·食货典》卷254，王鏊《论食货》。
② 奕赓：《煨栀闲谈》。
③ 据《明史》卷100—104《诸王世表》统计。
④ 据《清史稿》卷161—165《皇子世表》及卷215—221《诸王传》统计。

小心翼翼地在京城供职行走，而不敢有专擅、越轨之举。即使有个别王公违背皇权的意志或与皇帝作对，也无不被皇帝及皇帝控制下的宗王、宗令及时定罪、削爵，甚至处死，而无法形成把持朝政、乱政的局面。

3.整肃后宫，防止后妃、外戚乱政。

清代后妃虽有不少人出身于八旗贵族官宦之家，外戚位尊权重，但从未出现后妃、外戚乱政的现象，是因为清帝在后宫实行严厉管束的家法，后妃从不许干预外朝政事（太后垂帝不属此类问题），并严格限制其与宫外的联系和活动，"妃嫔行动曰关防，关防之严殊甚，各有太监以辖之，与外间音讯断绝"①。清帝对外戚的"裁抑制防，视明尤肃"②，其钦定的《宫中则例》规定"外戚一概不许入宫"③，以限制他们与后妃的联系。对于属于权臣的外戚，防范制裁尤为严厉，出现擅政行为，便及时惩治。史籍称清代的后宫"内鲜燕溺匹嫡之嫌，外绝权戚蠹国之衅"④，正是对清帝整肃后宫有效地防止了后妃外戚擅政乱政的客观评论。

4.联姻。

清帝所以把宗室婚姻掌握在手中，实行指婚制，主要是为了实行政治性联姻。这种指婚制甚至带有强制性，并形成经常性的制度，这在往代是从来没有实行过的。这种制度的实行，使清代皇族与八旗官宦世家、蒙古王公结成了休戚与共的血缘集团，很多蒙古领主王公——札萨克及盟长，都与清朝皇帝、王公有姻亲关系，这种广泛性的姻亲关系，对稳固塞外广袤蒙古诸部的统治起到作用，也有利于中原安定，因而清朝皇帝一直实行。⑤联姻，是爱新觉罗家族保障其家天下长治久安的重要手段。

---

① 夏仁虎：《旧京琐记》卷4《宫闱》。
② 《清史稿》，第30册8898页；第18册5303页。
③ 乾隆《国朝宫史》卷8《宫规》。只有后妃怀孕，才许其生母进宫照看。还有，后妃本生父母年老，经皇帝特旨允许，可入宫会亲。
④ 《清史稿》，第30册8898页；第18册5303页。
⑤ 杜家骥：《清代皇族与蒙汉贵族联姻的制度与作用》，《南开学报》1990年第4期。

清王朝以少数民族而入主广土众民的中原，这迫使清帝必须最大限度地发挥本民族其中包括本家族人员在维护统治中的作用。皇族与王朝休戚与共，更应成为密近的倚靠力量。清帝利用宗王辅政，令王公出任各军政要职，统领前锋、护军、神机等八旗兵营，精心培养皇子皇孙，竭力使其成为文武全才，以便更好地任职参政，并督促王公及宗室子弟勤习骑射，且封爵实行骑射考课，又规定皇族无事不许轻易出京，皇帝出巡，必令宗王留守京师，等等，所有这些措施，都是利用本家族"藩屏"王朝的统治。嘉庆继位初，剪除威胁皇权的权臣和珅，正是利用了他的两位辅政的皇兄永璇、永瑆；镇压攻打紫禁城的天理教军的，又有留守京师的庄亲王绵课、统领火器营的镇国公奕灏；到了近代，清廷统治内外交困，宗王更成了朝政的主要辅弼者，总理衙门及军机处始终由宗王主持；清代的公主、宗女也成了清帝为维护统治而结好八旗世家、蒙古王公的工具。清代皇族的宗族制度，鲜明地体现了家与国的结合及爱新觉罗王朝的家天下统治的特征。家齐而后国治，这句话对于皇家来说有其特殊的意义，因皇室家政、宗人事务管理不善而导致政乱国衰的事例，在历史上屡见不鲜。清帝吸取了往代王朝的经验教训，对族人及后宫实行了有效的管理措施，避免了诸如宗藩叛乱、后妃外戚乱政及宗禄问题等现象的发生，较成功地解决了皇族与国政的矛盾，这是爱新觉罗王朝得以维持其二百六十多年统治的原因之一。

（原载《第二届明清史国际学术研讨会论文集》，天津人民出版社 1993 年）

清代皇子皇女的排行称呼及相关问题考析

清代的皇子皇女，其称谓常不称名字，而以其排行称呼，文献上称之为齿序，如称为皇几子、几阿哥。尤其是皇女，入关后根本不称名，只称皇几女、几公主。但在史籍、档案等资料中，同一人，其排行第几，记载又有很多不一致之处，还有同一种资料在同一时期男女排行法也不同的情况，颇为混乱。而清代的皇子皇女又与政治相关，如参政、立储、继位及某些重要事件，常会提到几阿哥、皇几子，皇女之联姻、某些事件，也会提到皇几女、几公主，资料记载之混乱，给研究带来很大不便，甚至出现张冠李戴现象。如康熙皇帝嫁给漠北土谢图汗部蒙古的那个公主，就有四公主、第六女两种称呼，导致文献上的错乱记述；康熙帝之子胤禛，既称皇四子、四阿哥，又有皇十一子之排行，有的学者便据此而论析胤禛篡位改遗诏问题。现今纂修清史，对清代皇子皇女的相关事件，以及他们的传记、史表的撰写，也须弄清其排行称呼。因而这一排行称呼是一个有多方面关联的具有学术内容的问题，有必要理清。文献、档案对清代皇子皇女之排行称呼的记载较混乱，还有记错者如《清史稿·皇子表》。

从诸多资料归纳可见，皇子皇女的记载尽管混乱，还是有规律可循的。就日常称谓而言，曾有一个变化过程，这就是，由仅将成育者齿序，向成育者与殇者通计齿序变化。并可了解其变化的时间、阶段，以及不同资料在记载上之不同。本文在这些问题上做点考证梳理工作，希望对前述问题的研究有参考价值。另外，皇家子女齿序的变化，也是满族皇家宗法观念变化的一种反映，揭示它，对于这一问题的认识也是有意义的。

一、康熙帝及以前之皇子皇女的排行与称呼

我国古代，人名的称谓既有名字，又有排行性称呼，称为老大、老二……长

子、次子……大女儿、二女儿或大闺女、二闺女……在排行性称呼中，有不计夭殇者，只将成育者排行，有的将夭殇者也一并计入排行，实际情况还要复杂些，因为有的子女在未成年以前已计入排行，以排行称呼之，虽夭殇，并未将其排行性称呼取消，比他小的子女接续他排序。有的是同一父亲的子女排行，还有的是一爷之孙大排行，等等。本文为行文简洁，将这些情况也归入两种称呼中，姑且称第一种排行法为成育者排行法，称第二种为统排法。

具体到清代爱新觉罗皇家子女，《玉牒》中所记，努尔哈赤的子女没有夭殇者，仅以所记成育者按年龄大小排序称之，记为第一子某某、第二子某某……第一女、第二女……古代婴幼儿夭殇率较高，努尔哈赤的子女不可能没有夭殇者，显然这是清入关后的顺治十七年（1660）首次修《玉牒》时，因距努尔哈赤子女出生之年代较远，无法作出全部统计，故只将成年者记入，并以他们成育后排行先后，记其排序。

自皇太极称帝后的崇德三年（1638）八月，清皇家制定人口登录制度，由礼部负责，并命宗室子女"每得一岁，将其年龄、名字记于档册交来"[①]。这种档册登录，为以后修《玉牒》留下了素材，所以在《玉牒》中，皇太极的子女便将夭殇者也记入了。清入关后于顺治九年（1652）设立宗人府，皇家人口登录制度正规化，此后，《玉牒》所记皇家子女也更完整，排序也更准确。

顺治、康熙两朝，皇室子女在日常实际称呼时，并不是按计殇统排法，而是以成育者排行。如顺治皇帝的皇子，《玉牒》记为：第一子牛钮（或作钮钮），顺治八年（1651）十一月生，3个月后夭殇。第二子福全，顺治十年（1653）生，后来封裕亲王，康熙四十二年（1703）51岁时亡故。而福全的弟弟康熙皇帝在这一年为福全所作的碑文中，则称其为"皇考世祖章皇帝之长子"，[②] 可见是把夭殇的第一子钮钮排除在外，把成年的第二子福全称为长子。

[①] 中国第一历史档案馆译《清初内国史院满文档案译编》（上），第348页。
[②] 《圣祖御制诗文集》第3集卷25《和硕裕宪亲王碑文》，四库全书文渊阁本。

康熙皇帝的子女，日常称呼都是按成育者排行法，只是个别未成年者，因在世时已定排行称谓，死后未再取消，计于成年者之中，[①]如第十一子胤禌、第十八子胤衸、第十九子胤禝及第十二女都属于这种情况。

先述康熙帝的皇子，请参照下表。

表1 康熙帝诸皇子排列表

全部皇子按出生先后统排	生卒年	《玉牒》排行	日常排行称呼
一 承瑞	康熙六年九月 生 康熙九年五月 殇 4岁	不作排行	
二 承祜	康熙八年十二月 生 康熙十一年二月 殇 4岁	不作排行	
三 承庆	康熙九年闰二月 生 康熙十年四月 殇 2岁	不作排行	
四 赛音察浑	康熙十年十二月 生 康熙十三年正月 殇 4岁	不作排行	
五 胤禔	康熙十一年二月 生 雍正十二年十一月 死 63岁	第一子	大阿哥 皇长子 直郡王
六 长华	康熙十三年四月 生 旋殇	不作排行	
七 胤礽	康熙十三年五月 生 雍正二年十二月 死 51岁	第二子	二阿哥 皇次子 皇太子
八 长生	康熙十四年六月 生 康熙十六年三月 殇 3岁	不作排行	
九 万黼	康熙十四年十月 生 康熙十八年正月 殇 5岁	不作排行	
十 胤祉	康熙十六年二月 生 雍正十年闰五月 死 56岁	第三子	三阿哥 皇三子 诚亲王

---

① 杨启樵：《揭开雍正皇帝隐秘的面纱》，中国香港：商务印书馆有限公司，2000年1月，第362页。

表1 （续表）

全部皇子按出生先后统排	生卒年	《玉牒》排行	日常排行称呼
十一　胤禛	康熙十七年十月　生 雍正十三年八月　死 58岁	第四子	四阿哥　皇四子　雍亲王
十二　胤䄉	康熙十八年二月　生 康熙十九年四月　殇 2岁	不作排行	
十三　胤祺	康熙十八年十二月　生 雍正十年闰五月　死 54岁	第五子	五阿哥　皇五子　五贝勒 恒亲王
十四　胤祚	康熙十九年二月　生 康熙二十四年五月　殇 6岁	第六子	六阿哥
十五　胤祐	康熙十九年七月　生 雍正八年四月　死 51岁	第七子	七阿哥　皇七子　七贝勒 淳郡王
十六　胤禩	康熙二十年二月　生 雍正四年九月　死 46岁	第八子	八阿哥　皇八子　八贝勒
十七　胤禑	康熙二十二年七月　生 康熙二十三年六月　殇 2岁	不作排行	
十八　胤禟	康熙二十二年八月　生 雍正四年八月　死 44岁	第九子	九阿哥　皇九子　九贝子
十九　胤䄉	康熙二十二年十月　生 乾隆六年九月　死 59岁	第十子	十阿哥　皇十子　敦郡王
二十　胤䄅	康熙二十四年五月　生 康熙三十五年七月　殇 12岁	第十一子	十一阿哥
二十一　胤祹	康熙二十四年十二月　生 乾隆二十八年七月　死 79岁	第十二子	十二阿哥　皇十二子 十二贝子
二十二　胤祥	康熙二十五年十月　生 雍正八年五月　死 45岁	第十三子	十三阿哥　皇十三子 怡亲王

表 1 （续表）

全部皇子按出生先后统排	生卒年	《玉牒》排行	日常排行称呼
二十三　胤禵	康熙二十七年正月　生 乾隆二十年正月　死 68 岁	第十四子	十四阿哥　皇十四子 十四贝子
二十四　胤禨	康熙三十年正月　生 同年三月　　　殇	不作排行	
二十五　胤禑	康熙三十二年十一月　生 雍正九年二月　　　死 39 岁	第十五子	十五阿哥　皇十五子 愉郡王
二十六　胤禄	康熙三十四年六月　生 乾隆三十二年二月　死 73 岁	第十六子	十六阿哥　皇十六子 庄亲王
二十七　胤礼	康熙三十六年三月　生 雍正三年二月　　死 42 岁	第十七子	十七阿哥　皇十七子 果亲王
二十八　胤祄	康熙四十年八月　生 康熙四十七年九月　殇 8 岁	第十八子	十八阿哥
二十九　胤禝	康熙四十一年九月　生 康熙四十三年二月　殇 3 岁	第十九子	十九阿哥
三十　胤祎	康熙四十五年七月　生 乾隆二十年正月　死 50 岁	第二十子	二十阿哥　二十贝勒
三十一　胤禧	康熙五十年正月　生 乾隆二十三年五月　死 48 岁	第二十一子	二十一阿哥　慎郡王
三十二　胤祜	康熙五十年十二月　生 乾隆八年十二月　死 33 岁	第二十二子	二十二阿哥　二十二贝勒
三十三　胤祁	康熙五十二年十一月　生 乾隆五十年七月　　死 73 岁	第二十三子	二十三阿哥　二十三贝勒
三十四　胤祕	康熙五十五年五月　生 乾隆三十八年十月　死 58 岁	第二十四子	二十四阿哥　諴亲王
三十五　胤禐	康熙五十七年二月　生 旋殇	不作排行	

康熙皇帝共生有皇子35人，计入排行者为24人，这24位皇子都是以成育者排行法称呼，这在当时的文献及档案中有大量记载。如皇太子胤礽，若按统排法本为第七子，因比其早出生的6个皇子中5个夭殇，仅胤禔成年，故胤礽之称呼排胤禔之下，称二阿哥。《康熙起居注》记康熙五十七年（1718）正月翰林院官员朱天保奏请复立胤礽为皇太子，便称胤礽是二阿哥仁孝，康熙帝对朱天保的问话中，也称胤礽为二阿哥。① 同书，康熙四十五年（1706）所记，称胤祐为七贝勒、称胤祥为皇十三子、称胤祺为五贝勒；康熙五十七年所记，称胤祹为十二贝子、称胤禄为十六阿哥。② 康熙朝留下的档案，记当时内务府官员称胤禟为九阿哥，太监称胤祎为二十阿哥等，③ 都属于这种称呼，与上表《玉牒》所记排行相同。这种称呼法，学者们比较熟悉，这里只强调两点：第一，这是当时也即康熙朝人们对他们的称呼，康熙朝的档案自不必说，《康熙起居注》也是当时人记当时事而留下的资料，属档案史料。第二，至康熙末年，康熙帝的皇子仍未实行计殇统排法，因康熙五十七年其所生第三十五个儿子虽命名为胤禐，但因夭殇，也未作齿序。

　　另外还有一点值得注意，就是自清太宗皇太极以后，太宗、顺治帝所生子女，在《玉牒》中，无论成年者、殇者，④ 虽都已作齿序记录。但此后的康熙帝、雍正帝的皇子，却凡殇者又皆不入统排，这些夭殇者是在成育者的排行之后，单独作一组记载，其下仅作"幼龄"，而无第几子的排行记录。皇女则不然，《玉牒》中是作统排法，即使殇者也按其出生时间先后混排于成育者中，且作第几女。而日常称谓，又不是按《玉牒》中的这种统排法，而是按成育者排行法。尤以康熙皇帝诸女最复杂，以下对康熙帝诸女的日常称谓及其与《玉牒》中所记第几女的对应关系，作一番考证。

---

① 《康熙起居注》，中华书局，1984，第3册2483—2487页。下同，皆此版本，不另注。
② 《康熙起居注》，第3册2007页、2495页。
③ 《清代内阁大库散佚满文档案选编》，天津古籍出版社，1992，第238页、256页。
④ 《玉牒》中所记皇太极子女是否为全部，所有殇者是否都完整记载，尚需考察。但其记录原则是殇者也均登入。

档案、文献中，康熙皇帝的皇女，有时以封号称之为端静公主、恪靖公主等，这种称呼带有特指性，可确定为某个人，各公主之间不致混淆。但更多的，是称二公主、三公主、五公主等，且与《玉牒》《清史稿·公主表》中的第二女、第三女、第五女等，不相对应，也即并非同一人，而且她们都没有名字的记录，那么这所称的"几公主"诸人，究竟指的是谁？下面先将有记载、可确定者略述，然后再集中作分析（并请参照后附表二）。

二公主。《康熙四十六年九月记注档册》载，此月二十四日至二十六日，康熙皇帝巡幸至巴林部蒙古，"驻跸二公主府"，又称居此府之公主为巴林荣宪公主，同时赏赐"巴林多罗郡王额驸吴尔浑"。[①] 这位荣宪公主也即二公主，在《玉牒》及《清史稿·公主表》中是记为康熙帝的第三女，并记其嫁巴林蒙古郡王吴尔衮（或译作乌尔滚、务尔衮、吴尔浑）。

四公主。《康熙起居注》中，称嫁与漠北喀尔喀蒙古土谢图汗部敦多布多尔济的那位公主为四公主。[②] 公主府中人及当地蒙古人也称其为四公主或四千岁，[③] 当地人为其所立之碑称"四公主德政碑"，[④] 她的丈夫敦多布多尔济则被称为四额驸。[⑤] 这位公主封号为恪靖公主。在《玉牒》及《清史稿·公主表》中记为康熙帝的第六女。

六公主。嫁与漠北喀尔喀蒙古赛因诺颜部超勇亲王策凌的那位公主，习称六公主，[⑥] 其丈夫策凌习称六额驸。[⑦] 夫妇二人死后葬一处，在北京安定门外，其墓

---

① 《清代档案史料丛编》，中华书局，1990，第14辑147—148页。
② 《康熙起居注》，第3册2435页。记皇七子送四公主时，经过察汗托海，是去此公主与敦多布多尔济夫妇生活的清水河处的公主府。
③ 《（新修）清水河厅志》（抄本）卷20《黄公讳忠仁德碑记》。
④ 《（新修）清水河厅志》（抄本）卷20《艺文·四公主德政碑记》。
⑤ 博清额增修《蒙古博尔济吉特氏家谱》（下）。
⑥ 《清世宗实录》卷2，康熙六十一年十二月丁巳。雍正继位后，六公主之母纳喇氏由贵人晋为嫔。
⑦ 《雍正朝满文朱批奏折全译》（下），第2675号折，第1493页。

称六公主坟。这位公主封号为纯悫公主。《玉牒》及《清史稿·公主表》中记为康熙帝第十女。

八公主。《康熙起居注》记康熙四十五年七月初二日，"以八公主下嫁翁牛特多罗杜稜郡臧津（苍津），上御行宫二门"①。嫁与翁牛特蒙古多罗杜稜郡王苍津的这位八公主，封号为温恪公主。《玉牒》及《清史稿·公主表》记为康熙帝第十三女。

九公主。《内务府奏销档》有如下记载："王达子一户……康熙年间随地陪送九公主至额驸孙（承）运家"，说的是康熙朝出嫁到孙承运家的这位九公主，当时内务府庄地连同种地者王达子一户，曾一同作为九公主的陪嫁物。《玉牒》及《清史稿·公主表》记，嫁与孙承运的公主，封号悫靖公主，并记为康熙帝的第十四女。

其他几位成年公主，尚未见到有"几公主"的记载，但如果把她们按出生先后顺序插入上述有明确的"几公主"称呼的5位公主之间，则不难看出这些人正是按成育者排行法，而且可推测出她们日常习称是"几公主"。请看下表。

表2 康熙帝诸皇女（包括宫中抚养之侄女封公主者）排列表

《玉牒》按皇女出生先后之排序	生卒年	封号及额驸	日常排行称呼
第一女	康熙七年十一月生 康熙十年十一月死 4岁	殇 无封	
第二女	康熙十年三月生 康熙十二年二月死 3岁	殇 无封	
康熙帝抚养弟恭亲王常宁第一女	康熙十年十一月生 乾隆六年十二月死 71岁	纯禧公主 嫁科尔沁蒙古班第	称大公主

---

① 《康熙起居注》，第3册1995页。

表2 （续表）

《玉牒》按皇女出生先后之排序	生卒年	封号及额驸	日常排行称呼
第三女	康熙十二年五月生 雍正六年四月死 56岁	荣宪公主 嫁巴林蒙古吴尔衮	称二公主
第四女	康熙十三年二月生 康熙十七年十二月死 5岁	殇 无封	
第五女	康熙十三年五月生 康熙四十九三月死 37岁	端静公主 嫁喀喇沁蒙古噶尔臧	称三公主
第六女	康熙十八年五月生 雍正十三年三月死 57岁	恪靖公主 嫁喀尔喀蒙古敦多布多尔济	称四公主
第七女	康熙二十一年六月生 康熙二十一年八月死 1岁	殇 无封	
第八女	康熙二十二年六月生 康熙二十二年闰八月死 1岁	殇 无封	
第九女	康熙二十二年九月生 康熙四十一年七月死 20岁	温宪公主 嫁八旗佟佳氏舜安颜	称五公主
第十女	康熙二十四年二月生 康熙四十九年三月死 26岁	纯悫公主 嫁喀尔喀蒙古策凌	称六公主 丈夫策凌 称六额驸
第十一女	康熙二十四年九月生 康熙二十五年五月死 2岁	殇 无封	
第十二女	康熙二十五年闰四月生 康熙三十六年闰三月死 12岁	殇 无封	称七公主
第十三女	康熙二十六年十一月生 康熙四十八年六月死 23岁	温恪公主 嫁翁牛特蒙古苍津	称八公主

表2　（续表）

《玉牒》按皇女出生先后之排序	生卒年	封号及额驸	日常排行称呼
第十四女	康熙二十八年十二月生 乾隆元年十一月死 48岁	悫靖公主 嫁汉军旗人孙承运	称九公主
第十五女	康熙三十年正月生 康熙四十八年十二月死 19岁	敦恪公主 嫁科尔沁蒙古多尔济	称十公主
第十六女	康熙三十四年十月生 康熙四十六年十月死 13岁	殇 无封	
第十七女	康熙三十七年十二月生 康熙三十九年十一月死 3岁	殇 无封	
第十八女	康熙四十年十月生 寻殇	殇 无封	
第十九女	康熙四十二年二月生 康熙四十四年二月死 3岁	殇 无封	
第二十女	康熙四十七年十一月生 康熙四十七年十二月死 1岁	殇 无封	

此表中的第五女即端静公主，应称三公主，排序于比她早出生一年且成年的二公主之后，唯其如此，其下第六女才称四公主。四公主之下成年的第九女，应称五公主，因此，其下成年的第十女才称六公主。第十女之下的第十一女不到1周岁而殇，第十二女应称七公主，此女虽12岁殇，但12岁以前应也习称七公主，如此，其下成年的第十三女才称八公主。八公主以下的2个成年皇女，称九公主、十公主。

以上成育之皇女以齿序称为二公主至十公主，只缺个大公主。《玉牒》中，二公主以前出生的皇女均夭殇，那么，这大公主究竟是谁？在档案中的雍正帝谕旨中找到了答案，雍正元年（1723）二月二十九日，雍正皇帝谕礼部：

> 端敏公主及大公主、四公主俱是内里公主，朕先前因未满百日（按：指居丧期），不曾下旨，今端敏公主、大公主、四公主俱著封为固伦公主。①

这段谕旨的内容，在《清世宗实录》的雍正元年二月之内，有如下记述：

> 封和硕端敏公主、和硕纯禧公主、和硕恪靖公主俱为固伦公主。②

两相对照，这大公主应是纯禧公主，其下的四公主是恪靖公主，（见前述）她们均由和硕公主晋一级而为固伦公主。

这纯禧公主，是康熙帝抚养于宫中的其皇弟恭亲王常宁之女，她比康熙帝的二公主大2岁，见表中所列、所述，因称大公主。在《玉牒》中，此女不列于康熙帝名下，而是列于恭亲王常宁名下。从这大公主的称呼又可看出，皇帝之侄女若抚养皇宫中而封公主，在日常的习称中，是与皇帝的皇女公主们一起作排行性称呼的，至雍正仍是如此。

二、雍正时对皇子皇女们的齿序及称谓

雍正朝，《玉牒》中雍正帝皇子皇女们的齿序与登录法，与康熙时基本相同。日常习称，也基本上是按照成育者排行法，与康熙朝同。而《玉牒》以外其他文献的记述，则比较混乱。以下论述，请参照下表阅读。

---

① 《雍正朝汉文谕旨汇编》，第103号谕旨，第1册40页。
② 《清世宗实录》卷4，雍正元年二月乙亥。

表3 雍正帝诸皇子排列表

全部皇子按出生先后统排	生卒年	《玉牒》排行	日常排行称呼
一 弘晖	康熙三十六年三月生 康熙四十三年殇 8岁	第一子	
二 弘盼	康熙三十六年六月生 康熙三十八年二月殇 3岁	不作排行	
三 弘昀	康熙三十九年八月生 康熙四十九年殇 11岁	第二子	
四 弘时	康熙四十三年二月生 雍正五年八月六日死 24岁	第三子	皇三子　三阿哥
五 弘历	康熙五十年八月生 嘉庆四年正月死 89岁	第四子	皇四子　四阿哥 宝亲王
六 弘昼	康熙五十年十一月生 乾隆三十五年死 60岁	第五子	皇五子　五阿哥 和亲王
七 福宜	康熙五十九年五月生 康熙六十年正月殇 2岁	不作排行	
八 福慧	康熙六十年十月生 雍正六年九月殇 8岁	不作排行	八阿哥
九 福沛	雍正元年五月生 旋殇	不作排行	
十 弘曕	雍正十一年六月生 乾隆三十年三月死 33岁	第六子	圆明园阿哥　果郡王

雍正帝共生皇子10人，其中6人在《玉牒》中，以齿序记作第一子至第六子，其余4人弘盼、福宜、福慧、福沛为殇者不作齿序，放于末后为一组单独记述。《玉牒》中作齿序的6个皇子，平日习称就是按《玉牒》中的成育者排行法。如《玉牒》所记第四子弘历（即日后之乾隆帝）在雍正朝便被称为四阿哥，礼部等衙门向雍

正帝请旨曾述：

　　雍正五年七月十五日，臣衙门等部将二十一阿哥、四阿哥、五阿哥娶福金（按：即福晋）之次日，于皇帝、皇后前行礼之处具奏。奉旨：阿哥等娶福金次日，与朕行礼……钦此。①

这里所称的四阿哥便是弘历，五阿哥是《玉牒》所记雍正帝第五子弘昼。四阿哥弘历是在雍正五年（1727）七月娶富察氏李荣保之女为福晋，《清世宗实录》雍正五年七月庚午条，又有"本月十八日，皇四子婚礼吉期"的记载，所称皇四子即四阿哥弘历，雍正十一年（1733）封宝亲王。五阿哥弘昼又称皇五子，同封和亲王。《清世宗实录》记雍正十一年二月，封"皇四子弘历为和硕宝亲王、皇五子弘昼为和硕和亲王"②，他们都是按成育者排行法称呼，若计殇者而统排，弘历应为第五子、弘昼应为第六子。雍正帝给弘昼封亲王的册文，也是按成育者排行法，册文作于雍正十一年即封亲王之时，文曰："尔弘昼，朕第五子……封尔为和硕和亲王。"③

雍正帝诸女，《玉牒》中之齿序是统排法，日常称谓则按成育者排行法，且宫中所养侄女与自己亲生女儿混排称之，参见下表。

表4　雍正帝诸皇女（包括宫中抚养侄女封公主者）排列表

《玉牒》所记之齿序	生卒年	封号及额驸	日常排行称呼
第一女	康熙三十三年三月生 未满月殇		殇 不作排行
第二女	康熙三十四年七月生 康熙五十六年三月死 23岁	追封和硕怀恪公主 嫁旗人纳喇氏星德	称大公主

---

① 《雍正朝汉文谕旨汇编》，第387号谕旨，第1册274页。
② 《清世宗实录》卷128，雍正十一年二月己未。
③ 李兆洛辑《皇朝文典》卷43《封和硕和亲王弘昼册文》，嘉庆二十年刊本。

表4 （续表）

《玉牒》所记之齿序	生卒年	封号及额驸	日常排行称呼
第三女	康熙四十五年十二月生 未满月殇		殇 不作排行
雍正帝养女允祹 第六女	康熙四十七年正月生 乾隆四十九年死	淑慎公主 嫁科尔沁蒙古观音保	称二公主
雍正帝养女允禄 第一女	康熙五十三年二月生 乾隆十九年死	端柔公主 嫁科尔沁蒙古 齐默特多尔济	称三公主
雍正帝养女允祥 第四女	康熙五十三年十月生 雍正九年十月死	和惠公主 嫁喀尔喀蒙古土谢图 汗部多尔济色布腾	称四公主
雍正帝 第四女	康熙五十四年三月生 康熙五十六年殇		殇 不作排行

雍正帝生有4女，仅第二女成年且出嫁。另有3人为侄女，养宫中，也按皇女对待而封公主。表中诸女，只见到出嫁喀尔喀蒙古台吉多尔济色布腾的宫中所养怡亲王允祥之第四女称为四公主。[①] 这不是因为她在《玉牒》中允祥名下诸女中记为第四女，因允祥的第三女殇，其下的这位四公主若在本家同胞姐妹中排行，她的日常称谓应是三格格或三郡主之类，因为当时诸王之女也是以成育者排行法。[②] 况且，她的同胞姐姐几个未养宫中的王女，也不可能有大公主、二公主、三公主，排到她而称四公主。所以此女称四公主，应是在雍正帝宫中诸女封公主者中的排行。如果按这种理解，结合表中所列，则雍正帝亲生的唯一成年的怀恪公

---

① 《黑图档》，沈阳：辽宁省档案馆藏，第212册2页。记雍正八年正月十三日，武备院的一份咨文中称，查得聘与额驸观音保之淑慎公主陪嫁帐房等物已有前例，则"今指与喀尔喀王丹津多尔济之子台吉多尔济塞卜腾（按：此为多尔济色布腾音译之异译）之四公主，亦照此预备陪给"。

② 《玉牒》第28号。记允䄉长女幼殇，其第二女于康熙五十八年由康熙帝指嫁喀喇沁蒙古贝子僧衮扎布。而允䄉即允祯在康熙五十八年正月十九日给康熙帝的奏折中，是称"闻将儿臣之长女许嫁喀喇沁贝子成衮扎布（按：此为僧衮扎布音译之异译），感激涕零"，可知宗室王公之女，也是齿序不计殇者，以成育者排行法称呼。此奏折语见《康熙朝满文朱批奏全译》，第3322号折，第1357页。

主，应称为大公主。比她小 13 岁的淑慎公主即宫中所养允礽之女应称二公主。小淑慎公主 6 岁的端柔公主即宫中所养允禄之女，应称为三公主。比这三公主小 8 个月的允祥之女和惠公主，才正好称四公主。

雍正朝，又是皇子皇女之称谓由成育者排行法向统排法转变的时期，因此出现同一人两种称呼并用的混乱现象。

雍正皇子福慧（初作富慧），雍正四年（1726）时 6 岁，他前边的几个皇兄都是按成育者排行法，如前述弘历称为四阿哥、弘昼称为五阿哥。福慧在雍正四年时若按其皇兄们的齿序法，应称六阿哥，见前《雍正帝诸皇子排列表》，但雍正帝却称其为八阿哥。《雍正朝起居注册》雍正四年十一月初七日上谕："八阿哥弘晟之名，著改为富慧。"① 这是按统排法，将殇者也计入了，参见上举《雍正帝诸皇子排列表》。但这位皇子在两年后的雍正六年（1728）时又殇，他的这一排行也未能在《玉牒》中落实，仍以不齿序记入。因而此后雍正十一年出生的弘瞻，仍是按成育者排行法，在《玉牒》中排于第五子弘昼之后，称为第六子。

对前朝康熙帝的皇子，仍是按习称的成育者排行称呼。如雍正八年（1730）二月的上谕："二十一阿哥允禧、二十二阿哥允祜，著封为贝子。二十三阿哥允祁，著封为镇国公。"② 其便是这种称谓。雍正朝所修的《清圣祖实录》，也是按以前康熙朝时已经俗称的成育者排行法。但册封文中（均见李兆洛所辑《皇朝文典》），则改用了将殇者计入的统排法。此种例子甚多，如下举（并请参照前列《康熙帝诸皇子排列表》阅读）：

《清世宗实录》卷 2，康熙六十一年（1722）十二月，记封"十三阿哥允祥为和硕怡亲王"。同一件事，同年同月颁给允祥的册封文，则记为："尔允祥，乃皇考圣祖仁皇帝第二十二子，朕之弟也，封尔为和硕怡亲王。"③

---

① 《雍正朝起居注册》，中华书局，1993，第 1 册 850 页上。下同，皆此版本，不另注。
② 《雍正朝汉文谕旨汇编》，第 27 号谕旨，第 5 册 21 页。
③ 李兆洛辑《皇朝文典》卷 42《封和硕怡亲王册文》。

《清世宗实录》卷6，雍正元年四月，记"封十七阿哥允礼为多罗果郡王"。六年二月"晋封亲王"。同一件事，同年，颁给允礼的册封文，作"尔允礼，乃皇考圣祖仁皇帝第二十七子，朕之弟也，封尔为……"①

《清世宗实录》卷128，雍正十一年二月，记"封二十四阿哥允祕为和硕諴亲王"。同一事同年所颁与允祕的册封文，则记为："尔允祕，乃圣祖仁皇帝之第三十四子，朕之幼弟也，封尔为和硕諴亲王。"②

对其他皇子，也都有这样两种称呼，如称皇三子允祉为"圣祖仁皇帝之第十子，朕之兄也"，称皇七子允祐为"皇考圣祖仁皇帝之第十五子"，称皇八子允禩为"皇考圣祖仁皇帝之第十六子"，称皇十二子允祹为"圣祖仁皇帝之第二十一子"。③

对前朝康熙帝的皇女公主，也有与上述皇子类似的两种称呼。

恪靖公主，在雍正帝于雍正元年二月晋封其为固伦公主的谕旨中，称其为四公主，④是按成育者排行称呼。而在同年颁给她的册封文中，则称"咨尔恪靖公主，乃圣祖仁皇帝第六女也"⑤，这又是按计殇统排称之。

荣宪公主，出嫁巴林蒙古，习称二公主，卒于雍正六年，雍正七年（1729）为其所作的墓志，是以二公主这习俗之称，记为"公主，大清圣祖仁皇帝次女也……初封和硕荣宪公主"⑥。雍正朝所修《清圣祖实录》，其卷152，则又称"封皇三女为和硕荣宪公主,下嫁巴林鄂其尔郡王子吴尔衮"，这又是按计殇统排称之。

三、乾隆以后皇子皇女的齿序

乾隆以后，皇子皇女的齿序不再用成育者排行，而只用计殇统排。

---

① 李兆洛辑《皇朝文典》卷42《封多罗果郡王册文》。
② 李兆洛辑《皇朝文典》卷42《封和硕諴亲王册文》。
③ 李兆洛辑《皇朝文典》卷42、卷44。
④ 《雍正朝汉文谕旨汇编》，第103号谕旨，第1册40页。并对照《清世宗实录》卷4，雍正元年二月乙亥。
⑤ 张穆：《蒙古游牧记》卷7《上谢图汗部·中旗》，第162页。
⑥ 《巴林右旗志》，内部印刷，第578页。

乾隆皇帝共生 17 个皇子，《玉牒》中，这 17 个皇子，从第一子永璜起，凡出生者皆作齿序，包括殇者，所以，9 岁而殇的永琏记为第二子，2 岁而殇的永琮记为第七子，3 岁夭殇的永璟作第十三子，4 岁夭折的永璐为第十四子，另有 3 个未命名的殇者也作齿序，为第九子、第十子、第十六子。最末一个出生的永璘，成年且封爵，是作第十七子，若按成育者排行，永璘就不会是第十七子，而是第十一子了，日常生活中人们对他的称呼，永璘也是称十七阿哥、皇十七子。他的皇兄们，《玉牒》所记的第八子永璇习称八阿哥，第十一子永瑆称十一阿哥，第十五子永琰称十五阿哥，这在乾隆朝的档案中也有载。①

乾隆帝共生有皇女 10 人，《玉牒》所记齿序，与前几朝一样，是按计殇统排，但日常对她们的称呼，则已不是以前的成育者排行法，而是与《玉牒》之计殇统排相一致了。

乾隆帝头两个出生之女均几个月而夭殇，第三女成育出嫁，在成育者中应行大，是大公主，而官员们称之为三公主，这位公主封号为和敬公主，嫁科尔沁蒙古，但长期居京，北京的府第称和敬公主府，又称三公主府。②

乾隆帝的和静公主，统排为第七女，以成育者排行为第三女，《玉牒》作第七

---

① 《掌仪司·乾隆六十年十月十一日 十一阿哥分府档》，记乾隆五十四年十一月初八日乾隆帝的上谕："皇十七子永璘，著封为贝勒。"乾隆六十年十月十九日掌仪司咨文，"十一阿哥晋封为和硕成亲王"，"皇十一子成亲王永瑆"其出府赏戏照"十七阿哥出府"之例办理。此十七阿哥也是永璘之称呼。《掌仪司·乾隆四十四年六月初七日 八阿哥分府档》，记"皇八子永璇著加恩封为郡王"，永璇"八阿哥分府后，所住三所房著赏十五阿哥居住"。这十五阿哥又是指永琰。前引档又有"皇十五子永琰，著封嘉亲王"之语。以上档案均于日本东京东洋文库藏。并见《乾隆朝汉文录副奏折》296—041 号，乾隆二十五年皇三子永璋卒，《萨哈岱奏为三阿哥薨逝恭请圣安折》；296—035 号，乾隆二十五年皇十四子永璐殇，《谭五格奏为十四阿哥薨逝恭请圣安折》。
② 《县君格格下嫁新档》，日本东京东洋文库藏，记此公主之子娶妻，内务府给其府第的公文，便作"和敬公主府"或"三公主府"。《清高宗实录》卷 1261，乾隆五十一年闰七月癸巳，对她的府第也称"三公主府"。

女，习称七公主，她的丈夫蒙古王子拉旺多尔济被称为七额驸。①

乾隆帝之和恪公主，《玉牒》计殇统排行第九女，习称九公主，②嫁大学士兆惠之子札兰泰。

乾隆最小的女儿，习称十公主，③封号和孝公主，嫁和珅之子丰绅殷德。

实际上，乾隆所生之10个皇女，成育者仅5人，以上诸女之日常习称，都是以计殇统排齿序。另外值得注意的是，乾隆帝抚养宫中的侄女，如封和婉公主的和亲王弘昼之女，已不纳入乾隆之亲生女中计排行了。

乾隆帝对皇子皇女以计殇统排的称呼，也成为以后诸朝皇帝子女称谓的定制。

嘉庆帝共生5个皇子，长子早在嘉庆未继位之前的乾隆四十五年（1780）便夭殇，仅2岁，次子名绵宁（即后来继位的道光帝），在成育者中最年长，但嘉庆朝是称皇次子，其弟绵恺称皇三子，④其下嘉庆十年（1805）出生的第四子称四阿哥、嘉庆十九年（1814）出生的第五子绵愉称五阿哥。⑤

嘉庆帝之皇女，第一女、第二女皆殇，第三女庄敬和硕公主称三公主，⑥第四女庄静固伦公主称四公主。⑦

道光帝共生皇子9人，长子在道光继位前已死去，第二子、第三子皆不到2

---

① 《清高宗实录》卷949，乾隆三十八年十二月甲辰。
② 《清高宗实录》卷898，乾隆三十六年十二月丁卯。
③ 《清高宗实录》卷1107，乾隆四十五年五月戊戌。
④ 《清仁宗实录》卷101，嘉庆七年七月戊子。"上以秋狝木兰……命皇次子旻宁，皇三子绵恺随驾"。
⑤ 陈可冀主编《清宫医案研究》，中医古籍出版社，2003，第1册392页、405页。下同，皆此版本，不另注。
⑥ 档案《内务府全宗》，《簿册·典礼类》1号，此三公主嘉庆六年嫁索特纳木多布斋。北京：中国第一历史档案馆藏。下引档案同此，不另注明收藏单位。
⑦ 《清仁宗实录》卷244，嘉庆十六年六月戊申。

岁而殇，以下第四子奕詝平时称皇四子、四阿哥，[①] 奕誴称皇五子，奕䜣称皇六子……道光帝的传位遗诏中，便称奕詝为皇四子、奕䜣为皇六子，奕䜣平常又被称为六王爷、六爷，这也是人所共知的史实。

道光帝共生皇女 10 人，长女在道光帝继位前的嘉庆二十四年 (1879) 即夭殇，但仍占有行大的排行，所以其下道光五年 (1825) 正月出生的第二女，生后仅 6 个月时，宫中之人及太医院太医便称她为二公主，其下晚出生 1 个月的第三女，在生后第二天（道光五年二月二十一日），太医院太医就称其为三公主。[②] 二公主、三公主皆夭殇，但其二公主、三公主之排行并未取消，所以，其下的第四女，出嫁奈曼蒙古的寿安固伦公主，是称四公主。[③] 而第六女出生后，道光帝虽仅有 3 个女儿成育，这第六女仍称六公主。[④]

四、小结及余论

综前所述，归纳如下认识，并对相关问题略作简析。

第一，雍正朝及以前，日常对皇室子女的称呼，基本上是按照成育者排行法，其中也会有个别皇子皇女在少年时已形成排行称呼后又夭亡，并未取消其排行性习称的现象。但日常习俗称谓中的基本原则，是按成育者排行称之。日常称呼按计殇统排法，是在乾隆皇帝继位以后才确定的，并被沿袭下来。

正因为雍正朝以前，皇女既有日常之成育者排行称呼，又有与此齿序不同的计殇统排称谓，给今人研究造成麻烦，乃至出现错误。如文睿华《公主府志》是记满蒙政治联姻中清朝皇帝嫁喀尔喀蒙古之公主的专志，因弄不清康熙之第六女又称四公主，因而竟认为顺治帝之四公主与康熙帝之第六女同嫁该蒙古。王学愚

---

① 陈可冀主编《清宫医案研究》，第 2 册 674 页。
② 陈可冀主编《清宫医案研究》，第 2 册 695—696 页，"二公主医案"；698 页，"三公主医案"。
③ 档案《宗人府全宗》，《宗人府堂来文·人事·嫁娶》。
④ 档案《内务府全宗》，《簿册·典礼类》2 号。

经多方考证，才予驳正。①

第二，康熙帝诸皇子日常称呼，都是按已形成的成育者排行的习惯性熟称称之，只是在雍正时，因处于由成育者排行法向计殇统排法的过渡期，在非用于日常称谓的册封文的齿序中，出现以计殇统排法记康熙诸皇子的现象。但雍正朝人们日常称呼康熙帝皇子，仍是按已成习称的成育者排行法，这无论是在当时留下的档案，还是实录等文献中，都有大量例证（见前第一、二节所举）。民国时期设清史馆修清史（即后来印行的《清史稿》），清史馆的协修唐邦治大约是未能见到这些记载，当他看到前举李兆洛所辑《皇朝文典》中，雍正朝所撰的康熙帝诸皇子之封爵册文，均以计殇统排齿序，便认为"是知世宗当日实自称为皇十一子，并不自知为皇四子也。其改定次序，必在高宗时。向非册文流传，又乌从而见其迹也"②。红学家周汝昌先生便据此而发表对雍正继位的看法，他认为雍正是夺位，但不会是以改遗诏中自己排行数字的手法："后世盛传胤禛是把康熙帝的遗嘱'传位十四子'篡改为'传位于四子'，才得做成大事。毕竟如何？这些事既然统统'不见经传'……怕也未必就确。何以言？莫说康熙在时，就是雍正本人，终其身也并不曾自知他会有'皇四子'之称，他始终只是'皇十一子'，胤禵是二十三子。这事当年清史馆有人曾据《皇清文典》中册文，已证明无讹。那么由'二十三'描改'十一'恐怕不易描写得那么十分秀气。"③唐邦治考察未周，轻下断言，由此误导了后人。杨启樵先生对周汝昌先生的提法便很不以为然，并以康熙朝时人们便呼胤禛为四阿哥而不是十一子，胤禵为十四爷而不是二十三爷等史实予以

---

① 王学愚：《蛾眉遣嫁为靖边》，《内蒙古师范大学学报》1984 年第 1 期。
② 唐邦治：《清皇室四谱》卷 3《皇子·圣祖仁皇帝》，上海：聚珍仿宋书局印本，1923。
③ 周汝昌：《曹雪芹小传》，百花文艺出版社，1984，第 247 页，附录二"曹雪芹家与雍正朝"。

辩驳。①

第三，档案、文献对皇子皇女齿序的记载如下：

《玉牒》中，皇子皇女不论成育者还是夭殇者，都予记载，②而且殇者、成育者统一按出生先后齿序。只有康熙、雍正二帝的皇子特殊，虽录殇者，但不列入成育者之中齿序，但这两个皇帝的皇女还是将殇者列入成育者中统一齿序的。《清史稿》的《皇子世表》皇子部分（此表将皇子后裔亦列入）及《公主表》，以及曾充任清史馆协修之唐邦治所纂《清皇室四谱》的卷3《皇子》、卷4《皇女》，就是按照《玉牒》这种齿序与记录顺序辑入的，同时作了一些编辑改写，也出现了一些错误。如《清史稿》的《皇子世表》，为雍正帝的几个夭殇皇子作齿序，但都弄错了，弘盼统排应为第二子，却作第六子，以致雍正帝出现两个第六子，另一个为弘瞻。福慧统排本应第八子，却作为第九子，而缺第八子。福沛统排应为第九子，却作第十子。③《公主表》中错误尤多，因不属齿序问题，于此不赘。唐邦治《清皇室四谱·皇子》，则将康熙帝7名皇子的统排次序或生年记错。如排第七的胤祐误为第六，排第十八的胤祹误为第十七，排第十九的胤禝误为第十八，等等。

《清实录》。康熙、雍正两个皇帝的皇子，因为成育者排行法称呼已成为习称，所以《清实录》中仍沿袭这种习称，在雍正朝所修的《清圣祖实录》、乾隆朝所修的《清世宗实录》中，这两位皇帝的皇子仍用习称。即使在嘉庆朝所修的《清高宗实录》中，弘历仍被称为是"世宗宪皇帝第四子也"。而以前的皇太极、顺治帝两个皇帝的皇子，在康熙朝重修的《清太宗实录》、康熙朝初纂的《清世祖实录》中，则是按计殇统排齿序，如这两部实录，皆称顺治帝福临为"上之第九

---

① 杨启樵：《揭开雍正皇帝隐秘的面纱》，中国香港：商务印书馆有限公司，2000年1月，第361—363页。
② 努尔哈赤之子女在《玉牒》中没有殇者之记录，是因为年久遗忘。另外，皇太极子女中的殇者，《玉牒》中所记载是否全面，尚未确知。但记载原则是殇者并记。
③ 《清史稿》，第18册5204—5205页。

子也"①"文皇帝第九子也"②，显然是将太宗之夭殇的第二子、第三子、第八子与福临一起统排齿序了。即使雍正朝所修的《清圣祖实录》，也称康熙帝为"世祖章皇帝第三子也"③，这又是将顺治帝夭殇的第一子牛钮与康熙帝一起统排齿序。以上三种实录之记述法，也为乾隆定本的这三朝实录所沿用，均为计殇统排法。如皇太极之宸妃所生子称为第八子，顺治帝之皇子牛钮称为皇第一子，福全被称为皇第二子，玄烨被称为第三子，董鄂妃所生之子被称为皇第四子。实际上，当时人并未作这种齿序，如顺治朝所修《清太宗实录》中，皇太极之宸妃所生子及庄妃所生子福临（顺治帝），从未有齿序，④ 当时之档案也是如此，⑤ 他们均没有太宗第八子、第九子之称，可以推测，当时并未作计殇统排，否则，出生后即可确定其行次，而且，到了顺治朝修《清太宗实录》之时，皇太极之子早已固定，为何仍不记其为统排第几子？由此是否可以进一步认为，所谓以其第九子福临继位，乃是康熙以后对福临的排行称谓，当时人在日常大概不会以皇九子、第九子称之。同样，康熙帝玄烨，人们也不一定称之为皇三子、三阿哥，因为康熙帝将他的皇兄、顺治帝之第二子（计殇）福全，称为顺治帝的长子。

乾隆帝及以后诸帝之皇子皇女，由于只按计殇统排称呼，所以乾隆朝及以后各朝《清实录》，皇子皇女也只按这种齿序称谓论述。

《皇朝文献通考》。此书修于乾隆朝，对前几朝皇子皇女齿序之论述，均据本《玉牒》，与乾隆定本的前几朝实录所记亦相同。

第四，雍正朝是皇子皇女齿序称谓由成育者排行法向计殇统排法过渡之时期，所以当时的称谓及文献记载有不一致之处。对康熙帝的皇子，雍正谕旨、雍正朝所修《清圣祖实录》，《清世宗实录》所记雍正朝之语词，均以成育者排行称

---

① 康熙朝重修《清太宗实录》卷40，崇德三年正月甲午。
② 康熙朝初纂《清世祖实录》卷1之"序语"。
③ 《清圣祖实录》卷1之"序语"。
④ 顺治《清太宗实录》卷26，第39页。
⑤ 中国第一历史档案馆译《清初内国史院满文档案译编》（上），第275页。

之，而在雍正朝封康熙帝皇子爵位的册文中，则用计殇统排法称之。雍正帝的皇子，在封爵册文中却与习称一样，用成育者排行法，如前举册封皇五子弘昼之册文。雍正称自己的皇子，又不完全按成育者齿序，如将福慧称为八阿哥，这与《玉牒》所记也不一致。

总之，雍正朝有关皇子皇女的称谓，以及该朝所形成的这方面文献资料，记述比较混乱，使用上应作分析。

第五，乾隆继位以后，将皇子皇女的齿序固定为一种方法，日常称呼、《玉牒》及所有文献，都统一用计殇统排法，以后各朝也均如此，避免了称谓上的混乱。

但雍正、乾隆以后，平常称呼改变以前的按成育者排行法，而采用将成育者与殇者一并统排法，原因是什么？笔者尚未作深入考察，初步认为，这是清代皇帝对自己未成育之血胤由忽视到重视的结果，同为龙种，殇者也不应使之湮没，这也是宗法观念变化的体现。大概与满族文明程度提高、落后的家长奴隶制残余在清帝的观念中逐渐消失也有关。另外，乾隆以后，宫中所养非皇帝亲生女而封公主者，已不纳入皇帝亲生女齿序之中，当是为保持皇帝本支血脉的单独性，突出皇帝本支的尊贵性。乾隆皇帝将康熙皇帝本支子孙划为近支宗室、其他宗支为远支宗室，远支宗室也不得用近支宗室取名所用字（弘、永、绵等）取名，以后，嘉庆皇帝子孙在取名的第二个字用单独偏旁（奕字辈下一字用言字旁，载字辈下一字用三点水旁，溥字辈下一字用单立人旁），都应是这种宗法观念与做法。

（原载《沈阳故宫博物院院刊》2012 年第 1 期）

清代档案刑科题本的史料价值
—— 以刑案及相关法律制度反映的家族、姻亲关系
等史事为中心

一、刑科题本及其内容简介

题本，是明清两朝高级官员向皇帝请示或报告政务的公文。清代，具有使用题本权力的官员，中央机构中为六部及各院、府、寺、监衙门的长官，所上题本统称为"部本"。地方官员有：各省总督、巡抚、驻防将军、提督、总兵、学政、盐政、盛京五部侍郎，以及顺天府、奉天府的府尹。所上题本须交到通政司，故称为"通本"，由通政司转交内阁，京城各中央机构的部本，不交通政司，直接交内阁（或内阁官员）。

刑科，是六科——吏、户、礼、兵、刑、工科中的一科，六科本为独立机构，雍正元年（1723）归隶都察院。各科所设官员为给事中，其重要职责之一是科抄，即将皇帝最终批示（批红）的题本——红本，抄与六部等有关衙门执行，刑科的科抄，是将皇帝批示的刑事方面的红本抄与刑部等衙门执行。

各省刑案，罪至军、流刑者，由刑部作终审判决。罪至斩、绞者，皇帝作终审判决。死刑案件逐级转审，由州县而府（或道）而按察司，由巡抚或总督拟具题本，送通政司而转交内阁，内阁协助皇帝处理。内阁对地方通本题报的死刑案件，一般批示为"三法司核拟具奏"，刑科抄给刑部为主的三法司——刑部、都察院、大理寺，三法司合议，其决议由刑部主稿，拟具题本上报，对案件若有关系到判处轻重的特别情况需要说明，则写于夹签上，随题本一起送内阁。内阁再将初步处理意见写在票签上，谓之"票拟"，连同题本、夹签转送皇帝，皇帝审阅后，作出批示，内阁再将皇帝批示代皇帝用红字写于题本之面，谓之"批红"，批红后

之题本叫作"红本",由刑科科抄与刑部下达执行。京师死刑案件,是由步军统领衙门或五城御史、都察院等咨送刑部,刑部与其他法司等衙门合拟作出判处,刑部主稿拟具题本,以部本形式转送内阁,其余票拟、报送皇帝、批红、科抄等程序,与前述地方案件相同。

上述经刑科科抄过的通本、部本的原本,大量保留至今。现在中国第一历史档案馆的档案分类,称之为"刑科题本"。由于每一死刑案件都有通本、部本两种题本,所记录的案情基本相同,所以即使某一种题本现在没有保存下来,该案情仍可从另一种题本中得知。又由于每件题本还将案情从发生案件的基层州县到省级的几次转审,依次记述,因而即使该题本残缺,只要有某级审录未残,就可基本了解其案情。因而可以说,这种刑科题本保存下来的资料,不仅较多,而且可以从中比较完整地了解案情。

现存北京中国第一历史档案馆的刑科题本,整理、编目后归入内阁全宗,刑科题本下再按朝分,每一朝的刑科题本,再分为秋审朝审、命案、监狱等类,某类内容多者,再细分类,如命案类,进一步分为土地债务类、婚姻家庭类等。

本文所介绍的,就是收藏在该档案馆清代嘉庆朝刑科题本命案类中的土地债务类,也即经济纠纷方面的案件,它也是刑科题本命案类中案件最多的部分。①

刑科题本由于是死刑案件请示判处的公文,必须详细报告案情,所以比较细致地记录了两造人员及证人的口供,其内容涉及诉讼双方等人的身份和职业、生

---

① 中国第一历史档案馆刑科题本的命案类中,土地债务类、婚姻家庭类为最多的两大类,而又以土地债务类最多。情况如下:

	土地债务类	婚姻家庭类
乾隆朝	64579 件	27020 件
嘉庆朝	34816 件	14085 件
道光朝	40717 件	13776 件
咸丰朝	8475 件	3523 件
同治朝	13765 件	3855 件
光绪朝	18635 件	8659 件

活、生产活动等。由于古代编纂性文献所记载的，有关帝王将相、官僚、文人、名人、大事件较多，底层百姓的日常生活、生产等活动细节则很少记录，因而刑科题本所反映的这类内容，可补这方面的不足，对基层社会的研究来说，其数据价值显得难得、珍贵。这里有必要说明一点，即案情的记录，有无因某种原因而作伪、上下其手的不实之处？若有，从定案的案情记录是不容易看出来的。这是利用这种数据理应注意的。不过，对利用的内容应作具体分析。一般而言，将案情记录作伪者，主要是关注关系到判处轻重的案情内容，比如命案，同样是致死人命的情节，就有斗杀（又称殴杀，指斗殴中无意杀人而导致对方伤重而亡）、谋杀（事先便有杀人计划）、故杀（事件发生中产生杀意）、戏杀（戏闹中失手伤人致死）、误杀（斗殴中误伤旁人致死）、过失杀（该行为因耳目所不及、意料不到而导致伤亡）的不同，以及犯人较多的情况下，谁执什么凶器、谁先动手、谁人是致命行为等，以上不同情况，量刑轻重不同，上报而作判处依据的案情记录作怎样的措辞，与判处轻重有关。如果该案件的记录在这类情节上有故意隐瞒或造假的不实之处，那么，判断该案件杀人的真实情况，就不能据此为凭。不过，这是在确定或怀疑某个案件的措辞作伪的情况下，才必应注意的。作伪，是犯人之家与官、吏、幕宾等有某种关系，或者贿赂买通官、吏、幕宾，而且是作伪具有可能性的情况下才会发生的，在一般百姓的普通案件中，具备上述条件、可能及有必要作伪的案件究竟会占有多大比例，也是应该考虑的。另外，也是主要的，就是我们只有在研究犯罪人的具体作案情况问题，也即考察其作案手段、动机等问题时，才有必要注意上述真伪问题，如果我们的研究是利用案情中所反映的日常生活、生产、正常相处关系等情况，这种内容一般没有作伪的必要，我们也就不必过多地怀疑它的真实性。①

　　刑科题本中的土地债务类，反映基层社会普通大众与经济有关的生产、日常

---

① 在此次汉学会议上，本文评阅人法国的陆康先生曾提到这方面的问题，因而此次修改稿增加了这点说明，并向陆康先生致谢。

生活的内容较多。20世纪60年代，李文治等编辑的《中国近代农业经济史数据》辑有这种资料。其后，中国社会科学院历史研究所的学者们，曾抄录乾隆朝刑科题本的土地债务类材料，汇编成《清代地租剥削形态》《清代土地占有关系与佃农抗租斗争》两种数据集，由中华书局于1982年、1988年先后出版。这两种书所编入的内容着重于土地制度、地租形态和主佃矛盾，体现了这些方面的数据价值特点，也有学者据此而研究这方面问题。① 美国学者步德茂，则利用刑科题本的土地债务类等资料，研究18世纪中国的农村经济及社会冲突等问题。② 此后，郑秦、赵雄等学者专门辑录刑科题本中的服制命案资料，共527件案例，编为《清代服制命案——刑科题本档案选编》。③ 周祖文、金敏主要以这一资料研究小农家庭的经济规模、活动及童养媳问题等。④ 郭松义、王跃生等研究清代婚姻问题，也运用了很多刑科题本的数据。⑤

二十多年前，冯尔康先生曾带领南开大学历史系研究生、本科生，与中国第一历史档案馆朱金甫、宋秀元等先生合作，选、录嘉庆朝刑科题本的土地债务类资料，着眼于基层社会关系的各个方面。我作为当时的抄录者，二十几年后又组织博士生、硕士生，在冯先生、朱先生等的协助下，将这批抄档整理阅读后按照当初的规划进行分类、标点，最后辑为《清嘉庆朝刑科题本社会史料辑刊》出版，

---

① 刘永成：《乾隆刑科题本与清代前期农村社会经济研究》，《历史档案》1981年第2期。宋秀元：《从〈乾隆刑科题本〉看清代押租制》，《故宫博物院院刊》1983年第4期。
② 步德茂著《过失杀人、市场与道德经济》，北京：社会科学文献出版社，2008。
③ 郑秦、赵雄主编《清代服制命案——刑科题本档案选编》，中国政法大学出版社，1999。
④ 周祖文、金敏：《清代刑科题本中的小农家庭经济》，《中国社会经济史研究》2008年第1期。
⑤ 郭松义：《伦理与生活——清代的婚姻关系》，商务印书馆，2000。《中国妇女通史·清代卷》，杭州出版社，2010。王跃生：《18世纪中国婚姻家庭研究》，北京：法律出版社，2000。王跃生：《清代中期婚姻冲突透析》，北京：社会科学文献出版社，2003。

计三百万字。在整理过程中，深感这批资料在刑科题本中虽归为土地债务类，但案件的内容，则不仅是土地、债务，实际包括与经济有关的生活、生产、营生等方面，而反映的内容则更为广泛，超出这类概念范畴，比如婚姻彩礼（或称财礼）方面的财务纠纷，会涉及说媒、改嫁、买卖婚等与婚姻有关的内容。由于与经济有关的生活、生产，是基层百姓最普遍的、日常性生活内容，非个别人、特别之事，每人每天几乎都与此有关，因而与此相关的人际关系，在基层百姓的人际关系中也占有最大的比重。题本中记录的刑案供词，反映了人们之间的各种关系，以及他们日常如何相处，因何事产生矛盾，又怎样发展为尖锐冲突等情况，最后是判处结果。律例条文及各案件的最终判处结果，又体现了当时各种人的法律身份及其人际关系特点，较深刻地揭示了清代基层社会关系的复杂性。仅就各种人际关系类别而言，就有宗族家庭内部关系，亲戚之间关系，乡里关系，土著与流寓民之关系，僧道与俗民关系，主佃、主雇及各种职业人之间关系，主仆关系，男女之社会接触，不同民族人之间的关系，基层官吏与百姓关系等。案件的判处，又更细微地区别了人们之间的宗法服制关系、尊卑长幼关系、血缘关系、亲缘关系等。由于供词记录的案情具体细致，表现了社会基层民众活生生的社会生活实际情况，此为一般文献所缺略的，因而史料价值较高。冯尔康先生曾论述过土地债务类档案在清代生产关系史、社会等级史、下层民众生活史、司法史方面的史料价值，以及清史研究上具有的突破性意义。[①] 冯先生还据嘉庆朝刑科题本研究移民[②]、小业主[③]问题。王跃生据此资料等研究扬州经济及民众生活。[④] 还有的学

[①] 冯尔康：《论"一史馆"土地债务类档案的史料价值》，《南开学报》1999年第4期。
[②] 冯尔康：《18世纪末19世纪初中国的流动人口》，《天津师范大学学学报》2005年第4期。
[③] 冯尔康：《干嘉之际小业主的经济状况和社会生活》，《中国社会历史评论》2006年第7辑。
[④] 王跃生：《清代中期扬州市镇经济水平和民众生活初探》，《清史研究》2011年第5期。

者据此研究经济事件中的自杀现象[①]、僧侣问题[②]。可见，这种资料越来越受到学界的重视，以深入考察某些历史现象。同时，也显现出这种数据的特别价值。

本文仅对这一数据所反映的社会基层中家族、亲属关系方面的一些价值，以及整理阅读时得出的两点认识作陈述，观点是否成立，有待方家指正。以下，这一资料简称"刑科题本"。

二、刑科题本所反映的家族成员间的经济关系及矛盾冲突

人们在有关经济的生活、生产、营生等方面结成的人际关系，大致有以下较普遍的形式。在生活方面，有宗族家庭的同居共爨，财产分割，共同祭祀，婚丧等事之收支，有银钱、衣食住行等方面用品的借贷，典当买卖，以及邻里、同行业内日常生活中所发生的诸种关系等。在生产、营生方面，有主佃关系，有主雇关系如雇工做农活、做手工工匠、做店铺伙计、经商、畜牧、做家务等，还有合伙经营工商业，家族或邻里间结成的生产关系等。这些关系，在嘉庆朝刑科题本土地债务类的命案涉案人员的供词、证词中，都有所反映。而发生这些关系的人群，则有宗族家庭、乡里邻居、亲戚朋友之间，行业内部及行业间，买卖交易人之间，僧道内部及其与俗民之间，主仆之间，流寓民与土著民之间，不同民族成员之间，他们因生产、营生、生活而形成的人际关系，又各具不同特点。本人组织了一些学者作《清代基层社会关系研究》的课题，考察基层百姓人际关系的各个不同体现方面，结成关系的原因，正常关系、矛盾关系下的体现状况，不同人群中的体现特点，其中一个重要的关注点是，因何产生矛盾纠纷，又如何激化酿成刑案甚至命案？刑科题本命案中的土地债务类，是所利用的重要史料之一。从这种资料中初步形成以下印象：基层百姓中，因与经济有关的生活、生产、营生而结成的人际关系，以及由此而产生的矛盾纠纷乃至酿成的命案事件，宗族家庭

---

① 周蓓：《清中期以经济为诱因的自杀与社会防范》，《兰州学刊》2011年第1期。
② 姚春敏：《不平静的寺庙》，《晋城职业技术学院学报》2011年第1期。

内最多，也可以说，宗族家庭是这类矛盾纠纷发生的高发人群，具体情况也远较社会中一般人之间的关系复杂得多。

（一）

嘉庆朝刑科题本命案土地债务类中，涉及宗族家庭关系的案件也突出地多，[①]之所以如此，初步认为，是因为宗族家庭中不仅有社会上一般的生产、营生、生活形式及其形成的关系，而且有不少特殊的为其他人们之间所没有的经济方面结成的关系。有这方面的关系，就存在产生矛盾纠纷乃至发生命案的可能，尽管是在宗族家庭这种关系相对密近的人群之内。古代小农经济社会，经济纠纷产生的命案，主要发生在乡里内、宗族中，其中因租佃、雇工纠纷产生的命案，乡里内远多于宗族中。其他方面，如因借贷、典当等纠纷产生的命案，乡里、家族内都不少。家族中因与经济有关的生活、生计、房地财产、杂物及其他琐事纠纷而产生的命案，则大大多于乡里内，而且情况特别复杂。以下以宗族家庭中的经济案件分类举例说明。除特别注明者外，均选自刑科题本的命案土地债务类，案件时间均为嘉庆朝。

1. 家族内的租佃关系及其矛盾现象。

福建德化县人林大专，将田佃与堂兄林大设、林大国兄弟承种，收押佃银。后林大国因乏钱使用，把田退还，林大专把押佃番银交林大国收回，自行插秧耕种。林大设不知情由，把林大专秧苗掘坏，两相争闹赶打，林大设被林大专殴伤身死。[②]广西容县民徐登道，与堂叔徐芳共有祀田一块，租与堂兄徐登云，因徐

[①] 所抄录的 2770 件中，属于宗族家庭关系类者 656 件，占全部 13 类的 24%，近 25%。此次再选编出版，共 1647 件，属于宗族家庭关系类者 379 件，占全部 13 类的 23%。见《清嘉庆朝刑科题本社会史料辑刊》第 1 册的目录，天津古籍出版社，2008。主佃关系、主雇关系中属于宗族家庭者也计入，其他类中属于宗族家庭者未计入，因已经大致能说明宗族家庭类所占的较大比例，而从略。

[②] 《清嘉庆朝刑科题本社会史料辑刊》，天津古籍出版社，2008，1/96。下同，皆此版本，不另注。

登云连年欠租不交，徐芳逼他退田另佃，两相争吵，徐登云被徐登道等戳伤毙命。① 直隶蔚州民王杰有地十六亩，租给缌麻服兄王合承种，按年交租，嘉庆七年（1802）因少交，致相殴打混骂，王合拿石灰把王杰的两眼揉瞎。② 贵州思南府，龚安氏有地一处，租与堂侄龚在升。龚在升因贫欠租，龚安氏将田收回自雇工人耕种。龚在升屡次求佃，龚安氏不应，因嚷骂殴打酿成命案。③ 房屋租用。江西峡江县民曾接友，租住胞兄曾仲友房屋，因年底没有还租钱，曾仲友之妻曾汤氏屡次催讨，致相争打，汤氏跌倒伤重而死。④ 家族内其他因租佃矛盾导致的命案还很多，不备举。⑤

2.家族内的主雇关系及其矛盾现象。

广东兴宁县潘美目受雇于伯母潘罗氏，邻屋居住。潘罗氏雇潘美目挑粪肥田，每日许给工钱二十文。潘美目因饥饿力乏歇息，潘罗氏就骂其懒惰，还不给工钱。再加上，潘美目因贫苦难度，常向潘罗氏借贷钱米却从未借到，反被斥骂。潘美目因伯母潘罗氏相待刻薄，就起意把她毒死了。⑥ 湖南浏阳县，傅庭有雇堂叔傅沅漳筑墙，该欠工钱二百文，傅沅漳屡索未还，后因索欠争斗，刀伤致人命。⑦ 浙江山阴县民单如山雇堂兄单如占帮抬船只，单如占因单如山给钱太少而争吵。后单如山途遇单如占，二人又吵骂打斗，单如占被殴伤身死。⑧ 家族内因雇工产生的其他案例不备举。⑨

---

① 《清嘉庆朝刑科题本社会史料辑刊》，1/311。
② 《清嘉庆朝刑科题本社会史料辑刊》，1/44。
③ 《清嘉庆朝刑科题本社会史料辑刊》，1/119。
④ 《清嘉庆朝刑科题本社会史料辑刊》，1/48。
⑤ 《清嘉庆朝刑科题本社会史料辑刊》，3/1244、1264、1297、1299、1315、1321、1326、1333—1334、1336、1354、1357。
⑥ 《清嘉庆朝刑科题本社会史料辑刊》，1/3。
⑦ 《清嘉庆朝刑科题本社会史料辑刊》，1/323。
⑧ 《清嘉庆朝刑科题本社会史料辑刊》，1/345。
⑨ 《清嘉庆朝刑科题本社会史料辑刊》，3/1371、1442、1453—1454、1473。

3.家族内的借贷关系及其矛盾。

贵州仁怀厅民袁居政,曾借用胞兄袁居金钱三千六百文。某日,哥哥袁居金酒醉逼要,袁居政央求宽缓,袁居金不依,并拿尖刀把袁居政臂膊戳伤,后被袁居政夺刀吓、戳致毙。① 四川省彭县民萧崇信、萧崇富,为同曾祖堂兄弟,萧崇富借萧崇信钱二百六十文,屡讨没还。萧崇富斥责萧崇信不该催逼,二人推打,动用刀棍,萧崇富受伤致死。② 四川垫江县,向在谷、向在元、向在伦同胞兄弟三人各居各爨,素好无嫌。老二向在元因买田缺钱,向大哥向在谷借银七十四两。嫂子杨氏讨取,弟弟向在伦劝说。向在元斥其帮护,二人打斗,向在谷因伤殒命。③ 四川夹江县民黄潮旺,曾借堂伯黄正鸾蓝布衫两件、白布一尺,总没归还,后因黄正鸾讨要衣布而争闹,堂侄受堂伯黄正鸾主使殴打黄潮旺,致其伤毙。④ 湖南新宁县民陈文俸、陈文榜兄弟二人,来四川屏山县谋生,分居各住,哥哥陈文俸借用弟弟黄牛耕种,后把黄牛变卖还债。弟弟讨要,哥哥斥其不该催逼,二人叫骂争打,致哥哥毙命。⑤ 家族内因借贷发生纠纷、打斗的事件较多,不备举。

4.家族内的买卖关系及其矛盾。

四川广安州民黎琴,向堂兄黎珞买泥鳅篓,欠钱八十文,约定二十日清还。未到日,黎珞催讨,二人殴打,黎珞被伤身死。⑥ 湖南会同县民龙游兴,与堂弟龙洪兴、堂弟媳梁氏,同屋前后间居住。龙游兴将妻子鞋卖与堂弟媳梁氏,因催讨鞋钱,梁氏斥龙游兴出卖妻鞋,不知羞耻。两下争闹,梁氏被龙游兴打伤,不治而亡。⑦ 福建安溪县民马盏,与马节、马敬、马高是堂兄弟,同村居住。马盏父亲

---

① 《清嘉庆朝刑科题本社会史料辑刊》,1/8。
② 《清嘉庆朝刑科题本社会史料辑刊》,1/70。
③ 《清嘉庆朝刑科题本社会史料辑刊》,1/78。
④ 《清嘉庆朝刑科题本社会史料辑刊》,1/106。
⑤ 《清嘉庆朝刑科题本社会史料辑刊》,1/62。
⑥ 《清嘉庆朝刑科题本社会史料辑刊》,1/11。
⑦ 《清嘉庆朝刑科题本社会史料辑刊》,1/89。

曾将田的一段卖与马节胞弟马高，得银八元。马盏因田是活卖，向马节找价，马节不肯，引发家族内多人殴打，马节、马敬二人伤重身亡。马盏、马添达被判斩决。① 只因银钱八元，导致家族四人毙命。

以上是社会上一般人们之间发生的普通的生产、生活关系及其矛盾，在家族内也同样存在这类情况。另外，家族这一特殊群体由于有某些特殊因素，还有社会上一般人们之间没有的诸多经济方面结成的关系，也常因此而产生矛盾纠纷，乃至酿成人命案。

5.同居共爨的家庭中，因共同的生计、财物问题在家庭成员间产生纠纷，进而矛盾激化。此类事甚多。

山西交城县人马尚祥，家中缺少衣食，妻子马曹氏常与其吵闹。某日，马尚祥借贷没借到，马曹氏又与其吵闹。马尚祥生气嚷骂，马曹氏拿菜刀要与丈夫拼命，丈夫夺刀，妻子被砍重伤而死。② 江西庐陵县，刘忠傅、刘忠秀兄弟二人及他们的妻子与母亲合爨。因刘忠秀妻萧氏没有煮饭，婆婆就查问，萧氏分辩，婆婆喊骂还要殴打，被人劝住，后竟然忿激轻生自缢。③ 直隶房山县，唐德及妻子，与父母、胞弟唐勇共同生活。父亲给唐德本钱做买卖，唐德亏折，被父亲与唐勇埋怨，唐德愿分家各自生活。旋因借贷纠纷，唐德把唐勇砍伤。④ 山东掖县民赵希圣家，四世同堂，其妻子拿了家里几升谷子卖钱使用，被祖母察知训斥，妻子不服顶撞，又被赵希圣打了两下，夫妻吵闹，妻子要分家，并回娘家去住。赵希圣到岳父家接她，妻子不肯回去，二人争吵，致妻子摔倒伤重而亡。⑤ 广东东莞县民邓介眉、邓亚九兄弟二人，父母俱故，二人各自娶妻，仍同居共爨而未分家。哥哥

---

① 《清嘉庆朝刑科题本社会史料辑刊》，1/72—73。
② 《清嘉庆朝刑科题本社会史料辑刊》，1/152。
③ 《清嘉庆朝刑科题本社会史料辑刊》，1/101。
④ 《清嘉庆朝刑科题本社会史料辑刊》，1/17。
⑤ 《清嘉庆朝刑科题本社会史料辑刊》，1/69。

在外佣工，弟弟饮醉回家向哥哥索钱，二人争打，哥哥被伤毙命。① 贵州桐梓县许茂先、许茂涵兄弟二人，借债安葬母亲，后来债主不时来家讨银吵闹。兄弟二人因是否把当出的土地找价而意见不一，致相嚷骂纠打，哥哥磕伤身死。②

6. 分家者，因同家庭、同族之人有亲情，非同一般，平日和好，合伙营生者也是常有之事，产生纠纷，也就在所难免。

山西省隰州民张圪者，与胞弟张明则分居另过，二人伙租麦地八亩，是张圪者借本垫种。麦熟时，张圪者先割麦五亩，还要与张明则分收剩下的三亩。张明则不肯，兄弟二人用镰刀互打，致弟弟伤重毙命。③ 陕西蒲城县民刘元林，与族弟刘元恺合伙开银匠铺生理。年底算账，刘元林多使钱三千八百文，刘元恺屡次讨要，刘元林无钱给还。刘元恺声言要告状，二人混骂互殴，刘元恺伤重而亡。④ 山西隰州，张月星与弟弟张月宝合伙开饭铺生理，获利按股分成。因生意平常，弟弟把本钱用完，哥哥收铺不开，屡次算账讨要铺本，弟弟也没钱还全。一次，哥哥逼讨，并说弟弟偷了他的铺本，二人打骂，弟弟拾石砍伤哥哥头部致其毙命。⑤

7. 因分家产而口角乃至打斗，也是常有之事。

河南嵩县，李廷献、李泳范兄弟二人有祖遗公共房屋、田地。李廷献死后，李泳范要与李廷献之子李文魁分开，续置房田自己独得，李文魁不依。李泳范连日吵骂，李文魁出外躲避。李文魁之子李幅说李泳范恃尊霸产，李泳范扑打，被李幅枪伤身死。⑥ 山东阳信县民王学周、王宗周弟兄，王宗周病故，其妻王王氏以王学周无子，屡次分占其家产。王学周因被王王氏多次欺侮，将其杀死泄愤。⑦

---

① 《清嘉庆朝刑科题本社会史料辑刊》，1/91。
② 《清嘉庆朝刑科题本社会史料辑刊》，1/107。
③ 《清嘉庆朝刑科题本社会史料辑刊》，1/309。
④ 《清嘉庆朝刑科题本社会史料辑刊》，1/54。
⑤ 《清嘉庆朝刑科题本社会史料辑刊》，1/123。
⑥ 《清嘉庆朝刑科题本社会史料辑刊》，1/312。
⑦ 《清嘉庆朝刑科题本社会史料辑刊》，1/196。

直隶南乐县郭子宁、郭子明兄弟，有祖遗店房一所，郭子明分得一半出赁。郭子明故去，其子郭短脖因住房缺少，要把分受的店房木料拆回家去盖造住房。郭子宁不允斥骂，喝令其子郭三殴打，致侄子伤重死亡。① 浙江昌化县，吴发成、吴加有兄弟二人有未分公业山场一处，吴加有因贫苦难度，要将应分公山一股，托人出卖。哥哥得知，不许其售卖，并拉扯弟弟去投族长理论，扭斗时哥哥被门槛绊跌，肚腹内损而亡。② 陕西富平县，韩登顺、韩有顺的父辈共同生活，父辈死后，两家不和睦，韩有顺吵闹分家。韩登顺因韩有顺是表兄过继，属于外姓，不与他平分田产，韩有顺不依，闹过几次，且恶语詈骂。韩登顺气愤，叫来胞兄韩登时殴打韩有顺，致其身死。③

8. 共养老人，因钱物等问题产生矛盾。

贵州安化县民张在禄弟兄三人，各自分居，父亲与亲母身故，共同赡养继母，三弟兄每人各轮四个月，共出粮米。某次，大哥因穷苦而未能拿出粮米，张在禄代为买米供赡，哥哥总是拖延不还。张在禄吵闹并叫母亲到官首告，哥哥因贫受辱，又惧怕被告而自缢。④ 山东德平县民宫世忠，与哥嫂共养母亲，养老地亩由他耕种。后宫世忠过继与大伯为嗣，嫂子宫刘氏与侄子宫青以他已经出继，养老地应由他们耕种。宫世忠不肯，与嫂子嚷骂，头撞嫂子心坎身亡。⑤ 广西修仁县，谢西淑与胞弟谢嘉升分爨。母亲有膳田八亩，兄弟轮种，每年交部分谷物与母亲，母亲因由谢西淑供膳，租谷都交到谢西淑处。某次，弟弟谢嘉升交来膳谷，谢西淑称重，发现少六十斤，要弟弟找补。弟弟说哥哥过秤不公，哥哥生气要打，堂兄谢贤二在旁劝阻，致伤谢贤二毙命。⑥

---

① 《清嘉庆朝刑科题本社会史料辑刊》，1/214。
② 《清嘉庆朝刑科题本社会史料辑刊》，1/60。同类事见 1/344。
③ 《清嘉庆朝刑科题本社会史料辑刊》，1/459。
④ 《清嘉庆朝刑科题本社会史料辑刊》，1/28。
⑤ 《清嘉庆朝刑科题本社会史料辑刊》，1/119。
⑥ 《清嘉庆朝刑科题本社会史料辑刊》，1/68。

9. 家族、兄弟共办红白等事，因财物收支也容易产生矛盾。

陕西安康县民杨世伦、杨世友兄弟，分家各过，为死去的父亲办三周年祭事，二人伙办祭品，并酬劳亲友，拖欠了十几两银子，原说事过二人分担。一年后弟弟要算明账目，哥哥不肯，兄弟争吵打斗，哥哥因伤致死。① 广东保昌县民邱三苟因祭祖费用事致死缌麻服兄邱奠升一案，又是因邱三苟操办宗族祭祀，而邱奠升欠交祭祖费用之尝田租谷，二人因索讨斗殴酿成命案。② 江西永丰县民何泷礼，与同母弟公同出钱料理母亲丧事，因出钱不均互相争闹，致伤人命。③

还有的是因族中寡妇改嫁，族人因彩礼之分、用不均而争斗。浙江诸暨县，边耀礼因家贫，将遗媳杨氏转醮，得受财礼分给弟弟边耀义一部分。侄子边帼丰也索要，混骂时被伤殒命。④ 湖北钟祥县王大宝，因堂嫂丁氏夫故无依，主婚改嫁与杨姓为妻，已得受财礼，又把杨姓另给族众折席钱十千文一并拿去，并没分给众人。族兄王大广与族众们屡次向王大宝讨要，王大宝总支延不给，彼此争骂，王大宝被殴伤毙命。⑤ 四川大竹县民罗年耀，因与妻度氏不睦，把他嫁卖与张姓，得了财礼钱十六千文。其哥哥把钱借去，罗年耀几次催逼未还，还遭斥骂，起意将哥哥致死。⑥

10. 大家族有公产而分用，或用全族收入共办宗族事务，因财务矛盾激化，导致斗殴伤人之事，也不鲜见。

湖南湘乡县，刘氏家族有公共山地一处，堂兄弟刘柱庭、刘胜一、刘正规三人将山地树木出卖，三人平分，余剩二千文交刘柱庭收存。后来刘胜一要把前存

---

① 《清嘉庆朝刑科题本社会史料辑刊》，1/86。
② 《清嘉庆朝刑科题本社会史料辑刊》，1/74—75。
③ 《清嘉庆朝刑科题本社会史料辑刊》，1/272。
④ 《清嘉庆朝刑科题本社会史料辑刊》，1/394。
⑤ 《清嘉庆朝刑科题本社会史料辑刊》，1/291。
⑥ 《清嘉庆朝刑科题本社会史料辑刊》，1/407。

卖树钱文分用，刘柱庭不允，两家吵闹打斗，酿成人命案。① 广东兴宁县，彭氏家族积有公共尝银，按房轮年管理，并议定遇有族人借用，须纳息谷。某次轮值彭可忠经管，察知彭庭兰曾借用尝银十两，尚未按时交到息谷。彭可忠前往催讨，彭庭兰求缓，彭可忠不允，争闹起来，拾石掷伤彭庭兰伤重而亡。② 湖南嘉禾县邓氏家族，清明节族中演戏祀祖、祭扫祖坟，兄弟几人轮流承办。因三弟邓珊珑应出之钱屡讨不给，邓闰珑与族人们祖坟祭扫时就没有邀他同去。邓珊珑拿刀赶来说这是革除他的祭礼，使他没脸，并喊说将来总要把邓闰珑杀害。邓闰珑气愤不过，起意把邓珊珑杀死。③

不少家族有公项钱、祖祠尝银、尝田银、尝田、公田、公山等等，都属于族中共享财物，因族人借用未还、拖欠、盗用、私卖等等而引起族内争吵打斗致伤人命之事甚多。④

11. 家族墓地，各支之间在葬用上产生纠纷。

江西会昌县民张邦耀，家族有祖山一嶂，葬有其曾祖母刘氏坟墓，张邦耀因父亲尸棺原葬地方潮湿，改用骸罐迁葬曾祖母坟旁。其叔父察知，斥其不该与祖坟并排安葬，要他起迁，且拿刀相逼，导致人命悲剧。⑤ 福建古田县，林和让的祖父母安葬于家族墓地垄山内。其堂兄林见染患疟疾久治不愈，时常埋怨祖父母坟墓风水不利，要把骸罐起出，林和让拦阻，二人吵闹争打，林和让伤林见致命处医治无效。⑥

12. 家族共同担承国家赋税，各房各家之间因不交、拖欠等产生矛盾。

---

① 《清嘉庆朝刑科题本社会史料辑刊》，1/109。
② 《清嘉庆朝刑科题本社会史料辑刊》，1/136。同类事见1/74。
③ 《清嘉庆朝刑科题本社会史料辑刊》，1/64。同类事见1/87、93、116。
④ 《清嘉庆朝刑科题本社会史料辑刊》，1/15、38、40、42、74、93、95、136、259、297、300、349、378、381—382、391、412。
⑤ 《清嘉庆朝刑科题本社会史料辑刊》，1/47。
⑥ 《清嘉庆朝刑科题本社会史料辑刊》，1/51。同类事见1/66。

四川平武县胡家就因此出了命案，胡中蛟供，他与同祖堂弟分居另住，而祖上丁税原未分拨，每年应纳粮银八钱四分，自嘉庆八年（1803）后的七年都是他一人垫纳。他去堂弟家索讨垫完的粮银，堂弟说等有了钱归还，弟妇黄氏斥其不该黑夜催逼，二人发生口角以致殴打，黄氏被打囟门殒命。① 湖北钟祥县民田玉家，兄弟二人共十亩田，共同交纳税银。后来田玉的哥哥将自己五亩的一部分卖与族侄田洪训管业，但没过户。哥哥死后，所有税银都是田玉交纳，因向田洪训讨要其垫纳的税银引起纠纷打斗，田洪训被戳伤身死。②

13. 族人分家后田地、山地仍毗连，各家因用水、地界相侵等事，而争吵、打斗的情况也颇多。

福建宁化县张色家有鱼塘一口，与族侄张光华田亩毗连，同一水圳，大家分灌。张光华开圳引水灌田，张色之子张光宗见自己塘水缺少，要张光华让他先灌。张光华不依斥骂，张光宗回骂，张色妻子张黄氏闻声也带锄头赶去帮护，打斗中张黄氏伤重身死。③ 江西高安县民姚方，与哥哥姚唱田地毗连，姚方田势较低，放圳水灌田须从哥哥田内开缺口引入。某日往田灌水，见哥哥把田缺口堵塞，姚方回家央求开放。哥哥说圳水无多，不允，致相互争闹，后二人动起镰刀相殴，结果哥哥伤重殒命。④ 湖北南漳县，赵相文与堂侄赵士榜两家田地毗连，中隔田埂为界。赵士榜因田埂坍塌，雇工修理，把碎石砖块堆放赵相文田内，以备取用。赵相文不依责骂，赵士榜拾扁担扑打，赵相文放枪恐吓，不料枪中赵士榜。⑤ 湖南宁乡县宋氏，宋羲重所管山地一处种植杉树，与族兄宋鹤林山地毗连，向以土埂为界，因年久埂坍，看视不明。宋羲重邀同族侄宋毛一到山上砍树，宋

---

① 《清嘉庆朝刑科题本社会史料辑刊》，1/148。
② 《清嘉庆朝刑科题本社会史料辑刊》，1/153。
③ 《清嘉庆朝刑科题本社会史料辑刊》，1/206。
④ 《清嘉庆朝刑科题本社会史料辑刊》，1/327。
⑤ 《清嘉庆朝刑科题本社会史料辑刊》，1/161。

鹤林认为是越界砍树，双方斧棍混殴，宋鹤林伤重致毙。[1]

14. 族人房屋、住地多比邻相近，琐事矛盾也多。

湖北孝感县萧氏家族，萧履荣的屋旁巷外及门前屋后空隙基地，都是萧时异与萧米氏家分得，萧履荣住屋别无出路，一向在萧时异基地内行走，后闻知萧米氏要把坐落于他家门前的基地卖与萧世敖、萧世弱为业，怕有碍出入，就想仍留作走路，邀兄弟萧履厚同去阻止。萧时异就在萧履荣门前并屋旁巷口筑砌土墙堵塞出路，萧履荣把墙拆毁，引起族中多人群殴，几人伤亡。[2]福建南平县民邹其岱，有房屋六间，与族侄邹祥幅车碓兑换。邹祥幅房屋倒塌，邹其岱与其争抢房地基石砖，二人争吵打斗，邹祥幅伤死。[3]四川汉州民刘守崇，与族侄刘荣虔邻近居住。一日刘守崇见小猪在他家地内食红薯，就拿竹条赶打，刘荣虔之妻刘郑氏出来看见后斥骂，二人互揪，刘郑氏跌倒堕胎伤亡。[4]福建将乐县，张珍新与胞叔张运浩虽分住，但有公屋一间，各贮草灰。张珍新挑灰耪田，错把叔叔的草灰挑用一担。叔叔发觉斥骂，拿木棍向打，张珍新逃跑，黑暗中用刀抵挡致伤叔叔身死。[5]

（二）

在有关经济的生活等方面的案件中，家族之所以成为多发、频发群体，除了以上所述，即因这一群体在经济方面结成的人际关系，既有社会上的一般形式，又有家族内较多的特殊情况外，还由于家族内特殊的亲缘关系。这种特殊关系，一方面是经济上互济互助、相互依赖的良性因素；另一方面，则是亲缘关系的复杂性及不可避免的矛盾性，导致经济方面的纠纷争斗也多于社会上的一般情况。

---

[1]　《清嘉庆朝刑科题本社会史料辑刊》，1/372。
[2]　《清嘉庆朝刑科题本社会史料辑刊》，1/139。
[3]　《清嘉庆朝刑科题本社会史料辑刊》，1/103。
[4]　《清嘉庆朝刑科题本社会史料辑刊》，1/79。
[5]　《清嘉庆朝刑科题本社会史料辑刊》，1/105。

初步归纳为以下诸种情况：

1. 家族中的某些成员，依仗亲情关系而做出一些过分、无理之事，导致纠纷争斗。

山西崞县石氏兄弟，石补补与胞兄石同同各自分过。石补补素性凶横，不务正业，把家产花完，屡向哥哥借贷，哥哥也时常周济他。某日，石补补说他住房破坏，要借住哥哥房屋，哥哥不允，石补补就吵闹，说要搬来硬住。哥哥欲进城控告，石补补赶上拦阻，扭打在一起，致石补补伤亡。① 河南息县吴氏家族，吴辉南平日游荡，把自己分受家产花完，霸种其寡嫂邓氏地亩，不分给其粮食，邓氏央求族长吴丰调处。吴辉南骂吴丰多管闲事，引起打斗，吴辉南被吴丰击伤身亡。② 直隶永年县民王景元，因没钱使用，要私典伯母的地亩，被伯母知道，骂了一顿。其伯母无子，王景元便起意把伯母毒死，以霸占其田地。③ 陕西咸阳县民胞弟故杀胞兄一案，胞兄杨景科游手好闲，不务正业，时常偷窃家里银钱、粮食去花销，祖父同父亲屡次打骂，都不肯听。一次偷卖麦子被胞弟杨景文告知祖父，杨景科酒醉拿刀骂弟弟，要与其拼命。弟弟趁其不备，用木棍将其打死，其供词中说："祖父年老，父亲软弱管不了哥哥，小的日后必定受哥哥虐害，所以起意把他打死。"④ 湖南桂阳县民何桂华，向族兄何聪会借钱二百文，其后何聪会又替他代还饭钱。何聪会屡讨，何桂华耍赖不还，两相争吵拳殴，致何桂华伤亡。⑤ 类似事还很多，不备举。⑥

2. 怨恨亲属不念亲情、不肯帮助周济，而争吵、寻衅。

山东曹县人辛月，父母俱故，家里穷苦，把房子赁给人家，与妻、子在空庙

---

① 《清嘉庆朝刑科题本社会史料辑刊》，1/332。
② 《清嘉庆朝刑科题本社会史料辑刊》，1/7。
③ 《清嘉庆朝刑科题本社会史料辑刊》，1/111。
④ 《清嘉庆朝刑科题本社会史料辑刊》，1/124。
⑤ 《清嘉庆朝刑科题本社会史料辑刊》，1/24。
⑥ 《清嘉庆朝刑科题本社会史料辑刊》，1/76—77、87、90、114、131。

居住。其堂弟辛高升家生活好，辛月几次借贷，但从没周济，央求他分种地亩，辛高升应允，后又反悔。辛月心里怨恨，某日酒醉，见辛高升在当院床上睡熟，想起他平日刻薄，心里恨极，以柴斧将辛高升砍死。① 山东寿张县民马五，其叔祖父、母死后无子，遗有房、地给妾马张氏独自过度，马张氏过继马五的父亲马复祥承嗣，议明马张氏死后房地归马复祥。马复祥故后，马五因没钱买米，两次向马张氏借粮，马张氏都不肯借给，且说就是饿死也与她无干。马五见其如此绝情，于马张氏睡觉时将其扎死。② 山东邹县民刘宪五，因嫂子相待刻薄而分家。因耕地没有牲口，向嫂子借牛。嫂子说别人都借，独不借给他。刘宪五斥其说话刻薄，没有亲情，痛骂并拿刀赶扎，致其嫂、侄媳一死一伤。③

3.古代家族存在较严格的尊卑、长幼关系，如祖孙、父子、叔侄、夫妻、兄弟等关系。因这种关系出现的尊长欺压或管教卑幼引起的纷争，与经济有关的情况也不少。

山东莒州民史明立杀胞叔一案，史明立供："史汉是小的胞叔，素性强横，待小的家刻薄。小的家有八分地，典给史汉为业，当时只给部分钱文，剩下地价总没归还，屡次讨要反被村骂。母亲向史汉讨钱，彼此争吵。小的劝说，史汉反说小的打他，要告官。小的害怕，又想起史汉素性强横刻薄，起意谋杀泄愤，趁其睡熟时勒死。"④ 直隶蔚州民席德杀死堂叔席生平一案与此类似。⑤ 四川江津县民杨名学殴伤胞兄杨名富身死案，是因胞兄多用共有牛粪，胞弟与其争吵，胞兄混骂且拿木棍打胞弟，胞弟夺棍伤着胞兄额颅致死。⑥ 四川屏山县，陈文榜与胞兄陈文俸分居另住，哥哥借用弟弟黄牛，且把牛只变卖还债，说等春耕时候买牛赔还。

---

① 《清嘉庆朝刑科题本社会史料辑刊》，1/142。
② 《清嘉庆朝刑科题本社会史料辑刊》，1/216。
③ 《清嘉庆朝刑科题本社会史料辑刊》，1/232。同类事见 1/4、18，2/1087。
④ 《清嘉庆朝刑科题本社会史料辑刊》，1/204。同类事见 2/1090。
⑤ 《清嘉庆朝刑科题本社会史料辑刊》，1/10。同类事见 1/404。
⑥ 《清嘉庆朝刑科题本社会史料辑刊》，1/59。

春天弟弟要耕种田地,催哥哥买牛,哥哥骂其不该催逼,且打弟弟,弟弟被伤咽喉而死。①四川大竹县罗年耀因胞兄罗年照欠钱不还又屡次欺凌,用铳将其击毙案,与此类似。②

中国古代强调夫为妻纲,夫尊妻卑,上述事件发生在夫妻之间的更多。安徽黟县民李天意,妻子李叶氏。一日,岳母叫妻子回娘家帮工,李天意母亲叫李叶氏收拾完鸡再去,儿媳不理,竟往外走,还说婆母的不是。李天意听了生气,用棒打妻子,妻子哭骂不休,扭打中妻子被踢伤而死。③广东曲江县民朱贱科,因春耕缺乏工本,叫妻子朱江氏回娘家向岳母借衣服当银用,答应收割早稻后赎还。但朱贱科好酒花用,过期未赎。某日酒醉回家,妻子把母亲催赎情由告知丈夫,朱贱科骂妻子不该代为催逼,妻子分辩,丈夫举拳殴打,事态扩大到岳母家吵打,酿成命案。④四川绵州人彭老公,因贫难度,与妻任氏、儿子乞讨。彭老公把一床草荐卖与过路人,得钱二十文交给妻子,准备买米。不想妻子将钱遗失,丈夫斥骂,妻子不依,被丈夫戳伤。⑤余不备举。⑥

4.杀死家中亲属以讹诈、要挟。这种行为虽极为凶残,骇人听闻,但在家族命案中并非个别现象。多为极贫穷苦之家,或被债务逼急,所杀又多为卑幼。这类被害人,有靠人养活的残疾、久病者,有义子、童养媳,有改嫁者所带子女,甚至有妻子、胞弟。

湖南沅陵县民宋世仁,收养张兴组为义子,改其名为宋红德。宋世仁穷苦难度,因陈帼智的田亩是祖父宋学礼曾出卖的原业,便向陈帼智索找田价,得银三两。后来又去索找而未遂,心中愤恨,想到义子宋红德素来懒惰,起意致死以讹

---

① 《清嘉庆朝刑科题本社会史料辑刊》,1/62。
② 《清嘉庆朝刑科题本社会史料辑刊》,1/407。
③ 《清嘉庆朝刑科题本社会史料辑刊》,1/30。
④ 《清嘉庆朝刑科题本社会史料辑刊》,2/1065。
⑤ 《清嘉庆朝刑科题本社会史料辑刊》,1/316。
⑥ 《清嘉庆朝刑科题本社会史料辑刊》,1/318,2/1066、1110。

索陈帼智，于是把宋红德骗到陈帼智家的田地里将其打死，然后跑到陈帼智门首喊说宋红德被他打死，吵闹要陈帼智出钱和息。①类似者并见江苏句容县民陈茂毕因债务勒死义侄陈陇沅以图陷害案、江西崇仁县民艾老致死小功服侄艾简移尸图赖艾辂南案。②山东曹县民许灿文，没儿子，与续娶妻及此妻前夫所生二女喜姐、二姐一同生活，赁刘凤阁后院宅基盖房居住，每年交租价。后刘凤阁说要在该宅基自己盖房子，屡次催许灿文拆屋挪移，许灿文不肯。经邻右蔡邦来等调处，叫许灿文某日退还宅基。将届期，刘凤阁又与蔡邦来到其门口嚷催。许灿文因一时没处找房，想起蔡邦来们可恶，帮同刘凤阁催逼出屋，甚是气愤，起意把喜姐扎伤图赖，叫他们吃官司。③四川眉州民张文陇，因买卖土地纠纷勒死妻前夫之女秀英图赖邻人案，与此类似。④江苏崇明县民姚印方，过继与缌麻族叔姚绍穆为子，后来嗣父母病故，遗有妹子姚贤郎，自幼病废，不能行走。其嗣父及他先后借欠蒋宾黄银几十两，因贫苦屡讨未还而被斥责，彼此口角。因见妹子姚贤郎已是废人，起意致死其图赖债务。⑤湖南永定县民胡庭举，与父母、弟胡庭虎及弟弟的童养媳彭氏一起生活，胡庭举素嫌彭氏懒惰。胡庭举佃种朱鸣安地亩，欠租谷八石屡讨不还。朱鸣安把田转典别人，并到胡家将棉被、布帐拿走以抵所欠租谷。童养媳彭氏至朱家索要被帐，恰胡庭举回家持刀赶来，于是在朱家将彭氏杀死以图赖。⑥湖北恩施县民王致顺殴死童养弟媳李女图赖案，与此相似。⑦贵州桐梓县民周学级贫难度日，妻子吴氏又患病，遂与妻子商允，搀扶她同往杨文玉家找补银钱，拿回买米。天晚进庙住歇，周学级竟将伊妻勒死，移吊杨文玉园内树上，

---

① 《清嘉庆朝刑科题本社会史料辑刊》，1/6。
② 《清嘉庆朝刑科题本社会史料辑刊》，1/149—150。
③ 《清嘉庆朝刑科题本社会史料辑刊》，1/103—105。
④ 《清嘉庆朝刑科题本社会史料辑刊》，1/138。
⑤ 《清嘉庆朝刑科题本社会史料辑刊》，1/387。
⑥ 《清嘉庆朝刑科题本社会史料辑刊》，1/19。
⑦ 《清嘉庆朝刑科题本社会史料辑刊》，1/287。

诬喊被杨文玉所逼以讹诈。^①河南嵩县民刘汉臣，穷极无赖，以从前说不清的借贷之事多次讹索其表叔王忝成。某年荒歉，与妻子讨乞度日。妻子说病饿难忍，不如早死。刘汉臣又想向王忝成家讹索，就对妻子说不如前往王忝成门口假作上吊，可得钱文，妻子应允。走到半路，妻子因病痛已走不动，刘汉臣起意将妻子勒死，再用麻绳把妻子咽喉套住，背到王忝成屋旁树下装作自缢，想天明去寻王忝成讹钱，不料被王忝成察知投告。^②同样几起因贫极而勒妻以讹赖钱财之事，不备举。^③安徽宣城县民夏加橘，父故母改醮。弟兄三人均未成家，一起生活，二弟夏加志在外佣工，三弟夏会喜两腿患疮，长期卧床不能行动。长兄夏加橘靠种田度日，曾借家族办祭公项钱、稻，均没归还。族人夏加仕将其斥责，并要告诉族众理论。夏加橘想起三弟是残废无用之人，就叫三弟到夏加仕家去寻死，替他出气。三弟不理，夏加橘起意将他弄死移尸图赖。^④福建崇安县民吴昌文，因母亲病故乏钱殓埋，故杀靠其养活的痴呆胞弟，移尸吴佬蔡家以讹索，与此类似。^⑤

5. 家族成员间，相待有薄厚，或怀疑相待不均，因此产生矛盾，事关经济方面的也不少。

贵州铜仁府民向思武，私将耕牛卖银花用，其父向春阳察知后训责他，向思武顶撞，其父气愤，言欲送官究治，向思武使性出门，一去不回。胞弟向思希外出找寻途遇，向思武声称父亲待他刻薄，并骂弟弟。二人互揪殴打，造成伤亡。^⑥四川乐至县民熊世相，承当堂弟熊世明田地一块。熊世明把田地变卖后病故，熊世相屡向熊世明的哥哥熊世现催讨当价，总没认还。又向胞叔熊宁学说起，央叔叔向熊世现催讨。叔叔说熊世现、熊世明弟兄久已分居，不应向熊世现催讨，熊

---

① 《清嘉庆朝刑科题本社会史料辑刊》，1/280。
② 《清嘉庆朝刑科题本社会史料辑刊》，1/284。
③ 《清嘉庆朝刑科题本社会史料辑刊》，1/119、154—155、379。
④ 《清嘉庆朝刑科题本社会史料辑刊》，1/226。
⑤ 《清嘉庆朝刑科题本社会史料辑刊》，1/83。
⑥ 《清嘉庆朝刑科题本社会史料辑刊》，1/84。

世相说叔叔偏护，叔叔斥骂，引发打斗。① 直隶永年县王景元因伯母将卖地钱给出嫁女儿，没有周济他而怨恨，进而谋害。湖南会同县曾照料婶母的蒋丙申，因婶母却将家中财物送给与前夫所生子，疏远于他，由此产生矛盾。以上都属此类。②

6.因有亲缘关系，互相借贷不立契约，或其他经济方面事务含混，不便明确，结果出现矛盾。

湖南宁乡县民喻昆南，因贸易无本，向张翠五借银两，适堂弟喻祖辉也要借银生理，央得喻昆南多借三十两给他作本，喻昆南因是弟兄关系，便一人出名立字，也没向喻祖辉要借券。还利息时，或喻祖辉交喻昆南转还，或喻租辉自己送去。后来在某笔利息喻祖辉是否交送的问题上兄弟二人产生纠纷而打斗。③ 山西平遥县民闫光有，母亲闫成氏，胞伯闫奇良因借欠族叔闫正旺银两不能偿还，要把窑房作抵，闫正旺因窑房破旧，先不依允，由闫成氏说和，议定三年以内叫闫奇良回赎，如不赎，由闫成氏备价代赎，闫正旺才依允。达成这一允准默契，本因亲缘关系，未请中人作保立约。后来闫奇良外出不回，闫正旺屡催闫成氏赎房，母亲没银，不能代赎。两相吵骂争打，闫光有帮护母亲，打伤闫正旺。④ 四川蓬溪县，马多伯之妻马税氏与堂弟马启伯的妻子马武氏，平素和好。马多伯把田业一分卖与马启伯耕管，地上原种有小树，卖业时没有记载契上。后来树长大，马税氏想叫马启伯再给几串钱以抵树，马启伯得知，就把树砍了拿回家去。马税氏赶到他家里，要算树价。马启伯不肯，其妻马武氏赶来拉扯马税氏理论，被马税氏推跌伤胎而亡。⑤ 前述贵州仁怀厅袁居政一案也有这方面因素，袁居政借胞兄袁居金钱，无借息，因而也未立借约，更没有偿还日期之契文等，只是口头说随时清

---

① 《清嘉庆朝刑科题本社会史料辑刊》，1/342。
② 《清嘉庆朝刑科题本社会史料辑刊》，1/111、179。
③ 《清嘉庆朝刑科题本社会史料辑刊》，1/26。
④ 《清嘉庆朝刑科题本社会史料辑刊》，1/117。
⑤ 《清嘉庆朝刑科题本社会史料辑刊》，1/188。

还。后袁居金逼要，袁居政求缓，袁居金斥其有心骗赖，因此纷争。①

7.财产继承矛盾，这是家族内特有的经济关系，因此出现的矛盾争斗乃至命案之事也较多。

浙江黄岩县民蒋绍名、胞弟蒋绍敬，二人与蒋绍凤是同祖父之孙，他们的胞叔蒋子潮孤身无后，在蒋绍凤家居住。蒋子潮病故，遗下田、园及零星什物，都是蒋绍凤收管。蒋绍名因弟弟蒋绍敬应该继与叔叔为嗣，便向蒋绍凤索分叔叔遗产，蒋绍凤说遗产需要做丧葬费用、代还前欠，蒋绍名不依争闹，曾两次打斗，结果蒋绍凤伤死。②陕西镇安县，李氏家族兄弟三人李耀先、李忠先、李奉先，李耀先无嗣，遗有田产，由李忠先之子孙李克庭父子耕种，后李克庭把这份遗产卖给李奉先管业。数年后，李克庭之子李荣来争分这份遗产，李奉先之孙李学、李启二人拉着李荣去找堂叔李克庭理论，边走边吵斗，李荣被打伤而亡。③直隶固始县葛氏家族，葛玉喜、葛玉璞兄弟与堂兄葛玉林均无子嗣，葛玉林故后，其母葛赵氏、妻葛李氏将远房无服族侄葛逊做过继子。葛赵氏原许诺将来分给葛玉喜、葛玉璞几亩地，这兄弟二人因地亩是堂嫂葛李氏收管，总没敢讨要。后堂嫂葛李氏病死，兄弟二人便去向婶母葛赵氏要地，葛赵氏被逼，分给其一部分地。兄弟二人想葛逊是远房人，得受许多家产，心里有气，又屡次到婶母家要牛车、豆子、苇子等物，且怨婶母不该将远房的葛逊立继。葛赵氏大哭，夜间自缢。④还有的是家族内有外姓义子、随母改嫁的外姓子、随母改嫁后又归宗之子、改嫁寡妇、入赘之婿等，因公产使用、遗产分割或继承产生争斗，导致刑案。⑤

以上因家族内特殊因素在经济方面引起的纠纷争斗，在社会中的一般人之间不存在或少见，而在家族中，则司空见惯。

---

① 《清嘉庆朝刑科题本社会史料辑刊》，1/8。
② 《清嘉庆朝刑科题本社会史料辑刊》，1/249。
③ 《清嘉庆朝刑科题本社会史料辑刊》，1/344。
④ 《清嘉庆朝刑科题本社会史料辑刊》，1/122。
⑤ 《清嘉庆朝刑科题本社会史料辑刊》，1/20、22、29、58、115、172、399，2/1104。

清代，虽然商品经济比以前发展，但在整个社会经济大范围中，仍属较小的部分，传统的自然经济仍是社会经济的主体，在这种经济环境下，人们的经济活动、关系范围较小，主要是在本村寨、本宗族之中，①不少宗族又聚族而居，尤其是南方，某些村庄主要是某个宗族之人。另外，还有同祖、同曾祖同居共爨的大家庭。即使分家各爨，不少宗族也有共同的经济活动及其财产，有割不断的经济联系，更兼家族内有诸多特殊因素，影响日常经济生活、生产，因而产生经济纠纷乃至刑案的事件也自然较多。②

三、刑科题本判处案例所反映的亲属法律关系的某些特点——血缘与亲缘，尊长与卑幼

亲属，主要是由男女两性结合及其所繁衍的后世子女组成，形成男性本宗家族、外姻亲戚③两大亲属系统。另外，还有拟制血亲，如义子、干亲、结拜兄弟姐妹、招婿承嗣、外甥继嗣等，④也可纳入广义的亲属范畴中。亲属中，有的有血缘关系，如男性家族中的父母与子女、祖父母与孙辈、兄弟姐妹等，外姻亲戚中的外祖父母与外孙、舅甥、姑侄等。有的没有血缘关系，如男性本宗家族中的翁姑

---

① 张研、毛立平：《19 世纪中期中国家庭的社会经济透视》，中国人民大学出版社，2003。该书主要介绍了有关清代家庭内的经济关系。
② 〔日〕滋贺秀三著《中国家族法原理》，张建国、李力译，北京：法律出版社，2003。该书对家族内的财产继承有较多阐述，也涉及纠纷问题，不局限于清代。黄宗智：《民事审判与民间调解：清代的表达与实践》，中国社会科学出版社，1998。该书利用县衙门档案研究乡间经济纠纷，也有家族方面的。下同，皆此版本，不另注。
③ 本文所谓"外姻亲戚"，包括外亲、妻亲、本宗出嫁女及其家属这三部分亲戚。外亲，为母亲的父母，母亲的兄弟及他们的妻子，母亲的姐妹及她们的丈夫，以及他（她）们的子孙。妻亲，为己身与妻子的亲属，如妻子的父母即自己的岳父母，妻子的兄弟姐妹，妻子的侄、侄女等。本宗出嫁女及其家属，有姑姑、姐妹、女儿、侄女等与她们的丈夫，她们的子孙，以及丈夫家族的亲属，如丈夫的父母、兄弟姐妹、侄、侄女等。
④ 冯尔康：《拟制血亲与宗族》（1997），载《新世纪南开社会史文集》，天津人民出版社，2010。原载《"中央研究院"历史语言研究所集刊》第 68 集，1997。

与儿媳、夫妻、弟与嫂、妯娌之间（原来有血缘关系的，如中表结亲者除外。下同，不另注），外姻亲戚中的翁婿、姊妹夫与郎舅等，以及拟制血亲。中国古代以服制序列亲属关系的远近亲疏，而又从男性父系家族的角度，或者说是以此为中心，来制定服制，分服制为五服，按照服制的远近、轻重，依次序列为：斩衰、齐衰、大功、小功、缌麻。既序列本宗之人，也包括外姻亲戚。此外还有尊卑长幼关系，长辈为尊，晚辈为卑，同辈之中，年长为尊，年幼为卑，夫尊妻卑。服制远近、尊卑长幼所规定的亲属成员之间的关系，带有等级性，国家也据此而制定法律条文，作为亲属间刑事案件量刑的原则依据。中国古代在服制轻重的划分上，母系一方的外姻亲属被显著降低，瞿同祖谓，外亲"服制极轻……外祖父母血亲关系同于祖父母，但服不过小功，等于伯叔祖父母。姨舅的血亲关系同于伯叔及姑，但服同于堂伯叔父母及堂姑，只小功。舅舅之子及两姨之子则关系更疏，仅服缌麻，同于族兄弟姊妹……姑虽属于本宗，但嫁后归于异宗，所以出嫁便为降服，而她的子女与我们服只缌麻"[①]。清代《大清律例》对有五服关系者，犯何种罪如何判处，有明确的律例规定。没有服制关系者，作依凡人论处、以凡论，就是按社会上一般人对待，没有因服制关系的因素而加减刑。由此也产生了一个值得注意的问题，就是，不少无血缘关系而亲缘甚近的亲属，被划在了凡人的行列，外姻亲戚中尤多，即使有血缘关系，由于外姻亲属的服制被显著降低，很多血缘稍远的外姻亲戚成员也被划在无服制关系的凡人行列，这是古代以男性父系为中心的原则决定的，也可以说，外姻亲戚中的大部分人，都被划入了凡人之列。再有，外宗族男性入于本宗族者，如义子、入赘婿、随改嫁母而入于本宗族者（个别原来就有血缘关系者除外）也入凡人行列，这又是为维护男性父系家族血统的纯正性所决定的。由于国家法律也是从男性父系家族的角度，以其为中心制定律文，很多与男性父系家族没有服制、没有血缘关系的凡人亲属，律文中

[①] 瞿同祖：《中国法律与中国社会》第一章第一节《家族的范围》，中华书局，2005。

有关他们的内容甚为简略，或因属凡人而不提及。由于这些凡人亲属非常复杂，刑事又千差万别，究竟哪些人属于凡人亲属？与其他亲属相互侵犯后，对每一方又如何判处？律中并无针对性的明确条文（律只是笼统性的简要原则性条文）。所以仅靠律及后来增补的不可能完备的条例，而不结合判案实例即案，并不能了解上述大量的凡人亲属与有服亲属间具体的法律性身份关系。而大量的判案实例，则对此有很多具体反映，作为档案的刑科题本，正是这种判案实例的重要来源。参照刑科题本的判案实例，便可看出亲属间判案的另一依据原则，就是量刑之轻重，注重血缘、服制关系，而亲缘次之。另外，判案实例中，还有不根据律例所规定之服制判处的情况，这反映了社会实际的复杂性。凡此，只有靠律例之外的诸多具体判案实例，才能看得清楚。另外，通过这些复杂判案实例的对比，又可得出某些认识。

以下分为几种情况，分别列举刑科题本中的实例作具体说明。

1. 外姻中重血缘关系、亲缘次之的情况。

外甥殴毙舅舅、舅母，判处不同。

四川雅安县民李有林殴毙舅舅白添长案。李有林家所典田地由其舅舅白添长佃种，李有林之父李允复欲将田地转当，两下争闹，白添长拿刀砍李允复，李有林夺刀把舅舅砍伤，不治而亡。法司判拟："李有林合依卑幼殴外姻小功尊属死者斩监候，秋后处决。"① 江苏吴江县民殷仁安扎伤舅舅身死案。殷仁安的舅舅杨士元租用他家的肉店，殷仁安赊欠舅舅肉钱，舅舅向他讨欠，殷仁安回言在每日租价内扣算，舅舅不依嚷骂，致相殴打，殷仁安扎伤舅舅身亡。法司所判与上述李有林同："殷仁安合依卑幼殴外姻小功尊属死者斩监候，秋后处决。"②

福建崇安县民艾怕仔殴伤舅母胡程氏身死案。艾怕仔承租舅母胡程氏竹山种笋，后来胡程氏嫌租价少，而与艾怕仔母亲交涉退租，艾怕仔因外出工作不知，

---

① 《清嘉庆朝刑科题本社会史料辑刊》，1/482。
② 《清嘉庆朝刑科题本社会史料辑刊》，1/428。同类事见 1/467、483。

回来后即到山内砍竹，胡程氏察知，把艾怕仔的田禾拔毁。二人争骂打斗，胡程氏被踢伤致死。法司判拟："查胡程氏系艾怕仔舅舅之妻，并无服制，应同凡论。艾怕仔合依斗殴杀人者，不问手足、他物、金刃，并绞监候律，拟绞监候，秋后处决。"①

上两例死刑案件，犯罪者与舅舅、舅母的关系，从亲戚关系或者说是亲缘关系上而言，是同等的，都是外甥，但外甥杀死舅舅，是按照小功服之卑幼殴尊属死判斩监候，而外甥杀死舅母，是并无服制，以凡论而判绞监候。其判处原则，应是根据有无血缘关系，犯罪者与舅舅同有其外祖父（舅舅之父）的血分，来自同一血缘。而他与舅母没有血缘关系，乃以凡论。尤其值得注意的是，犯罪者与被害人舅舅的血缘关系，并非本宗父系，而是母系外亲。可见注重血缘关系，维护具有血缘关系的亲属，并非仅在父系宗族亲属内，外姻亲戚中同样有这一原则。

再看内侄与姑姑、姑夫方面②的案例。

河南淮宁县民朱妮子将亲姑艾朱氏扎伤身死案。朱妮子的姑母孤苦无依，到朱妮子家同居过活，后来所带钱文被朱妮子陆续用完。姑母改嫁，朱妮子嗔姑母不应改嫁，与姑母吵骂并殴打。朱妮子以铁枪抵挡致伤姑姑身亡。三法司判拟："朱妮子扎伤出嫁亲姑艾朱氏身死……合依卑幼殴本宗大功尊属死者斩律，拟斩立决。批红：朱妮子著即处斩。"③

四川庆符县民蔡停选刀伤姑夫刘光珍毙命案。蔡停选与姑夫刘光珍同院居住，蔡停选曾借给刘光珍钱文，因母亲患病需钱索讨前欠。刘光珍斥其不该时常逼索，蔡停选分辩，互相混骂打斗，刘光珍被伤身死。法司谳断："蔡停选合依斗

---

① 《清嘉庆朝刑科题本社会史料辑刊》，1/486。
② 《大清律例》的服属图，姑姑的子孙属于外亲，姑姑列于本宗，姑姑、姑父都不列于外亲，但姑姑、姑父实际不在本宗，二者结姻而与己身有亲属关系，故本文归之于姻属亲属，与共为家庭的属于外亲的姑姑之子合为一体叙述。
③ 《清嘉庆朝刑科题本社会史料辑刊》，2/1098。

殴杀人者，不问手足、他物、金刃，并绞律，应拟绞监候，秋后处决。"①这是依凡论处的习惯用语，因为内侄与姑夫没有血缘服制关系，所以判词中也不提这种关系。

以上两例，犯罪者与姑姑、姑夫的关系，从亲缘关系上讲，是同等的，都属内侄。但杀死姑姑，是按照大功服之卑幼致死尊属判斩立决，而杀死姑夫，是以凡论而判绞监候。轻重差别较大，其判处原则，也是血缘方面。因为犯罪者与姑姑同有其祖父（姑姑之父）的血分，来自同一血缘，又是以卑犯尊，因而重惩。而殴伤姑夫致死，虽属以卑犯尊，但因没有血缘关系，判处较轻。

同样，姑姑所生之子即自己的表兄弟，也因同有祖父（表兄弟之外祖父）的血分，而定为五服中的缌麻服，触犯刑法时量刑，会考虑这种服制因素（见后述）。但若是姑夫另外一个妻子（后娶或妾等无血缘关系者），则此妻子也就只是自己名义上的亲缘关系姑母（民间也如此称呼），而与自己没有血缘关系，其所生之子，也当然与自己只是有亲缘关系的表兄弟，而没有血缘关系，此子若与自己涉入刑事，则以凡论。山西大同县民赵德成扎死表兄赵诚一案，便是如此判处。赵德成与表兄赵诚同姓不宗，赵诚的前母赵氏是赵德成亲姑母。赵诚雇赵德成牧羊，因母羊无乳，羊羔皆死，赵诚说羊羔病死是因赵德成看管得不好，二人因此互相吵骂打斗，赵德成扎伤赵诚身死。法司没有像致死有血缘关系的表兄那样重判为斩刑，而是以凡论，判为绞刑，所依据的律文及所符合的案情是："查赵诚非赵德成姑母亲生之子，并无服制，应同凡论。赵德成合依斗殴杀人者，不问手足、他物、金刃，并绞律，应拟绞监候。"②

上述案例进一步证明，外姻亲戚间量刑所考虑的重要因素甚至可以说是前提性因素，是血缘关系，亲缘次之。

以上数例，不论是母系外亲，还是父系本宗，均把有无血缘关系作为判谳量

---

① 《清嘉庆朝刑科题本社会史料辑刊》，1/484。
② 《清嘉庆朝刑科题本社会史料辑刊》，1/420。

刑轻重的前提，而亲缘次之（非死刑有所考虑，见后述）。

如果我们把两个不同亲属系统的案例作对比，又可发现，同是外姻亲戚中有血缘关系的亲属，父系方面重于母系，因为外甥致死母系的舅舅，是判斩监候，而致死父系的姑姑，是判斩立决，比致死舅舅所判斩监候重得多。（重于斩监候的是绞立决，重于绞立决的是斩立决，立决明显重于类似死缓的监候）

与前述情况类同的是，外甥与姨母有血缘关系（因外甥的母亲与其姨母同有外祖父母之血分），而与姨夫没有血缘关系，因而外甥殴死姨母，依卑幼殴外姻小功尊属死者斩监候律判斩监候，而殴死姨夫，因无血缘服制，以凡论而判绞监候。同样，因与姨母之子也有血缘关系，同为一个外祖父，为缌麻服表兄弟，殴死姨表兄，也判为斩监候，重于殴死无血缘服制的姨夫。直隶宣化县民种光林，其姨表兄高祥在弟弟种光全家做工，种光林借给高祥钱文，屡讨没还，且被斥骂，夜间在一起睡觉时，将高祥砍死。法司判处："种光林合依卑幼殴外姻缌麻兄姊死者，斩监候，故杀亦斩律，拟斩监候。"①

外姻亲戚中其他亲缘关系较近而无血缘关系者——儿女亲家、姊妹夫与郎舅。这类亲属涉入命案，仍注重有无血缘关系，不考虑密近的亲缘关系，因而依凡论处。

儿女亲家案例。湖北京山县民张谷彩，与李进成是儿女姻亲，张谷彩的女儿许聘李进成的儿子为妻，两家因佃种、借钱发生纠纷斗殴，张谷彩伤李进成殒命。法司的判词是依凡论处的习惯用语："张谷彩合依斗殴杀人者，不问手足、他物、金刃，并绞监候律，拟绞监候。"②

姊妹夫与郎舅案例。钱大昕《恒言录》述："谚云：至亲莫如郎舅。"③可见

---

① 《清嘉庆朝刑科题本社会史料辑刊》，1/444—445。
② 《清嘉庆朝刑科题本社会史料辑刊》，1/454—455。同类事及依凡判处见1/430。
③ 钱大昕：《恒言录》卷3《亲属称谓类·称妻之兄弟曰舅》，嘉庆刻本。并见梁章鉅：《称谓录》卷7，中华书局，1996，第103页。

社会实际生活中,姊妹夫与郎舅在亲属关系上是相当亲密的。然而国家法律于二者刑事的判处上,却划为凡列,殆因二者无血缘关系(中表婚除外)。广西兴安县民李生辉,与姐夫侯受卓素好无嫌,借给其银钱也并不起利,后因拖欠讨索发生争执,侯受卓被殴伤毙命。法司判处:"殴姊妹之夫至死者依凡论……李生辉合依斗殴杀人者,不问手足、他物、金刃,绞监候律,拟绞监候。"①山东滕县民张兆良,其胞姐嫁与柴珅为妻,张兆良和柴珅前后院居住,素好无嫌。张兆良因贫卖地,姐夫柴珅不肯买,二人争吵殴斗,张兆良致伤柴珅身死。法司同样以凡论而判处:"张兆良合依斗殴杀人者,不问手足、他物、金刃,并绞律,拟绞监候。"②姊妹夫殴伤郎舅致死同样判处。奉天辽阳州民王忠亮,因托妻弟郭春和还债事发生纠纷,酒醉争斗中伤郎舅郭春和殒命。法司判处:"王忠亮应如该州所拟,合依斗殴杀人者,不问手足、他物、金刃,并绞监候律,拟绞监候。"③

2. 父系本宗亲属间注重原血缘关系的情况。

本宗之人入于外姓者,与原本宗之人涉入刑事,判处时仍把原宗的血缘关系作为量刑的前提性因素。

四川邛州民李文才打死杨汝孝一案。杨汝孝本姓李,是李文才的同曾祖堂弟,因由杨姓抚养为子而改从杨姓。二人因钱财纠纷打斗,李文才扎伤杨汝孝身死。法司判词是:"李文才合依本宗尊长殴小功卑幼至死者绞监候律,拟绞监候,秋后处决。"④还按二人在李氏家族的共同血缘而量刑判处。同样事件之判处案例不备举。⑤

寡妇改嫁所带本宗之子入于外姓,再与本宗人涉入刑事,也是仍以原宗血缘关系为判处前提。

---

① 《清嘉庆朝刑科题本社会史料辑刊》,1/490—491。
② 《清嘉庆朝刑科题本社会史料辑刊》,1/468。同类事及依凡判处见1/464、487。
③ 《清嘉庆朝刑科题本社会史料辑刊》,1/449—450。同类事及依凡判处见1/469。
④ 《清嘉庆朝刑科题本社会史料辑刊》,1/45。
⑤ 《清嘉庆朝刑科题本社会史料辑刊》,1/58。

浙江奉化县民卢运太勒死卢守贤案。卢守贤是卢运太胞伯之子，属卢运太大功堂弟。后随母改嫁入王春法家，卢运太诱卢守贤回卢家，卢守贤不肯而被卢运太殴伤，卢运太又将其致死以灭口。法司判拟："卢运太合依尊长谋杀卑幼已杀者，依故杀法，故杀大功堂弟绞监候律，拟绞监候，秋后处决。"①

被宗族开除宗籍者，如出家为僧等，与原宗族人发生刑事，仍按原宗族血缘关系之服制判处。律文为："僧于本身亲属有犯，仍按服制定拟。"②

陕西南郑县杨元喜，自幼出家为僧。胞兄杨有常年患痨病，杨元喜时常回家探望，帮助钱米。杨有把父亲遗田拨出一部分抵当，一日酒醉，杨元喜看到，劝其节俭。哥哥斥弟弟多管闲事，又用头撞，弟弟走避，哥哥撞空失跌倒地旋毙。弟殴胞兄死，一般情况是判斩立决，此案因情有可矜悯之处，改为斩监候，基本根据仍是二人有血缘性的兄弟关系，为幼弟触犯兄长。③僧人殴伤有服卑幼身死，判绞监候。后来判处措辞有所改动，以凡论而增入条例，但仍判绞监候。④

3. 入于本宗内的外姓男子，虽与此宗之人有亲属关系，但死刑判处也是只考虑有无血缘关系，不考虑这种亲缘关系，因这种亲属间无血缘关系，所以以凡论。这实际也是重血缘关系而轻亲缘关系的表现。这种亲属较复杂，有义子、随母改嫁子、入赘婿等多种情况。⑤

---

① 《清嘉庆朝刑科题本社会史料辑刊》，1/108—109。
② 《清朝通典》卷84《刑五·详谳》，商务印书馆民国印本，万有文库，乾隆四十一年九月。下同，皆此版本，不另注。
③ 《清嘉庆朝刑科题本社会史料辑刊》，1/95。此案判拟，题报之巡抚所判为："绞监候律上量减一等，杖一百流三千里，勒令还俗。"《清嘉庆朝刑科题本社会史料辑刊》，3/1136。三法司予驳，拟斩立决，将可矜悯之处夹签声明，最后皇帝批为斩监候。
④ 《清朝通典》卷84《刑五·详谳》，乾隆四十一年九月上谕。《清嘉庆朝刑科题本社会史料辑刊》，3/1173。所收湖北京山县僧觉名殴伤大功服弟黄义身死案，即按改定后之例判处。
⑤ 〔日〕滋贺秀三著，《中国家族法原理》第六章《不正规的家族成员》，张建国、李力译，第444—505页。其中有关于义子、随母改嫁子、入赘婿之不同情况的详细介绍，内容偏重财产继承。

改从本宗之姓的义子。

福建仙游县民杨新洪，与杨老是兄弟关系，杨老本名王在，是杨新洪的父亲杨地买来抚养的义子，杨新洪是后来才出生的，二人因祭产、葬费发生争执，动起刀子，杨新洪扎伤兄杨老身亡。法司判拟："杨新洪合依斗殴杀人者，不问手足、他物、金刃，并绞监候律，拟绞监候，秋后处决。"① 此案，作为异姓人的义子杨老虽从义父之姓，但法司并不提他与义父亲生子杨新洪有兄弟关系，而是以凡论。如果二人有血缘关系而属胞兄弟，弟殴胞兄死，是判斩立决，比绞监候重得多。②

即使是改从本宗之姓的远年义子，其后世子孙又与此宗族人已几代共同生活，相融多年，双方发生刑事，判处时考虑的仍是原来的血缘，而不计这几代多年的亲缘亲情。

奉天府宁远州民安立本戳伤同曾祖安立仁身死案。安立本供词："安立仁是小的父亲安自成义父安定帼的侄孙。小的听父亲说，小的家本姓王，是关里民人。小的父亲原名王怀忠，从十六岁过继安朝弼的大儿子安定帼为义子，改名安自成。父亲生了小的们三人，就随着姓安。小的父亲和安立仁的父亲早年分居各过，隔壁居住。小的和安立仁弟兄称呼，素日和好，并没仇隙。"安立仁要把自己房屋典给别人，知安自成有典给李添喜房屋，想赎出自住，与安自成商量，安自成没应，吵嚷打斗，安立本帮助父亲，戳伤安立仁身死。法司判拟："查安立本之父安自成本名王怀忠，安立本与已死安立仁系属异姓，应同凡论。安立本合依斗殴杀人者，不问手足、他物、金刃，并绞律，拟绞监候，秋后处决。"③

入于本宗的外来改嫁子。

---

① 《清嘉庆朝刑科题本社会史料辑刊》，1/354。
② 同样性质刑事判处，见《清嘉庆朝刑科题本社会史料辑刊》，1/85。
③ 《清嘉庆朝刑科题本社会史料辑刊》，1/151。这种情况，条例对律有补充说明："其异姓义子与伊所生子孙……各项有犯，仍照本宗服制科罪。"并见乾隆五年《大清律例》卷28《刑律·斗殴下·殴祖父母父母》律下的条例，第465页。

浙江永康县民陈友明，父亲早故，母亲张氏改嫁关丙有为妻。陈友明自幼随母到关丙有家抚养同居，娶妻应氏。关丙有是关银来堂叔，关丙有佃种公共祀田，关银来说是公田，要对半分种，关丙有不允。一日，陈友明同继父关丙有在田收稻，关银来又因种祀田事与堂叔关丙有混骂，继而殴斗，陈友明护关丙有而伤关银来身亡。法司判拟："陈友明合依斗殴杀人者，不问手足、他物、金刃，并绞监候律，拟绞监候。"①陈友明虽自幼随母改嫁关家，且娶妻成家，在关氏家族生活有年，但与继父的堂侄斗殴致其身亡，因二人无血缘关系，而以凡论。

江西上犹县民郭汝和刀伤罗杨相身死案。罗杨相是郭汝和继父罗杨清小功堂弟。郭汝和供："父故，母亲李氏转嫁与罗杨清为妻。继父罗杨清把山场典与罗杨相，后继父备价取赎，罗杨相因山上梓桃未收，不肯放赎。小的同继父遇罗杨相，继父提及前事，村斥罗杨相，致相争闹。罗杨相扑打继父，小的拦劝被打，用刀回戳致罗杨相伤死。"法司判处："郭汝和合依斗殴杀人者，不问手足、他物、金刃，并绞监候律，拟绞监候。"②此案，罗杨相与郭汝和若有血缘关系，应是其缌麻服叔，郭汝和殴罗杨相致死，应依卑幼殴本宗缌麻尊属死者斩律，判斩监候，此案二者因无血缘关系而以凡论，判绞监候。

入赘婿。

湖北蒲圻县民马文翰殴伤章洪仁身死案。章洪仁的堂叔章斯万因无子嗣，只有一女，招赘马文翰为婿，与章洪仁同院居住。章洪仁的伯母章王氏把猪卖给马文翰，以稻谷抵算。章洪仁在集上探听谷价后，村斥马文翰不该欺他伯母多算价钱。二人混骂拳打，马文翰打伤章洪仁身死。法司判拟："以凡论处，马文翰合依斗殴杀人者，不问手足、他物、金刃，并绞律，拟绞监候。"③马文翰与章洪仁在亲缘上是堂姐夫与郎舅关系，入赘章氏家族，仍无服制而以凡论。

---

① 《清嘉庆朝刑科题本社会史料辑刊》，1/144。
② 《清嘉庆朝刑科题本社会史料辑刊》，1/341。
③ 《清嘉庆朝刑科题本社会史料辑刊》，1/453。

婿对于岳父虽有半子之称，①但即使入赘，法律上也不同于亲父子，若是亲父子，父殴伤子死，不判死刑，根据情况判徒或杖，轻者不定罪。而岳父殴入赘婿死，则判死刑绞监候。四川彭县，赵棕榜是刘化南招赘的女婿。刘化南向女儿讨要前存的银两，女儿说已被丈夫赵棕榜拿去用了。刘化南不依斥骂，女儿分辩，刘化南拿刀戳了女儿，赵棕榜赶拢劝阻，被刘化南戳伤而死。法司谳断："刘化南合依外姻尊长殴缌麻卑幼至死者绞律，拟绞监候，秋后处决。"②

从刑科题本中，还可看到不按服制判案的实例。

男性父系宗族中，嫁入的外姓女子，与此宗族人虽无血缘关系，但有服制。在法律判处上，有的是按服制，这种情况较多，如夫妻、儿媳与翁姑（即公婆）、伯母婶母与侄等；有的在死刑案件中又不按服制，如弟与嫂、兄与弟媳。以下仍以刑科题本中的判案实例说明。

不按服制者——弟与嫂、兄与弟媳。

按《大清律例》的服制图，弟与嫂（俗称小叔子与嫂子）、兄与弟媳（俗称大伯子与弟媳妇）都是小功服。③但只是对一般斗殴事件起作用，律文有："若弟、妹殴兄之妻，加殴凡人一等；若兄、姊殴弟之妻，及妻殴夫之弟、妹及夫弟之妻，各减凡人一等。"④死刑案件："弟与嫂不按服制，依凡人论；兄与弟媳，兄殴死弟媳也以凡论；而弟媳殴死兄（丈夫之兄，弟媳随她的丈夫称之为兄），则按服制。"⑤

江西峡江县民曾接友，向嫂子汤氏租住房屋，汤氏屡次催讨租钱，曾接友因无钱没有偿还求缓，汤氏混骂扑打，曾接友接拉，汤氏失跌磕伤致死。刑科题本

---

① 梁章钜：《称谓录》卷8，中华书局，1996，第123页。
② 《清嘉庆朝刑科题本社会史料辑刊》，1/476。
③ 乾隆五年《大清律例》卷2《诸图·丧服图·本宗九族五服正服之图》，北京：法律出版社，1999，第65页。下同，皆此版本，不另注。
④ 乾隆五年《大清律例》卷28《刑律·斗殴下·妻妾与夫亲属相殴》，第466页。
⑤ 乾隆五年《大清律例》卷28《刑律·斗殴下·妻妾与夫亲属相殴》，第465—467页。

又记述："查曾姓宗谱,已死曾汤氏,系曾接友已故胞兄曾仲友续娶妻子,服属小功。"法司判处："曾接友合依弟殴兄妻至死依凡论,斗杀者绞监候律,拟绞监候。"①山东德平县宫世忠因争种地亩起衅撞伤伊嫂宫刘氏身死案,也是如此判处:"宫世忠合依弟殴兄妻至死者以凡论,斗杀者绞监候律,拟绞监候。"②

嫂殴夫之弟死,同样不依服制,而以凡论。山东兰山县民妇李刘氏殴李峦身死一案,李刘氏供:"李峦是男人(妻子称自己的丈夫为男人)李岱胞弟,分居各度。小的和男人住在城里,男人将房地都变卖,小的疑心李峦主唆,到衙门控告。李峦说小的混告,口里辱骂,小的回骂,被李峦踢了两脚,小的用手抓伤他,李峦跑走,不料他扑跌倒地,痰壅气闭而死。"法司判处:"李刘氏合依殴夫之弟至死以凡论,斗杀者绞监候律,拟绞监候。"③同类事见四川安岳县李胡氏为护婆婆而伤丈夫堂弟身死案。④

再看兄与弟媳之间。

兄殴弟媳致死,以凡论。河南罗山县王士幅,借给弟媳王魏氏钱文,王魏氏没钱还就把房屋抵给王士幅,约定还钱放赎。王士幅因乏用,屡催王魏氏赎屋,王魏氏总以无钱回复。王士幅要把房屋转当,王魏氏拦阻,彼此争骂扑打,王魏氏伤重殒命。法司判拟:"王士幅合依兄殴弟妻致死以凡论,斗殴杀人者绞监候律,拟绞监候。"⑤湖南永定县民胡庭举杀死胞弟胡庭虎之童养未婚妻彭氏一案,也是以凡论。⑥

弟媳殴死丈夫之兄,则按服制,而判斩监候。四川大邑县民朱文玉,是朱文政胞兄,朱高氏是朱文政之妻。朱文玉怀疑叔祖母不肯借米是由于朱文政之挑

---

① 《清嘉庆朝刑科题本社会史料辑刊》,1/48—49。
② 《清嘉庆朝刑科题本社会史料辑刊》,1/118—119。
③ 《清嘉庆朝刑科题本社会史料辑刊》,1/145—146。
④ 《清嘉庆朝刑科题本社会史料辑刊》,1/33。此命案是李胡氏因救护婆婆而致,从宽免死。
⑤ 《清嘉庆朝刑科题本社会史料辑刊》,2/1106。
⑥ 《清嘉庆朝刑科题本社会史料辑刊》,1/19。同类事判处见2/1057。

唆，与其吵打。朱高氏看到夫兄把丈夫骑压在地殴打，拾起地上柴斧砍向夫兄，致伤朱文玉身亡。法司判拟："朱高氏合依妻殴夫之期亲尊长至死者斩监候律，应拟斩监候。"① 弟媳殴死夫兄按服制的判处，当是维护父系家族内的尊卑长幼伦常。因弟媳殴死夫兄，是卑幼侵犯尊长，因而重判。同样，侄殴伯母婶母，也如此判处。

四川广元县杨李氏是杨先堂叔杨有林的妻子。杨先因葬义伯杨有存没墓地，向堂叔杨有林借地安埋，堂婶杨李氏不肯，杨先说她不该阻挠，杨李氏不依嚷骂，撞头拼命，被杨先戳伤死亡。法司谳断："查杨李氏系杨先同曾祖堂叔杨有林之妻，服属小功，杨先合依卑幼殴本宗小功尊属死者斩律，应拟斩立决。"② 杨先与堂婶杨李氏虽无血缘关系，但因属父系本宗亲属系统，且有尊卑关系，故而按服制重判。③ 同类事之判处不备举。④ 这与侄殴伯叔致死判斩立决同等重判。甘肃灵台县民姚福因土地典价纠纷误伤小功服叔姚继业身死一案，便判姚福"合依卑幼殴本宗小功尊属死者斩律，拟斩立决"。⑤

如此判处，与前述同样没有血缘关系的外姻中，晚辈之内侄殴死尊属姑夫而依凡轻判的情况迥然不同，可见维护尊卑长幼关系，在父系家族内比外姻中受到格外注重。

如果再进一步作对比，又可发现以下问题：

弟侵犯兄，与侵犯嫂，同是以幼犯长，而判处大异：弟殴死兄（期亲、大功、小功）判斩立决，而弟殴死嫂，是依凡判绞监候。

侄侵犯伯母婶母，与侵犯伯叔一样，是判斩立决。

---

① 《清嘉庆朝刑科题本社会史料辑刊》，2/1108—1109。
② 《清嘉庆朝刑科题本社会史料辑刊》，1/222。
③ 《清嘉庆朝刑科题本社会史料辑刊》，1/436。如果伯母婶母改嫁他姓，因不属本宗族之人，再与此宗族人发生刑事，则以凡论。
④ 《清嘉庆朝刑科题本社会史料辑刊》，1/76，2/1071、1092。
⑤ 《清嘉庆朝刑科题本社会史料辑刊》，1/16、42—43、47、106。

可见，命案在本宗维护无血缘关系的外来女性上，主要是尊属，同辈间的长幼关系不是量刑因素。

官方法律判处亲属间的死刑案件，重血缘关系而轻亲缘关系，也造成了不利于亲属关系的、按现在看来不合理的现象。比如：

在外姻中，侵犯无血缘关系的长辈，反而比侵犯有血缘关系的平辈，判处要轻。

云南建水县民车铭戳伤表兄李钟华身死一案，李钟华是车铭亲姑母的儿子，是车铭的姑表兄。李钟华想更换所佃种之田，托车铭去说和，车铭感到为难而不肯去，李钟华混骂，引起打斗，李钟华被伤殒命。法司判拟："车铭合依殴外姻缌麻兄死者，斩监候律，拟斩监候。"①

前文曾列举，内侄殴姑夫死，因无血缘关系，是以凡论，判绞监候（见前述四川庆符县民蔡停选刀伤姑夫刘光珍毙命案）。而此案殴死姑夫之子，依据服制之律，则是重判为斩监候，殆因有血缘关系。有无血缘关系，决定了姑夫、姑夫之子二者尊卑差别的颠倒。这种由官方规定的法律性人际关系，对人们日常相处的行为态度，也难免产生影响，重伤姑夫以凡论，重伤姑夫之子却重判，姻属中姑夫与内侄的这种尊卑关系，在死刑案件中被置于次要地位。内侄在与姑夫、姑夫之子相处而出现严重冲突时，较少顾忌的反而是其尊属的姑夫。

同样，外甥殴死无血缘关系的舅母，以凡论，判绞监候（见前述福建崇安县民艾怕仔殴伤舅母胡程氏身死案），而殴死舅母的儿子，因有血缘关系，则按服制判处加重，为斩监候。安徽寿州民赵忝文殴毙俞忝会一案，二人因租物分割不均揪斗，赵忝文扎伤俞忝会毙命。三法司判拟："俞忝会系赵忝文舅舅之子（引者按：同样也是赵忝文舅母之子）……赵忝文合依殴外姻缌麻兄死者斩律，拟斩监候。"②

另一方面，还要维护尊卑关系，而维护父系宗族内的尊卑关系，则明显重

---

① 《清嘉庆朝刑科题本社会史料辑刊》，1/443。
② 《清嘉庆朝刑科题本社会史料辑刊》，1/434—435。

于姻属。①这也是国家法律造成的不利于亲属关系、按现在看来不合理的现象。比如，公婆责罚儿媳乃至责伤而死，正当者，无罪，不正当者，如非理殴儿媳致死，杖一百、徒三年。②湖南黄德显殴死儿媳陈氏一案，即判杖一百、徒三年。③而岳父殴伤女婿致死，则判死刑绞监候。奉天广宁县刘元进因借钱纠纷殴女婿米文仓身死一案，法司判谳："刘元进合依外姻尊长殴卑幼至死绞监候律，拟绞监候，秋后处决。"④

异父而同母所生的胞兄弟，因只有共同的母系血缘，而无共同的父系血缘，法律是从父系血缘的角度，定二人互为异姓，涉入刑事，是以凡论。江西永丰县民何泷礼因殓葬母亲而发生纠纷致死异父同母之兄宁忠榜一案，便是如此对待。宁忠榜的父亲故后，母亲谢氏带着他再嫁何昌华，生子何泷礼。谢氏病故，何泷礼因贫难无钱棺殓，因宁忠榜系同母所生，要他公同出钱料理，宁忠榜应允，但因出钱多少而争执，弟何泷礼殴伤哥哥宁忠榜身亡。法司所判为："何泷礼合依斗殴杀人者，不问手足、他物、金刃，并绞监候律，拟绞监候。"⑤这是以凡论，因而根本不提二人的兄弟关系。

而同父异母兄弟，因有共同的父亲血缘，与同母异父者犯同样刑事，则判处大异。四川合江县，胡成建与胡成陇是同父异母的兄弟，二人因争分卖田银而发生纠纷，弟弟胡成建误伤哥哥胡成陇殒命。法司判拟："胡成建合依弟殴期亲服兄

---

① 乾隆五年《大清律例》卷28《刑律·斗殴下·同姓亲属相殴》，第461页。同宗内之注重尊长卑幼关系，不仅施用于有服亲属内，其五服已尽者即出五服者，非命案之斗殴事件，也论尊长卑幼。
② 乾隆五年《大清律例》卷28《刑律·斗殴下·殴祖父母父母》，第463—464页。
③ 祝庆祺等：《刑案汇览》卷44《殴祖父母父母·翁殴死窃米卖钱之媳》，2004年标点本，北京古籍出版社，第3册1604页。
④ 《清嘉庆朝刑科题本社会史料辑刊》，1/450—451、462、465—466。
⑤ 《清嘉庆朝刑科题本社会史料辑刊》，1/272。

至死者斩律，拟斩立决。"①

以上两例，虽然都是胞兄弟之间的刑事，只因异父同母兄弟间没有父系血缘，同父异母兄弟同有父系血缘，而判处轻重差别竟如此之大。这类家庭，尽管兄弟间都有异姓因素，但毕竟有类同的亲缘关系，而官方的这种法律规定，不可能不对这类家庭的人际关系造成影响。

四、余论

中国古代，以服制标识亲属关系的远近，是基于亲属间人际关系的实际，有其合理性及法律上的可操作性。有亲属关系者，无论宗亲还是姻亲，其情感、关系自然不同于常人，这是毫无疑问的人之常情，尽管他们之间也会发生矛盾、纠纷、争斗乃至酿成命案（如本文所举若干案例），但并不能因为这种非正常事件，而否定他们之间具有正常的比一般人密近的特殊亲情关系。在社会生活中，人们有困难，首先想到的是请亲属帮助。如果对有危难的亲属视若路人，不仅于良心有愧，也会受到他人的鄙视、舆论的谴责。这种发乎自然之亲情、道德之规范，也正是亲属与一般人之间的区别。而且，血缘、亲缘关系越近，情感、关系也越密近，相互依赖关系也越紧密，这也是人之常情，因而，以血缘、亲缘远近定服制之轻重，也符合亲属关系的实际。然而，古代以男性父系宗族为中心来划分亲疏远近的五服制，过分缩小、降低女性一方的外姻服制，造成外姻亲属之服等，远低于对等亲缘的本宗成员。如男女婚姻双方，本宗中，妻对公婆，是最近、最重的斩衰；而外姻中，婿对岳父母，则是五服中最远、最轻的缌麻服。本宗中，与父亲的兄弟即自己的伯叔，为齐衰期亲；而外姻中，与母亲的兄弟即自己的舅舅，仅为小功。尤其是外姻中除翁婿、个别特殊母党外，无血缘便无服制的原

---

① 《清嘉庆朝刑科题本社会史料辑刊》，1/185—186。判斩立决，是这种案件一般情况的判处，唯因此案兄胡成陇争分卖田银无理，弟弟胡成建不肯给，胡成陇酒醉混骂，且追打弟弟胡成建跌伤而死，悲剧由哥哥自己造成，弟弟是被欺压者，因而批红改判为斩监候。

则，又把外姻中与本宗对等亲缘的众多姻亲，摒斥于五服之外，划为一般之人，如前文所说的舅母、姑夫、姨夫、郎舅等。其中舅母即母亲的兄弟之妻，与本宗中父亲的兄弟之妻即伯母婶母，在亲缘上对等，但与伯母婶母是齐衰期亲，而与舅母为无服。再如妻子与丈夫之兄弟，丈夫与其郎舅，二者在亲缘上对等，但妻子与丈夫之兄弟是小功服，而丈夫与其郎舅为无服。法律上也以这种划分对待，无服者作为凡人，从而造成诸多有悖于亲戚常情的不合理现象。应该说，在父系社会，每个人日常都生活在以父系为中心的家庭、宗族之中，与外姻的接触交往不如本宗多，但亲情关系却不一定如二者之间服制划分的差距那样大。比如，与母亲的兄弟即舅舅虽为小功，与父亲的兄弟即伯叔虽为齐衰期亲，但社会生活中，我们既可见到伯叔对侄子的关照，也可见到舅舅对外甥的眷顾。甚至外姻亲情重于本宗者也不鲜见，常可见到依靠舅舅而不依靠伯叔的情况，尤其是父亲故去，母亲守寡或改嫁，寡妇靠娘家，孤儿依赖于舅舅，又是很常见的事情。如四川巴县杨氏家族，杨先绪故去，妻子杨杜氏改嫁，所遗子杨华先，不是在本杨氏宗族生活，而是由舅舅杜合盛接到其家抚养，外甥杨华先长大后，杜合盛又为其娶妻成家。① 同县，曹应万与胡氏有女曹闰姑，嫁与赖氏家族的赖三为妻。曹应万故后，胡氏改嫁。赖三因家贫，将妻子曹闰姑卖与吴姓为妾。曹闰姑不从，因其娘家无人，也未找赖氏家族之人，而逃至舅舅胡在应家哭诉。胡在应愤而状告到本县衙，并情愿出钱将外甥女赎回。② 以上所举，绝非个别事例。③ 舅舅关照外甥、外甥女，还须有赖于他的妻子即外甥、外甥女的舅母。光绪年间，浙江黄岩县，张汝龙与妻李氏因奸情引起家庭矛盾，李氏到其舅舅杨朝元家寄居。张汝龙前去

---

① 《清代乾嘉道巴县档案选编》，四川大学出版社，1996，下册第486页。道光七年四月廿八日，杜合盛等人供状。下同，皆此版本，不另注。
② 《清代乾嘉道巴县档案选编》，下册第487页。道光十二年，胡在应之告状、供状。
③ 全士潮、张道源等纂辑《驳案汇编·续编》卷3《男子和奸羞愧拒奸擅杀》，第663页。记乾隆年间，广东揭阳县李亨锡鸡奸孙双喜，被孙双喜的母亲孙赵氏得知，欲赴官府控究，李亨锡闻知畏惧，央求其舅舅孙阿安帮助调处，赔礼寝息。

唤接回归，杨朝元之妻力挺帮护，并回复："甥女现留伊家，以后永不望回。"①这种情况，在姻亲关系中属于正常现象，它起码可以说明，这无服的姻亲舅母，与本宗同等亲缘但服制为齐衰期亲的伯母婶母相比，在实际亲情关系上并不疏远。

实际上，清代官方对外姻之服制与亲情不相吻合的情况是清楚的，制定官员选任中的姻亲回避制度，就主要考虑的是亲情实际，而不是服制。官员选任所以要制定亲属回避制度，是因为亲情较近的亲属有可能营私舞弊。而清代制定的姻亲回避制度，所划定的亲情较近的外姻，正是根据亲情远近的实际情况，而不论服制之有无。《大清会典事例·吏部·汉员铨选·亲族回避》载：

> 雍正七年议准，外姻亲属，若母之父及兄弟，妻之父及兄弟，己之女婿、嫡甥，分属至亲，同在外官，亦令官小者回避。至母兄弟之子，姨母之子，虽服制三月，亲属渐远，毋庸回避。

以上所提到的母之父即外祖父、母之兄弟即舅舅、己之嫡甥即外甥，均为小功服；妻之父即岳父、己之女婿，均为缌麻服；而妻之兄弟即郎舅，为无服。但官方称之为分属至亲，是最亲近的亲属。官员选任制度，也始终把外祖父、舅舅、岳父、郎舅、外甥等这几种分属至亲的外姻亲属作为主要回避对象，与男性父系中的"嫡亲祖孙、父子、伯叔、兄弟"作为同等亲情关系对待。选官回避制度规定："在京各部院尚书、侍郎以下，笔帖式以上。嫡亲祖孙、父子、伯叔、兄弟，若在同衙门，令官小者回避。"其"京官外姻亲属中，母之父及兄弟，妻之父及兄弟，有为堂官者，仍令官小者回避"。再如嘉庆五年（1800）议准："河工人员，与地方督抚、两司各大员，如系嫡亲祖孙父子伯叔兄弟及外姻亲属中，母之父及兄弟，妻之父及兄弟，己之女婿、嫡甥，俱令回避。"都是把外姻亲属中的"母之

---

① 田涛等主编《黄岩诉讼档案及调查报告》上卷《黄岩诉讼档案》，北京：法律出版社，2004，第238—239页。记"张汝龙呈为奸夫串逃乞恩提究事"。

父及兄弟,妻之父及兄弟,己之女婿、嫡甥",与男性父系中的"嫡亲祖孙、父子、伯叔、兄弟"作为同等亲情关系对待,但在服制上,后者为齐衰或斩衰,前者仅为小功、缌麻或无服。官方在这种政治制度上,是将外姻最低或无服之亲属,在亲情上等同于本宗之最重的斩衰或齐衰。

对外姻的回避范围,乾隆以后甚至不断扩大。乾隆九年(1744)奏准:"外任司道,原属同官,向无儿女姻亲回避之例,若本身儿女姻亲,而为上司下属者,则关系举劾,与司道同官者不同,应令回避。"这是将无服制关系的儿女亲家划入回避之列。乾隆二十六年(1761)又定:"母舅之子,分属中表弟兄,嗣后外官遇有内外兄弟为其属官,令官小者回避。"这是将舅表兄弟增入回避之列。乾隆二十八年(1763),又将本无服制的连襟划入,"嗣后,外官职司考核衙门,遇有妻之姊妹夫为其属官,俱令官小者回避"。乾隆三十三年(1768),甚至将无服制关系的儿媳之兄弟(即儿子之郎舅,民间俗称之为亲儿)列入应回避之亲属,"外官遇有子妇之亲兄弟,为上司下属,俱令官小者回避"[①]。道光元年(1821)所规定的科举回避,划入的应回避姻亲,范围更大:"五服以内及服制虽远聚族一处之各本族,并外祖父、翁婿、甥舅、妻之嫡兄弟、妻之姊妹夫、妻之胞侄、嫡姊妹之夫、嫡姑之夫、嫡姑之子、舅之子、母姨之子、女之子、妻之祖、孙女之夫、本身儿女姻亲,概令照例回避。"[②]这里所提到的妻之胞侄、嫡姑之夫、妻之祖、孙女之夫,都是以前未曾回避的无服姻亲,道光元年后在科举中扩大为回避对象。

鉴于服制及按服制判案与实际亲情有不吻合的情况,清代及以前各代也曾作过某些修改,这种修改主要有两方面:一是服制本身的修改;一是不拘泥于服制,而据实际亲情判处。而总结起来,其修改又有一个共同特点,就是以女性

[①] 嘉庆《大清会典事例》卷39《吏部二十六·汉员铨选·亲族回避》。
[②] 光绪《大清会典事例》卷345《礼部·贡举·开报回避》。

或女性外姻方面为主，而且主要是提升、增补其服制，[①]判案时考虑实际亲情而量刑。

唐代，曾将母亲升服，把父在为母亲服齐衰一年改为三年，与父死后为母所服同等，以及升诸妇（嫡子妇、众子妇、侄妇）之服，增在室女、嫁母之服。在姻亲方面，是将以前的舅、甥之缌麻服，升为小功服，与姨、甥服制同等。[②]明代，又升母亲之服与父同等，为斩衰三年。在姻亲服制方面，是将外孙对外祖父母的小功服，按齐衰的期亲对待，在《大明律》的《刑律·斗殴》中，把外孙与外祖父母之间的殴伤及致死，划为按侄与伯叔父母、与姑姑的期亲尊属关系同等判处，入于《殴期亲尊长》律文中，[③]这是在法律上将服等提升。清代沿用，并明确说明，外孙与外祖父母"服虽小功，其恩义与期亲并重"[④]。清代，在母系的外亲亲属范围上有所增补。比如所后母[⑤]之母系、继母之母系亲属，以前都在无服的凡列，乾隆四十二年（1777）以后，定为与本生母之母系姻亲服制相同。[⑥]这一条例的修改，起因于一件命案。乾隆四十一年（1776），直隶总督周元理题报该省蠡县民王锦以毒药害死所后母王苗氏之母苗赵氏，拟依凡论，本应判绞监候，因系谋杀而加重判为斩监候，这是依照原有的旧条例的判处。理由是：王锦是本宗内过继，王苗氏是他的所后母，非生母，那么，王苗氏之母苗赵氏，也就只不过是

[①] 丁凌华：《中国丧服制度史》第二章第三节之三《唐代服叙之流变》，上海人民出版社，2000，第176页。本文认为，唐以后也有这方面特点。丁凌华据唐代的服制更改而总结：当时几次重大的提升、增补方式的服叙改革，其"改革的对象，几乎都是女子或女党"。下同，皆此版本，不另注。

[②] 丁凌华：《中国丧服制度史》第二章第三节之三《唐代服叙之流变》，第169—177页。

[③] 《大明律》卷20《刑律三·斗殴》，怀效锋点校本，北京：法律出版社，1998，第166—167页。

[④] 《大清律例》卷28《刑律·斗殴下·殴期亲尊长》，田涛、郑秦点校本，北京：法律出版社，1998，第462页。并见光绪《大清会典事例》卷811《刑部·刑律斗殴·殴大功以下尊长》。

[⑤] 所后母，这里指本宗过继子称所过继之母。

[⑥] 光绪《大清会典事例》卷811《刑部·刑律斗殴·殴大功以下尊长》。

王锦名义上的外祖母，例无服制关系，因而依凡论处。刑部因其符合律例条文，同意这种判拟而上报。乾隆览后却大不以为然，他认为，既然过继子与所后父母的服制，是同于亲生父母的斩衰，而与原亲生父母降为齐衰，为什么亲生母方面的外姻有服，而所后母方面的外姻却无服？如此以凡论处，是"揆之天理、人情，均未允当"，因而命大臣们讨论后改为有服，王锦也以谋杀属于小功服尊属的外祖母，而加重惩处，改判为斩立决。同时，乾隆还认为，子女与后母即继母的服制，既然已照生母而定为斩衰，那么继母方面的外姻，也应由原来的无服改为有服。如此改为有服，又意味着这些外姻尊属侵犯卑幼将减轻刑罚，而针对有些人担心的这种无血缘而定为有服的外祖父母、舅舅等，是否会因此而虐待非亲生女儿或姐妹所生的子女，乾隆又指出，如果发生这种情况，该"尊长有于非所自出之外孙及甥等故加凌虐，或至于死，承审官临时权其曲直，按情治罪，不必以服制为限"。以上改动，均于乾隆四十二年形成新例，删除旧例。①

其他修改是在具体案情上不拘泥于服制，而据实际亲情判处，并形成新的条例即律例中的例，作为以后判处同样案件的法律依据。这种新例，或是将原降之服再提升为未降之前的服等，或因亲情较近而按高于原服等的服制对待，而总的精神是据实际亲情关系而提升服等。如前述，将以前所定表姐妹之出嫁由缌麻服降一等为无服（在室为缌麻服）的旧规制，修改为无论出嫁与否，若与表兄弟发生奸情，均按原缌麻服判处，这是根据出嫁前后的表兄弟姐妹之间，其伦理情分并无变化的实情，因而不按出嫁后的降服处理。再如女婿与岳父虽为缌麻服，但如果女婿欺压岳父导致岳父自尽，则按逼死齐衰之期亲对待。嘉庆年间，广西省名梁禄者，欲将岳父黄登所给田地卖掉，屡次讨要地契，致黄登"被逼不甘，服毒自尽"，法司将梁禄比照"逼迫期亲尊长致死递减（死刑）三等律"判处，是

---

① 全士潮、张道源等纂辑《驳案汇编》卷22《毒死继母之母按照新定服制斩决》，第414—417页。该目将所后母称为继母，与后母之继母概念相混，未取。以上事例，并见乾隆《皇朝文献通考》卷199《刑考五·刑制》。

按齐衰期亲，而不按原缌麻服对待。[①] 其实，在本宗中不按服制而改判的情况更多，这在刑科题本的秋审类之服制册中有很多记录，因不属本文论述范围，此处从略。

总体而言，清代在外姻方面的服制修改不大，尤其是对明显与亲情不相吻合的诸如无服的姑夫、舅母、郎舅与姐妹夫、儿女亲家等，均未升服，这些人之无服，均为古代具有原则性的传统定制，[②] 清代不可能在服制上作根本性的变动。但在选官、科举回避方面，却是不拘服制，而是据实际亲情的。而对外姻及本宗在服制之亲等上作根本性的修改，则是民国以后之事了。

刑科题本中，记录有基层民众丰富具体、细致鲜活的生活生产情景，各种人之间的相互关系，因何产生纠纷，矛盾激化的原因，以及官方判处结果所反映的人们之间复杂的服制、法律关系等内容。而且，从这些内容中，还可看出某些值得注意的现象，总结出一些有意义的认识，如宗族家庭内在经济方面产生矛盾纠纷的多发性，古代王朝国家在判处亲戚刑案上重血缘、服制而轻亲缘的原则及其某种不合理性。本文所举，还只是嘉庆一朝的刑科题本命案类中的土地债务类，命案类中，还有诸如婚姻奸情、打架斗殴、盗窃、其他等类别，如果再扩大到嘉庆朝以外的其他朝，则刑科题本所反映的内容又会丰富得多。反映基层民众的档案资料，还有另外一大方面，就是州县衙门档案，州县衙门是直接与百姓打交道、处理基层民众事务的行政机构，所形成的公文档案，在内容上也具有这方面特点。据笔者所知，现在已发现的清代州县衙门档案，已不下八九十处，少者几件、十几件，多者上万件，乃至十余万件，较多的有顺天府的宝坻县，直隶的获鹿县、临榆县，四川省的巴县、南部县，陕西省的紫阳县，浙江省的黄岩县、龙

---

① 许梿、熊莪纂辑《刑部比照加减成案》卷17《刑律人命·威逼人致死·广西司》，何勤华、沈天水等点校，北京：法律出版社，2009，第188页。
② 《旧唐书》卷27《礼仪志七》，中华书局，1975年标点本，第3册1036页。唐代开元朝，曾"更制舅母缌麻"，而明清两代，舅母均无服。何时又复旧制为无服？待考。

泉县等。如果我们充分利用中央的刑科题本、地方的州县衙门档案，就一定会在清代基层社会方面的研究上取得长足的进展。

（原载《覆案的历史：档案考掘与清史研究》，第四届国际汉学会议论文集，联经出版事业有限公司 2013 年。原稿之"四、余论"未刊，今增入）

清朝会典的编纂及其利用问题

　　清朝的五部《大清会典》（以下简称《会典》），以及后来分出之内容所编之《大清会典事例》（简称《会典事例》或《事例》，乾隆朝所修简称《则例》），对于清代典章制度研究的重要性，毋庸赘言。但对这种典籍本身的研究成果却甚少。除一些史料学的专著涉及外，[①]专门的研究只见到朱金甫先生《略论〈大清会典〉的纂修》[②]及林乾先生《〈清会典〉的历次纂修与清朝行政法制》《五朝〈清会典〉纂修述论》[③]。朱金甫先生之文论述了《大清会典》的纂修体例、纂修机构及材料来源等问题，林乾先生前文阐述了《清会典》所反映的行政法规尤其是法律方面的内容，后文对五朝会典纂修的过程、材料来源、体例特点及主要内容作了论述。此前，郭松义先生《清朝的会典和则例》[④]也曾对会典的基本情况作过阐述。此外，中华书局1990年影印光绪《大清会典》及其事例、会典图的影印说明，对五朝会典的纂修、版本情况也有介绍。

　　本篇小文，主要通过对这五朝会典纂修时间、内容断限及体例变化等与所记内容关系的分析，来谈利用这种资料应注意的事项，或许能为读者查找某方面的资料提供一些线索。会典的编纂官，或为翰林院翰林，更多的是各衙署推荐的行政官员，由他们修各衙署的典制，其质量不言而喻。但任何高质量的史籍也不可能没有错误。本文最后以一些具体事例，归纳清会典容易出现错误的几个方面，

[①] 冯尔康：《清史史料学》第三章《政书类史料》第一节《通制类的清三通、清会典》，沈阳出版社，2004。另外，《中国古代史史料学》郭松义所写清代部分也有介绍，人民出版社，1983。
[②] 朱金甫文载《故宫博物院建院七十周年纪念特刊》1995年10月。
[③] 林乾前文载《西南师范大学学报》2005年第2期。后文载《故宫博物院八十华诞暨国际清史学术研讨会论文集》，紫禁城出版社，2006年11月。
[④] 郭松义文载《清史研究通讯》1985年第4期。

也希望读者在利用该资料时，于这几方面多加注意。

一

清入关后共修过五次会典，因而也有五种会典留存至今。以下介绍这五部会典的纂修时间及内容截止时间，了解这些情况，对利用它有一定作用。

康熙《大清会典》始修于康熙二十三年（1684），修成于康熙二十九年（1690）。所记内容，由清入关前至康熙二十五年（1686）。

雍正《大清会典》始修于雍正二年（1724），完成于雍正十年（1732）。其内容，除沿用康熙会典外，续修内容接续康熙会典，从康熙二十六年（1687）年始，截至雍正五年（1727）。所以其全部内容的时间段，是由清入关前至雍正五年。以下三部续修的会典与此相同，其内容也都沿用旧典，因而都是由入关前始。这一点请提起注意，因以前某些著作介绍续修会典的内容只是从续修之时记起，没有以前的内容，这是不确切的，重要的是影响读者对资料范围的了解。

乾隆《大清会典》及《大清会典则例》。始修于乾隆十二年（1747），完成于乾隆二十九年（1764）。内容由入关前至乾隆二十三年（1758）。此书于乾隆二十三年基本修成，此后又经过六年左右的校勘、印刷。这六年期间，正值清廷平定天山南北，在该地区建立统治制度，且在理藩院中设专司掌理，因而乾隆帝特命将理藩院部分所载内容，延展至乾隆二十七年（1762），实际上个别内容已到乾隆二十九年，因为理藩院下属的典属司、旗籍司之互改，是在乾隆二十九年，而在乾隆《大清会典》中，已是互改后的排列及各自职掌了。此外，此典的凡例中还说，除理藩院部分的内容延展至乾隆二十七年外，"其余各衙门典则，有奉特旨增入者，皆不拘年限"。可见，延至乾隆二十七年以后的内容，不止理藩院一个衙门，只是这种"特旨增入"的内容不多而已。

嘉庆《大清会典》及《大清会典事例》、会典图。嘉庆六年（1801）九月决定续修，实际纂修工作是从次年即嘉庆七年（1802）开始，至嘉庆十七年（1812）

七月，完成全部汉字正本。会典馆建议，将各衙门下所载事例，均增补至这一年的十二月底，"以归画一"，获得批准。因而这次所修，内容是由入关前至嘉庆十七年底，其纂修凡例中还明确说明"此次会典，奏准载至嘉庆十七年。其嘉庆十八年（1813）以后续有更定者，概不登载"。可知此次所修会典的内容时间下限，掌握得比较严格，固定为嘉庆十七年底。此后又经过按册校勘、审定全书、增改，以至梓刻印刷，共历经六年时间，至嘉庆二十三年（1818）完成。

光绪《大清会典》及《大清会典事例》、会典图。始修于光绪十二年（1886），其前期的资料准备工作，在光绪九年（1883）就开始了。光绪十二年正式开馆纂修。初，计划截止内容至光绪十三年（1887），因此后又历经十年的校勘、修改等，时间已到了光绪二十二年（1896），而决定将光绪二十二年以前之内容一律纂入，至光绪二十五年（1899）完成。所以此部会典的内容是由入关前至光绪二十二年。

以上五部会典，后两部即嘉庆会典及事例、光绪会典及事例，在内容的时间下限上较严格。前三部，虽也有原则上的规定，但有些内容是超出其规定范围的，如前述乾隆会典及则例，理藩院部分内容于原则规定的乾隆二十三年后增多了六年，其他衙门部分也有于乾隆二十三年以后特旨增入的。再如雍正会典，虽规定其内容截至雍正五年，但有些内容是雍正五年以后之事。如雍正八年（1730）后所作的《军卫道里表》，以及按雍正七年（1729）所定的卫所改州县及州县分、并更名之处，都是雍正五年以后之事，而载在了该会典的兵部武库司之下。刑部的律例，律后附例，有定自雍正五年以后者，亦照原文载入。[①]

了解每部会典内容的截止时间，可帮助我们判断所载史事发生的时间断限，但还应查看该典凡例，看是否有特例，以免把这些特例之事误断为该典内容截止时限以前发生之事。

---

① 雍正《大清会典》之凡例，761/12—13。并见卷150《刑部二·律例一·名例上》，雍正六年三月上谕，779/9480—9483。

二

这五部会典，在体例上曾有两次较大的变化，包括内容的安排与分布、所叙述的角度与形式等，因而所记载的内容也随之发生了变化，了解这种变化，以及各会典在内容记述上的各自状况、特点，对于查找利用这种资料，有一定帮助。

（一）康熙《大清会典》

康熙《大清会典》，是清入关后所修第一部会典，其体例基本是按照明朝所修的《大明会典》制定的，《大明会典》又源于《诸司职掌》，所以按照《大明会典》体例而纂修的康熙《大清会典》，在内容记载上的总特点是按中央衙门分叙。因为一般衙门，其下都设有分支机构，而分支机构，有按职掌分设的，有按地域（主要是省份）分设的，所以在内容叙述上，也分为以下两种形式：

第一，按职掌设立的分支机构。按这种形式设分支机构的衙门较多。在内容记述上，是先叙该衙门设官、职掌，只是简要概括。以下再分别叙述各分支机构的设官、职掌。分支机构职掌的叙述详细，而且按事项再分类记述，每类事项曾实行过的事例，若不止一件，则按时间顺序叙述。

如吏部，下分文选清吏司（凡六部之分司，皆带"清吏"二字，俗称，则皆省此二字，以下皆按俗称）、考功司、验封司、稽勋司。

以考功司为例，是先叙其所设职官——郎中、员外郎、主事，并叙此司职掌之总括："掌内外文职官吏考察之典，凡论劾、释免及引年、称疾诸事，皆得稽之。"其下，按所掌职事分类介绍，计分为考满、朝觐考察、京官考察、甄别、考察通例、致仕、告病、钦件部件限期、离任交代、开复抵销、揭报题参、纠劾条奏、呈辩冤抑、处分杂例等十余类。每类下，先叙其总的实行情况，其下再按事项分别叙述，每事项曾实行的事例，按年记述。比如京官考察一类，先总叙："内外官员考满之外，复有考察，外官考察，详见朝觐。其京官考察，以六年为期，俱于二月内举行。康熙四年（1665）停止考满，专事京察。其填注考语、处分条例,俱列于后。"此京官考察一类之下,又分为:凡京官考察(总制)、凡京堂官自陈、凡觉罗官员、凡四品以下京官、凡内阁翰林院詹事府各官、凡六科给事中、凡国子监官……凡京察处分等十五个事项。每个事项前,都加一个"凡"字。各事项下,按年叙事例,如京察处分,共叙由顺治十三年(1656)至康熙九年(1670)间的四个事例。

第二,按省份或地域设立的分支机构。这种设置的衙门较少。有户部、刑部、都察院,都主要是以省设分支机构。因各分支机构都有共同性的职事,该部院还有其他多项职事,所以在内容安排上,是先将各分支机构共同性职事及带管的其他某项职事集中列举,以下再分叙各项职事的具体内容。

以户部为例,下设江南司、浙江司、江西司、山东司、广西司、云南司、贵州司等十四司,每司除掌该省(也有管两省者)额定地丁钱粮之征收外,还兼管一项或几项其他事务,如山东司之带管盐法、广西司之带管矿政及钱法、云南司之兼管漕运、贵州司之兼管榷关等。各司所掌各该省以地丁钱粮征收为主的财务,职事相同,没有必要各司均一一记述,所以将这方面的职事与盐法、榷关、钱法等职事放在并列的类别中叙述。分为田土、户口、赋役、漕运、仓庾、库藏、课程、廪禄、兵饷、经费等事项,事项下再分别立类目记述。如课程一项之下,立有盐法、关税、芦课、杂赋、茶课、鱼课、金银诸课、权量、时估等类,类下再细分为目。比如这课程一项的关税类下,又分设关处所、岁额、则例,以及差官监督、考核、禁令、办铜等目,每目之下按时间顺序记述事例。

与这种按省以分司类似的衙门,还有宗人府、大理寺等。宗人府下设有左司、右司,分掌左翼、右翼宗室、觉罗事务,左翼为镶黄、正白、镶白、正蓝四旗,右翼为正黄、正红、镶红、镶蓝四旗,每翼各旗都有宗室觉罗。大理寺下分左寺、右寺。左寺,掌与刑部之江南司、浙江司等七司及都察院之江南道、浙江道等七道所管刑案察件之会审、复核。右寺,掌与刑部之江西司、湖广司等七司及都察院之江西道、湖广道等七道所管刑案察件之会审、复核。记述形式,与户部也类似。

此外，有个别衙门，如理藩院，其下设的分支机构，是以上两种形式兼而有之。比如其下的旗籍司，是记该司所管的漠南蒙古内札萨克之事。典属司，是记该司所管的漠北等地的外札萨克蒙古及西藏地区民族事务。徕远司，则记该司所管的新疆回部、西南土司之事。这些司的设置，有按地域而设的因素。与此并设的理刑司，又是总掌少数民族刑法的分支机构，所记是集中叙述这方面的内容。（理藩院的设司及名称，自康熙后期至乾隆中期，屡经变化，此处为说明问题，加进了乾隆会典的内容）

（二）雍正《大清会典》

雍正《大清会典》的编纂体例完全沿袭康熙会典，只是根据当时的实际，削去已不存在的衙门，如上林苑监、京卫。某些类目的位置作了调整，如权量，由原来的课程之下，前移至十四司职掌之后。有的类目规模作了调整，如荒政，原是田土类下的一目，扩大为蠲恤类，下设有报勘、豁免、赈济、借给、缓征、税贮等目。其他琐细更改之处不备举。

以上两种会典，多为文职衙门，武职衙门极少。

（三）乾隆《大清会典》及"则例"

乾隆朝再修会典，改变了体例。康雍两朝所修会典，是将制度与实行的事例混在一起。乾隆朝纂修，决定将这两者分开，各自单独编纂，前者称为"典"，后者称为"则例"（嘉庆以后续修改称"事例"），简称"例"。当时所以要如此改变，主要因旧典"仿前明旧式，按年挨考，以致连篇累牍皆已更之制，而现行规条乃间杂于旧仪原议之中，是以文与事戾，征信无凭"[①]，欲查找现行的某项规制，颇为不便。因而新纂修的会典即典的部分，记述纂修此次会典时各衙门现行规制。而则例，则编辑以前实行的事例。

---

① 《清会典馆奏议》，全国图书馆文献缩微复制中心，2004 年影印，第 23 页。

其门类、细目的设置，则无论会典，还是则例，仍沿袭旧会典的两种形式，而且会典与则例相互对应。第一种形式，按衙门下分支机构职掌性质设门类，如会典的吏部，设文选司、考功司、稽勋司、验封司，先叙这四司的设官，再分别按司叙每司职掌，职掌中又分事项记述。则例的吏部，也是按这四司记，顺序一样，唯不再叙各司之设官，只记职掌实行之则例。每司职掌事项的细目，有的与会典基本相同，如验封司，有的分得更细，如考功司。第二种形式，如会典的户部，是先叙本部及十四司的各自设官、职掌，再按财政中的各类事务分目。则例是按财政事务分类目，分为疆理、户口、田赋、权量、库藏、仓庾、积贮、漕运、钱法、盐法、关税、杂赋、俸饷、蠲恤等类，每类之下再分事项立若干细目，每细目按时间顺序记实行事例。如关税（下），有直省关差、考核、禁令、各关现行条例等目。

乾隆朝所修会典，其典的部分，对当时现行规制的各种事项的介绍及要点的概括简明扼要，对于理解各种制度很有价值。

乾隆朝所修会典及则例的另一较大变化，是归并文职衙门，增设了武职衙门的门类。其中中书科并入内阁，僧录司、道录司并入礼部祠祭司下之方伎类，四译馆并入礼部，左右春坊、司经局并入詹事府，六科、五城兵马司并入都察院，上驷院、奉宸苑、武备院并入内务府。另外，乾隆十三年（1748）裁撤的行人司不再立门类，而增设了乾隆七年（1742）设立的乐部。武职衙门，雍正会典仅有銮仪卫，此次增设领侍卫府、八旗都统、前锋统领、护军统领、向导、步军统领、火器营、圆明园八旗护军营、健锐营、三旗虎枪营。

（四）嘉庆《大清会典》及"事例""会典图"

嘉庆朝所修会典、事例及图，有以下几个变化：

1. 以图单独成书。

前三部会典，图皆附于叙文之中，此次纂修，独立成书，且图的种类增多，旧典只有礼部的坛庙图、兵部的舆地图、钦天监的仪器图，共114幅。新成书的《大清会典图》，在原来的基础上增加为1430幅，而别为12门，凡会典之"需图乃明者"皆增绘，且每图皆有说明文字。

2.改"则例"名"事例"，对各分支机构的各种职掌项目，作了归类，分出层次性门类。

如乾隆会典则例吏部文选司下的职事类目，共有300多目，此次将这数百个目，归纳为满洲铨选、汉员铨选、满州开列、汉员开列、满洲遴选、汉员遴选、满洲升补、汉员升补、除授等九类，便于查找，也有助于对这数百个事项中的每个事项之性质的理解。再有，某些衙门职掌，作了重新分类立目，如鸿胪寺，在乾隆会典则例中，是立为：奏请升殿、纠察、演礼、朝会赞相礼仪、堂子赞相礼仪、祭礼赞相礼仪、巡幸迎送车驾、简选鸣赞序班、典礼用官人数等目。嘉庆会典事例中则改为：朝会赞仪、筵宴赞仪、册命赞仪、贡举赞仪、祭礼引礼五类，每类下又分若干目，如册命赞仪下，分为册立中宫、尊封太妃，册立王、贝勒三目，以分叙各类事项。变化较大的，还有理藩院。乾隆会典则例，是与其会典对应，按分支机构叙职掌，且不同民族是由不同司分管。如旗籍司、王会司，主要掌理内札萨克蒙古诸部旗及归化城土默特蒙古事务。典属司，主要掌外札萨克蒙古、西藏等地区民族事务。徕远司，掌回部、土司事务。乾隆会典的则例仍按以上诸司分门叙述，而各民族有不少属于同类事务，不免重复。嘉庆会典的事例，则打破这一框架，按所掌性质划分门类及事项子目，而分为疆理、封爵、喇嘛封号、设官、户丁、耕牧、赋税、兵制、边务、会盟、朝觐、贡献、俸禄、廪给、燕赉、优恤、仪制、禁令、刑法（原为理刑司之类目）诸类，每类下再分若干子目，每个子目按时间顺序述此类事项实行之事例。由于这两部会典的则例或事例，在划分类目上不同，今人在利用这些典籍时就应注意了，若想了解清廷对不同民族地区之治理，则乾隆会典及其则例、嘉庆会典之典比较好查。若想了解清廷治理边疆民族的某项制度，则嘉庆会典的事例有比较集中的反映。上举事例中的每类事项，都不啻一项专门史。另外，嘉庆朝所修的会典的典中，仍是按旗籍司、典属司、徕远司等分支机构，分地区民族叙事，照旧可了解不同民族地区之治理。只有理刑司是共同性的刑法事务。

还有翰林院、詹事府、太常寺、太仆寺、鸿胪寺、钦天监、太医院、銮仪卫等衙门之下，在职掌事例之前，皆增加本衙门设官、选任、升迁及其变化等类目内容。以前的乾隆会典的则例，在这些衙门之下没有这部分内容的叙述。

另外，嘉庆会典的事例所归纳事项之类目，皆做成目录，放于这部事例之前，此目录，不仅利于我们概括了解每个衙门职掌的状况，而且便于按类目查阅。而乾隆会典的则例，则目录太简单，多只有机构名，只有六部、八旗都统下列简要之类。

3. 典部分，在各衙门之内，均增叙分支机构。这些分支机构，都是各衙门旧有的，但前几部会典未立类目者，大致有三类。

一是重要部门分理事项之机构。如内阁，此次修会典，将其下之典籍厅、满本房、汉本房、蒙古房、满票签处、汉票签处、稽察房及批本处等，皆单立目，各记其设官、职掌。协助皇帝办理题本，是内阁的主要职权所在，其任务繁巨，因而设以上房、处等诸分支机构。以上分支机构之设官及职掌记述，为我们了解题本的处理程序、庶政之决策、阁臣之职权、阁臣与皇权之关系等提供了很有价值的史料。

二是各衙门堂下办理公文事务的一些机构。如六部之中，办理本章题奏公文的汉本房、清档房，收发公文、用印的司务厅、当月处，按期限督催本衙门政务办理的督催所等。这类机构的增叙，使我们了解到各衙门内部政务的运作程序及其行政细节，对各类行政制度及职掌的深入理解有一定作用。

三是各衙门办理某些个别事务的附设机构。如户部的捐纳房、钱法堂、内仓、饭银处、现审处、井田科、八旗俸饷处；兵部的捷报处、驻京提塘；刑部的秋审处、律例馆、提牢厅、赃罚库。这些机构，多是各衙门职掌的一些重要方面,所以这些机构类目之增设,所记资料价值也很高。

以上三类所增叙的分支机构的内容,不见于康熙、雍正、乾隆所修三部会典。(乾隆会典的则例或有某些内容的涉及,如内阁之下诸房、处办理题本之事。而其会典中没有全面、集中的记载)这也是嘉庆朝及以后光绪朝所修会典之典的独特资料价值。

4.将某些衙署增立为门类。

所增立者有办理军机处、稽察钦奉上谕事件处、中书科、奏事处、总理行营、尚虞备用处、养鹰狗处、善扑营、盛京内务府,此外,还改变某些衙门的位置,如将盛京五部,由雍正、乾隆会典的集中记载,改为分置中央各同部之后(康熙会典即如此,光绪会典沿袭嘉庆会典),内务府由文、武衙门中间改为武职衙门之后。

(五)光绪《大清会典》及"事例""会典图"

光绪朝修会典,体例沿袭嘉庆朝所修,仍分为三部分:会典、事例、会典图。只是在门类或子目上有增删、调整。主要有以下两点:

一是将新设衙门立门类,计有:总理各国事务衙门、神机营。

二是根据各衙门职掌变化,而增减类目。如嘉庆会典及事例中,理藩院之管理与俄罗斯交涉事务,因咸丰末年以后已归入新设的总理各国事务衙门,故光绪会典及事例的理藩院部分均已删去。又,光绪十年(1884)新疆建省,所以嘉庆会典及事例中,理藩院下有关回部之赋税、伯克制度等,在光绪会典及事例中也均删去。也有的是删去原设置不合理的部分,如嘉庆会典事例的《吏部·汉员铨选》下之满洲、蒙古小京官外用,满洲、蒙古文举人选用,满洲、蒙古俸深笔贴式外用等目,在光绪会典事例中已删去。

所增之类目,一部分是旧有之事而旧典未立,此次纂修而增立者。如鸿胪寺之增进书赞仪一类及其下之恭进实录、圣训,恭进玉牒的子目。内务府的杂例类增升平署、行文等。另一部分，是根据新定制度而设立的类目。如《吏部·满洲铨选》增设验放各处大小吏、部院宗室司员借补满缺等。

还应看到的是，光绪朝修会典事例，对嘉庆会典事例已记之事例（嘉庆十七年以前），并非单纯地照抄，有增入者。如光绪《大清会典事例》卷22《吏部·官制·国子监》中，记有"乾隆四年，设算学助教汉一人"。而在嘉庆《大清会典事例》卷19《吏部·官制·国子监》的相同类目中，就没有这条记载。有的还订正了旧典之误，如嘉庆《大清会典》卷34《乐部·和声署》下，记供用官三十人，其中有"鸿胪寺赞礼郎兼充二人"，这是明显错误，因鸿胪寺中无赞礼郎，而有鸣赞官，光绪《大清会典》卷42《乐部·和声署》下，便更正为"鸿胪寺鸣赞官兼充二人"。

五部会典在内容编纂、容纳上的最大缺陷，是无地方官制部分，所立之目，均为京城中央衙署，仅顺天、奉天二京府及盛京五部、盛京内务府因视为京官，而有所记述。其他地方之督抚、藩臬及道、府、厅、州、县，直省及边区武官，都只是在吏部、兵部、户部、理藩院中涉及时叙述，内容很简单。实际上，其他政书如"三通"《历代职官年表》等，虽分立地方官之目，也极简略，地方官之衙署内部设置、官吏成员、职掌等，缺略尤多。均须于其他文献如地方志或档案中去搜寻。

三

本节对清会典中容易出现错误的几个方面，略作介绍。总的看，数字错误居多，如康熙三年（1664）误为二年（1663）、嘉庆元年（1796）误为九年（1804）、某官五品误为三品、某种官本设七名误为十名。还有的是误置朝名，如将雍正十二年（1734）误为乾隆十二年（1747）。此外还有官称弄错的等。而这些又多属于硬伤。大致又可归纳为以下几方面，并举例说明。

（一）时间方面错误

1. 詹事府詹事按例兼日讲起居注官的时间。

詹事府詹事，曾规定与翰林院掌院学士一样，坐充日讲起居注官，而且是按例兼此职衔，而非个别人。关于这一规定的时间，嘉庆《大清会典事例》卷793《詹事府·建置·兼衔》、光绪《大清会典事例》卷1057《詹事府·建置·兼衔》，均作嘉庆元年。

嘉庆元年，翰林院掌院学士奏："查讲官缺出，凡少詹事、读讲学士，均由引见充补。惟詹事职分较大，向系指缺奏补，节次办理在案。但前此未经明立奏案。相应恭请钦定。"奉旨："詹事府詹事，准其照翰林院学士之例，坐充日讲起居注官，著为令，纂入会典。"

而嘉庆《大清会典事例》卷792《起居注·建置·日讲设官》、光绪《大清会典事例》卷1055《起居注·建置·日讲设官》则均作嘉庆九年。

嘉庆九年奉旨："詹事府詹事，准其照翰林院学士之例，坐充日讲起居注官，著为令，纂入会典。"

查《清仁宗实录》卷125，是在嘉庆九年正月条下记此事：

> 嘉庆九年正月癸丑，命詹事府詹事照翰林院掌院学士例，坐充日讲起居注官，著为令。

实录的记载是准确的，应是嘉庆九年。而嘉庆、光绪两部《大清会典事例·詹事府》误作嘉庆元年，误九为元，应是形近而讹。

2. 理藩院之柔远司分为前后二司的时间。

柔远司为清初所设理藩院四司之一，后来分为前后二司，分司的时间，嘉庆《大清会典事例》卷17《吏部·官制·理藩院》、光绪《大清会典事例》卷20《吏部·官制·理藩院》均作：

康熙三十八年，裁满洲、蒙古司务及汉院判、知事、副使、主事等官。析柔远司为二，曰前司、后司。

《皇朝通典》卷26《职官四·理藩院》与上述记载稍有不同，作："康熙三十八年，裁汉人主事员额。后又析柔远司为二，曰前司、后司。"前述《大清会典事例》，成书于《皇朝通典》之后，大约是根据上述《皇朝通典》的这段记载，但没有把康熙三十八年（1699）以下的"后"字考虑进去，因而致误。所以，析为二司的时间应在康熙三十八年以后。

《清高宗实录》卷126，乾隆五年（1740）九月乙亥条记：

大学士等议覆，管理理藩院事务怡亲王弘晓条奏应行事宜：添铸印信关防。查理藩院柔远司，于康熙四十年间，分作前后两司，并未另铸印信。应如所请，另铸柔远前司、后司印信二颗。旧有印信缴销。

所以，将柔远司析为二司的时间，应作康熙四十年（1701）间。这句话可作两解：一是康熙四十年这一年中，二是康熙四十年代期间。确切时间暂不可考，但作康熙四十年间应无误，而不是康熙三十八年。

3. 太仆寺确立的时间。

太仆寺设于顺治元年（1644），当年即裁撤，顺治年间又恢复并确立，未再裁撤。其恢复确立的时间，嘉庆《大清会典事例》卷818《太仆寺·建置·设官》作：

顺治元年设太仆寺……是年十二月裁太仆寺。九年，复设太仆寺。

光绪《大清会典事例》卷1088《太仆寺·建置·设官》也作：

> 顺治元年设太仆寺……旋裁太仆寺。九年，复设太仆寺。

以上顺治九年（1652）之说错误，应为顺治二年（1645），这一点，张德泽《清代国家机关考略》[①]已经指出。

据《清世祖实录》卷14载：

> 顺治二年二月丁巳，九卿科道议覆给事中朱徽疏言：詹事府、太仆寺、尚宝司衙门宜复，冗员宜裁。应设……太仆寺正卿一员，少卿二员，寺丞一员。尚宝司正卿一员，司丞一员。从之。

同月便补太仆寺堂官，同书同卷又载：

> 顺治二年二月庚辰。补裁缺太仆寺卿赵京仕，少卿李元鼎、涂必泓，俱为原官。

而且，《清世祖实录》卷15又载：

> （顺治二年四月）升太仆寺卿赵京仕为工部右侍郎，太仆寺少卿李元鼎为太常寺卿，太常寺少卿刘昌为太仆寺卿。

均说明顺治二年已恢复太仆寺。

4. 吏部文选司增设司官的时间。

吏部文选司，在光绪年间因事务繁多，曾两次增设司官。第一次的时间，光

---

① 张德泽：《清代国家机关考略》，中国人民大学出版社，1981，第85页。

绪《大清会典事例》两处皆作光绪十三年（1887）。

卷19《吏部·官制·吏部》作：

> （光绪）十三年奏准。文选司添设满汉郎中各一人，员外郎各一人，主事各一人。

卷52《吏部·满洲遴选》作：

> （光绪）十三年奏定。吏部文选司，添设满汉郎中各一缺，满郎中作为选缺，汉郎中作为题缺；满汉员外郎各一缺，满员外郎作为题缺，汉员外郎作为选缺；满汉主事各一缺，满主事作为选缺，汉主事作为题缺。

而实录记载则是在光绪十四年（1888）。《清德宗实录》卷256记：

> 光绪十四年六月戊子。谕内阁，吏部奏：部务繁重，请添设司员额缺一折。吏部文选司事务繁重，近年更甚于前。据称该司额缺本少，不足以资分任，自系实在情形，著照所请，准其添设文选司满汉郎中、员外郎、主事各一缺。此外各衙门不得援以为例。现月。

实录此条是根据现月，即上谕档，应是当时的客观记录。成书于《清德宗实录》之前的《光绪朝东华录》①，所记此事同样是这一时间。

光绪十四年六月戊子，（吏部尚书）锡珍等奏："近年京官添设额缺者……光绪十三年七月，太常寺奏添设满寺丞一缺，其外官添设额缺者，不胜枚举，均先后

---

① 朱寿朋编纂《光绪朝东华录》，中华书局，1984年排印本，总排第2459—2461页。

允准在案……"上谕:"吏部奏部务烦重请添司员额缺一折,吏部文选司事务烦重,近年更胜于前。著照所请,准其添设文选司满汉郎中、员外郎、主事各一缺。此外各衙门不得援以为例。"

户部尚书锡珍等人的奏折追述光绪十三年七月已有某些机构增添缺额的先例,恰说明此次吏部申请增置额缺,不可能是光绪十三年之事,只能是光绪十四年。如果光绪十三年已经添设,那么次年即十四年吏部就不会再奏请添设,皇帝也不会据吏部之奏请而降旨内阁。当是光绪《大清会典事例》记错了时间,此书成书时,尚无《清德宗实录》,光绪《大清会典事例》当是利用了上谕,与《光绪朝东华录》所据邸抄或京报所披露的上谕,应同出一源,因其中有光绪十三年七月之叙,遂疏忽而将此年记载下来,这是一种可能。再有一种可能是手民之误,误四为三,这种可能性较小。

5. 鸿胪寺满寺卿品级改同汉官的时间。

鸿胪寺卿,满汉品级初不一致,后改为满汉同为正四品。其更改之时间,官方政书或作顺治十六年(1659),或作康熙十六年(1677)。

康熙《大清会典》卷6《吏部四·品级》、雍正《大清会典》卷7《吏部五·品级》,均作顺治十六年,记为:

> 鸿胪寺卿,满洲,初系三品,顺治十六年改为正四品。(后者作定)

《历代职官表》卷33《鸿胪寺》、嘉庆《大清会典事例》卷15《吏部·原定满汉官员品级·原定满洲官员》,亦作顺治十六年。

而嘉庆《大清会典事例》卷824《鸿胪寺·建置·设官》是作康熙十六年,记为:

> 康熙十六年,改从三品满洲卿为正四品。

光绪《大清会典事例》卷1094《鸿胪寺·建置·设官》所记与此完全相同，当是照录嘉庆《大清会典事例》的相应部分。

这一改定，《清实录》中未见记载。应以较原始的康熙《大清会典》及其他多书所记顺治十六年为是。嘉庆《大清会典事例》卷824《鸿胪寺·建置·设官》当是将顺治误为康熙。

6. 太常寺改设汉缺所牧的时间。

太常寺设有牺牲所，置所牧、所副，任职者也几经变化。曾裁满人所任所副一人，而增汉人所任所牧一缺。这次设官改变的时间，嘉庆《大清会典事例》卷18《吏部·官制·太常寺》、光绪《大清会典事例》卷21《吏部·官制·太常寺》均作乾隆十二年。而嘉庆《大清会典事例》卷794《太常寺·设官》、光绪《大清会典事例》卷1058《太常寺·设官》，则作雍正十二年。查实录，在《清世宗实录》卷146，雍正十二年八月下，记有"裁太常寺牺牲所满所副一员，增设汉所牧一员。从太常寺少卿唐绥祖请也"。可见，是嘉庆、光绪两部会典事例的吏部之官制，将系年的雍正朝误为乾隆朝。同书的太常寺部分则作了正确记录。

（二）官员品级错误

1. 钦天监满监副初设之品级。

康熙四年，钦天监初设满监正、左右监副。左右监副，有时也略称监副，其始设品级，康熙《大清会典》卷6《吏部四·品级》记为：

钦天监监副，满洲，初系五品，康熙六年改为四品，九年定为正六品。

而雍正《大清会典》卷7《吏部文选司·品级》记为：

钦天监监副，满洲，初系三品，康熙六年改为四品，九年定为正六品。

嘉庆《大清会典事例》卷15《吏部·官制·原定满汉官员品级·原定满洲官员》也记为，满洲"钦天监监副，初制三品，康熙六年改为四品，九年定为正六品"。光绪《大清会典事例》卷18《吏部·官制·原定满汉官员品级·原定满洲官员》所记，与此完全相同。

应以康熙《大清会典》所记初系五品为是，因为康熙四年初设时，钦天监正长官满监正为四品，这在上述所有会典中所记都是如此，而副长官监副，反倒是三品，高于正长官，于制不合。且康熙六年（1667）普遍提升满官品级（实为恢复初制的较高品级），钦天监初设之满官，也在康熙六年提升品级。如监正，初设为四品，康熙六年升为三品；而监副却初为三品，康熙六年反降为四品，也于制不合。实际应是：初为五品，康熙六年升为四品，而不是降为四品。

其雍正会典之误，或为误编，或为误抄，或为误刻，而嘉庆朝编会典，未加细查，沿袭雍正会典致误。乾隆朝所修会典，无品级变化之叙述。光绪朝修会典，又沿袭嘉庆会典，以误致误。

2. 太医院御医之品级。

太医院御医之品级，会典及会典之则例或事例，有两种说法，一为正八品，一为七品。

康熙《大清会典》卷6《吏部·官制·太医院》雍正《大清会典》卷7《吏部·官制·太医院》，皆作正八品。

乾隆《大清会典》卷3《吏部·官制·太医院》、嘉庆《大清会典事例》卷15《吏部·官制·太医院》、光绪《大清会典事例》卷18《吏部·官制·太医院》，也皆作正八品。

而乾隆《大清会典则例》卷158《太医院》、嘉庆《大清会典事例》卷831《太医院》、光绪《大清会典事例》卷1105《太医院》，则皆作七品。

准确的说法应是：雍正七年以前为正八品，雍正七年以后为七品，宣统元年（1909）升为六品。所以，雍正七年以后所修的乾隆《大清会典》卷3《吏部·官制·太医院》、嘉庆《大清会典事例》卷15《吏部·官制·太医院》、光绪《大清会典事例》卷18《吏部·官制·太医院》所作的正八品,均误。

按雍正会典记事止于雍正五年,所记以前御医为正八品,无误。但自雍正七年,御医升为七品,乾隆《大清会典则例》卷158《太医院》记:

(雍正)七年定,御医均授七品,许用六品冠带,挂数珠。

此后的嘉庆《大清会典事例》卷831《太医院》、光绪《大清会典事例》卷1105《太医院》,均将这句话抄录,以御医自雍正七年至光绪朝,始终是七品,这是准确的表述。宣统元年,会议政务处继禄、太医院院使张仲元等,在呈请变通太医院官制时,曾提到:"按定制,御医七品,许用六品冠带,挂数珠侍直,有劳并得加衔给赏,是在旧章,已早蒙优异之施。"他们专门针对御医的品级而叙述"按定制,御医七品",且源于"旧章"。后来,在奏报商议后太医院各官应提升的品级时,又提到,此前"御医十三缺,均为七品",现拟将"御医升为六品"。① 所以,御医在雍正至光绪朝这段最长的时期内是七品,这是没有问题的。由以上会典的记载,也可见到,乾隆《大清会典》卷3《吏部·官制·太医院》是照抄了记事止于雍正五年的雍正《大清会典》卷7《吏部·官制·太医院》所记御医为八品的文字,而没有见到或者说是忽略了此后雍正七年御医提升为七品的史事。以后的嘉庆《大清会典事例》卷15《吏部·官制·太医院》、光绪《大清会典事例》卷18《吏部·官制·太医院》,又照抄了乾隆《大清会典》卷3《吏部·官制·太医院》的错误记述,这是会典馆负责《吏部》的纂修者的错误。而专门负责《太医院》的纂修者,则接触到了这一升品级的资料,所以乾隆《大清会典则例》卷158《太医院》、嘉庆《大清会典事例》卷831《太医院》、光绪《大清会典事例》卷1105《太

---

① 《皇朝续文献通考》卷128《职官考十四·京文职·太医院》。

医院》，均记述了雍正七年御医升为七品的史事。

3. 国子监监丞、博士、助教的品级。

嘉庆《大清会典事例》卷15《吏部·官制·原定满汉官员品级·原定满洲官员》记载：

> 国子监监丞、博士、助教，初制五品，后改为从八品，复改为从七品。

光绪《大清会典事例》卷18《吏部·官制·原定满汉官员品级·原定满洲官员》所记与此完全相同。

这里所记的国子监满洲监丞、博士、助教曾为五品之制，未见于实录及其他政书及这两部政书的其他之处记载。

查清初满洲官员品级之普遍的或者说是大范围的变更，大致有三次：

清初，满汉官同职之官，品级不一，顺治十五年（1658）划一，也有于次年更改者。

康熙六年复旧，满官仍照顺治十四年以前之制。

康熙九年又改为满汉相同，从此大致成为定制，以后只是个别官职品级的更改。

据《清圣祖实录》卷21，康熙六年二月癸酉条载：

> 吏部遵旨议覆：各部院官员品级，照顺治十四年以前定例，满洲尚书……国子监监丞、助教，为七品。

同书卷32记：

> 康熙九年三月，议政王等遵旨议覆：查顺治十五年，曾将满洲官员品级

与汉人画一。后康熙六年，将满洲官员品级为照旧。今应行画一，将满洲官员品级照顺治十五年之例。其见在品级仍准存留，以后补授之时照此定例补授。从之。

这一年照顺治十五年之制，将满汉官员品级划一，查当时国子监汉官品级，是承袭明朝之制。记为：

> 监丞，正八品。博士，从八品。助教，从八品。

至乾隆元年（1736），为国子监满汉官员加级。《清高宗实录》卷15，乾隆元年三月壬戌条记：

> 吏部议覆广东道监察御史钟衡请加国子监助教、学正、学录等官品级一疏，应如所请。加从八品助教，为从七品。加正九品学正、从九品学录，为正八品。至正八品监丞，亦应加为正七品。从八品博士，加为从七品，满洲、蒙古助教等缺品级，均归画一。从之。

以上，才是国子监这几种官员品级变化的轨迹。
汉官，始终如明制，监丞，正八品；助教，从八品；博士，从八品。
满官，顺治十四年以前，监丞，七品；助教，七品；博士殆同汉官，从八品。
顺治十五年以后，监丞，正八品；助教，从八品；博士，仍从八品。
康熙六年以后，监丞，七品；助教，七品；博士同汉官，从八品。
康熙九年以后，监丞，正八品；助教，从八品；博士，仍从八品。
乾隆元年以后，监丞，正七品；助教，从七品；博士，从七品。

初步判断，嘉庆《大清会典事例》卷15《吏部·官制·原定满汉官员品级·原定满洲官员》，是犯了如下错误：

第一，将"国子监满监丞、助教的初制（顺治十四年以前）七品"，误为五品，博士，因明制与助教品级相同，遂一并列为五品。

第二，康熙九年的"监丞，正八品；助教，从八品；博士，从八品"，又都误为从八品。

第三，乾隆元年的"监丞，正七品；助教，从七品；博士，从七品"再错，都误为从七品。

4. 钦天监时宪科五官正的品级。

乾隆《大清会典》卷3《吏部》的《文选清吏司·官制一·京官·钦天监》作：

> 春、夏、中、秋、冬五官正，满洲、蒙古各二人，汉军一人，汉五人，均从六品。

以上所记品级是错误的，应为满洲、蒙古所任的五官正，为从六品，汉军所任的秋官正，也是从六品。而汉人所任的春、夏、中、秋、冬官正，则高于满洲、蒙古所任之五官正及汉军所任秋官正，为正六品。这种品秩不同的记载，政书中甚多。

康熙、雍正两朝所修的会典，都在正六品之下列汉人所任的春、夏、中、秋、冬官正，而在从六品之下，列满洲五官正。分见康熙《大清会典》卷6《吏部四·品级》、雍正《大清会典》卷7《吏部五·品级》。

此后，大约同时成书的《皇朝通典》《皇朝文献通考》，亦都作如上列举，满人所任为从六品，汉人所任为正六品。分见《皇朝通典》卷40《职官十八·秩品·满汉文职》、《皇朝文献通考》卷89《职官考十三·品级·文职》。

又其后成书的嘉庆《大清会典事例》，叙述得更细致、明确，在卷14《吏部·官制》下的满洲官员品级中，正六品下没有钦天监五官正，而在从六品下，则明确记钦天监五官正。在蒙古官员品级一目中，正六品下亦无钦天监五官正，蒙古所任钦天监五官正，是列在从六品官员中。汉军官员品级一目中，是将汉军旗人所任的秋官正，也列在从六品中，与满蒙旗人品秩相同，记为："从六品：钦天监秋官正……"而同书卷15《吏部·官制》下的汉官品级一目中，则在正六品官之下，明确列有钦天监春、夏、秋、冬、中五官正。而从六品官之下，没有列此官职，说明汉人所任此职是正六品，而不是从六品。

光绪《大清会典事例》所列，与嘉庆《大清会典事例》所列相同，也是满洲、蒙古五官正，汉军秋官正为从六品；汉人所任春、夏、秋、冬、中五官正，列为正六品。分见光绪《大清会典事例》卷17《吏部·官制·满洲官员品级、蒙古官员品级、汉军官员品级》、卷18《吏部·官制·汉官品级》。

（三）设官额数错误

1. 户部三库所设笔帖式额数。

户部三库——银库、缎疋库、颜料库，每库均设有笔帖式。雍正继位后，又设总理户部三库事务王大臣，其下设档房，也置笔帖式。这样，就有银库、缎疋库、颜料库、档房这四个分支机构设有笔帖式。关于三个库所设的笔帖式额数，乾隆《大清会典》卷8《户部》及卷3《吏部》，以及乾隆朝所修《历代职官表》卷7《户部三库》及《皇朝通典》卷24《职官二·户部》均作15人，记为：

笔帖式，十有五人，分隶三库。

而嘉庆《大清会典》卷17《户部》、光绪《大清会典》卷24《户部》，则均作：

银库笔帖式，满洲六人。缎疋库笔帖式，满洲三人。颜料库笔帖式，满洲四人。

共合 13 人，并非 15 人。究竟何者为是？

据乾隆《大清会典则例》卷 38《户部·库藏·管库官役》记：

> 康熙二十五年定，管库官分隶三库……笔帖式，每库各八人……雍正二年……裁银库笔帖式二人、缎疋库笔帖式五人、颜料库笔帖式四人。设三库掌案主事一人、笔帖式二人。

是康熙二十五年三库共笔帖式 24 人，雍正二年共裁 11 人，恰为 13 人之数。而以上所述的"设三库掌案主事一人、笔帖式二人"，其中的"笔帖式二人"并非三库笔帖式，而是总理三库事务下档房所设笔帖式，其额缺正好是二人，见嘉庆《大清会典》卷 17《户部》的管理三库大臣下档房设官。看来，是前述乾隆朝所修《大清会典》等书，将这二名也一并作为分隶三库的笔帖式，也即三库笔帖式，而成 15 人了。

乾隆《大清会典》把管理户部三库的四个办公处所——总理户部三库档房、银库、缎疋库、颜料库，理解为三个，在概念使用上也不规范，以致造成这种误记。

2. 工部所设笔帖式之额缺。

嘉庆《大清会典事例》卷 17《吏部·官制·工部》下，于工部堂主事后叙，设有"缮本笔帖式满洲十人"。又，诸司等设笔帖式 97 人。"满洲，八十五人。蒙古，二人。汉军，十人。"这诸司的笔帖式 97 人，再加上前述堂署的缮本笔帖式满洲 10 人，共 107 人。

而嘉庆《大清会典》卷 48《工部》是作，设"笔帖式，满洲，八十有五人。蒙古，二人。汉军，十人"，只有 97 人，比事例少 10 人。

查《皇朝通典》卷25《职官三·工部》下，记工部所设笔帖式，也共计107人，所记为："满洲，九十三人。蒙古，二人。汉军，十有二人。"

《皇朝文献通考》卷79《职官考三·官数·工部》所记与此数相同，"笔帖式，满洲，九十三人。蒙古，二人。汉军，十二人"，共107人。

嘉庆《大清会典》卷48《工部》当是漏记了10人。所记97人，应是诸司等机构的笔帖式数额，而将堂署所设的缮本笔帖式10人漏载了。

3. 钦天监时宪科五官正的称谓及其员额。

清朝官修政书中，关于钦天监时宪科所设五官正的员额、品级，记载非常混乱，而且由于官职名称使用不规范，更增加了混乱程度，尤以乾隆时所修政书为甚，如乾隆《大清会典》卷3《吏部》的《文选清吏司·官制一·京官·钦天监》、《皇朝文献通考》卷83《职官考七·钦天监》都作：

> 时宪科，春、夏、中、秋、冬五官正，满洲、蒙古各二人，汉军一人，汉五人。

乾隆《大清会典》卷86《钦天监》也作：

> 时宪科，春、夏、中、秋、冬五官正，满二人、蒙古二人、汉军一人、汉五人。

按：春、夏、中、秋、冬五官正，为五种官职名称，分别是：春官正、夏官正、中官正、秋官正、冬官正。若照乾隆《大清会典》卷3《吏部》与《皇朝文献通考》卷83《职官考七·钦天监》所记，是"满洲、蒙古各二人"，则这五种官职，每种都设满洲二人、蒙古二人，即满人十名、蒙古人十名，这是一种理解，按字面，也应该这样理解。另一种理解是满人二名、蒙古人二名，但这五种官，怎样设满人二名、蒙古人二名？显然，照这后一种理解，是解释不通的。其实，这两种政书之作者所要表达的，正是这后一种：满人二名、蒙古人二名。只是官职称谓上使用混乱，导致人们的误解。

综合各种政书、实录可知，满洲、蒙古所任时宪科的这种官，仅称五官正，而无春、夏、中、秋、冬五官正之称，实际应是：时宪科，五官正，满人、蒙古各二人。汉人所充任的，才称春、夏、中、秋、冬官正，且这两种职官，品级也不同（详见前述）。为汉军所设官缺，只有秋官正，也不称满、蒙旗人所任的五官正。《历代职官表》卷35《钦天监》、《皇朝通典》卷28《职官六·钦天监》便使用了比较规范的官称，两书均作：

> 时宪科，五官正，满洲二人、蒙古二人。春、夏、中、秋、冬五官正，汉人各一人。秋官正，汉军一人。

《皇朝通志》卷67《职官略·钦天监》，与这两书略有不同，记为：

> 时宪科，五官正，满洲、蒙古各二人……秋官正，汉军一人。春、夏、中、秋、冬官正，汉人五人。

在春、夏、中、秋、冬官正中未用"五"字，与满洲、蒙古所任五官正更严格地区分开了。

迨至嘉庆朝所修会典，就记述得更规范更清晰了，嘉庆《大清会典》卷64《钦天监》作：

> 时宪科，五官正，满洲二人、蒙古二人。春官正，汉一人。夏官正，汉一人。中官正，汉一人。秋官正，汉军一人、汉一人。冬官正，汉一人。

光绪《大清会典》卷80《钦天监·时宪科》所记与此完全相同。

通过对以上史料的分析，可以认为，乾隆《大清会典》所记载的是不准确的。满蒙旗人所出任的，只称五官正，各为二缺，共四名。汉军旗人担任的是秋官正，一名。汉人缺为五名，分别为春、夏、中、秋、冬官正。附带说明，汉军旗人任秋官正，康熙十四年（1675）以前是二缺，这一年以后为一缺。

还须提及的是，在康熙《大清会典》卷3《吏部》的《文选清吏司·官制一·京官·钦天监》，以及雍正《大清会典》卷3《吏部》的《文选清吏司·官制一·京官·钦天监》中，所设官均作：

> 满五官正二员，汉军秋官正一员，汉春、夏、中、秋、冬官正，各一员。

都没有蒙古旗人的五官正二员。按雍正《大清会典》记事截止到雍正五年，成书于雍正十年，那么是否在雍正五年以前，尚未设置蒙古旗人五官正二缺？若据《皇朝通典》所载，蒙古五官正，与满人五官正，都是康熙四年便确定了员额，该书卷28《职官六·钦天监》记：

> 五官正，满洲、蒙古、汉人员额，俱康熙四年定。

《历代职官表》卷35《钦天监》所记与此相同。此后所修的嘉庆《大清会典事例》亦载，这蒙古旗人的五官正二员，是在康熙四年确定钦天监设官额缺时，就已设定了的。该书卷19《吏部》的《官制·钦天监》下记：

> （康熙）四年定：满汉监正各一人……满洲、蒙古五官正，各二人。汉军秋官正一人。汉春官正一人，夏官正一人，中官正一人，秋官正一人，冬

官正一人。

另外,《清世宗实录》卷 73,雍正六年(1728)九月丁巳条,记有吏部议覆理藩院关于蒙古旗人官员选任的内容,提到:

钦天监,蒙古五官正二员,原系考选之缺,请照例于内阁蒙古中书、八旗蒙古笔帖式内考选,咨部引见补用。

吏部议覆的这一关于蒙古五官正二员考选之事,是在雍正六年九月,当时雍正《大清会典》尚在纂修之中,上文中所述蒙古五官正二员,乃"原系"考选之缺,应"照例"如何如何,都说明这蒙古五官正二员之选任,是雍正六年九月以前就确定的官缺,并有选用定例。若据前述其他政书,这蒙古五官正二员,在康熙四年就已设置其缺额了。初步认为:是康熙会典漏记这一内容,雍正会典又抄录,同样漏记。

(四)其他错误

1. 所记职掌之误:大理寺经办之案件送都察院哪一道注销?

大理寺左右寺经办之案件,每月由大理寺之司务厅送都察院之该管道注销。那么究竟该送哪一道注销?嘉庆《大清会典》卷 54《大理寺·司务厅》,是作"注销于陕西道",这一记述有误。光绪《大清会典》卷 69《大理寺·司务厅》,所记与此相同,乃错误因袭。

实际上,所送之道,乾隆十三年前后有过变化,以前,是送都察院的陕西道注销,乾隆十三年以后改送广东道。

雍正《大清会典》卷 223《都察院·各道职掌》,叙各道"至其稽察,有专属",下列各道所稽察的衙门,于陕西道下,列有大理寺。

乾隆十三年之改变，见《清高宗实录》卷331，乾隆十三年十二月戊戌条：

> 都察院等衙门议奏：酌定满汉御史分理十五省并稽察在京各部院衙门。
> 事件之例……次广东道，办理广东案件，稽察大理寺。应设满汉御史各一员……

而陕西道，是办理陕西案件，稽察工部及宝源局，其稽察大理寺的职掌，划归了广东道。

此后修成的乾隆《大清会典》卷81《都察院》下即作：

> 陕西道，掌印监察御史，满汉各一人。分理陕西刑案，稽察工部、宝源局。
> 广东道，掌印监察御史，满汉各一人。分理广东刑案，稽察大理寺。

此后的嘉庆《大清会典事例》卷772《都察院·各道·坐道职掌》亦引乾隆十三年上谕，记为：

> 广东道，办理广东省案件，稽察大理寺。

光绪《大清会典事例》卷1029《都察院·各道·坐道职掌》所记与此相同。又，《光绪朝东华录》所记尤为清晰明确。其光绪三十二年（1906）十一月，大理院奏：

> 再察大理寺向办各衙门来文、行文事件，均造具清册，按月分送都察院刑科广东道注销。

乾隆十三年的这一改动，在乾隆《大清会典》及其则例的大理寺部分，未见记载，故嘉庆朝修会典时，是按雍正会典所记的尚未改动的陕西道而照录下来，因而致误。

2. 所述入关前议政处所之误。

康熙《大清会典》卷1《宗人府》记述："国初，于笃恭殿前列署十，为诸王议政之所。"文中所述笃恭殿，又称大政殿、大殿、大衙门，即今沈阳故宫东路大院正北居中的那座八角形大殿。其前边的"列署十"，是指殿前两侧呈燕翅排列的十个亭子，即左翼王亭、右翼王亭再加上八旗的八个亭子，俗称"十王亭"或"八旗亭"。并认为这十个亭子就是当时议政王大臣会议的处所。后来所修的会典及则例或事例，都沿袭了这种说法。

上述康熙《大清会典》所谓在十王亭中议政的说法并不确切，因为众人集议，应是会聚一处，不可能在互有一段距离的十署——十个亭子中。上述说法，不过是根据当时的八旗合议制或八和硕贝勒共议国政制而作的随意性述说。实际上诸王议政之所，是在笃恭殿中，而不是在笃恭殿前的十个亭子中。

光绪朝，曾参与修光绪《大清会典》的吏部主事何刚德，对当时修会典之事作过记述：

> 京师史馆林立，余无分与修史事。时会典适开馆，余充协修之职，盖吏部一门，须由吏部司员起草也。余分得稽勋司三卷，原本尚多舛漏，随意修饰，数日即交卷。同时部中无好手笔，意馆中总纂必有一番斟酌也。谁知依样葫芦，而全书成矣。余且得升阶保案焉。盖向来修纂官书，不过聚翰苑高才，分任纂修、协修之役，精粗纯驳，各视其人之自由。总其成者，半皆耆年高位，以不亲细事为习惯，略观大意，信手批阅，即付剞劂。风行海内，人人遂奉为圭臬，以讹传讹，流毒无穷；迨识者指其错谬，已无从补救矣。

此亦文字关系，不可以常理论也，人特习焉不察耳。①

这番叙述，某些评论有偏激之处，而且查光绪会典的《稽勋司》，也并非三卷，而只有半卷，且与嘉庆会典的《稽勋司》内容基本相同，只是在丁忧之下增加了二三十字的补注。其所经手的三卷《稽勋司》，也可能是作续修参考的资料汇编（事例中也无《稽勋司》之目），非撰写正文之稿。但其所述之良莠不齐及粗疏之处，当也反映了一些实际情况。因而我们在利用会典这种比较权威的资料时，也不应盲从。好在同类内容，同一部会典中不止一处叙述到，五部会典，沿袭的内容即相同的内容也相当多，此外，还有其他政书、实录、档案等资料，均可资比勘，以发现歧异之处，而作订正。

（原载《明清论丛》第 9 辑，紫禁城出版社 2009 年）

---

① 何刚德：《春明梦录》卷上，上海古籍书店影印本，1983，第 45 页。

清代满族家谱的史料价值及其利用

清代满族家谱①之多，在少数民族家谱中可谓一枝独秀，这是研究少数民族满族历史的具有独特价值的宝贵资料。

从现在见到的满族家谱的数量来看，东北地区较多。也有学者专门作过归纳性研究，如李林《满族宗谱研究》②、傅波等《满族家谱研究》③、孙明《清代东北满洲旗人家谱的编纂》④。东北满族家谱存留现今的数量仍很大，已搜集出版的，仅笔者所知，就有李林主编《满族家谱选编》，刘裕仁等《吉林乌拉档案史料丛编·满族宗谱编》，傅波、张德玉主编《满族家谱选》，本溪市党史地方志办公室编《辽东满族家谱选编》，何晓芳、张德玉主编《清代满族家谱选辑》⑤，等等，其他恕不一一列举。清代东北地区满族家谱的较多纂修，或可称其为带有一定的普遍性，是非常值得研究的现象。从现在见到的谱书来看，京旗、中原城镇驻防旗人纂修之族谱相对较少，但从其存世的一些家谱来看，则有的部头比较大，如《镶黄旗弘毅公钮祜禄氏家谱》（又称《镶黄旗钮祜禄氏家谱》）《正红旗满洲哈达瓜尔佳氏家谱》《佟氏宗谱》，其中《镶黄旗钮祜禄氏家谱》以京旗旗人为主，《正

---

① 本文所说的满族家谱，以八旗满洲之家谱为主，同时也兼及八旗蒙古、八旗汉军家谱。关于清朝时期"满族"的民族称谓，满洲旗以外其他旗人是否也算满族等问题，此处不作论述。详见杜家骥：《清代满族与八旗的关系及民族融合问题》，《社会科学战线》2016年第6期。又，本文介绍的清代满族家谱资料，着重取自清朝时期所修之谱，也利用清时期纂修、民国时又续修而移录的清朝时的资料。另外，民国时纂修的谱书中编入的清朝时的资料，为了佐证某些问题，也酌情引用。
② 李林：《满族宗谱研究》，辽沈书社，1992年。
③ 傅波、张德玉、赵维和：《满族家谱研究》，辽宁古籍出版社，1996年。
④ 孙明：《清代东北满洲旗人家谱的编纂》，《历史档案》2015年第1期。
⑤ 此"选辑"为"国家清史编纂委员会·文献丛刊"。所收大部分是东北地区的满族家谱，也有少量京师旗人家谱。

红旗满洲哈达瓜尔佳氏家谱》是以驻防西安的该家族之人为主，兼及京旗等地的族人，《佟氏宗谱》则是以京旗、东北该家族为主的族人族谱。这几部族谱部头大，内容丰富，价值较高。

一、满族家谱的类别

满族家谱种类较多，可粗略归纳为以下几种：

第一，按世次辈分序列族人的谱单[①]，与下述谱书之世系有类似之处，唯内容简单。谱单的数量较多。第二，以世系表的形式列叙家族每一世（即辈分）之人及其简况的谱书。其世系，以横行（或横格）表示辈分，下一横行表示下一辈人，有的还在横行间以上下竖线（有的是斜线、曲线）标示父子关系，也即某人的儿子。世系的每个人之下，记载其简况，如妻、子女、过继、封爵、职官、披甲、出征等。有的谱详，有的谱简，同一家族的谱书不同族人也有详略之分，详者有的多达数百字、上千字，简略的只有名字。[②] 世系前多有谱序，叙本家族渊源、驻防调拨或迁徙定居某地，以及修谱原因等。东北地区这类家谱的数量较大。第三，单记族人生平小传，而按世次排列的谱牒，类似于清皇家宗谱中的直档《玉牒》《星源集庆》，以及后来据此而编修的《爱新觉罗宗谱》，一般也有谱序。第四，综合性体例包括谱序、凡例、渊源（不少谱这部分内容是在谱序中记述）、谱图或世系、族人小传、恩荣录、封爵官宦、宗规、祠宇、墓图、祭祀等的谱书。这类族谱一般篇幅都比较大，如前举几部部头大、内容丰富的家谱，东北地区也有这类族谱，如《（吉林）他塔拉氏家谱》。第五，偏重于某些或某种内容的谱书，其中又以偏重祭祀主要是萨满祭祀方面的居多，也有谱序及其他内容。

以上是就各类谱牒的主要内容特点而作的大致归类，为的是从其不同内容的

[①] 关于谱单的再分类，可见孙明：《东北地区的满族谱单形制》，《历史档案》2010年第2期。

[②] 其世系有的仿欧式或苏式，有的为二者结合。

多少方面，了解其价值，具体到每一部家谱，又有其不同情况，有的类别内容多些，如第二、三、五类。第四类中，也由于家族情况不同而在事项内容上有多少之别。第一类谱单，有的也有第二类中的内容。而以文字世系或表的形式列叙宗族成员，是大多数家谱的共同内容。

另外，有的族谱还记有一些特殊事类，如春节礼仪，丧服制度，本家族的家史，宗族大事记，为族人取名所定辈分之字，皇帝有关上谕，旌表文或碑文（有的与诰命、敕命书归入恩荣录中），族人科举仕宦，科举试卷文字、诗文，过继承继证书等。

满族谱牒之文字，汉文居多，满文者现存很少。清前期修的满文宗谱，很多在以后的续修时已译为汉文，而以汉文续修。有的在某些类目中如萨满祭祀，或保留满文，或以汉文音作满语。还有的在谱单、谱书的世系部分，将人名以满文书写，或满汉文并写。

二、满族家谱史料价值略举

这篇小文，不可能将整个满族家谱的史料价值作全面深入的阐述，只是将自己了解的值得注意的几方面，作简单介绍。

1. 谱单及谱书的世系。

满族谱牒中，谱单及谱书的世系，在内容上占很大比例，这部分内容，有的只记各代及支系族人的名字，如果族人有任过职官者、诰封（荣誉职衔，如男封光禄大夫，女封夫人、孺人之类）者，一般都记载，如《章佳氏哈拉宗谱》《满洲苏完瓜尔佳氏全族宗谱》《那拉氏宗谱》《福陵觉尔察氏谱书》《佟氏宗谱》《镶黄旗钮祜禄氏家谱》《正红旗满洲哈达瓜尔佳氏家谱》等，都有这种记载，为我们了解旗人家族的入仕、任官情况及家族势力、族人身份地位等，提供了较系统的资料。还可以与汉人家族作个对比，看一看各担任什么官，又是通过什么途径进入仕途的，这也是研究满族史、宗族史的重要内容。

考察某些世家大族的势力，也只有通过该家谱才能了解全面。比如常说的康熙帝的外祖母家佟官宦势力很大，有"佟半朝"之称，那么具体情况怎样？有多少人任官，又是任的什么官？在《佟氏宗谱》（佟达礼支系）中，就有全面记载。其他资料不可能全面记述某家族的这方面内容，尤其是任中低级职官的人，官方不为其立传，一般资料也不记载，而其数量又较多，缺了这部分，就无法见其全貌、整体数量，而族谱在这方面的系统集中的记载，体现了其独特价值。

另外，族人有爵者，在谱单、谱书世系中也会有记载。皇家之外的旗人爵位，主要有公侯伯子男，另外是轻车都尉、骑都尉、云骑尉、恩骑尉，也可归入爵的系列，又统称为世爵世职。清代的旗人尤其是满洲旗人，立军功者甚多，而爵位，主要是因军功所得，所以清代的有爵位者多是八旗旗人，尤其是公侯伯爵，绝大部分是旗人，汉人得此类高爵者较少。[①]有爵位者，在社会中具有较高的身份地位，有法律特权，另外，清代政策，凭爵可以选为职官，还可荫子为官。以爵选任武官，公、侯、伯、子（精奇尼哈番），可授为八旗都统、副都统；男爵（阿思哈尼哈番），可授为八旗副都统；子、男、轻车都尉（阿达哈哈番）、骑都尉（拜他喇布勒哈番），可授为前锋参领；骑都尉、云骑尉（拖沙喇哈番），可授为参领。世爵世职还可充任文官，如男爵、轻车都尉，可授为各部院郎中；都察院科道官、骑都尉，可授为六部各司的员外郎；云骑尉，可授为六部主事；郎中、员外郎、主事，分别可授为正五品、从五品、正六品官。另外，凭爵还可荫子为官，公、侯、伯之子为荫生，可选为部院衙门的从五品官员外郎；子爵、男爵所荫之子，可选为六品、七品官，相当于汉人进士所选任的品官。清代不少旗人通过世爵世职任官或荫子为官，对清代政治产生较大影响，是满族史也是清代政治史中值得深入研究的问题，而系统研究这一问题，家谱是不可或缺的资料。

---

① 《钦定八旗通志》卷274的《封爵表五》至卷277的《封爵表八》，卷278的《世职表一》至卷309的《世职表三十二》，文渊阁四库全书本。《清史稿》卷168—173《诸臣封爵世表》一至五。朱彭寿《旧典备征》卷2《封爵考》，中华书局标点本，1982。

族人任世职者，另一重要方面是世代承袭佐领官。清代的八旗佐领，不计包衣佐领、管领，也有一千多个，近四分之三都是世管佐领，佐领官由该佐领某家族的某支族人世代充任。充任佐领官，在族谱世系中有记载，据此可了解该家族对佐领的承袭情况、承袭人所在支系的变化，而官方则曾针对承袭导致的族人间的矛盾，对承袭原则制定制度，凡此，都是八旗制度应考察的内容。

这类用于承袭世爵世职的世系表的纂修也较多，这与其世职、爵位的承袭需要对世系关系作文字性的明确有关，也是官方的要求，为的是避免族人因爵位、世职之承袭产生争执。

族人的任官、诰封、世爵世职，在谱中的人物传、仕宦表、恩荣录等部分也有记述，可互相参照利用。

有的家谱有族人披甲、出征的简单文字，为研究八旗以丁抽兵、家族披甲人之多少，以及旗人的军事职能等，提供一些信息。

另外，有的家谱记族人妻妾姓氏，对了解、研究满族内部及与汉人的通婚，以及满汉关系、民族融合也有参考价值（详见后面的专题介绍）。

2.人物传记及族人事迹的其他记载。

满族家谱的人物传记，有的简略，有的详细，都有价值，大多是官方不予记录的，可补官方文献资料之不足。

官方国史馆所作人物传记，都是官品、地位高及有较重要事迹者。但研究历史，不能光靠这些人的传记，而那些大量的不入国史馆人物传的人物，他们的情况，是反映政治、社会全貌不可或缺的内容，对这些人物的记述，家谱是重要甚至是主要的资料，满族家谱也是如此。

《（辉发）那拉氏家谱》有人物传略一目，传中人物大多属于中级官员，有关他们从举人或其他资格选为低级官员始，一步步升调什么官职等内容，传文都一一进行了记述，如延庚，由举人选任知县、署知州、升知府。高级官员，其初入仕时的情况也记载甚详，如麒庆，是由廪生考举人，选笔帖式，后来又考为进士，再被授工部主事，进而逐步升任员外郎、郎中、詹事府庶子、翰林院侍讲学士、侍读学士、日讲起居注官、内阁学士、镶黄旗满洲都统、工部侍郎、热河都统等。①《高佳氏家谱》的宗支谱，也是有关这方面的内容。②

还有的谱书，是在世系的人物之下，叙其生平、爵、职、履历等。也有这方面材料。如《讷音富察氏增修支谱》的世系，记：穆诚额，由官学生考补户部笔帖式，荐擢本部郎中，进而监察御史、鸿胪寺卿、内阁学士；良格，精通翻译，由官学生考用翰林院笔帖式，以后又考进翻译生员、翻译举人，进而荐擢礼部郎中、太仆寺少卿；傅良，由生员考取翻译举人，考中内阁中书，在军机处行走；岳色，由前锋从征云南凯旋，议叙（即奖励），补用印房笔帖式，升杭州理事同知，此后逐步任刑部员外郎、郎中、翰林院侍讲学士、都察院副都御史。③

上述这方面记录，为职官尤其是中下级职官的选任提供了较为详细的材料。而入国史馆人物传的官员，一般只详记其升调高职的情况，以前的任职经历不一一赘述。而要全面了解职官选拔的全部环节、选任制度的实际履行情况，这种家谱传记，就提供了较为难得的参考资料，尤其是反映了满人入仕比汉人起点低、升迁快的具体情况。如上述富察氏家族的穆诚额，由官学生考补笔帖式，再升郎中，而汉人，则须考中进士，才被授为低于郎中两级的主事，数年后才可能升为郎中。同家族富察氏的岳色，则是从一个没有学历资格的前锋兵，因参战议叙，而任用为低级文官笔帖式，进而升中级官同知、郎中，最后竟升为都察院的副长官副都御史。凡此，都是汉人无法想象的。

其他方面的内容也有反映。如上述富察氏家族的双德，谱书世系该名下，记载他"设立满汉家塾，令族中子弟就学读书，并备饮馔。藉以成名者甚众"④，反

---

① 何晓芳、张德玉主编《清代满族家谱选辑》（上），辽宁民族出版社，2016，第414—416页。下同，皆此版本，不另注。
② 何晓芳、张德玉主编《清代满族家谱选辑》（下），第848—851页。
③ 何晓芳、张德玉主编《清代满族家谱选辑》（上），第447—453页。
④ 何晓芳、张德玉主编《清代满族家谱选辑》（上），第448页。

映了满人家族教育以培养族人仕进的情况。这种家族基层的内容，也是官方文献很少记述的。

同类形式记述一般族人事迹的家谱，不作赘举，见注中所列。[①] 基层族人的日常生活、人际关系及其他内容，还可见下举之宗规家训的间接反映。

即使官方修史已经立传的人物，家谱的该人物传记也有独特价值，体现在两方面。

第一，修传者的记载重点、角度不同，家谱所记的族人内容，有其不同于国史馆所修该人传记的价值。以《镶黄旗钮祜禄氏家谱》的额亦都家传为例，就有清国史馆所修额亦都传没有的且很有价值的内容，尤其是努尔哈赤起兵至天命建元以前之事，事关额亦都者，该家传尤详，事关满洲草创期历史，可补官方典籍之不足。其中涉及其家族佐领的记述尤为珍贵，额亦都曾因战功被赐予三个佐领，这三个佐领在该家族中的具体情况，国史馆的额亦都列传，对此略而不记。而此谱的额亦都传，则记这"三佐领隶公（家族人对额亦都的敬称）家，且诏无预上役，为公私属，供田虞，并采人参、备药物以奉公，下及诸子，各有分赡"。官方典籍如《清太宗实录》，几处有额亦都家有三个专管牛录的记载，因对专管牛录无具体解释，今人不得其详。而家谱中关于额亦都三个专管牛录的这一记述使我们得知，这专管牛录实即分封功臣贵族，而给予的私属诸申，可为额亦都私家服役，具有一定的人身隶属关系，属于八旗分封制的内容，为我们了解当时异姓领主的八旗分封及八旗制度，提供了难得的资料。

第二，官方传记、族谱传记，撰写上各有出发点、倾向性，在材料内容取舍上不相同，各具价值。

官方修史，对立传人物的褒贬、正反面事迹的记述，难免不受皇帝意向、

[①] 还可参见《李氏谱系》，李成梁后裔的族谱。《沈阳甘氏家谱》，名臣甘文焜家族的谱书。《佟氏宗谱》，康熙帝外戚之家族谱书。《京都吉林宁古塔三姓等处镶黄旗陈满洲关姓宗谱》等。人物资料都较丰富。以上宗谱，《清代满族家谱选辑》均收录。

官方观念论调的影响，因此材料的取舍，影响我们对该人物的全面了解。比如阿灵阿这个人物。阿灵阿，满族八大家之一的钮祜禄家族的重要人物，额亦都的后裔，袭公爵，任高官，但因为曾与人密议推举皇八子胤禩为皇太子等，遭雍正帝忌恨，在国史馆所修《阿灵阿列传 附：子阿尔松阿传》中，除了记其出身、袭公爵、任都统、任尚书等职官这些基本内容外，其余则是记其卑劣的事迹，如与其兄法喀不和，对法喀进行诬谤等。尤其是传中所引雍正帝的上谕，更代表了最高统治者对此人的评价："本朝大臣中，居心奸险、结党营私，惟阿灵阿、揆叙为甚……当年二阿哥之废，断自圣衷，岂因臣下蜚语遂行废立？乃阿灵阿、揆叙攘为己力，要结允禩等，同为党援，日夜谋为造作无稽之言，转相传达，以致皇考圣心愤懑，莫可究诘。此朕与阿灵阿、揆叙不共戴天之恨也……著将阿灵阿墓上碑文磨去，改镌'不臣、不弟、暴悍、贪庸阿灵阿之墓'以正其罪，昭示永久。"①这完全是一个反面人物的形象。

而该家族所修的《镶黄旗钮祜禄氏家谱·阿灵阿传》所记，则完全是另外一种形象，不妨移录于下，以作对比。

  阿灵阿，生于康熙九年庚戌十二月廿四日未时……（以下任职、袭爵，同国史馆列传，略去）辛巳年（康熙四十年），升领侍卫内大臣兼议政大臣，旋又兼理藩院尚书事，总理火器营。及策妄拉布坦（坦）挠边，凡一切军机奏议，无不洽合上心，一时大臣无有出其右者。圣祖仁皇帝恩遇甚隆，常赐上方动用之件及上亲乘名马。甲申年（康熙四十三年），赐御书"崇先裕后"匾额，命原封敦郡王来悬。五十五年三月，得疾，即遣御医调治，期以必瘥，复赐御制药，教以调养方术，又亲占易卦，爻象甚吉，特谕晓之。后病稍瘥，随驾至边外，病之增减，命每日奏闻，仍不时遣内侍看视。因服药无

---

① 《满洲名臣传》卷32《阿灵阿列传　附：子阿尔松阿传》，黑龙江人民出版社，1991。

效，不思饮食，二公主常有自制之饭，甚能开胃，圣祖仁皇帝命公主制以赐之。围内所得狍鹿等鲜物，常即时赐之。至热河，疾复作，乃命先回京，著随围所有族人护送。又谓山路不宜车行，自古北口坐备用船至京，令子弟每日一奏病势之增减外，仍常遣亲军侍卫驰驿看视，至家之日，遣内侍首领看视。时有西洋名医奉诏至京，即遣来看视。又著善能消遣人烦一内侍来，日夜扶持，至十月二十一日卒，享年四十七岁。圣祖仁皇帝闻之，深为悼惜，著左翼王、贝勒等来吊，遣镶黄一旗大臣、侍卫致奠茶酒，赐上驷马四匹、银二千两，令分属九佐领官兵俱穿孝服。皇太后遣首领赐茶饭，妃嫔皆遣首领赐茶奠酒。至发引前一日，遣首领守宿。送灵发引之日，圣祖仁皇帝复命世宗宪皇帝（此指当时的雍亲王胤禛——引者注）率恒亲王、敦郡王、果亲王，以及镶黄旗一旗大臣侍卫护送，又命果亲王福金公之幼女亦送至墓所，追谥敏恪，立碑墓上，赐恤葬银一千五百两，遣礼部大臣读文致祭，葬于里八台祖茔之东北新营。

其家谱所记这些事迹，不会是凭空捏造，可见，康熙皇帝与阿灵阿的关系是十分密近的，诸如御赐匾额、御物，屡遣御医为其治病，甚至命公主做美食赐之，死后葬礼之规格隆重，都是因皇帝"恩遇甚隆"，非一般人可比。而如果我们仅阅读国史馆列传资料，便不能对阿灵阿这个重要人物作全面了解，这也正是家谱传记资料的参考价值所在。官方、私家这两个传记截然相反的内容，应该说各有参考价值，但都不全面，有的带有片面性、偏颇性，这是利用时应注意的，以后还要专门谈这一问题。

3. 满族女性资料及婚姻内容。

我曾见到几部满人族谱，所记女性方面的内容，比一般汉人家谱丰富得多。对族人所娶之妻，不仅记其生卒年、姓氏、葬处，而且其娘家所属旗分及父亲、祖父、兄弟的任官、职业等也作为记述内容。有的家谱还记其嫁给本宗族的时间或年龄。本族人的女儿，也记其行次、出嫁情况，如夫婿之姓氏、职业、任官、谁之子或谁之孙、所属旗分。有的家谱还记女儿的生卒年、字号、哪年出嫁，甚至与夫婿生育子女的情况，都记在该女性的名下。对女性尤其是对本族中女儿的这种相对系统、详细的记载，是汉族家谱中少见的，十分难得，这也正是满族家谱社会史史料价值之珍贵性的重要体现之一。以下仅举几部笔者所见之谱。

《叶赫那拉氏世系生辰谱》，乾隆朝修。此后，族人又于原谱添记，至道光年间。此谱主体人物常钧的所有妻妾全部列入，而不论其是否生有子女，这在汉人族谱中少见。这些妻妾，有的写作"母"，当是嫡母，有的写作"庶母""姨娘"，当是庶妾，其中又有区别，写作"庶母"者皆生有子女，写作"姨娘"者则其下未记生有子女。该谱的最大特点是对本族女儿的记载与该族男子一样，女儿也是夫妻各占半页（面）合为一整页两面，各女皆记生卒年、所生子女数、儿子的名字。各女之婿，皆记姓氏名字、旗属、科名出身、任职、生卒年。二人所生子女记在该女名下，而不记男性夫婿名下，夫婿之其他妻室及所生子女则不记入，可见是以本家族女性为主，体现了该宗族对本族女性的重视。以本家族女儿为主体内容且连带记其外姓丈夫，是汉人家谱中未见到的。

《辉发萨克达氏家谱》，光绪二十四年（1898）修成。该家族属正黄满洲旗人。该谱对男性所娶之妻和妾，都记其娘家姓氏、旗属或籍贯，有的还记其是谁之女、父祖任何官职等，另外是妻妾的生卒年、享年寿数、葬地。该家族的女儿，都记其排行、名字号、生卒年、出嫁之年，丈夫的旗属、科名、任职、生卒年、父或祖之名字与官职等。谱中对妾之情况、女儿出嫁时间及未出嫁者葬于本家族墓地穴位等的记载，在一般谱中是不多见的。

《图门世谱》，此谱为满洲旗图门氏家族的谱牒。此谱对女性的记载，所娶之妻，即谱中所记之"配"，记生卒年、某旗某姓某官之女；妾即谱中之"副"，记其姓氏。女儿，全部列入，并序其排行，包括殇者，并标明生母，嫡出庶出，所嫁之旗、姓氏某人、官职。

《家乘绀珠》为正黄蒙古旗人伍弥特氏德楞泰的家谱,由其孙花纱纳纂修,成于咸丰朝。此谱共记五代人,男性的妻室,皆记生卒年、享年岁数,有的还记其"来归"即嫁来的年岁、生子之时的年岁。花纱纳兄弟的子女,其女儿,无论幼殇还是成年,全部记入,幼殇者还记其死因。成育或成年者记生年,出嫁都记夫婿情况、出嫁(于归)之年。

《镶黄旗钮祜禄氏家谱》为清初五大臣之一的额亦都家族的族谱。此谱多次续修,最后一次续修为嘉庆末年,大致每十几年便续修一次,且定有各分支族人平时搜集族人资料以备续修的制度,各房族人"生、没年月,子女嫁娶姓氏、字名、事迹,皆记一簿……以备登载",因而该家谱对男性娶妻纳妾、所生子女,以及本族女儿的出嫁情况,有比较系统的记载,为我们考察该家族的婚姻提供了难得的资料。

《(吉林)他塔拉氏家谱》(魁陞主修),此谱内容时间跨度较长,由入关前到宣统年间,宗族人口又较多,因而婚姻方面的记载相对也多。此谱于男性之下,记其妻室的姓氏、所属旗籍或民籍,以及他们的女儿嫁给某旗或村屯某人,为了解该家族婚姻情况提供了较多材料,这是此谱较有价值的内容之一。

以上这类有女性记载的家谱,不仅仅是增加了半数人口的问题,正是因为有了这增记的另一半人口,才使家庭、人口、婚姻方面的很多情况得以完整体现出来,否则无从谈起。从家庭史方面而言,因成员比较完整,可考察其家庭结构,从某些谱中还可进一步获知哪些人有妻又有妾、哪些人终身未娶、子女的嫡庶出身、家庭成员等级性,以及族中女儿出嫁情况、有无女儿终身未嫁者、出嫁者的夫家情况,还有由此反映出的门第联姻、婚俗等情况。这类社会史研究的内容,在前举《叶赫那拉氏世系生辰谱》《辉发萨克达氏家谱》《图门世谱》《家乘绀珠》《镶黄旗钮祜禄氏家谱》《(吉林)他塔拉氏家谱》等家谱中有较多的记述。

婚姻,既是社会史方面的内容,有的家族的婚姻还有政治方面内容,有的婚姻资料则以上两方面内容兼而有之。从家谱的婚姻资料中考察这些问题,后两种家谱《镶黄旗钮祜禄氏家谱》《(吉林)他塔拉氏家谱》因部头大,记载的时间段较长,男女婚嫁的内容较系统,因而价值较大。政治方面可以考察以下问题:一是通婚范围,比如作为某旗的该家族与哪种旗(满洲族、蒙古旗、汉军旗)的旗人或哪姓家族人结姻较多?同旗之人结亲情况怎样?与汉人是否通婚?从而进一步分析以上这些现象的产生原因、影响。二是通婚与社会关系、政治关系。通婚形成姻亲关系、特殊的社会交往圈,门阀官宦家族间的结姻还会形成某种势力,为进一步研究当时的社会、政治事件提供相关参考资料,尤其是满族家谱中,特别重视对婚嫁对方的门第家世、官、爵等的记载。[①]

笔者曾对《镶黄旗钮祜禄氏家谱》的婚姻情况作了全部统计,共得 1385 例,通过统计,得出以下认识:

第一,该家族与八旗下的满洲旗、蒙古旗、汉军旗及内务府包衣旗人都通婚,但有多少之不同。与满洲旗人通婚为 1087 例,占总数的 79%,是通婚的主要范围。与蒙古旗人通婚为 115 例,占 8%。与汉军旗人通婚为 183 例,占 13%,该家族娶汉军旗人之女为 149 人,占总娶进之女 995 人的 15%,而嫁给汉军旗人的女儿为 34 人,占总出嫁女儿 390 人的 9%,说明该家族与汉军旗人的通婚,娶汉军旗人女的比例,显著高于本满洲家族女嫁给汉军旗人的比例。其中所出嫁的女儿中,未发现有嫁给民籍汉人者;而族人男性所纳之妾,则有汉姓女,不少人未标旗籍,其中可能有非旗人的汉族女。八旗内部的满洲旗人与汉军旗人结亲,是另一种意义上的满汉通婚,从民族血缘上讲,也属满汉民族融合问题,这种满汉通婚将在两方旗人之家繁衍混血后裔。即:一方面该家族男性娶汉军旗人女,生育满汉混血子女;另一方面,汉军旗人娶该家族女,生育汉满混血子女。这种情况

---

① 以下内容,还可见杜家骥:《八旗与清代政治论稿》第十四章《八旗旗人的婚姻及其与政治相关之内容——以家谱为主的考察》的论述,人民出版社,2008。本文是从家谱的史料价值的角度作介绍。

的八旗内部的满汉通婚，在汉军旗人家谱《张氏族谱》①《甘氏家谱》②中也有反映。

第二，与同旗人结亲人数比例甚大。

统计数据显示，额亦都的钮祜禄氏家族，与同旗也即本镶黄旗（包括此色旗下的满洲旗、蒙古旗、汉军旗这三种旗）旗人的通婚人数，显著多于八旗的其他七旗。与同旗通婚470人，与其他七旗通婚总数才915人，平均每旗131人，与同旗通婚人数是其他七旗每旗的3.6倍。这种现象，在其他旗人家谱中同样可以见到，主要出现于在京之旗人家族中，如前举汉军旗人张氏家族，族人主体为驻京旗人，与本正蓝旗同旗通婚人数为83人，与其他七旗每旗的通婚人数为34人，与同旗人通婚人数是其他七旗每旗的2.4倍。甘氏家族，七支族人五支驻京，与同旗人通婚者共146人，而与其他七旗总计207人，平均每旗30人，即与同旗结姻者，是其他七旗每旗的5倍。造成这种现象的原因，主要在于当时的八旗制度，京城八旗，同旗之人居住在同一区域，而且为同一行政单位，较大的军事组织兵营也由同旗人组成。所以就大多数的一般旗人而言，他们平日接触了解较多的，是本旗之人，而结姻之事，无论是为女儿选夫家，还是为儿孙定妻室，乃儿女终身大事，对对方结婚当事人及其家庭成员、家境等各方面的了解是最重要的，因而同旗之人结姻现象较多。而一旦结姻，即双方家庭结成姻亲关系，往来较多，有些人家还喜欢亲上作亲，民间称之为亲上加亲，继续联姻，也会增加同旗结姻的数量。结姻，形成姻亲关系，这种关系带有亲缘上的世代连续性，同旗姻亲较多，会形成姻亲势力，这种姻亲关系、姻亲势力，对同一行政单位的同旗是否会造成某些政治影响？值得进一步研究。

第三，钮祜禄氏家族与皇家及八旗高级官员多家通婚。

额亦都家族与皇家之通婚，官方文献多有记述，毋庸赘举。而与旗人世家结为姻亲的较多记载，则是该家谱的独特价值，也是考察当时政治值得注意的问

---

① 此《张氏家谱》，为正蓝汉军旗人、督抚张朝璘、张朝珍家族的家谱。
② 此《甘氏家谱》又称《沈阳甘氏家谱》，为正蓝汉军旗人、总督甘文焜家族之谱书。

题。这种姻亲结成官场上的政治性姻亲关系，对当时政治不无影响。仅举数家以供参考。

清初，额亦都第十五子索浑之女嫁图海，图海后来曾任大学士。额亦都之孙达达海，娶同旗觉罗吏部尚书科尔昆之女。康熙朝，奉天将军棠保住（或作唐保住，额亦都第十子伊尔登后裔），与礼部尚书贝浑诺为儿女亲家，棠保住长子御前大臣瞻布，娶大学士马尔赛女，三子舒明阿娶大学士佛伦女。额亦都幼子遏必隆子孙为高官显爵者更多，除与皇家结亲外，多人与八旗官宦之家结亲：阿敏尔图，乾隆中期热河总管，有二女分别出嫁大学士阿桂、礼部尚书五灵安之家。爱必达，乾隆朝迭任督抚，与湖广总督、巡抚雅尔哈善，总督开泰均为儿女亲家，还与大学士杨廷璋是儿女亲家。阿里衮，乾隆时长期任侍郎、督抚、尚书，其妻为乾隆朝久任总督的马尔泰之妹。策楞，在乾隆前期亦多次任督抚，与吏部尚书托庸、吉林将军萨拉善、福州将军萨哈岱、大学士舒赫德、工部尚书纳穆扎尔均为儿女亲家。

高官显宦之家结为姻亲，形成政治势力，也难免结党营私，其对政治的影响值得注意，因而，满洲世家大族族谱所记这方面的通婚资料具有重要参考价值。

还有个别谱书，将族中所娶女性之诰封、娘家人任官情况等，作特别记述，以显示家族荣耀，反映了该家族之联姻、亲戚势力状况。如《牛胡鲁哈拉——郎氏宗谱》，便专立外戚内家一目，列叙族中诰封夫人、淑人、孺人者及其娘家父、兄弟等任何高官等。[1]

关于婚俗的反映，归入下一小节叙述。

4. 对满族特殊习俗的某些反映。

仅举较有研究意义的两方面：婚俗、葬俗。先介绍某些族谱对特殊婚俗的记载。

---

[1] 何晓芳、张德玉主编《清代满族家谱选辑》（下），第 772—773 页。

古代有一些婚姻旧俗，如中表婚、姐妹同嫁一夫、姐妹嫁兄弟，以及收继婚等，这些婚俗，在某一社会阶段人们不以为非，有的甚至是司空见惯之事，随着社会的发展，某些婚俗会逐渐被摒弃而消失，所以以上结婚现象，今天看来已属特殊婚俗。了解这些婚俗，对于全面认识当时人们的婚姻行为及相关问题，是有意义的。满族家谱中，就有不少这类特殊婚俗的记载。

中表婚，或称姑舅婚、姑表婚，是姑舅表兄弟姐妹之间的婚姻。

《镶黄旗钮祜禄氏家谱》记载，额亦都之妻为皇族觉罗礼敦的孙女，而伊尔登（额亦都之子）之子察禅则娶礼敦之曾孙女，这是典型的中表婚。再如遏必隆之子音德，娶正白旗汉军总督董维国之女，音德之子讷亲，又娶董维国的孙女。英赫资，妻为正白旗觉罗尚书七十五之妹，其子额楚之妻又为七十五之女。英赫资之女嫁汉军旗人副都统金无极，英赫资子德通之女又嫁金无极之子，姑姑侄女嫁父子。以上均属姑表亲。《（吉林）他塔拉氏家谱》所记常顺、舒章阿两家的祖孙三代均娶傅察氏之女，付谦、定柱父子同娶周佳氏之女，克蒙阿一家的姑姑侄女同嫁纪氏，都有可能是中表婚。而富平阿、富永阿兄弟二人同娶洪佳氏之女，富平阿之子永贵也娶洪佳氏之女，则不仅为中表婚，还属姐妹同嫁胞兄弟。

再如姐妹同嫁一夫，姐姐死后妹妹为姐夫续弦。《镶黄旗钮祜禄氏家谱》记载，噶尔炳阿，其发妻为"富察氏副都统大成之孙女，卒于乾隆二十六年（1761），继娶大成之次孙女"。讷尔恒额原配是"二等侍卫德喜之女，卒于嘉庆十三年（1808），继娶德喜之次女"。还有图敏、伍住，都是妻死后，小姨续弦。姐妹同嫁一夫的现象，在两个汉军家谱中也有较多记载，如正黄汉军旗金玉和的长女和四女先后嫁给了张朝璘。甘文英的两个女儿，先后嫁给了镶蓝汉军旗的府同知陈九昌。甘国疆，先娶总兵周於仁长女，继娶其次女。还有不少这种情况，不赘举。妹妹为姐夫续弦填房，这种婚姻现象所以称之为是婚俗，是因为它在古代乃至近代很常见。其形成原因，一是女儿之母家对女婿及其家庭较其他人家有较多了解，没有恶劣情况或比较满意，便继续作为选择对象；还有是出于姑舅世婚之习俗；另外更重要的是，为照顾姐姐的遗留子女，使其免受另外所娶之后母的虐待。

以下简单介绍满族宗谱对满族葬俗的反映。

很多满族家谱对本家族的墓葬地作专目记载，有的还配有墓图。对了解满族的葬俗及相关问题很有价值。以《镶黄旗钮祜禄氏家谱》为例。此谱记载，额亦都的十七个儿子，葬地共有五处，两处在关外，三处在关内。

关外的两处：一处是额亦都所葬之地——盛京城北蒲湖岭山里红屯，有七个儿子随父额亦都葬于此处，其中图尔格是卒于清入关后，灵柩由北京运到此地埋葬。另一处是盛京城北瑁金屯，额亦都的七个儿子葬于此处，其中伊尔登于康熙二年卒于北京，回葬此处。

关内的三处：一处是死于顺治四年（1647）的额亦都第十五子索欢的葬地，在北京安定门外的蒋家庄，又称姜家庄。一处是卒于顺治十四年（1657）的额亦都第十一子敖德的埋葬地昌平州（北京以北）的西石村。一处是安定门外里八台，先是卒于顺治十六年（1659）的额亦都之妻穆库什公主葬于此地，其所生子遏必隆在康熙十二年（1673）后亦随母葬于此地。

以上葬地情况有几点值得注意：一是额亦都诸子的葬地比较分散，共有五处，其中四处都不是随父葬；二是入关后死于北京者，有的即葬关内，有的回葬东北；三是妻子有未随夫葬的。如额亦都之妻穆库什公主，死后便没有回葬盛京的山里红屯。属于这种情况的还有：阿达海（额亦都五子）之妻，卒于康熙九年（1670），未回归关外与夫合葬，而是葬于北京安定门外里八台。达隆蔼（额亦都六子）之妻，卒于顺治六年（1649），没有回葬其夫所葬的盛京山里红屯，而葬于北京安定门外。超哈尔（额亦都第十三子）之妻，也未随夫回葬盛京山里红屯，而葬于北京安定门外。

以上所显示的情况，对研究其他问题也有参考意义，比如，子不随父葬而葬于他处者甚多，那么，雍正帝未与父康熙帝葬于东陵，而是在易县西陵另葬，是否仍有满洲旧葬俗的遗留因素？再如，该家族夫妻分葬，夫葬关外、妻葬关内的情况有多例。如果以这些情况与清太宗皇太极及其诸妻子相比，也颇相似，最晚去世的孝庄文皇后，便未回葬关外皇太极的昭陵，而葬于关内东陵（又称昭西陵）。执太后下嫁观点者，多以此作为其下嫁的证据之一，如果我们联系上述事例，便会感到这种夫妻分葬在满洲人中并不稀奇，若以孝庄未与关外的皇太极合葬，作为下嫁多尔衮的一个证据，便显得无力了。

满洲先人在居处上带有游移性，住地不大固定，所以葬地不大可能长期固定某地，还有兽葬、水葬、树葬等习俗，更无埋葬地，也没有视这种丧葬方式为对先人不孝的伦理观念。满族没有固定、集中的葬地，与汉族农耕定居、安土重迁、居住地较固定，因而族人聚葬地相对固定的情况不同。他们也没有汉族那种在祭葬上的宗法、伦理观念。以后虽然定居辽沈及入关后的北京，且受汉化影响，但这种宗法伦理观念仍较汉人淡薄，所以我们不应以汉人的观念去认识他们的一些葬埋现象，并以此对某些史事作联系解释。

5. 满族祭祀。

古代的人们重视祭祀，而且社会形态越早，人们对祭祀越重视，中原王朝的先秦之时，有"国之大事，在祀与戎"之说，将祭祀与军事并列为国家的两件大事。满族也是如此，皇家更重视，皇宫中，皇室萨满祭祀每天两次，长年不断。其他满洲之家，也把祭祀当作大事，因而不少家谱也把祭祀作为重要内容载入谱书之中。如《富察氏谱本》的《满洲族祭祀仪注本》[1]，叶赫《那氏族谱》（奇玛瑚支系）的"祭祀祖上礼节""祭祀说明"[2]，满洲《白氏源流族谱》的"凌云堂白氏事宜录·祭祖上规矩、祭天地规矩"[3]，《索绰罗氏谱书》的"安祖宗方位章

---

[1] 李林主编《满族家谱选编》（1），辽宁民族出版社，1988，第126—130页。下同，皆此版本，不另注。

[2] 李林主编《满族家谱选编》（1），第256—263页。

[3] 李林主编《满族家谱选编》（1），第210—213页。

程""祭祀应用器具"①及注意事项,叶赫《那拉氏族谱》(奇玛瑚支系)的"大祭祀用物件图""祭祀"②,《凤城瓜尔佳氏宗谱》的"祭祀仪节""祭文"③,等等。有的谱书还专门记载本家族祭祀仪制。如(咸丰朝修)《扈什哈理氏祭祀仪制书》,这部谱书主要内容就是祭祀仪注,记兴京地区正红满洲旗扈什哈理氏家族祭祀的全过程,连续四天,每天的仪式记载得非常细致。④

满族的萨满祭祀,各个家族既有共同之处,又各有本家族特点,在祝祷的祭文、神词上就不尽相同,各有不同内容,祭祀的神祇对象也有不同,尤其是在入关后,不同居处地、不同背景的家族,在这些方面有所不同。这些现象及形成原因,都是值得进一步深入考察的问题。

6.宗规家训。

有的满族家谱,纂有"宗规""家规""宗训"方面的项目。如《牛胡鲁哈拉——郎氏宗谱》,便有"郎氏家规"一目,下分"可行""可戒"两类。"可行者十则":崇儒风、正人品、敦本源、勤学问、重婚丧、谨仕进、诚祭祀、慎居止、恤臧获(奴仆——引者注)、奖节义。"可戒者十二则":信异端、好浪荡、任残忍、尚奢侈、听谗谄、妄议论、妒富贵、羞贫穷、傲长上、骄乡邻、荒酒色、拖债负。每一则之下,都有具体解释。⑤

《(吉林)他塔拉氏家谱》也有宗规方面的类目内容,名为"家训",共有五方面:婚姻、嗣续、丧葬、祭祀、和族。每一方面之下列叙条规,少者几条,多者十余条,非常具体。其中婚姻方面,规定不得早婚,注重对方人品,不得论财,

---

① 傅波、张德玉:《满族家谱选》,中国社会科学出版社,1994,第135—139页。下同,皆此版本,不另注。
② 傅波、张德玉、赵维和:《满族家谱研究》,辽宁古籍出版社,1996,第160—166页。下同,皆此版本,不另注。
③ 傅波、张德玉、赵维和:《满族家谱研究》,第199—204页。
④ 傅波、张德玉:《满族家谱选》,第205—206页。
⑤ 何晓芳、张德玉主编《清代满族家谱选辑》(下),第770—772页。

须通知族长以最后订婚。嗣续方面，规定无嗣者择嗣立继的原则，严禁抱养异姓之子为嗣。丧葬，规定族人遇本族丧事，应及时赴吊临丧举哀，并对葬制、坟茔维护有种种规定，违者由族长惩治。祭祀，规定族人家祭、族祭细则，以族祭收族睦族、敦族人之谊，无故不至者，族长严责。和族，规定族人间、家庭成员间的处事原则，如何遵守孝道，发生矛盾由宗族内部如何处理，以及对族人赌博、酗酒、凶横、欺凌行为的惩治等。[1]

这种宗规家训，是家族宗法及族长对族人的管理、约束的某种反映，也可见宗族的崇尚、处事原则、人际关系、日常生活内容，等等。

7. 对家族渊源及流迁、驻防调动与旗人分布等方面的反映。

不少满族家谱有这方面内容，有的在谱序中叙述，有的单列一个篇目追述。还以上举《（吉林）他塔拉氏家谱》为例，该谱较全面地记载了该家族有清一代驻防调动、族人徙居及其分布状况。其"渊源篇"，记述该家族的原属部落及居地，各地族人归清后的佐领编设、统领状况，以及散居各地之族人及其中的名人任职情况。由这"渊源篇"可知，该他塔拉氏原属瓦尔喀部，其中世居安褚拉库地方的一支，邻近朝鲜，有名罗屯者，在满族兴起时率八百户归附努尔哈赤，被编为两个牛录，以族人统之。其中有名贝楞额者，其家族散居于宁古塔。这种内容，在研究满族早期发展史方面，可补官方史料之不足。

清代满族的旗人驻防，大致可分为两种：一种是重要城镇设集中性的大驻防点，如西安、荆州、杭州、成都等处，各城中皆有所谓满城，驻防兵丁及家属聚居于满城之中。另一种是分散驻扎，主要是畿辅地区、东北地区、新疆天山以北，驻防旗兵分驻于各个小的驻防点。这些小驻防点中旗人家族又是如何居住的？发展变化如何？一般文献较少记载，而这部《（吉林）他塔拉氏家谱》中，

---

[1] 张晓光整理《（吉林）他塔拉氏家谱》，中国社会科学出版社，1989年影印版，第130—132页。此谱为族人魁陞主修，宣统三年修竣，民国二年梓刻。今影印版据民国二年本，原谱作《他塔喇氏家谱》，又作《吉林他塔喇氏家谱》。

对这类情况就有较详细的记录。此谱的"移驻篇",分以下各目:第一,移驻考,记该宗族入关后的康熙十年(1671),被移驻于吉林城西北,而隶镶红满洲旗第二布特哈牛录后,历次奉调而移到各处驻防之宗支。第二,族居记,记奉调驻防之外,于原居地吉林迁居其他各处的宗支及其居处地,并附有流寓各地的个人、个别家族所属宗支、居处地。第三,族居表,以表的形式,记族人几个主要居住地的状况,内容有:某宗支、原住地、迁居时间、现居该地区下的各分散居住点。第四,地图,是族人所居地之省、府、县地图。从这"移驻篇"可知,该家族在康熙中期以后至嘉庆末,又经历了四次分拨,部分族人调往别处驻防或屯种。情况是:康熙二十九年(1690),有四个分支移驻于黑龙江的齐齐哈尔。康熙五十四年(1715),有两个分支移驻于三姓(今黑龙江省依兰县)。雍正三年(1725),有两个分支移驻阿勒楚喀(今黑龙江省阿城)。嘉庆二十五年(1820)"拨地养兵",有四个分支移驻双城堡(今黑龙江省双城旁)。至此,这原居宁古塔的他塔拉氏族人已散居吉林、黑龙江两省数地。以上四处及吉林这五处驻防点的驻防旗兵之家也并非聚居,而是散居于驻防点及附近屯、村,而且在某屯、村居住者,后来也因"子孙渐繁,迁徙靡常"。这一家族自康熙十年调居吉林,经过二百一十余年,竟分析离居达五六十处,这种状况,在汉族宗族中是很少见的。究其原因,固然与官方调拨有关,但这种官方调拨只是四处,而族人的自行迁徙分居,有的十几处,有的达二十处,这种状况,是否与其作为原游猎民族的游移性的传统因素有关,因而与中原汉族农耕定居的家族安土重迁、长期聚族而居的状况迥然不同。上述驻防调拨、族人的自行迁徙分居多处,决定着满族的分布状况,其游移性迁徙的原因,以及造成的后来分布状况,都值得深入研究。

东北地区的满族家谱,还有不少是记祖先由东北从龙入关,居京后又拨回东北某地驻防,某支又迁居何处的。还有的是移民东北的汉人被编入旗籍者。这些家族的谱书,不仅反映其家族入旗的形式、在旗身份,也可从中了解这类旗人家族的来源分布。

8. 对满汉关系、满汉民族融合等方面的反映。

满汉民族融合，是清代满族史、满汉关系中的重要问题，深入研究这一问题，满族家谱是不可缺少的资料。因为这种资料反映的是大量的基层旗人与汉人发生关系的状况，如果翻阅的满族家谱较多，就会发现，实际情况比其他一般文献所反映的满汉融合、满汉关系复杂得多，所反映的情况甚为复杂，有些现象又是意想不到的。

在满汉民族融合方面，一般文献给人们印象较深的是满族的汉化，其主要体现在对语言、汉文化的掌握，也可以说是被汉文化的熏陶方面。如满人日常都说汉语，满族皇帝、文人，在诗文、书法等方面，完全同于汉人，也不乏名家。而由于满族统治者禁止满汉通婚，又严禁满人取汉人名字，尤其是满人都有不同于汉人的旗籍、旗人身份，仍给人满人尚保持其民族特色的印象。但旗人基层的实际情况，则会一定程度地改变我们的看法，在这方面，不同地区的满族人，情况有差别，驻防地区不同于京师，而驻防地区、东北地区之满汉融合、满族汉化的程度又更突出，这在东北地区的满族家谱中有不少反映。

首先说满汉通婚。以《（吉林）他塔拉氏家谱》为例。清中期以后，该家族广泛分布在今吉林省几处及黑龙江省的部分地区。在婚姻方面，此谱所记该族有比较明确内容的婚姻共719例，其中与当地满洲旗人结姻者为509例，占总数的71%。与汉姓通婚为210例，占总数的29%，这210例中，明确为汉军旗人的为80例，其他130例中，很多是明确写作民籍汉姓人。以上数字表明：第一，该家族有记录的婚姻人口，有近十分之三是与汉族血统人通婚，这是一个不小的比例，反映了东北地区不设驻防满城而散居各镇、屯的驻防满洲旗人与汉人通婚较多的状况。第二，无论所嫁娶的是汉军旗人还是民籍汉人，都是与汉族血统之人通婚，生育满汉混血后裔，反映该地区满汉民族血统的融合。

东北地区的满族家谱，还有一个值得注意的记载，是相当多的谱书中男性族人的妻室，都是写作一个汉字的某氏。如凤凰城驻防的瓜尔佳氏家族，其《瓜尔佳氏宗谱书》[乾隆四十四年（1779）始修，光绪、伪满时期续修]记载，该地族人大致在雍正以后，所娶之妻有：蔡氏、孙氏、焦氏、丁氏、赫氏、陈氏、李氏、何氏、刘氏、高氏、吴氏、马氏、张氏、邵氏、王氏、方氏、关氏、石氏、秦氏、朱氏、赵氏、包氏、鄂氏、范氏、黄氏、卢氏、袁氏、康氏、姜氏、唐氏、付氏、周氏、罗氏、徐氏、韩氏、艾氏、关氏、那氏、伊氏、陶氏、白氏、佟氏、齐氏、沈氏、谢氏、郎氏、单氏、莫氏、代氏、金氏、夏氏、温氏、文氏、花氏、扈氏、崔氏、汪氏、顾氏、曾氏、郭氏、洪氏、鲍氏、江氏、苗氏、宋氏、谭氏等，[1]约60多个姓。这里应有两种情况：第一，所娶妻是满人，其姓氏已改用汉姓，如其中的赫氏、何氏、郎氏、关氏、赵氏、汪氏、王氏、马氏、金氏、佟氏、那氏、伊氏、康氏、唐氏、徐氏等，都有可能属于这种情况。第二，所娶妻是汉人，或是编入旗的汉人，或是旗外汉人。以下所举几部满人宗谱，所记妻室为汉姓，同样存在以上两种情况，不再另作说明。从以上汉姓较多的情况来看，所娶汉人之妻占有相当大的比例。这与上述《（吉林）他塔拉氏家谱》所记一样，属于民族融合的内容，无论是编入旗的汉人，或是旗外汉人，都是汉人血统，满洲家族与其结婚，繁衍的后代是满汉混血。

该家族驻防熊岳城的一支，情况相同，其《瓜尔佳氏宗谱书》（民国年间修）记载族人所娶妻室皆汉姓，有：梅氏、苏氏、马氏、关氏、杨氏、李氏、洪氏、伊氏、闻氏、王氏、车氏、唐氏、赵氏、那氏、穆氏、毕氏、高氏、汪氏、何氏、席氏、郭氏、韩氏、季氏、佟氏、戴氏、侯氏、崔氏、陈氏、管氏、周氏、马氏、朱氏、郑氏、郎氏、刘氏、许氏、花氏、姚氏、宋氏、陶氏、肖氏、纪氏、孙氏、任氏、傅氏、白氏、丁氏、蔡氏、于氏、蒋氏、杜氏、吴氏、姜氏、荣氏、穆氏等。[2] 50多个姓氏中，无一例二字以上之满人姓氏。由此可知，该瓜尔佳氏家族在熊岳驻防者，所娶汉人之妻也占有相当大的比例。

---

[1] 何晓芳、张德玉主编《清代满族家谱选辑》（上），第59—78页。
[2] 何晓芳、张德玉主编《清代满族家谱选辑》（上），第80—86页。

再如驻防岫岩的完颜氏家族的情况，该家族后来改称汪氏，其《汪氏宗族谱书·续编谱书自序》解释，本家族称"汪氏者，姓本完颜"，康熙二十六年（1687）由京城拨至岫岩驻防。嘉庆七年（1802）编《汪氏宗族谱书》，伪满时续修。此谱记族人所娶妻室有：叶氏、翟氏、傅氏、邓氏、席氏、闵氏、文氏、景氏、孟氏、常氏、寇氏、萧氏、田氏、蒋氏、李氏、夏氏、孙氏、乔氏、宋氏、范氏、佟氏、穆氏、杨氏、阎氏、耿氏、谢氏、费氏、秋氏、潘氏、温氏、姚氏、隋氏、葛氏、赫氏、高氏、张氏、刘氏、马氏、那氏、曾氏、蔡氏、洪氏、冯氏、赵氏、何氏、黄氏、鲁氏、白氏、唐氏、关氏、徐氏、莫氏、陈氏、曹氏、满氏、尹氏、艾氏、王氏、石氏、沈氏、胡氏、齐氏、卜氏、金氏、慕氏、聂氏、康氏、谭氏、董氏、石氏、袁氏、郑氏、包氏、毕氏等。[①] 共70多个姓，皆一字汉姓。

康熙二十六年以后驻防复州的富察氏，其《富察氏谱书》载，族人所娶妻室有：赵氏、韩氏、刘氏、唐氏、范氏、南氏、伊氏、金氏、王氏、傅氏、周氏、白氏、佟氏、关氏、吴氏、郭氏、苗氏、徐氏、罗氏、毕氏、张氏、佟氏、丛氏、石氏、宫氏、闫氏、马氏、陈氏、高氏、包氏、恒氏、洪氏、范氏、孔氏、于氏、胡氏、袁氏、钱氏、苍氏、赫氏、那氏、段氏、齐氏、谭氏、温氏、何氏、杨氏、李氏、车氏、潘氏、罗氏、苗氏、单氏、曹氏等。[②]

驻防辽阳之哈扎力氏家族，则是八旗蒙古人，在当地所娶妻室，同样有很多汉姓女，其《哈扎力氏族谱》记载族人所娶妻室有：朱氏、程氏、魏氏、栗氏、刘氏、李氏、赵氏、徐氏、孙氏、沈氏、周氏、龙氏、喻氏、王氏、关氏、申氏、陈氏、亢氏、薛氏、马氏、钱氏、铁氏、胡氏、郑氏、杜氏、尤氏、梅氏、杨氏、吴氏、姜氏、黄氏、孟氏、冯氏、金氏、罗氏、邵氏、兰氏、钟氏、林氏、戴氏、功氏、窦氏、白氏、英氏、侯氏、谢氏、梁氏、苏氏、曹氏、江氏、

[①] 何晓芳、张德玉主编《清代满族家谱选辑》（上）第477—507页。

[②] 何晓芳、张德玉主编《清代满族家谱选辑》（上）第462—470页。

单氏、崔氏、姚氏、邢氏等。①50 多个姓中也当有不少汉人。对八旗蒙古记有较多与汉姓女通婚的族谱，还可见住居抚顺的蒙古旗人孔卧洛特氏家族的《正蓝旗蒙古孔卧洛特氏宗谱》。②以上反映的是入旗蒙古人与汉人通婚之民族融合。

这些不同驻地满人、八旗蒙古人之家谱所反映的婚姻情况，反映了东北地区八旗满洲、蒙古人所娶妻室汉人女较多的情况，值得作专题进行深入考察，满族族谱是重要参考资料。记载娶汉姓女较多的满人家谱还有不少，不赘举，注中略列几部。③

而同是富察氏的驻京讷音富察氏一支，则族人所娶妻绝大部分是满人，其《讷音富察氏增修支谱》（国初、乾隆初、嘉庆、光绪四修）所记，便是如下姓氏的妻室：赫舍里氏、尼雅赫勒氏、觉罗氏、鲁佳氏、那拉氏、伊拉理氏、蔡氏、瓜尔佳氏、他塔拉氏、吴扎拉氏、宗室氏、钮祜禄氏、完颜氏、舒舒觉罗氏、西林觉罗氏、博尔济吉特氏、东鄂氏、乌苏氏、瓦尔喀氏、呼尔哈氏、那穆都鲁氏、刘氏、张佳氏、乔氏、马佳氏、西拉氏、鄂卓氏、舒穆鲁氏、伊尔根觉罗氏、哲尔吉氏、费莫氏、刘氏、朱氏、喜塔腊氏、郎氏、辉发那拉氏、索佳氏、张氏、曾佳氏、王氏、吴札库氏、关佳氏、佟雅氏、碧鲁氏等。④所记妻室绝大部分是满人姓氏，包括马佳氏、张佳氏、索佳氏、关佳氏等。少数汉姓，如刘氏、朱氏、乔氏、蔡氏、张氏、秦氏等，以及有的某佳氏，当主要是汉军旗人，这种旗人内部的通婚，是清帝允许而不在禁限之列的。另外，其刘氏、朱氏、乔氏等，也不排除是旗外汉人之女，因清帝并不禁止满人纳汉人女为妾，谱中生有子女的汉姓妾

---

① 何晓芳、张德玉主编《清代满族家谱选辑》（下）第 893—900 页。
② 何晓芳、张德玉主编《清代满族家谱选辑》（下）所收。
③ 何晓芳、张德玉主编《清代满族家谱选辑》（上）所收之《关氏宗族支派谱》《关姓族宗谱书·瓜尔佳氏花名册》《赫舍里氏宗谱书》《赫舍里王氏族谱书》《康族世谱》《完颜氏谱书》《镶黄旗佛满洲哲尔金佐领下王氏谱书》，《清代满族家谱选辑》（下）所收之《索绰罗氏谱书》《萨嘛喇氏族谱》等。
④ 何晓芳、张德玉主编《清代满族家谱选辑》（上），第 447—453 页。

也记入。以上该驻京富察氏所娶妻室绝大部分是满人的情况表明,在京城天子脚下的满人,是较严格地遵从了满汉不通婚的规定。

而两相对比,则反映了在天高皇帝远的东北驻防地方,满汉不通婚的禁令并未很好地贯彻实行,满汉通婚之事相当多。在满族发祥地的东北地区,较多地出现满汉通婚之事,是值得注意的满汉民族融合现象。

还有,前述凤凰城、熊岳岫岩、复州、辽阳等地满人妻室多为汉姓,其中除去汉军旗人、汉人外,有满人改汉姓者。而自乾隆后,几代皇帝都是下令严禁满人改用汉姓的,前述情况又表明,这种情况在京城是遵行得较严格的,驻京讷音富察氏之《讷音富察氏增修支谱》就反映了这种状况。而在远离京城的东北地区,则满人无视圣旨而改汉姓者不在少数,这种改汉姓,也是满人汉化的一种体现。

较多家族宗谱的这类记载,又反映了以下值得注意的现象,在各个驻防地不太大的地域范围内,有如此多姓氏的汉姓人,应是移民形成的居住特点,这与中原南方聚族而居的情况很不相同,因而形成某一地多姓杂居的状况。这些移民,应主要来自关内之北方的山东、山西、直隶、河南几省。这些汉族移民,在数量上也应显著超过当地的满族人。关于东北地区的移民及所产生的满汉关系等问题,最近也成为学者较为关注的对象。①

满族家谱还反映了八旗制度、满汉民族融合的复杂性。八旗制度,满洲人一般编在满洲旗内,汉人一般编在汉军旗内,但也有一些特例,这些特例,在一般文献较少记载,有记载者也很简略。但在满族家谱中可以见到,且对该家族这方面内容的反映较多,这使我们了解到满汉关系、满汉民族融合的复杂性。举如下数例:

---

① 刘小萌《清代东北流民与满汉关系》,《清史研究》2015 年第 4 期。王妍:《清代的东北移民与民族融合》,《黑龙江民族丛刊》2016 年第 1 期。相关研究还有张士尊:《清代东北移民与社会变迁:1644—1911》,吉林人民出版社,2003。郝素娟:《试论清代流人与东北社会变迁》,《吉林师范大学学报(人文社会科学版)》2011 年第 5 期。孙静:《顺康时期东北移民安置述略》,《大连民族学院学报》2013 年第 2 期。

《洪氏谱书》，据此谱的道光十七年（1837）序所说，该家族本是居京的满洲正蓝旗人，康熙二十六年拨回岫岩驻防。清中期，曾任佐领的族人山林保，"灰心上进，遂于乾隆二十一年（1756）舍旗差而投入民籍，辟荒植田，课儿耕读，怡乐林泉"。其家族"原姓氏不传"，因始迁祖"名洪雅，乃姓洪"。（并见该谱之《先人典型》）这是已在旗的满洲人脱旗而入于汉人民籍、取用汉姓的例子。其族人也取汉人名，所娶妻室，也全部是汉姓女，如山林保娶妻王氏，二子取名洪学勤、洪学俭。其堂兄弟明得保，娶妻李氏，四个儿子名洪学名、洪学明、洪学礼、洪学信。这按辈排字取名，也是汉人习俗。其他族人也都取汉人名字，所娶妻室也都记作汉姓。①

《赵府宗谱》，为正蓝旗满洲伊尔根觉罗氏②家族之谱书，该家族康熙二十六年由京城拨回东北，于辽宁复州驻防，乾隆年间，迁辽后的第四辈茂色调至凤凰城驻防，此谱所记主要是这一支。该谱修于1913年，所记主要是清朝时族人的情况。其改姓为赵，也有可能是在清末。族人名字，前五辈人既有汉文名，也有如倭楞额、阿克敦等满文名。第六辈以后，（大致是光绪年间）不再有满文名，皆汉文名，如维仁、维义、维礼、维智、维信，同辈其他支还有维刚、维经、维群、维琛等，都是以汉人的按辈排字取名。因汉族的某姓家谱，世系族人列序，很多都不系姓，所以这维仁、维义、维礼、维智、维信，有可能就叫赵维仁、赵维义、赵维礼……其族人所娶妻室，自迁凤凰城始，便全部是汉姓，如赵氏、石氏、张氏……③可见这一满洲人家族与前述洪氏一样，也已相当汉化。

属于类似情况者，还有满洲赫舍里氏家族的一支，曾从龙入关，康熙时又回东北抚顺，因寄居汉人王氏家并入赘，遂改姓王，娶妻、取名，同于上述满洲伊

---

① 何晓芳、张德玉主编《清代满族家谱选辑》（下），第824—842页。
② 谱中又称"本姓苏某力哈拉"，或许是姓舒穆禄，后改姓伊尔根觉罗氏？待考。但无论是其中的哪一姓，该家族属满洲人是无疑问的。
③ 何晓芳、张德玉主编《清代满族家谱选辑》（上），第293—296页。

尔根觉罗氏家族的汉化情况。①

还有是汉人入于满洲旗者，反映在其所修家谱中，有"满化"现象。

正黄满洲旗下汉人姜氏，据其《姜尔佳氏族谱》的"人物传略"及"墓志表"[光绪三十三年（1907）立]载，该家族姜佑恭等明末自山东"航海来归"，后从龙入关。隶满洲正黄旗，康熙二十五年（1686）由北京拨回东北凤凰城驻防。后以姜尔佳氏为姓，家族中很多人也取满人名字，如爵瑚图、哈什太、图克善、窝和诺、萨灵阿、乌尔赛、都隆阿、乌其那、锡林太、穆登布、苏隆阿、萨炳阿、色布真、麒麟布、三音保、乌云珠、巴哈、达力布、乌尔滚、六十一、四十六、厄尔登厄、悟成、四格、依根布、色力太、诺穆奇、雅尔太、满坎、海青阿、塔似哈、德伦太、乌林保、富隆阿、扎兰太……这是入满洲旗之汉人的"满化"现象。②

《镶红旗满洲邓氏族谱》，则是汉人邓氏家族之谱书，此谱道光十年（1830）所作序记述，该家族自"迁居兴京"后编旗"遂入满洲，旗属镶红"。此谱内容较简略，所记族人之妻绝大部分是汉姓，只有个别人之妻记为瓜尔佳氏、朴氏，这朴氏有可能不是汉人。另外，族人皆汉人名字。与上述入满洲旗的姜氏又不一样，反映了满洲旗下汉人的不同情况。

《佟氏宗谱》又是另外一种情况。该佟氏家族本在汉军旗，其中康熙皇帝外祖父佟图赖一支，在康熙帝继位后由正蓝旗汉军抬至镶黄旗汉军，此后的康熙二十七年（1688），佟图赖一支又划入满洲人，但仍在镶黄汉军旗下，这又是汉军旗下有满洲人的一种特殊情况。由于佟氏这一支算满洲人，因而在选官上遂补满洲缺，任官者甚多，以致有"佟半朝"之称。该支佟氏还与满洲旗人及皇家通婚，康熙皇帝的孝懿皇后、悫惠贵妃，道光皇帝的孝慎皇后，均来自该佟氏。孝懿皇后的娘家侄子顺安颜（佟国维之孙）则娶康熙帝女儿，顺安颜之子元芳也娶皇家

---

① 何晓芳、张德玉主编《清代满族家谱选辑》（上），第 242—253 页。
② 何晓芳、张德玉主编《清代满族家谱选辑》（下），第 778—795 页。

女，封多罗额驸。佟氏家族取满洲名字者也不少，如佟国维之子叶克舒、特克新、隆科多，佟国纲之子鄂伦岱、法海、夸岱，鄂伦岱之子补熙、介福，夸岱之子纳穆图，特克新之子博尔贺，等等。佟氏家族既有居京者，也有在东北盛京、辽阳者，以及中原省份者。宗族庞大，情况复杂。

《郎氏宗谱》之郎氏，又与佟氏不同。该郎氏本关外广宁汉人，编入镶黄汉军旗，居京，后来改用满洲姓。该家族有多名任高官者，如顺治、康熙时期曾任巡抚、总督的郎廷佐、郎廷相等。该谱书初修于康熙四十五年（1706），再修于光绪二十八年（1902），其谱既称《郎氏宗谱》又写作《牛胡鲁哈拉家谱》，谱中的世系也作《牛胡鲁哈拉家谱世系》，这牛胡鲁，应是满族大姓钮祜禄的另译之称。这汉军旗人郎氏，则改称满人牛胡鲁哈拉，即钮祜禄姓，这也是一种"满化"现象，时间应在光绪二十八年以前。

三、满族家谱在利用上的应注意事项

家谱，在纂修上具有某些通病，满族家谱也不例外，这是在利用上应注意的。

1. 注意家谱的隐恶扬善。

隐恶主要表现为：隐讳对族人尤其是尊者的恶事、不光彩之事；另外，有重大事件如被朝廷治罪、罢官而不得不写者，多轻描淡写。家谱纂修的这种情况，是可以想见的，或多或少一般都会有。如《佟氏宗谱》的隆科多小传，记其获罪，仅记为"（雍正）五年（1727），因河南巡抚田文镜构陷获罪，致被禁锢"[①]。而《清实录》所记，则隆科多所获之罪，有"大不敬之罪五，欺罔之罪四，紊乱朝政之罪三，奸党之罪六，不法之罪七，贪婪之罪十六"，这虽是雍正欲加之罪而深文周纳，但也不会是像该宗谱所说那样简简单单，而且是因"田文镜构陷"而获罪。其在雍正四年（1726）因受贿而被罢尚书一事，族谱中也无记载。人非圣贤，孰

---

① 佟兆元等修《佟氏宗谱·佟氏先世传略·吏部尚书公隆科多》。

能无过，但在家谱中，一般是不会记族人"恶"方面内容的。

族谱对族人好的方面"善"的记述，有的可能有夸张、美化成分，有必要作客观分析。如《佟氏宗谱》称其家族的补熙在乾隆前期任绥远城将军期间，"塞北无警，国家倚为西北长城焉"①，是否就有过誉成分？其实，当时塞北和平，主要是因为乾隆继位后与西北准噶尔部蒙古和谈罢战，一直到乾隆二十年（1755）以前，清、准双方相安无战事，塞北得以安定。

对其他资料无载而只有在家谱中记载的褒扬族人的内容，应该对其进行分析，属于什么性质之事，有的可能有虚誉的成分，如战功的夸大。但也不应轻易怀疑其真实性而予以全部否定。还有相当多的记述没有造假的必要，或没有造假的可能。如与该宗族有关的重大事件，不会无中生有、凭空捏造而加在本族身上。有的内容也不会是造假，如记载族人被朝廷授予什么官爵，派任什么职事，奖励之嘉号，死后之谥号等，只不过有的可能在名称的记述上不准确不规范，或年久追述有偏差而已。与皇帝有什么特殊关系，受到什么特殊待遇等，编造是会被治罪甚至杀头的，不存在造假的可能，如前述《镶黄旗钮祜禄氏家谱》所记阿灵阿之受皇帝恩眷，赐其御乘名马，他有病时，康熙帝让公主做美食赐予他等，都有可信性。

2. 妄攀圣贤。

这是汉族宗谱的通病，不少宗谱追述本家族的祖先，是出自某某帝王、高官显贵，这不一定是事实。满族家谱这种情况少，但有的家谱称其祖先与老汗王努尔哈赤或什么某名人有亲属关系，或关系多么密切，则应慎重对待，应与其他相关之事联系分析，看是否能得到印证，不宜轻信。如《章佳氏族谱》本溪支）的"闺秀行聘记"中，记其三世祖罗塔的子女，有"女二人，长女哲因哥哥（格格），次女詹泰哥哥（格格）……聘与太祖皇帝正宫皇后"。清太祖努尔哈赤的正妻（大福晋）

---

① 何晓芳、张德玉主编《清代满族家谱选辑》（下），第 1111 页。

即后来称之为皇后或元妃、大妃者，有佟佳氏、富察氏、叶赫那拉氏、乌拉那拉氏四人，从未有过章佳氏的记载，而且姐妹二人同为皇后。如果努尔哈赤的皇后中有章佳氏，不论其是否生有子女，史官是绝不可能不记载的。而且，努尔哈赤的其他生有子女的庶妾中，也没有章佳氏。或许是努尔哈赤宫中没有为其生子女且身份低的妾婢，家谱中夸大而称其为"正宫皇后"，待考。

3. 注意某些史事记述的不准确。

家谱尤其是初修之谱记述家族较远时期的事情，多据代代口传，难免有失实及增衍之处。另外，修谱者很多并非如今日的专业史学工作者，其下笔之词语、所记之史事，有的并不严谨，有的对制度不懂而进行轻易记述。如《章佳氏哈拉宗谱》记该族的名人尹泰曾任文华殿大学士，实际尹泰所任始终是东阁大学士，从未被授予文华殿大学士。记其孙庆桂任过吏部尚书、通议大臣，死后谥文阙。[①]实际上庆桂任过工部、兵部、刑部尚书，并未被授予吏部尚书，而是以大学士管过吏部事，吏部尚书另有人担任，看来作者是将大学士管吏部事当成了吏部尚书。而通议大臣则是清代从未有过的官职。庆桂死后谥文恪，而不是文阙，清代也没有文阙这一谥号。又如《正白旗满洲沙哈达哈拉罗氏宗谱》，记其始祖罗公催牤牛，在清初身经百战"立下汗马功劳，故官封镇国将军"。这镇国将军，属于爵系列，而不是官，而且只封与皇族中的宗室，此罗公催牤牛不是宗室，不可能被封与镇国将军。所以在制度、爵称、职官等方面类似的错误不少，尤其应该注意。

而族人世系、辈分关系、同辈中的排行、某人的子女数等，则一般比其他非家谱的文献、传记准确。

以上只是本人在利用满族家谱过程中的一些体会，以及研究某些问题时得出的观点，综合叙述，意在说明满族宗谱的史料价值及其应注意的事项，个人之见

---

① 傅波、张德玉：《满族家谱选》，第259、263页。

不一定正确，所利用的族谱也不全面，观点或有偏颇、不确之处，仅供参考。

（原载《吉林师范大学学报》2018年第5期）

附　录

本人《多面的中国古代史与清史》所收文章及其内容摘要

中国古代史专题

中国古代国家之私属性及其演变

内容摘要：古代国家与近现代国家在性质上的根本区别，是其具有私属性，也即某姓家族对王朝国家的私有性，另外，还有民族私性，在少数民族为主体统治的王朝中体现得较明显。取消这种私属性，才形成近现代意义上的国家。古代王朝的这种私属性又经历过一个由产生、发展到削弱、消亡的过程。正是这种私属性及其变化，决定着王朝国家的国体及其统治体制。古代王朝的这种私属性及其变化，也非中国古代单独存在。中国古代王朝之国体及其相应体制变化的两大阶段——领主分封制、帝制集权下众多异姓官僚辅政制，正是这种发展变化的结果。王朝之王或皇帝所以能实行君主专制，也凭借各该姓家族对王朝的私有性。本文分阶段（主要是先秦、秦统一至清亡这两大阶段）阐述中国古代国家私属性的表现、变化及其相应制度，并分析这种私属性产生、变化的原因。

中国古代皇族研究的意义
——试论中国古代王朝之皇族私家性及其家法对国政的影响

内容摘要：中国古代，商周领主分封制时期，王朝国家具有显著的家族私有性，并由此决定了当时的国家体制。此后，战国时期实行郡县制，至秦统一，将郡县制推广到全国普遍实行，废除分封制。王朝国家的家族私有性大为减少。但秦以后至清的帝制王朝，仍带有皇帝家族的某些私有性，对国家政治产生多方面影响。表现如下：

皇帝有一家私性世代传承之局限性，皇帝素质与皇权如何行使、皇帝性格行为对朝政的影响；宗室分封、外戚及宦官之预政，皇家工程对民众的役使，皇族经济对国家财政的分割，等等。其是王朝治乱兴衰的重要因素，某些强盛王朝之速亡也与此有很大关系，如秦、西晋、隋等朝，长久分裂后之统一局面迅速消失。由于国家公性制度基本没有皇族方面的管理规制、外朝官也难于介入制约，其负面影响在整个帝制王朝的历史阶段中不绝如缕。

为了维护本姓王朝的长久统治，皇帝也曾实行以皇族"家法"为主的自我改善性措施，形成某些带有规律性的现象，这也是皇族之皇帝修身、齐家、治国对国政的影响。

以上，构成中国古代历史发展的重要内容方面。以往缺乏对这方面的系统全面的专门研究，从而影响我们对中国通史、断代史的全面认识、深入理解。这也是研究中国古代皇族的主要意义。

另外，皇族研究对宗族史研究、古代等级关系研究也有意义。还有，揭示有关皇族的正确史事，对今人掌握历史，消除影视传播的错误知识，也有必要。

中国古代君臣之礼演变考论

内容摘要：中国古代君臣之礼存在着一个尊君卑臣的演变过程，文中分先秦、秦汉至唐、宋代以后三个阶段，以举止性礼节和称谓之礼，来分析这种礼仪的变化轨迹。文章认为，导致尊君卑臣礼节的变化，是君位君权与臣下的矛盾性。随着皇家（以前的王家）对国家私有性的不断削弱，其私有因素在政治方面缩小到皇位的皇家世代私家所有，而国家之"公性"——公众性的异姓作用增强，皇帝为维持皇位与皇权这一关键的私有因素，而强化对异姓的控驭，尊君卑臣以强化君势，与强化君主专制，共同构成其对"公性"的抵御。但终究抵挡不了历史的进化——帝制王朝结束，彰显"公性"的国家建立。

隋唐以后至明清死刑演变的考察
——兼论由此体现的中国古代文明的进化

内容摘要：本文论述，中国古代曾有过死刑判处由官员个人掌握、带有轻易随意性的现象，后来逐渐被改变、消除，改由多层级、多人、多次审慎复核而后判决，因而对犯人处决的轻易性、随意性逐渐消失。与此同趋势变化的，是唐以后至清死刑罪名、死罪实际处死者的不断减少，具体表现为：戏杀、误杀、擅杀等"虚拟死罪"，实际是以非死刑对待，最终在清末从死刑罪名中取消；还有，死罪中较轻的"杂犯死罪"，以多种形式赦免、减等、宽释，在明代中期确定为五年徒刑。较"杂犯死罪"刑重的"真犯死罪"，到明清时期又分出"监候"（"秋后处决"）类死刑，所谓"监候"而"秋后处决"，并非待秋后处决，而是为了将其中的可矜者、情轻而缓决者减免宽释，因而实际处死者不断减少。至清代后期，死刑犯中的大部分都已减免而不作死刑处理。本文认为，以上变化，与同步变化的其他现象，诸如死刑处死方式由野蛮残酷向轻简人道化方面的改变，残伤肢体等侮辱、轻贱人格尊严的肉刑、鞭打与笞杖刑等非死刑的取消，刑讯的禁限，以及对服刑犯管理方面非人待遇的逐渐改变，改善监狱卫生条件进而狱中伤残加重、瘐死者减少，将罪犯由单纯的惩处向人生改造方面的转化，等等，这些共同构成文明进化的内容。某些时期出现某种反常现象，只是暂时的，无改以上所述社会文明进化之大势。

清史专题

概说清朝历史的特点

内容摘要：中国古代，清朝是特点最多的朝代。由于清朝是满族入主中原的王朝，带入其民族因素，清朝又是中国古代最后一个王朝，集往代制度之大成，而且还处在世界格局西方势力的影响之下，凡此，是清朝形成诸多特点的主要原因。本文从政治、社会、经济、文化四方面，对清朝历史的特点作简要叙述。

政治方面。清代版图扩大，边疆民族地区统治的直接、深入，与满族有很大关系。清帝集历代统治经验、教训之大成，制定防范措施，形成内无外戚宦官乱政、外无皇家宗藩反乱相对清明的朝政，且有连续励精图治之君，而少昏庸之帝，形成治世且保持时间较长。消极方面则是使君臣关系带有主奴性等；满汉矛盾长期存在；文字狱曾长期造成政治空气窒息，摧残官员士人之经世言行。

另外，中国古代典章制度至清代发展到最高峰。晚清，又引进立宪等西方政治制度。

社会方面。人口剧增，流民甚多，社会基层矛盾突出，地方官员深入基层分防管理，且实行对百姓的宣讲以控制其思想，此时也是保甲在中国古代实行最普遍、最深入之时期。

经济方面。农业、手工业等方面都比明代有较大发展，商业尤为突出，全国网络性市场形成，矿业则为中国古代发展的最高峰。此后之洋务，也是经济方面的发展。

文化科技方面。史学之舆地学大发展，民国以前方志70%为清人所修。晚清又有外国史地书及西方进化观点之中国章节体史书的编纂。清后期出现近代新闻报业。文学方面，小说之成就与兴盛。戏曲方面，地方戏大发展，古代200多种戏曲绝大部分在清代形成。科技方面，医学有温病理论的产生，种痘术的推广。由于西方知识传入，天文历法、地图测绘学超过前代。此外还有洋务方面的机器制造业等。

清朝在中国历史上的地位略谈
——从满族入主中原对清代历史的影响分析

内容摘要：清朝在中国历史上的地位，学界有不同意见，成为从总体上认识清史不能回避的问题。有一种观点认为，清代的中国落后于西方，与清朝统治出现落后的阻滞因素如满族统治有关。这种观点，有将清朝与满族混同、未加细分而作笼统论述的问题，有必要加以区分。本文认为，清朝虽然是满族为主体统治的王朝，但清朝历史的全部内容，则远不是满族所决定的，其中还有延续下来的汉族王朝传统、固有因素在起作用。满族带来的影响，主要是政治方面，而且有正反两方面。诸如统一多民族国家的发展，皇家及宫廷弊政的清除，以及负面影响方面的满汉民族矛盾，文字狱造成的政治窒息，君臣关系主奴性及其影响下的臣僚刚性节操的丧失，等等。清代的社会经济，与满族关系不大，主要是中原汉族传统因素在起作用。清代的中国落后于西方，也并非清代出现阻滞发展的因素，这一时期，中西方都比以前有所发展，清代的社会经济比明代及以前有长足发展，只是中国的发展速度不如西方迅速，因而拉大了差距。

政治与军事

清代总督、巡抚职掌之区别问题考察

内容摘要：清代总督与巡抚职掌的含混，始终令学界困惑。笔者认为，清代总督与巡抚长期并设，其职掌必应有所区别。只是文献上涉及职掌时，常常督抚并提，造成理解上的混淆。通过深入细致考察，初步认为，刑案案件、钱粮财务、乡试等主要掌于巡抚，文官之选任、考绩也以巡抚为主，巡抚之军权，各省不一，且

因时而异。总之，巡抚职掌偏重于民事及文职官员的管理。而总督职掌则偏重于军事，以及与兵事相关的政务，其节制所辖省份之巡抚、提督、总兵及其所统兵马，掌武官之选任、考绩及沿边重要官员之选用。总督也职掌或参与巡抚所掌的某些事务，且总督品级地位高于巡抚，因而造成督抚并设的省份二者权责矛盾或推诿现象。咸同以后，总督之职权又显著扩展、提高。

清代职官的复杂等次及相关问题

内容摘要：清代职官，除了品级，还有诸多的等次，如：较高档次者为"大臣"。同品级者京官高于外官、文官高于武官。同品级的同一职官，有左右、前后差别。同品级官因所在衙门不同，而有等次，文职三四品京官，还有大三品、大四品之类的大小之分。同一职官，因设在不同衙门而品级不同。中央机构的堂官（长官）之间有档次，甚至同档次中也有等次差别。还有诸如大九卿、小九卿之分等，有一二十种。这些等次之多，体现了清代职官制度的细致及其复杂性，有的还关系到官员的特权、选官制度。也存在某些问题，比如同一机构的堂官与属员司官档次差别较大，在因才选官上存在不合理性。清代与职官等次有关的现象还出现某些变化，较重要的，如京官高于外官的传统差别，在清代中期以后的官场观念中有所改变，有的官员追求外任，官场中的这种价值观，对于官员选任制度也有所冲击。

清代的"翰詹大考"

内容摘要：翰詹大考是清代特有的对翰林院、詹事府为主的翰林官以考试的形式进行的考察，从顺治时期实行到光绪朝。目前学界还只是在论述某一问题时，作为连带内容对其概况作叙述。本文对翰詹大考及其相关制度，翰詹大考实行的阶段性特点作了阐述，分析清代官场所说"翰林怕大考"的原因，并总结清代翰詹大考的性质特点、作用等。

清代宫廷特点及其与政治的关系

内容摘要：本文在以下几方面归纳清代宫廷的特点：第一，宫中设武事机构，并有相关活动，是满族皇帝为加强八旗兵之训练而作表率的激励措施。第二，清代宫廷在皇室经济、宗教信仰、服务人员上具满族特色。第三，宫中行政、文化、制作等机构比明代大量增多。第四，宫廷、外朝在事务上有诸多交叉现象。第五，大量男性人员平日出入宫廷。第六，宫廷区域比明代缩小。文章认为，清代宫廷皇室私家之"家"的成分减少，"国"的成分增多。宫中的外朝行政机构设施比明代大量增多，协助皇帝行政的官员深入皇室后寝区，显示了清代皇宫中办理国家公务的突出特点与其政治性，也体现了清代皇帝的勤政作风。另外，皇帝每日与外朝官员处理国政，大量外部人员尤其是大量男性人员每日出入宫廷，改变了明代宫廷内部主要为太监活动的封闭性，客观上造成一些透明度，减少了宫廷内政的私密性与黑暗性，有利于朝政的清明。

清代八旗人选任绿营官制度考察

内容摘要：文章对清代八旗旗人选任绿营官的各种制度、史实作了考察。情况如下：高级绿营官——提督、总兵，是旗人充任最早的绿营官，自顺治元年（1644）就开始了，从清初一直实行至清末，选任的范围是全国性的。旗人选任中级绿营官——参将、游击、都司、守备，目前所见最早始于顺治二年（1645），仅至顺治八年（1651）的几年中，便在当时全国各省选派90余旗人担任。这应是根据需要的随时派设，尚不属制度下的按缺任用。按官缺选旗人充任中级绿营官制度，始于康熙十一年（1672），入兵部"月选"，是与汉人按出缺顺序"轮选"。乾隆元年以后，又向几个特殊省区派任满洲旗人担任中下级绿营官，有专门划归旗人充任之缺，有按比例定为旗员出任者，有两种因素内容结合者。这些特殊地区如下：一是直隶、山西两省北部沿边之地，二是直隶省接近蒙古的地区、承德及其附近地区、直隶内地、东西陵地区，三是陕西、甘肃两省及四川部分地区。文章认为，雍正以后在直隶、山西北部及陕甘、四川部分地区，以满洲旗人为主出任该地区绿营官，主要为加强这些地区的军事统治，同时也为扩大满洲旗人武官之升途，并以满洲旗员为表率，历练满员，择优以分发各省充任绿营官，以期激发、提高绿营战斗力。

清代八旗制度中的值年旗

内容摘要：清代自雍正元年（1723）以后，曾设立一个集中办理八旗事务的机构，初为值月旗，乾隆朝改为值年旗，至清亡乃至民国年间一直存在。学界对此研究甚少。本文阐述值年旗产生的背景、原因，值年旗的设置沿革、机构组成、轮值大臣的选任，值年旗的职掌及行政情况，等等。文章认为，八旗行政在雍正元年以后发生阶段性的重要变化，其表现是八旗行政的规范化、正规化，其标志有两个：一是雍正元年八旗都统衙门的建立，二是三天后值月旗的设置。它使八旗事务的管理，在设立八旗都统衙门的基础上进一步规范化、正规化。值年旗是在皇帝与八旗二十四固山中间设立的、协助皇帝办理八旗事务的机构，起到了以身使臂、以臂使指的作用，使皇权专制下的八旗进一步中央集权化，管理更加集中、有效。而八旗事务管理加强，满族——八旗作为清朝主体统治的职能作用，也自然加强，这又是值年旗之设置及其行政的更深意义所在。

清初旗人之旗籍及其改变考

——以官方所修传记对 40 余名旗人旗籍之误记为例

内容摘要：旗籍，是了解与研究旗人人物不可或缺的内容，旗人籍隶何旗，关系到该旗人与旗主的政治关系、政治派别的归属、对清初各次斗争的理解与分析，以及对籍隶某旗旗人政治行为的研究与评价。遗憾的是，清官方纂修的所有旗人传记，有相当一部分人旗籍错乱，原因是清初的八旗中，有五个旗的旗人之旗籍经过几次变更，至顺治八年（1651）才基本固定。而官修人物传记，是多年以后才开始纂修，所修旗人的传记，有的是以其死后子孙又经更改之旗作为他的旗籍，实际此人从未籍隶此旗。有的是以最后固定的隶旗作为他的旗籍，其实此人更长的时间内并未隶此旗。凡此，造成诸多史事的错乱，误导今人研究。本文将对清初满族中较有影响、而官修人物传记又将其旗籍记错或记录不准确的 40 余名旗人，作梳理辩证，希望对研究这些人物及与其相关问题，有参考作用。

雍正帝继位前的封旗及相关问题考析

内容摘要：雍正帝继位前的皇子时期，封入八旗中的哪个旗，关系到对清朝八旗制度、分封制及康雍两朝一些政治事件的认识。海外研究雍正史的专家认为，康熙朝的雍亲王曾封在上三旗中的镶黄旗。本文从康熙朝及以后之皇子不可能封入上三旗、某些旗人在康熙朝与雍亲王胤禛的旗属关系等方面，论证是封在下五旗中的镶白旗。并在此基础上，对以前学界在雍正史研究上的一些误解，进行辩证。

财政

清中期以前的铸钱量问题
——兼析所谓清代"钱荒"现象

内容摘要：此文指出，论述清代中期以前出现所谓"钱荒"现象，是因为误用了史料，对有关铸钱的文献也射猎不足，以致所统计的铸钱量甚少。本文认为，清中期以前铸钱量并不少，不存在"钱荒"问题，当时的"银贱钱贵"，与白银的扩大使用、不断内流有关。政府不断铸钱以追求人为的银钱比价，还曾造成铜钱的大量增加，成为制钱贬值的原因之一。

清前中期茶法述论

内容摘要：此文认为，中国古代的茶业在清代取得突破性发展。文章叙述清代茶业大发展的状况，由于茶马贸易在清代的历史性结束，清代官方的茶法，主要是以商人贸易的方式行销。并进一步分析，由于清代茶马贸易结束，茶叶对边区民族开放，内地茶大量销边。华茶作为一种饮料，自明末清初开始被欧洲人认识并输入，18世纪20年代以后也即清代雍正以后，华茶输欧进入迅速发展时期。清代人口的迅猛发展，茶的销售量也会增长。总之，茶叶的大量需求，市场扩大，为茶的不断扩大种植提供了条件。而清代人口的剧增，茶农增加，又促进了植茶面积的扩大，种茶者不纳课税，也有利于茶的扩大种植。以上各种社会条件及清代茶法对引茶制管理的松弛性等特点，是清代前中期茶业大发展的主要原因。

疾病医疗与政治、伦理

清初天花对朝政的影响及清廷的相应措施

内容摘要：清代，天花肆虐不仅严重危害人的生命，而且给王朝行政带来很大干扰。顺康之际政局的变化及由此引起的政治结果，也与天花有直接或间接关系。为避免和减少天花对行政的不利影响，清朝统治者也做了种种努力，并制定相应措施，形成国家施政中的某些特殊内容。诸如防止传染之隔离，军事方略之制定考虑天花之流行及官兵之出痘与否，官方实行人痘接种以预防天花，在蒙古地区布种人痘，以及朝觐制度中分别实行年班与围班，等等。文章还认为，社会历史现象不仅仅是人的社会性活动，其形成与结果还往往受到自然因素包括灾疫的影响，人的能动行为也在改变这种影响，治史者对此也当予以应有的注意。

明清医疗中的女性诊病与男女之防问题
——兼析"悬丝诊脉"之说

内容摘要：中国古代医疗史上，女性的诊治中存在着男女之防现象，这是社会伦理道德对医疗的影响，对女性病人医治的效果也不无影响。清代皇官中的后妃诊病，就存在这种现象，但并非以所谓"悬丝诊脉"来判断病情。而这种奇闻的流传，又是有其文化背景的。清代是妇女贞节观及其伦理道德发展的极端时期，因而女性医疗诊治中存在的这种男女之防现象，也当是最为严重的时期。

满族史专题

清代满族"诸申"问题的辨析

内容摘要：诸申，曾是讨论满族入关前社会形态时所用的阶级概念，众说纷纭，不了了之。但有关诸申的问题相当重要，深入探究，对清史、满族史、八旗制度史研究的深化，都有重要学术意义。

实际上，诸申是具有隶属性特征的群体，是社会结构中的等级性成员，其上有主，与主人构成主奴性的主属等级关系。而不宜作为阶级概念。因为有的诸申同时又是领主，役使剥削属下旗人。诸申中的官员、很多兵卒之家还有家奴，其剥削奴隶，是剥削者。另外，诸申中的官员也不从事生产，与其领主并不构成被剥削与剥削的阶级关系。诸申虽有阶级内容，但不能笼统地以诸申作为社会中被剥削的主体成员，而论述当时为古代社会，这样做不仅偏颇、不准确，而且有自相矛盾之处。

诸申有广义、狭义之分。广义的诸申包括一般的旗分佐领下人、包衣旗人，狭义的诸申仅指旗分佐领下人。旗分佐领下人、包衣旗人都对领主主子有人身隶属性的奴才身份，但与户下家奴 aha（阿哈）（旗下家奴）有本质上的"良""贱"之分。诸申（狭义者）与包衣的区别是，其对主子的人身隶属弱于包衣。旗人普遍具有人身隶属性，是由当时满族处于落后的人身隶属性之领主分封制决定的，当时以某家族为主的部族兼并所得人口、物，皆具有该家族的私有性，这些部众属人编为八旗在汗家族中分封，对受封领主旗主仍有私隶性。

入关后，由于八旗的完全中央集权化，下五旗旗人官员也是皇帝臣仆，而与上三旗旗人一样，面对皇帝时自称奴才，这也是旧制及其观念使然。由于满语词汇简单，旗人官员面对皇帝自称的奴才，满文也是 aha（阿哈）。但旗分佐领下人诸申所称的奴才 aha，并非阶级概念的奴隶，因为广大的旗人官员都是由他们担任。他们的奴才身份，只对皇帝、王公本主子家有低贱性，对他人并无意义，也不这样自称，他们在社会中的地位并不低，相当多的是处于高等阶层。

由于入关后八旗领主分封制一直延续实行，旗分佐领下人诸申（入关后称"哈喀阿"）的奴才身份仍残留，主子役使甚至奴役、虐待所领旗人等现象仍然存在，主要体现在下五旗中。雍正时曾作禁限，至嘉道时期仍有发生，因而道光十八年又作了较大力度的改革，限制下五旗王公所领旗分佐领下人"哈喀阿"的数量，只占下五旗全部佐领的三分之一。另外，将王公所领属下旗人中的文官四品以上、武官二品以上之家，均解除与主家的"哈喇阿"奴才身份。而其他人仍有奴才身份。因而，这种落后的领主分封制，至清末仍有残留。

清代满族与八旗的关系及民族融合问题

内容摘要：清代绝大部分时间虽然没有满族这一概念，但作为民族实体的满族，应是客观存在的。满族皇帝所说的"满洲""满"等，可视为是满族的民族称谓，与其所称的"汉""蒙古"及历史上的女真、契丹、鲜卑、突厥、匈奴等称谓，在性质上应是一样的，是民族性概念。本文认为，不能简单地把有八旗旗籍之人就作为满族人，比如清初汉人之不断入旗、乾隆时的大规模出旗，这些人的民族属性，不可能因瞬间旗籍的有无而改变。还有，清代，蒙古人、汉人即使编在满洲固山而有满洲旗籍，满族皇帝也并不把他们视为满洲即满族人。他们有的也仍自认其原来的民族。而皇帝承认为满洲者、抬为满洲者，即使编在八旗汉军固山之下，也算作满洲也即满族人。凡此，也说明不能以旗籍作为民族之属。同时又应看到，八旗内部，满洲人为主体，汉军旗人、蒙古旗人会有"满化"现象。另一方面，生活在广大汉人中的八旗旗人，其中的满洲人、蒙古人又在被汉化。这些，都是影响旗人民族属性变化的因素。因而，在旗之满洲、蒙古、汉人的民族属性，是因时间、社会条件而改变，有历史阶段的问题，而且因人而异。总之，八旗旗人的民族属性，是一个非常复杂的问题，不能作简单的划分。文章最后还对八旗与民族融合其他应深入思考的问题，作了阐述。

清代满族人取名及其诸种现象分析

内容摘要：本文通过阐述满族入关前取名不讲究名字词义、随意性的特点，说明其入关后以汉文取名、译名讲究所用字词的文雅化，仿汉人取字、号，以名字之义寄托美好的理想和愿望，名义上尤其讲求福寿吉祥，仿从避讳，女子名字对男子的寄附性，取名与宗法制度关联等汉化现象。同时介绍有些满人仍沿用满族以满文取名、名不冠姓、以数字为名字的旧俗。由于自清初起，就不断有满人以汉语字词取冠姓汉人名，乾隆帝认为，这是作为清朝主体统治民族之满族失去其独立性的严重问题，因而制定一系列措施进行阻止，也为以后几朝皇帝延续执行。文章还对清末八旗相当多的汉军旗人与满洲旗人一样，取不冠姓二字汉文名的现象作了分析。

从清代宫中祭祀和堂子祭祀看其萨满教

内容摘要：本文将对皇宫中、宫外堂子繁多的各种祭祀基本状况、仪式作介绍，揭示满族皇帝不但与一般满族之家一样，崇信本民族的原始宗教信仰，而且有过之，如萨满祭祀的名目繁多、次数频繁、仪式细致、重视祭祀祝词等等。另外，这种宫廷祭祀还带有典制化及政治性特点，如元旦日满族君臣的堂子拜天，出兵、凯旋的祭堂子，等等。文章还对宫中、堂子祭祀的汉化现象，诸如所祭祀的神祇增加了汉族所信奉的如来佛、菩萨、关帝，而且将其设在最重要的位置，各种祭祀场合都尊奉其神位，对其频繁祀拜等，作了分析。

清朝满族的皇家宗法与其皇位传承制度

内容摘要：本文认为，清史学界把清前期皇位继承时屡屡引发激烈内争的原因，归结为满族皇家宗法无嫡庶之分的观点，并不正确。

此文首先以《玉牒》为基本资料，详细论证满族皇家成员内部有严格的嫡庶之分，进一步说明清初的汗位、皇位竞争只是在嫡出者之间进行，数量较多的庶出者根本没有这种资格。又因八旗旗主皆嫡出者，汗位竞争因增加了旗间利益矛盾而更加激烈。此后康熙、雍正以庶出者继位，是因为在无嫡或废嫡的情况下传于庶出者，这与两汉、唐、两宋、明等朝之多庶出者继皇位的状况、原因相同。其次，通过归纳商周及辽、金、元等社会形态较落后阶段的政权王位、汗位、皇位继承及演变情况，说明这一时期权位传承经历过由诸嫡子的兄终弟及向父死子继的转变，带有规律性。处在社会形态大致相同的满族皇家同样经历过这一历程与转变，皇太极死后发生的皇位竞争，正是这一转变时必然发生的矛盾现象。文章还以满族皇家为例，阐述家庭、家族内嫡庶之分由严格向弱化方向发展，表现为庶出者身份提高、嫡庶差距趋小，这也是一种变化规律。古代的汉族家庭家族也经历过这一变化，到近现代这种等级性区分基本消失。认识这一变化规律，对理解古代家庭在不同历史阶段的等级性身份差别、人际关系特点也不无参考作用。

清太宗出身考

内容摘要：清太宗皇太极之出身，关系到清史中的一些政治问题，迄今仍是疑案。本文通过对幼年皇太极及其生母叶赫那拉氏曾与努尔哈赤共居正室、叶赫那拉氏本人资质、叶赫那拉氏与丈夫的关系、母家之门阀、努尔哈赤原嫡妻富察氏之被废弃，以及努尔哈赤为汗时后金对叶赫那拉氏迁葬礼予以的最高规格的礼仪等史事的考析，论证叶赫那拉氏曾继富察氏之后而为正室大福晋，进而说明皇太极出身嫡室。也正因为如此，皇太极继位前才与其他嫡子一样，被汗父封为旗主、大贝勒。所以，他的继位并非以庶嗣统，也非以庶夺嫡。

清太宗嗣位与大妃殉葬及相关问题考辨

内容摘要：此文论证，皇太极是按照努尔哈赤所确定的八旗领主共选君主制而继承汗位的，所谓皇太极等人为夺位而编造努尔哈赤遗嘱逼多尔衮之母大妃殉葬，并非事实，努尔哈赤生前有令大妃殉葬的文字性遗训。皇太极在位时期，重用多尔衮，与其关系较好。至于皇太极死后的皇位之争，是当时皇位传承制之不确定产生的新矛盾，并非多尔衮与皇太极有旧仇、新恨所导致。

也谈清代秘建储君制度

内容摘要：清代的秘密立储之制，由于必须突破嫡长制下储君基本固定于某人的局限，才有秘密可言，实现其以秘密方式立储的目的，因而同时又废除嫡长制，不拘嫡长选立皇储。它扩大了太子的选择面，可以择优而立，雍正以后实行秘建储君制度，也确实把择优作为立储的重要考虑。乾隆就曾是被优选而立的储君，对以后乾隆治世的形成也起过重要作用。这种做法也避免了嫡长德才有缺者继位所造成的消极影响。这一做法，是对中国古代以嫡长原则立储制度的重要改革，是值得肯定的制度。研究清代秘建储君制度，还应考虑到这一重要内容方面。

乾隆之生母及乾隆帝的汉人血统问题

内容摘要：本文认为，留存于现今的档案关于册封弘历（乾隆帝）生母为汉人钱氏的雍正帝谕旨，疑问颇多。本文从多方面论证弘历生母不可能是汉人钱氏，而是钮祜禄氏。谕旨中之所以出现钱氏字样，实际情况当是，面承雍正帝册封嫔妃口谕的贝子胤裪，因速记、简写受封者钮祜禄氏为钮氏，字迹潦草，交官吏撰拟谕旨草稿，形近而讹，误写为钱氏，草拟册文，也沿用钱氏二字。在将册封文镌刻于金册以赐予受封者时，才发现误写，主管此事的胤裪难辞其咎，因而在册封嫔妃之事上因误写妃姓而被惩罚。本文论证，乾隆皇帝之生母，乃京畿宝坻县汉人彭氏所生之女，生父是满人钮祜禄氏凌柱。由于凌柱及其上辈有汉人血分，因而此女的汉人血分也较多，她与雍亲王胤禛所生之弘历即后来的乾隆帝，也有汉人血分，而且其汉人血分稍多于满人血分，并有少量蒙古血分，是满汉蒙混血。至于乾隆帝的满族情结，则另当别论。乾隆生母为汉人彭氏所生一事，也是清廷虽禁止满汉通婚而实际存在满汉结姻的较重要史实。

乾隆之女嫁孔府及相关问题考辨

内容摘要：乾隆皇帝是否曾将其女儿嫁与孔府七十二代衍圣公孔宪培，学者有不同意见，有的认为孔宪培之妻虽名为于夫人，实际应是乾隆之女。以前，余志群撰文，根据衍圣公孔昭焕给朝廷的奏文，说明孔宪培之妻于夫人的生母为张氏，于夫人应是于敏中亲女。本文又据乾隆皇帝发布的上谕中提到的嫁孔宪培者，也即后来所说的于夫人，是于敏中之妾张氏所生的次女，由乾隆皇帝自己直接点明此女是于敏中之妾张氏所生，更进一步坐实了这一事实。文章还用与此相关的问题，诸如清朝皇家《玉牒》对乾隆之女的记载，清朝皇家公主高居于公爵及百官之上，等同于亲王、郡王的尊贵身份，远非于夫人可比等情况，进一步佐证孔府的于夫人绝不可能是乾隆帝之女。